史料纂集

田村藍水西湖公用日記

田村藍水像

田村惟士蔵

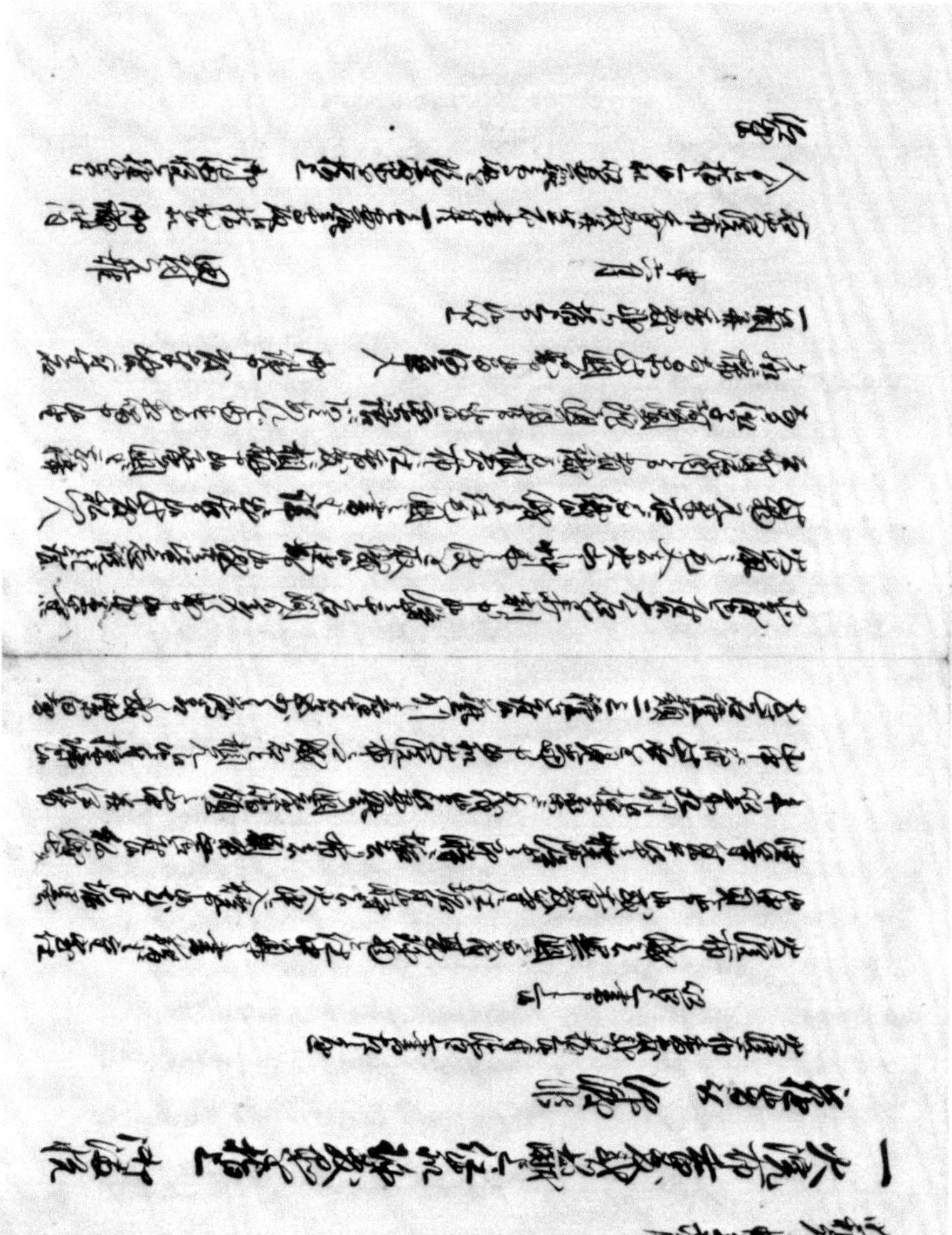

明和元年六月條

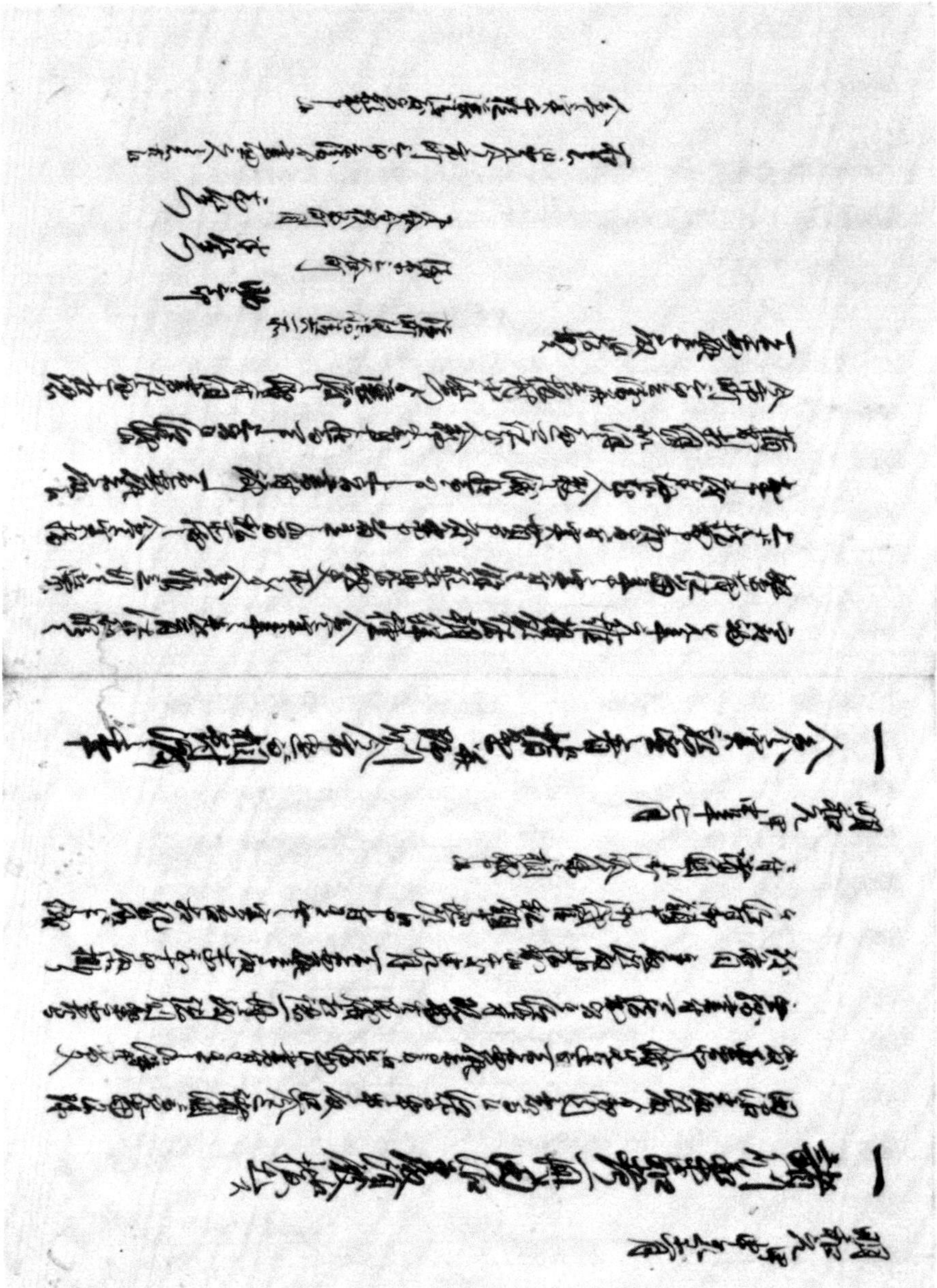

明和元年六月　七月條

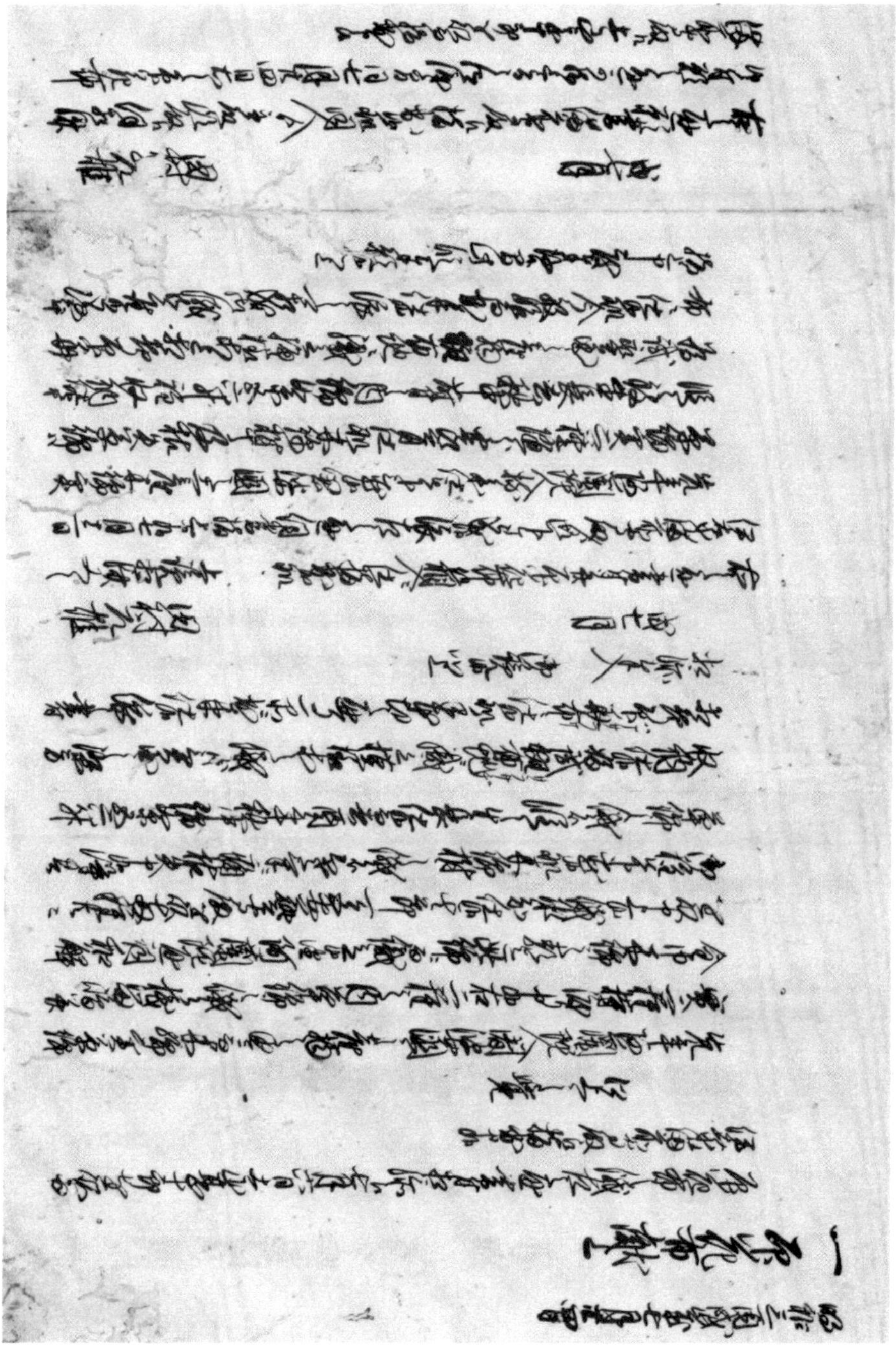

明和三年七月條

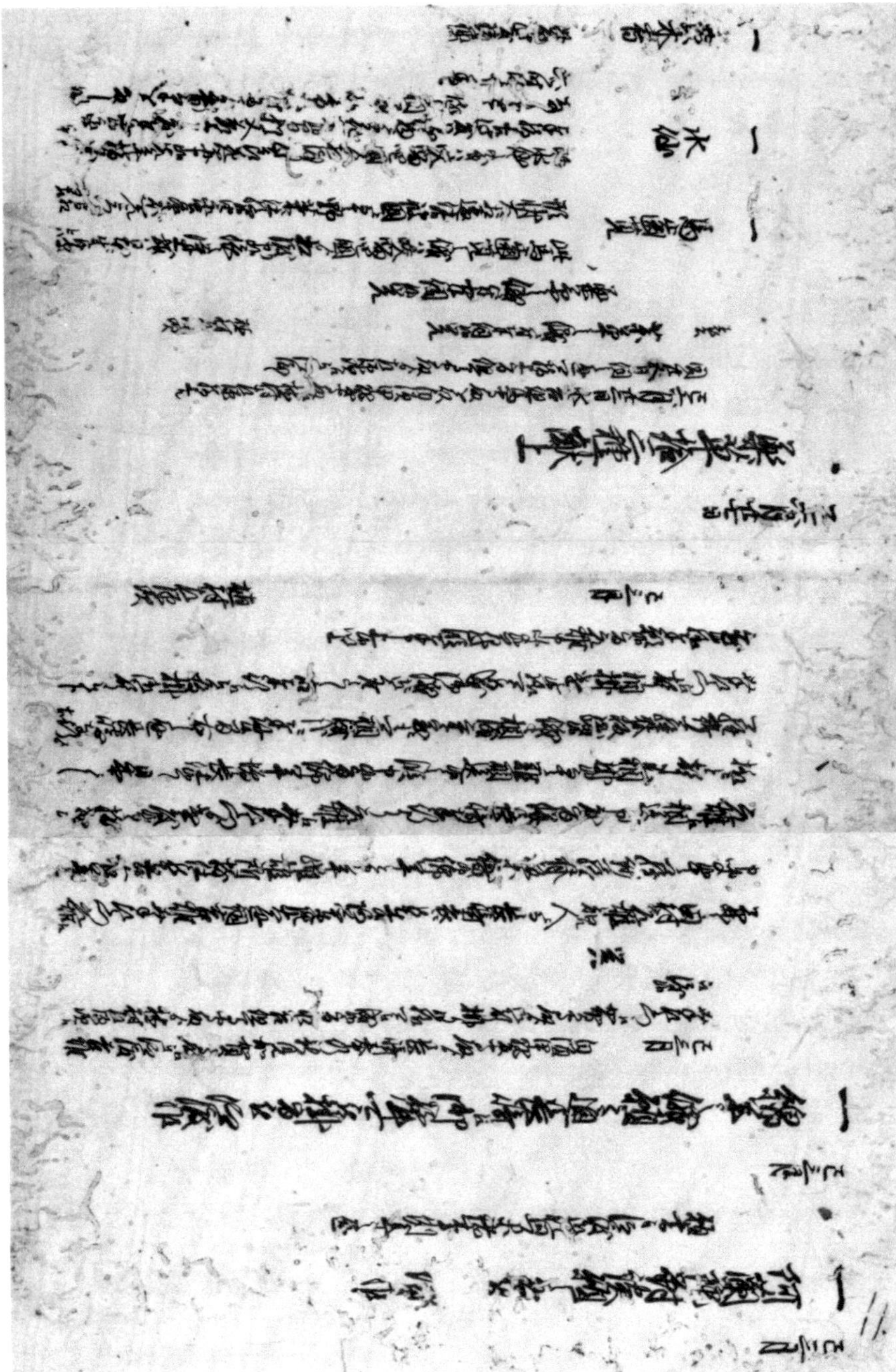

安永二年三月　六月條

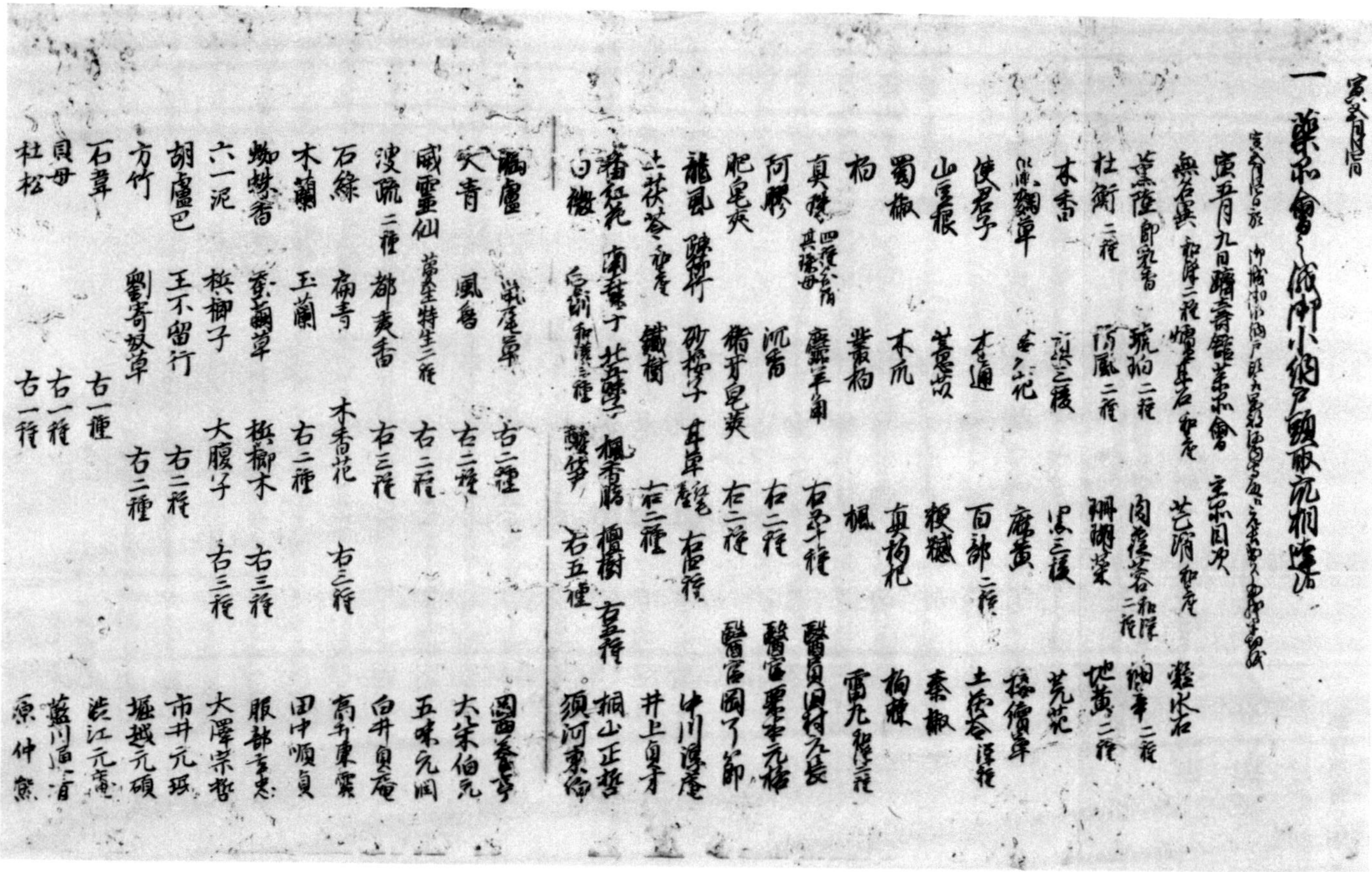
一　薬品會之儀
寅五月九日躋壽館薬品會　主品目次
無名異　和産二種　芒消　和産　凝水石
乳香　琥珀二種　肉蓯蓉　和産二種　細辛二種
杜衡二種　防風二種　珊瑚菜　地黄二種
木香　三稜　芫花
麻黄　接續草
使君子　木通　百部二種　土茯苓
山豆根　秦椒
蜀椒　木瓜　枸杞　枸櫞
柏　楓　雷丸　和産二種
右四種　醫官田村元長
阿膠　沉香　右二種　醫官栗本元格
肥皂莢　猪牙皂莢　右二種　醫官岡了節
中川淳庵
鐵樹　右二種　井上貞才
番紅花　楓香脂　檀樹　右五種　桐山正哲
白薇　右五種　須河東伯
右二種
空青　鳳尾　右二種　大宋伯元
威靈仙　右二種　五味元潤
都夷香　右二種　向井貞庵
石緑　扁青　木香花　右三種　田中順貞
木蘭　玉蘭　右二種
蜘蛛香　檳榔木　右三種　服部玄忠
六一泥　檳榔子　大腹子　右三種　大澤宗哲
胡盧巴　王不留行　右二種　市井元珉
方竹　劉寄奴草　右二種　堀越元碩
石韋　右一種　渋江元庵
貝母　右一種
杜松　右一種　原仲愈

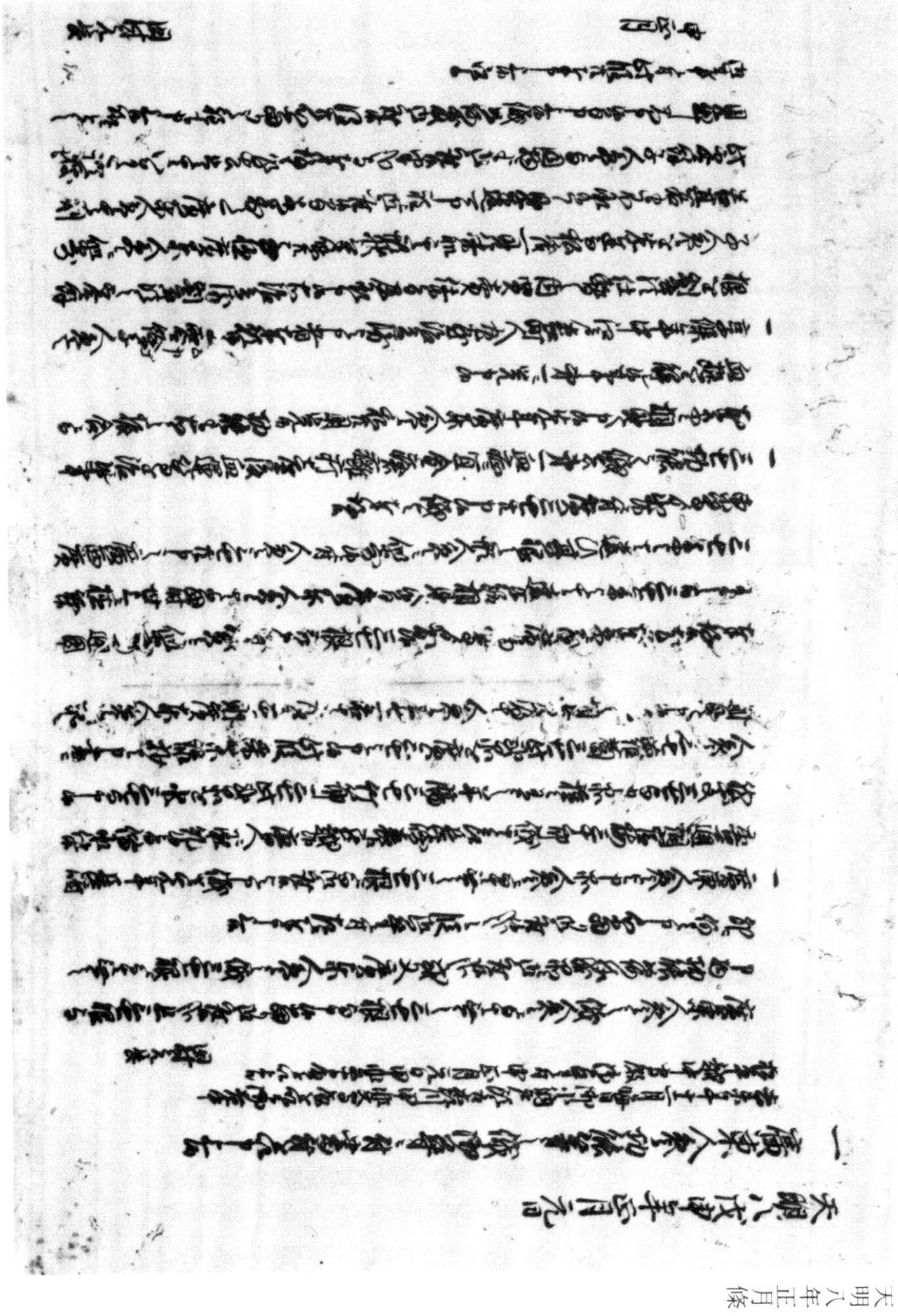
天明八戊申年正月元日

凡例

一、史料纂集は、史學・文學をはじめ日本文化研究上必須のものでありながら、今日まで未刊に屬するところの古記錄・古文書の類を中核とし、更に既刊の重要史料中、現段階において全面的改訂が學術的見地より要請されるものをこれに加へ、集成公刊するものである。

一、本書は、田村藍水・西湖の編年體に編集された公用記錄である。原題は「万年帳」と題してゐるが、本書では、「田村藍水・西湖公用日記」の題名を用ゐた。

一、本書の原本三冊は、田村惟士氏の所藏である。

一、本書の飜刻に當つては、つとめて原本の體裁・用字を尊重したが、便宜、原形を改めた部分がある。その校訂上の體例を示せば、凡そ次の如くである。

1. 文中に讀點（、）、竝列點（・）を便宜加へた。
2. 原本の缺損文字は、□で示し、その字數不明の場合は、［　］で示した。
3. 校訂註は、原本の文字に置き換へるべきものには〔　〕、參考または說明のためのものには（　）をもつて括り、或は首部に○を附して、本文と區別し得るやうにした。とくに原文書の誤記・誤脫、或は訛用の文字については、つとめてこれを傍註または按文を以て指示した。
4. 正・略・異體文字については、そのいづれかの識別に困難なものも多く、また印刷の便宜を慮るところもあつて、原則として正字を用ゐることにした。
5. 本文の用字が必ずしも正當ではなくとも、當時一般に通用したもので、筆者の誤記ではないと認められるものには、おほむね正字の傍註は施さなかつた。

6. 人名の傍註は、原則として綱文ごとにその初出の箇所に加へた。
7. 地名の傍註は、綱文ごとに初出の箇所に、當時の國・郡名を施した。
8. 欄外に、本文中の主要な事項等を標出した。上段にかかはる標出は無印、下段のそれは＊印を附して區別し得るやうにした。

一、本書の校訂は、草野冴子・藤田覺の兩氏が專らその事にあたり、原稿作製および校正は、原木美智子・竹下悦子兩氏の協力を仰いだ。なほ本書の刊行にあたり、佐藤道子・永村眞・大森實・向井晃・石山禎一・布施光男・有田和子の諸氏の助力を得た。併せて銘記して深謝の意を表する。

昭和六十一年十月

續群書類從完成會

目次

寶暦十三年
六月……一
七月……四
八月……一二
九月……一七
十月……二一
十一月……二三
十二月……二三
寶暦十四年（六月改元明和元年）
正月……二八
二月……二八
三月……三三
四月……三三
五月……三六
明和元年
六月……三七
七月……三九
八月……四三
九月……四四
十一月……四八
十二月……五〇
閏十二月……五一
明和二年
正月……五三
二月……五三
五月……五四
七月……五六
八月……五六
十月……六四
十一月……六五
明和三年
正月……六七

目次

二　月……六七
六　月……六八
七　月……六八
八　月……七〇
十一月……七〇
十二月……七二

明和四年

正　月……七三
二　月……七三
七　月……七三
八　月……七三
九　月……七四
閏九月……七九
十　月……七九
十一月……八〇
十二月……八二

明和五年

正　月……八三
二　月……八三
三　月……八三
四　月……八四
五　月……八五
八　月……八五

明和六年

正　月……八六
二　月……八六
四　月……八六
八　月……八七
九　月……八八
十　月……八八
十一月……八九
十二月……九一

明和七年

正　月……九三
二　月……九三
六　月……九三

閏六月……九五
七月……九九
十月……一〇〇
十一月……一〇〇
十二月……一〇〇
明和八年
正月……一〇一
二月……一〇一
三月……一〇二
五月……一〇六
八月……一〇七
九月……一〇九
十月……一一〇
十一月……一一四
十二月……一一四
明和九年（十一月改元安永元年）
正月……一一七
二月……一一七
五月……一一九
七月……一一九
八月……一二四
十月……一二五
安永元年
十二月……一二六
安永二年
正月……一二八
三月……一二八
六月……一二九
八月……一三三
十一月……一三四
十二月……一三五
安永三年
正月……一三五
二月……一三五
三月……一三五
五月……一三六
七月……一三七

目次

九月……一三七
十二月……一四〇

安永四年
正月……一四一
二月……一四一
三月……一四一
四月……一四二
七月……一四二
八月……一四二
九月……一四二
十二月……一四二
閏十二月……一四三

安永五年
正月……一四六
二月……一四七
三月……一四七
四月……一四九
五月……一四九

七月……一五九
八月……一六八
十二月……一六八

安永六年
正月……一七一
七月……一七一
八月……一七四
九月……一七六
十一月……一七七
十二月……一七八

安永七年
正月……一七九
五月……一七九
十二月……一八六

安永八年
正月……一八八
七月……一八八

八月……一九〇
九月……一八九
十月……一九〇
十二月……一九二
安永九年
正月……一九五
二月……一九六
五月……一九六
九月……一九八
十二月……一九九
安永十年（四月改元天明元年）
正月……二〇〇
三月……二〇〇
天明元年
七月……二〇一
十月……二〇五
十二月……二〇五
天明二年
正月……二〇八
二月……二〇八
三月……二〇八
四月……二〇九
五月……二一〇
六月……二一一
十月……二一五
十一月……二一五
十二月……二一五
天明三年
正月……二一八
四月……二一八
五月……二二〇
六月……二二一
七月……二二九
十月……二三一
十一月……二三一
十二月……二三三

天明四年
正月……二三三
閏正月……二三三
三月……二三四
四月……二三六
六月……二三六
八月……二三七
十一月……二三八
十二月……二三九
天明五年
正月……二四〇
三月……二四一
五月……二四一
七月……二四二
十月……二四四
十一月……二四四
十二月……二四五
天明六年
正月……二五二
四月……二五二
七月……二五二
八月……二五四
九月……二五四
十一月……二五五
十二月……二五五
天明七年
正月……二五七
三月……二五八
四月……二五八
五月……二五九
七月……二五九
八月……二五九
九月……二六一
十一月……二六四
十二月……二六五
天明八年

正　月……二六八
三　月……二六九
八　月……二六九
九　月……二六九
十一月……二七〇
十二月……二七〇
天明九年（二月改元寛政元年）
正　月……二七二
寛政元年
二　月……二七二
三　月……二七二
四　月……二七二
五　月……二七六
六　月……二七七
閏六月……二七七
七　月……二七八
十二月……二七八
寛政二年
正　月……二八三
三　月……二八三
四　月……二八五
五　月……二八五
六　月……二八六
九　月……二八八
十　月……二九一
十二月……二九六
寛政三年
正　月……二九九
解　題……三〇一

田村藍水・西湖公用日記

寶暦十三癸未年六月ゟ
明和七庚寅年十一月迄

万年帳

巻一

万年幉（マヽ）

*請書を差出す

*老中申渡

*三十人扶持御醫師並

召出さる
三十人扶持御醫師並人參御用を命ぜらる

町奉行より呼出され明日登城を命ぜらる

*若年寄申渡

*朝鮮種人參御用

寶暦十三癸未年六月廿四日、

一、元雄（田村）新規被　召出、御扶持方三拾人扶持被下之、御醫師並被　仰付、人參御用被　仰付候、

寶暦十三未歳六月廿三日、夕七ッ時、土谷〔屋〕越前守（正方、町奉行）殿ゟ呼ニ來ル、越前守殿より、使として中村鐵藏を以而、紺屋町名主石川勘次郎宅に被申越候も、田村元雄儀、御用有之間、名主・五人組同道、只今越前守宅に可罷出旨申來候旨、勘次郎ゟ手前家守喜右衛門を呼寄被申越候、折節元雄致他行留守故、其段申遣し置候處、夜六時、元雄歸宅、夜六ッ時、名主・五人組同道、越前守殿御宅に罷越候之處、明廿四日御用之儀有之候間、朝五ッ時　御城に可罷出旨、越前守殿被　仰渡候、相濟、越前守殿退坐、與力蜂屋新右衛門・用人鹽谷忠兵衛兩人罷出、明廿四日、當役所迄被罷出候ハヽ、夫ゟ案内指添、御城仲之口迄同道可致間、其趣、請書印形も致し、指出し候様ニと之義ニ付、左之通相認印形致し、指出候所、明廿四日明ヶ六時、當御役所迄罷出候様被仰渡、奉畏候、右爲御請如此御座候、以上、未六月廿三日、田村元雄印、

*

廿四日、朝六ッ時、名主・五人組同道、土谷〔屋〕越前守殿御宅迄罷出候處、同心兩人相添　御城仲之口迄案内被致、御徒目付小山與十郎・安藤惣五郎兩人に引渡し申候、朝五時登　城仕候處、仲之口ゟ右御徒目付之案内ニて、躑躅之間に罷通り、相控罷有候處、四ッ半時、松平右近將監（武元、老中）殿、下文之通被　仰渡、其方儀、和産之薬物・石薬等、兼〻心掛致出精候ニ付、其趣上聞ニ相達し、新規被　召出、一生之内三拾人扶持被下之、御醫師並被　仰〔付〕候旨、於躑躅之間、町奉行土谷〔屋〕越前守殿、御目付長崎半左衛門（元亨）殿・永井伊織（直令）殿立會、若年寄小出信濃守（英智）殿・松平攝津守（忠恒）殿・水野壹岐守（忠見）殿・酒井石見守（忠休）殿侍座、老中松平右近（武元）將監殿被　仰渡候、口上ニて被仰渡、書付渡ニハ無之、事終、改席、又、右相濟、松平攝津守殿被仰渡候趣、下文之通、其方儀、和産之薬物致出精候ニ付、此度朝鮮種人參御用被　仰付候、植村左源次（政辰、駒場御藥園預）と可申談旨、於燒火之間御目付侍座、若年寄松平攝津守殿被　仰渡候、事終而後、小普請支配頭

小普請組支配頭申渡高力長昌支配となる

明細書の提出を命ぜらる

＊明細書

御禮廻り

登城の節の案內謝禮金町奉行所同心同用人徒目付門番名主五人組

＊祖父

＊父

＊子

高力長昌逢對日

ら書付を以而左之通被申渡、

＊「御徒目付案內ニて先蘇鐵之間ニ控居、夫ら躑躅之間ニて被仰渡、」

御自分事、被　召出三拾人扶持被下之、御醫師並被　仰付候ニ付、我等共支配に入可申旨、松平右近將監殿(武元、老中)被仰渡候、依之、高力式部方(長昌、小普請組支配頭)に明細書御持參可有之候、則式部宅左ニ記申候、以上、

六月廿四日　四ッ谷御門外高力式部
詰番　設樂甚十郎(貞好、小普請組支配頭)

田村元雄殿

事相濟、西之御丸　若君樣(徳川家基)に御禮ニ相上り、其ら御老中・若年寄・御側衆・御目付幷支配頭・組頭に御禮ニ相廻る、但、今日相殘候分、明日相廻り候事、

廿四日登　城之節、土谷(屋)越前守殿ら御城仲之口迄案內被致候同心古谷丈八・城井平六兩人に金百疋つゝ、越前守殿用人鹽谷忠兵衞に肴一折、御徒目付仲之口ら案內被致候小山與十郎・安藤惣五郎に金百疋つゝ、仲之口番門田佐吉に百疋、名主・五人組に肴一折つゝ爲謝禮指遣ス、　六月廿七日、

一、高力式部殿逢對日之儀、伊丹權太夫殿(康命、小普請組支配組頭)ら申來、左之通、

毎月六日　十九日　廿四日

此三日之內、御勝手次第高力式部宅に御出可有之候、右三日共每月逢對日ニ御座候、

一、明細書高力式部殿(長昌、小普請組支配頭)に指し出ス、

明細書

小普請組高力式部支配
本國和泉
生國武藏　田村元雄
未歲四拾六

高三拾人扶持

拜領屋敷無之、
住居、神田紺屋町貳町目私抱屋敷ニ罷在候、

私儀、寶暦十三未年、町醫師ら新規被　召出、御醫師並被　仰付、御扶持方三拾人扶持被下置候旨、於躑躅之間、若年寄衆御侍座、御老中松平右近將(武元)監殿被仰渡候、人參御用被　仰付候旨、於燒火之間松平攝津守殿(忠恆、若年寄)被仰渡、小普請組高力式部支配ニ罷成候、

一、祖父　町醫師　田村正元(マヽ)死

一、父　町醫師　田村宗宣死

一、實子惣領　田村元長

右之通御座候、以上、

寶暦十三未年六月　田村元雄印書判

*元雄のげんの字元と決る

高力式部殿

右明細書、式部殿に壹通、組頭に夫々兩名之當名
にて壹通つゝ指出し候、

*親類書

元雄の元に玄を當つることにつき

一、（田村）元雄之元字、玄之字も通用之事、
（正休、小普請組支配組頭）寛彌左衛門殿被申聞候ハ、元雄之元之字、玄之字
相認　御上ゟ相認下り申候、然處、元之字を用候
てハ如何ニ御座候間、玄之字を用候而も無障旨、
口上書ニ認可指出段相聞候、依之、左之通口上書
指し出候、

口上書

獻上書には元雄と署す

私名之文字之儀、元玄何を認候而も宜御座候、
乍然、先年人參耕作記と申書物を編緝仕、
（徳川吉宗）有徳院様御上覽ニも相成候、右之書物ニも元雄と元
之字を相認申候、又、參製秘錄と申書物編緝仕、
（徳川家重）惇信院様御代ニ、人參御製法方に指出申候、此書物
ニも元雄と元之字を認置申候、其外ハ急度相極
メ候事も無御座候、玄雄と玄之字を相認候而も、
少も相障儀無御座候、以上、
七月十六日　田村元雄
寛彌左衛門殿

寶曆十三年六月

養方* 祖父* 祖母* 養父* 母* 妻*

元雄之元之字、彌元之字ニ相極り候間、其旨可申
達樣、高力式部殿被仰渡候間、申達候旨、寛彌左
衛門殿ゟ以手紙申來、

一、親類書高力式部殿（長昌、小普請組支配頭）に指出ス、
高三拾人扶持　本國和泉 生國武藏　小普請組高力式部支配　田村元雄　未歳四拾六
拜領屋敷無之、宿、神田紺屋町貳町目抱屋敷ニ住宅仕候、
私儀、寶曆十三未年六月廿四日、町醫師ゟ新規ニ
被　召出、御醫師並被　仰付、御扶持方三拾人扶
持被下置候旨、於躑躅之間、若年寄衆御侍座、御
老中松平右近將監（武元）殿被仰渡候、人參御用被　仰付
候旨、於燒火之間、松平攝津守（忠恆、若年寄）殿被仰渡、小普請
組高力式部支配ニ罷成候、
親類書　遠類無御座候、
養方
一、祖父　町醫師　田村正玄死
一、祖母　品川南宿名主役　利田吉左衛門死娘死
一、養父　町醫師　田村宗宣死
一、母　（直寛、信濃須坂邑主）堀長門守家來　櫻井佐五右衛門死娘死
一、妻　町醫師　田村宗宣死娘

嫡子
*小普請組支配並に組頭兩人に差出す
娵
二男
妹
養母方
祖父
祖母
叔父
叔父
*初めて御目見枳朮丸獻上
實方
祖父
祖母
*御目見につき願書差出すべき旨勘定奉行より内意あり
父
母
兄
弟
*七月七日付組頭宛伺書
甥
甥
*名代を以て支配へ願書を差出すべき旨組頭回答あり

寶暦十三年七月

一、嫡子　父田村元雄一所ニ罷在候、　田村元長

一、娵　榊原式部大輔（政永、越後高田城主）醫師　蟹江杏庵娘

一、二男　田村新次郎　私手前ニ罷在候、

一、妹　壹人　私手前ニ罷在候、

養母方

一、祖父　堀長門守家來　櫻井左五右衛門死

一、祖母　土屋能登守（篤直、常陸土浦城主）家來　奥田與惣左衛門死娘死

一、叔父　堀長門守家來　櫻井九郎兵衛

一、叔父　土井能登守（利貞、越前大野城主）家來　小田部庄司

實方

一、祖父　小普請方棟梁　大谷甲斐死

一、祖母　石河藏人（貞固）家來　川村次郎太夫死娘死

一、父　小普請方棟梁　大谷出雲死

一、母　御作事方棟梁　甲良豊前死娘死

一、兄　小普請方棟梁　大谷甲斐

一、弟　一ッ橋奥坊主　大谷立佐

一、甥　小普請方棟梁　大谷大和

一、甥　一ッ橋奥坊主　大谷立悦

右之外、忌掛り候親類・遠類幷縁者無御座候、以上、

寶暦十三未年七月　田村元雄印書判

高力式部殿

右親類書、式部殿（高力長昌）に壹通、組頭兩人に夫々連名之當名にて壹通つゝ指出申候、組頭に之連名壹通ハ、伊丹權太夫（康命、小普請組支配組頭）を筆頭ニ認メ、壹通ハ、筧彌左衛門（正休、小普請組支配組頭）を筆頭ニ認メ申候、式部殿に出し候分共、都合三通共伊丹權太夫殿に指遣ス、願書之類、連名書例皆如此、

寶暦十三癸未年七月廿八日、

一、（田村）元雄儀、初而　御目見被　仰付、枳朮丸獻上、首尾好相濟、

御目見願之儀ニ付、七月朔日、一色安藝守殿（政沆、勘定奉行）ゟ御目見願之事、若年寄衆幷高力式部殿（長昌、小普請組支配頭）にも承合候處、先年丹羽正伯（貞機）先例之通、早々願書被指出、可然旨內意ニ候、依之、組頭筧彌左衛門殿（正休、小普請組支配組頭）に御目見願度伺書、左之通指出ス、

御目見願書指出申度奉存候、不苦御儀御座候哉、此義御伺被下候樣奉願候、以上、

七月七日　田村元雄

七月十日、筧彌左衛門殿ゟ以手紙、御目見願書相

案詞を添ふ
*口上書を添ふ
元長を以て願書を差出す
七月十日付御目見願書
御目見の節の献上品につき願書差出を督さる
*老中の命を傳ふ
七月十一日付献上品願書
枳朮丸
*藥獻上を許さる

認、名代を以今日中高力式部殿に指出し可申段、
申來ル、尤案詞指添來ル、依之、案詞之通願書相
認、名代元長(田村)を以而高力式部殿に指出候、文言左
之通、

奉願候覺

私儀、此度新規ニ被　召出、御醫師並被　仰付、
御扶持方三拾人扶持被下置候、依之、爲冥加御
序も御座候ハヽ、御目見仕度奉願候、以上、

寶暦十三未年七月十日　　田村元雄印書判

高力式部殿

外ニ、右願書之寫貳通、寛彌左衛門殿に指出ス、
七月十一日、寛彌左衛門殿ゟ　御目見被仰付候も、
御藥獻上被致度と申願書、此節早く可指出旨、案
詞指添、以手紙被申越候、依之、則相認指出ス、

枳朮丸

高力式部支配
田村元雄

私儀、此度
御目見奉願候、願之通被　仰付候ハヽ、右枳朮
丸獻上仕度奉願候、以上、

寶暦十三未年七月十一日　　田村元雄印書判

高力式部殿

(朱書)「別紙口上書」
覺

此枳朮丸之儀も、家法と申ニも無御座候得共、
古法ニ御座候而、多年用試候而功能も宜御座候
間、獻上仕度奉存候、以上、

七月十一日　　田村元雄

右獻上仕度願候枳朮丸、家法ニも無之候ニ付、右
別紙口上書指添候事、右何も組頭衆控共三通つヽ
相認、寛彌左衛門に兩通り、高力式部殿一通り指
出ス、
七月十五日、高力式部殿ゟ、明十六日御用之儀有
之候間、五ツ時前、式部殿御宅に可罷出旨、御同
人ゟ以切紙申來ル、十六日朝五ツ時前、式部殿御
宅に罷出候處、以書付左之通被申渡、

田村元雄

右御藥獻上之儀、松平右京太夫殿(輝高、老中)に相伺候處、
御目見被　仰付候ハヽ、獻上候樣可申渡旨、昨
十五日被仰渡候ニ付、依之、申渡候、尤、爲御
禮右京太夫殿に計今日中可被參候、以上、

七月十六日

並手傳*
二十八日登城帝鑑間廊下にて御目見
枳朮丸獻上
門番働中間*
御禮廻り
都合二十九人*
手傳頭取長崎榮助は勘定奉行一色政沆家士*
人參製法手傳人等召抱を許さる
一色政沆宛願書*
手傳人姓名の書上を命ぜらる
勘定奉行へ差出す
手傳頭取
上手傳
榮助の召抱を請ふ*

七月廿七日、高力式部殿ゟ、明廿八日　御目見被
仰付候間、朝六半時已前登　城可致旨、以切紙申
來ル、廿八日朝、登　城仕候處、於帝鑑之間御椽
下、御目見被　仰付候、枳朮丸貳百粒入壹包獻上
仕候、御目見之節、同道人ハ、廣井宗以(表御番醫師外科)賴ミ、致
同道候、右首尾好相濟、西之御丸に御禮ニ上り、
其外御禮廻り、被　召出候當日之通り、相廻り候、

寶暦十三癸未年七月廿八日、

一、人參製法手傳人貳拾貳人、門番・仲間共七人、可召
抱旨被　仰渡、
人參製法手傳人之儀、元雄(田村)方ニ而致吟味、姓名書付
指出候様、一色安藝守殿(政沆、勘定奉行)元雄に被仰渡候間、相調
べ、姓名左之通書付、一色安藝守殿に七月十三日
指出ス、

製法手傳頭取　長崎榮助・岡谷彦七
製法上手傳　森下直右衛門・畠中正右衛門・
三浦利兵衛・山崎平兵衛・岡田
源兵衛・小野重兵衛・瀧川惣兵
衛・上田勘七・加藤平助・松井
千藏
製法並手傳　高橋市左衛門・中澤養亭・土谷
藤七・寺尾吉兵衛・關　助右衛
門・關口喜八・山本忠七・關口
清三郎・關口平左衛門・水上十
次郎
製法所門番貳人・同働仲間五人、
都合貳拾九人、

右手傳頭取長崎榮助儀ハ、一色安藝守殿家臣ニ候
處、手傳人に入申度望ニ有之間、安藝守殿に相貰
申度旨、以書付左之通申込、
今般私儀、結構被　仰付、其上重而御用筋被　仰
付、冥加至極、重疊難有仕合奉存候、然處、御存
知被遊候通之私儀、重立候家來も無御座候ニ付、
諸事取〆りニも可相成人をも召抱申度、所々相尋
候得共、おもわしき者も無御座難儀仕候、就夫、
御家來長崎榮助殿、兼而より氣質も存知罷在、諸
事心掛ヶも有之儀見請候人ニ御座候間、可相成御
儀ニ御座候ハヽ、私に被下置候様仕度奉願候、御
不自由ニも可有御座、近比乍楚忽此儀偏奉希候、

*手傳人は帯刀御免
一色政沆返書
*手傳頭取の勤方伺書勘定奉行に差出す
*側衆田沼意次より回答あり
榮助召抱を許す
製法手傳人伺の通り許さる
手傳人給金扶持

以上、　　未七月　　田村元雄

右書付、七月廿一日ニ安藝守殿ニ指出候處、同廿八日、安藝守殿ゟ以書付左之通、

長崎榮助

今度、朝鮮種人參製法御用被　仰付候處、重立候御家來も無之ニ付、諸事取〆りをも御申付候程被致度、兼而氣質も存候ニ付、右榮助被召抱度由、致承知候、不調法ものニも候得共、兼ゝ御懇之事ニ付、可任御望候、尤、榮助ニも其段可申渡置候、

以上、　　未七月

製法手傳人之儀、去ル十三日、以書付姓名申立相伺候ニ付、彌其通可召抱旨、尤御宛行儀ハ、左之通一色安藝守殿ゟ、七月廿八日、被　仰渡候、

給金・扶持方共

壹ヶ年分 金貳拾三兩貳分宛　製法手傳頭取 貳人
壹ヶ年分 金貳拾兩宛　製法上手傳 拾人
壹ヶ年分 金拾三兩　製法並手傳 拾人
壹ヶ年分 金七兩貳分　製法所門番 貳人
壹ヶ年分 金五兩三分　製法所働仲間 五人

右之通召抱候樣可被致候、尤製法手傳人頭取共貳拾貳人之者共、帶刀爲致候儀ハ承置候間、勝手次第可被致候事、

手傳頭取長崎榮助・岡谷彦七兩人ゟ、勤方之儀ニ付、左之通相伺候間、則右伺書一色安藝守殿ニ指出候、同人ゟ田沼主殿頭殿（意次、御側御用取次）ニ被相伺候處、右之朱字之通、以御下札被　仰渡候、

覺

一、私共兩人ハ平日御役所ニ出席仕候節、羽織袴着用、朔日・十五日・廿八日ハ、其時節之上下着用可仕候哉、

但、製法手傳平之者ハ、平日幷右三日共ニ、羽織袴着用可爲仕候哉、

（朱書）〇一ッ書ノ上ニアルモ、便宜茲ニ掲グ、
「兩人共、平日役所へ罷出候節ハ、羽織袴着用ニ不及、白衣ニて罷出、朔日・十五日・廿八日ハ、羽織袴着用可致候、手傳平之者共ハ、平日幷三日共ニ可爲白衣候、」

一、年始ニハ、私共儀ハ熨斗目着用も可仕候哉、

（朱書）
「年始ニハ、服沙（紗）小袖・麻上下着用可致候、」

一、五節句・歳暮共ニ、麻上下着用可仕候哉、

但、平之者共も、年始・歳暮・五節句ハ、麻上下着用可爲仕候哉、

（朱書）
「可爲伺之通候、」

寶暦十三年七月

一、私共御用幷私用共ニ他家江參候節、玄關江刀を持上り可申候哉、又ㇵ、供之者ニ爲持可申候哉、

(朱書)「御用幷私用ニて他家へ罷越候節ㇵ、玄關江刀を持上り可申候、」

一、私共幷平手傳人共格合之儀、如何躰ニ相心得、諸事應對等可仕候哉、

(朱書)「何も格合之儀ㇵ、諸同心之格ニ可相心得候、」

右之通、先指掛候儀共計奉伺候、此外之儀、猶又追〻可奉伺候、以上、

未八月　長崎榮助

岡谷彦七

寶暦十三癸未年七月廿九日、

一、人參買上御用ニ付、元雄(田村)儀、野州・奥州筋江御暇被仰出、黄金貳枚拜領被　仰付候、

七月廿八日、高力式部殿(長昌、小普請組支配頭)ゟ、明廿九日御用之儀有之候間、五ツ時登　城可致旨、以手紙申來ル、依之、同廿九日朝五時登　城仕候處、此度人參御用ニ付、野州・奥州筋江被遣候御暇被　仰付、依之、黄金貳枚被下之旨、於燒火之間御祐筆部屋御椽下、

*燒火の間廊下にて老中より命あり

*支配より老中の命を傳へらる

*下野陸奥等廻村に付下され物あり

*勘定奉行より側衆田沼意次の命を傳へらる

人參買上のため下野陸奥廻村を命ぜらる

*人參根數の作増に意を用ふべし

黄金二枚を賜はる

若年寄松平攝津守(忠恒)殿御侍座、御老中松平右近將監(武元)殿被　仰渡候、且又、高力式部殿ゟ以書付左之通被申渡、

田村元雄

御合力米、分限應四ツ物成月割、

御扶持方、分限應一倍、

宿代、一ヶ月銀貳枚、

右御用ニ付、野州・奥州、其外右近國在〻江罷越候ニ付被下候、此段可申渡旨、松平右近將監殿、以書付被仰渡候、依之、申渡候、

七月廿九日

田沼主殿頭殿(意次、御側御用取次)ゟ被仰渡候由ニ而、一色安藝守殿(政沆、勘定奉行)ゟ被仰渡候書付、左之通、

朝鮮種人參、享保年中、元來拾根餘有之候處、當時和國ニ凡百萬根餘有之程ニ増長致候、此上人參根數作増候樣ニ、取扱勘辨可致候、取扱方ニ寄、唯今迄出精いたし作立候者共も、自然と作止候樣ニ相成候而ㇵ如何之事ニ候、自今猶致出精作立候樣ニ取扱可申候事、

七月

拂方金奉行宛道中人馬賃等請取手形

八月朔日、道中人馬賃・宿代銀請取候手形文言、
左之通、

人馬賃

請取申人馬賃之事
金拾五両　但小判也、
内小粒六両
但、人足貳人・馬貳疋宛、長持四人宛、傳
馬人ニ直拾人宛、壹里貳拾四文つヽ、一日
八里歩行之積り、三拾日分、
右ハ、朝鮮種人參爲御買上御用、野州・奥州筋江
罷越候ニ付、爲人馬賃凡積りを以請取申所實正也、
仍而如件、
寶暦十三未年七月　小普請組高力式部支配　田村元雄印
町野市右衛門殿（三興、拂方御金奉行）
吉田右内殿（正賢、同右）
柘植又左衛門殿（永隨、同右）

宿代請取手形

請取申宿代銀之事
合銀貳枚
此目八拾六匁
但壹ヶ月分
右ハ、朝鮮種人參爲御買上御用、野州・奥州筋江
罷越候ニ付、爲宿代銀請取申所實正也、仍如件、
寶暦十三年七月

寶暦十三未年七月　小普請組高力式部支配　田村元雄印
町野市右衛門殿
吉田右内殿
柘植又左衛門殿

淺*草藏奉行宛合力米請取手形

八月三日、御合力米幷旅御扶持方請取候手形文言、
左之通、
請取申御合力米之事
米五石ハ、　但京升也、
但、百五拾俵四ッ物成、月割當八月壹ヶ月
分、
右ハ、朝鮮種人參爲御買上御用、野州・奥州筋江
罷越候ニ付、書面之通請取申所實正也、仍如件、
寶暦十三未年七月　小普請組高力式部支配　田村元雄印
窪田助左衛門殿（勝安、淺草御藏奉行）
飯嶋惣左衛門殿（之房、同右）
前田八右衛門殿（定候、同右）
押田吉次郎殿（勝久、同右）
藤井千四郎殿（篤延、同右）
磯谷新三郎殿（富政、同右）

*出立日限極るにつき支配へ届く

*八月十一日に出立

旅扶持請取手形

*組頭指圖に依り届書を支配並に組頭へ別々に差出す

*駄賃傳馬につき道中傳馬役高野新右衛門へ達す

*八月十日付高野宛用人關助右衛門書狀

請取手形並に米金請取の手續

*本馬輕尻馬壹匹つゝ

*元雄宅迄指越すべし

寶暦十三年七月

山寺治兵衛殿（信興、淺草御藏奉行）
多田與八郎殿（秀一、同右）
比留七右衛門殿（正信、同右）
中野藤十郎殿（定候、同右）
本山彌太郎殿（正峰、同右）
花木傳次郎殿（正等、同右）

請取申旅御扶持方之事

米合三石ハ、　但京升也、

但、拾人扶持一倍之割を以、一日壹斗宛、

日數三十日分、

右ハ、朝鮮種人參爲買上御用、野州・奥州筋ニ罷越候ニ付、書面之通請取申候所實正也、仍如件、

寶暦十三未年七月　小普請組 高力式部支配 田村元雄印

當名ハ御藏奉行拾貳人之名前、則前書通、

右手形四通、七月廿八日、一色安藝守殿（政沆、勘定奉行）於御宅、下書案詞貰請、其通相認、高力式部殿（長昌、小普請組支配頭）ニ指出候處、式部殿ゟ御勘定奉行衆ニ被指出、裏書・裏印相濟、式部殿ゟ此方ニ被相渡候ニ付、金銀ハ、八月朔日於御金藏請取、米ハ於御藏請取候、野州筋ニ出立

之日限、八月十一日ニ相極候間、高力式部殿ニ届書左之通、

私儀、此表出立之日限、來ル十一日ニ相定り申候、依之御届申上候、

八月九日　田村元雄

右壹通ハ、直ニ高力式部殿ニ指出シ、外寫貳通之内壹通ハ、伊丹權太夫殿（康命、小普請組支配組頭）ニ指出シ、壹通ハ寛彌左衛門殿（正休、同上）ニ指出し申候、何も銘々ニ直ニ指出候儀、權太夫殿指圖ニ御座候、尤出立候當日も、此通銘々ニ早速可相屆旨ニ御座候、

八月十日、駄賃傳馬之儀、手前用人關助右衛門ゟ月番南傳馬町名主高野新右衛門方ニ、以手紙左之通申遣候、

（朱書）「手紙上書」
高野新右衛門殿　田村元雄内 關助右衛門

以手紙申述候、然ハ、田村元雄儀、此度朝鮮種人參御用ニ付、明十二日朝六時、野州筋ニ被致出立候間、本馬壹疋・輕尻馬壹疋、都合貳疋可被指出候、尤、明朝六時、無間違神田紺屋町元地貳町目田村元雄宅ニ可被指越候、則駄賃帳相

道中先觸千住宿問屋へ遣す
泊付*
賃傳馬二疋
賃人足八人
六人宿泊*
八月十一日江戸出立*
供連*
千住宿より宇都宮白川まで
支配並に兩組頭に屆く*
屆書*

添賃錢遣候間、駄賃帳ニ賃錢請取書致シ、可被
遣候、以上、

八月十日

道中先觸左之通相認、八月十日、千住宿問屋ニ爲
持指遣候、

覺

賃傳馬貳疋

賃人足八人　但、駕籠人足・長持人足共ニ、

右ハ、此度朝鮮種人參買上御用ニ付、野州今市町
近在・奥州（東白川郡）棚倉領村々迄罷越候間、書面之人馬無
滯可指出候、以上、

未八月　　小普請組高力式部支配
田村元雄印

右之通、明十一日明六ッ時、江戸出立被致候間、
書面之人馬宿々無滯被指出、尤此先觸無遲滯繼送
り、留りゟ可被相返候、以上、

未八月十日　　田村元雄内
關助右衛門印

武州千住宿ゟ
日光道中
宇都宮宿迄夫ゟ
奥州白川迄

右宿々
問屋
年寄
中

泊付

八月
十一日　越ヶ谷（武藏南埼玉郡）
十二日　間々田（下野都賀郡）
十三日　白　澤（同右河内郡）
十四日　太田原（同右那須郡）
十五日　白　川（陸奥西白川郡）

右泊付之通、上下六人御定之木錢・米代相拂止宿
被致候間、旅宿壹軒可被申付候、以上、

八月十一日、元雄儀、明六ッ時江戸表出立致候、
供人ハ、用人關助右衛門・門人中澤養亭・士井上
喜內、長刀持壹人、兩掛挾箱持壹人、長持壹棹・
駕籠壹挺・合羽箱壹荷、草履取壹人、右之通召連
候、

御屆之儀、高力式部殿・伊丹權太夫殿・寛彌左衛
門殿、銘々以書付左之通相屆申候、

私儀、今十一日明六ッ時、此表出立仕候、依之、

*御目見につき登城を命ぜらる

八月二十九日歸著し一色政沆宅へ廻り届く

*十一月一日帝鑑間廊下溜にて御目見

九月二日歸府御目見願を組頭に伺ふ

*御禮廻り

伺書

*道中人馬賃等の殘餘の返納

御目見願書の差出を指示さる

九月三日付支配頭宛願書

*宗旨證文抱屋敷書付を支配頭へ差出す

*宗旨證文

寶暦十三年八月
御届申上候、以上、
八月十一日　田村元雄
右届之儀、明六ッ時、先高力式部殿ニ以元長を相
届ヶ、夫ゟ組頭ニ段ゝ相届申候、八月廿九日晝時、
元雄歸着、道中ゟ直ニ高力式部殿・月番組頭伊丹
權太夫殿并一色安藝守殿（政沆、勘定奉行）ニ相廻り、歸着届申上、
夫ゟ飯田町人參製法所ニ罷越し、晩刻致歸宿候、
八〔九〕月二日、歸府　御目見願伺書、筧彌左衛門殿ニ
指出、文言左之通、
私儀、去ル廿九日、野州表ゟ歸府仕候ニ付、歸
府之　御目見願書指出申度奉存候、依之奉伺候、
以上、　未九月二日　田村元雄
歸府　御目見之儀、伺之通願書可指出旨、案詞指
添、筧彌左衛門殿より申來ル、依之、左之通相認、
高力式部殿ニ壹通、外寫貳通筧彌左衛門殿ニ指出
ス、
私儀、先月廿九日、野州表ゟ歸府仕候、御序之
節、歸府之　御目見被仰付被下候樣ニ奉願候、
以上、
寶暦十三未年九月三日　田村元雄

高力式部殿
十月晦日、高力式部殿ゟ、明十一月朔日、歸府之
御目見被　仰付候間、六半時登　城可致旨、以切
紙申來ル、卽刻式部殿ニ元雄御請ニ罷出候、
十一月朔日朝六半時、登　城仕ル、於帝鑑之間御
椽下之溜ニ、歸府之　御目見被仰付候、相濟、西
之御丸ニ御禮ニ上り、夫ゟ御老中・若年寄・御用
掛り御側衆・支配頭・組頭・一色安藝守殿ニ御禮
ニ相廻り候、
先達而請取候道中人馬賃并旅御扶持方も、三十日
分積りを以請取候處、十九日之日數ニて相濟候間、
殘り金米左之通返納ニ相成候、尤來申年四月之處
ニ詳ニ記ス、
金五兩貳分　米壹石壹斗
寶暦十三癸未年八月二日、
一、宗旨證文并抱屋敷書付、高力式部殿（長昌、小普請組支配頭）ニ指出ス、
切支丹宗門、從前ゝ無懈怠今以相改申候、先年被
仰出候御法度之趣、家來下ゝ至迄遂穿鑿候處、不
審成者無御座候、依家來譜代之者も、寺證文手前

五郎兵衛町*
右は妻所持抱町屋敷*
神田紺屋町二丁目*
右は妹所持抱町屋敷*
抱屋敷書上
下田端村
同
下谷坂本村
手傳人に誓詞を命ず*
何れも藥園地
神田紺屋町二丁目
手傳頭取誓詞*
南油町

に取置、年季・一季居之者も、請人方に寺證文取置申候段、請狀ニ書入させ申候、若相替儀御座候ハヽ、急度可申上候、爲其仍如件、

寶曆十三未年八月　田村元雄印書判

高力式部殿

外寫壹通、當名も、伊丹權太夫殿（康命、小普請組支配組頭）・筧彌左衛門殿（正休、同上）と相認、貳通共權太夫殿へ出ス、

覺

一、東叡山御領地豊嶋郡下田端村名主忠兵衛支配之內、御水帳之面高貳石貳斗八升四合之年貢畑屋敷壹ヶ所、

一、東叡山御領地豊嶋郡下田端村名主忠兵衛支配之內、御水帳之面高貳斗貳升八合之年貢畑屋敷壹ヶ所、

一、東叡山御領地坂本村名主傳次郎支配之內、御水帳之面高壹畝三步之年貢畑屋敷壹ヶ所、

右年貢地三ヶ所之抱屋敷、何も藥園地ニ仕置候、

一、神田紺屋町貳町目北側西角ゟ五軒目、表間口京間拾壹間・裏行町並貳拾間之町屋敷壹ヶ所、

後 一、南油町西木戸ゟ貳軒目、表間口京間五間・裏行町並貳拾間之町屋敷壹ヶ所、

前 一、鍛冶橋御門外五郎兵衛町北側西角ゟ四軒目、表間口京間五間・裏行町並貳拾間之町屋敷壹ヶ所、

右町屋敷三ヶ所、私妻所持之抱屋敷ニ而御座候、

一、神田紺屋町貳町目北側東角ゟ三軒目、表間口京間七間・裏行町並貳拾間之町屋敷壹ヶ所、

右町屋敷壹ヶ所、私妹所持之抱屋敷ニ而御座候、

右之外、家來ニ至迄抱屋敷一切無御座候、以上、

寶曆十三未年七月　田村元雄印書判

高力式部殿

外ニ寫壹通、當名も、伊丹權太夫殿・筧彌左衛門殿と相認、貳通共權太夫殿に出申候、

寶曆十三癸未年八月十五日、

一、製法手傳人貳拾貳人誓詞取認候、

當時元雄（田村）留守ニ付、元長（同上）爲名代、手傳人共元雄宅に呼集、左之通誓詞爲致候、

起請文前書之事

一、公儀御法度も勿論、御役所之御法則、急度相守可申候事、

寶暦十三年八月
一、御役所之諸事、讒(マヽ)他言仕間敷候事、
一、人參製法手傳人・門番人・働仲間之諸人願事取廻シ、勤方指圖等之儀、其外出入商人等ニ至迄、諸事取治方毛頭無依怙贔負、正直専可相守候事、
一、右諸人之中、弱者助之、强者折之、能辨理非而正法則、私之意趣・意恨(遺)、決而不相挾、以直道諸人之善事・惡業申立可仕候事、
右之條々於相背ハ、伊勢天照大神、伊豆・箱根・三嶋三社之神、其外日本六十餘州大小神祇之可蒙御罰者也、仍起請文如件、
　寶暦十三癸未年八月十五日　岡谷彦七血判書判
　同年同月同日　長崎榮助同斷
右ハ、手傳頭取兩人勤方誓詞、書面之通、

手傳人誓詞

　起請文前書之事
一、公儀御法度之儀ハ不及申、御役所之御作法、無違背相守可申候事、
一、御組頭ハ不及申、御頭取衆之御指圖、毛頭違背仕間敷候事、
一、總而諸願・行跡等、徒黨箇間敷仕業、一切仕間敷候事、
一、御役所勤方樣子・諸事申合幷列席取沙汰等之儀、他人不及申、雖(爲脱カ)親子兄弟、申聞間敷候事、
右之條々於相背者、忝茂日本六十餘州大小神祇可蒙御罰者也、仍起請文如件、
寶暦十三癸未年八月十五日　森下直右衞門血判書判
同年同月同日　三浦利兵衞同斷
同年同月同日　山崎平兵衞同斷
同年同月同日　岡田源兵衞同斷
同年同月同日　小野重兵衞同斷
同年同月同日　瀧川惣兵衞同斷
同年同月同日　上田勘七同斷
同年同月同日　加藤平助同斷
同年同月同日　松井千藏同斷
同年同月同日　高橋市左衞門同斷
同年同月同日　土屋藤七同斷
同年同月同日　寺尾吉兵衞同斷
同年同月同日　關口喜八同斷
同年同月同日　山本忠七同斷
同年同月同日　關口淸三郎同斷
同年同月同日　關口平左衞門同斷

同年同月同日　水上十次郎同斷
寶暦十三癸未年十一月廿一日　畠中正右衛門同斷
同年同月同日　中澤養亭同斷
同年同月同日　關助右衛門同斷

右ハ、手傳人貳拾人勤方誓詞、書面之通、

起請文前書之事

一、朝鮮種人參製法御手傳被仰付、段々御指圖御傳授被下候通、急度相守、製造之處相勵可申候事、
附、他之俗製幷僞物等、決而相搆申間敷候事、
一、右製法御相傳之儀、知音ハ不及申、雖爲親子兄弟、他言・他見仕間敷事、
附、此度蒙製法御手傳候上ハ、縱自以前聞傳候事雖有之候、於製法躰之儀、此以後一切他言仕間敷候事、
右之條々於相背者、上者梵天・帝釋・四大天王、下土ニ者伊勢天照大神、伊豆・箱根・三嶋三社之權現、別而日本之醫王五條天神、其外六十餘州大小神祇之可蒙御罰者也、仍起請文如件、

寶暦十三癸未年八月十五日　長崎榮助血判書判
同年同月同日　岡谷彦七同斷

寶暦十三年八月

同年同月同日　森下直右衛門同斷
同年同月同日　三浦利兵衛同斷
同年同月同日　山崎平兵衛同斷
同年同月同日　岡田源兵衛同斷
同年同月同日　小野重兵衛同斷
同年同月同日　瀧川惣兵衛同斷
同年同月同日　上田勘七同斷
同年同月同日　加藤平助同斷
同年同月同日　松井千藏同斷
同年同月同日　高橋市左衛門同斷
同年同月同日　土屋藤七同斷
同年同月同日　寺尾吉兵衛同斷
同年同月同日　關口喜八同斷
同年同月同日　山本忠七同斷
同年同月同日　關口清三郎同斷
同年同月同日　關口平左衛門同斷
同年同月同日　水上十次郎同斷
寶暦十三癸未年十一月廿一日　畠中正右衛門同斷
同年同月同日　中澤養亭同斷
同年同月同日　關助右衛門同斷

右ハ、手傳貳拾貳人製法傳授誓詞、書面之通、但、右之内、畠中正右衞門儀、最初忌掛り有之候ニ付、月日延引、中澤養亭・關助右衞門儀ハ、八月中旅行ニ付、月日延引、依右三人、一所ニ十一月廿一日誓詞取認候、此後、若御抱入ニ相成候者於有之ハ、此次に段々姓名書加候積り也、

*下野出張中につき政沆より書状を以て傳へらる
元雄男元長製法手傳を命ぜらる
一色政沆の意を承け願書を差出す
*八月十七日付一色政沆書状
*製法所手傳を許さる
*支配頭の伺によらざるにつき表立たざる指示なり
政沆添書し伺ふ
十七日政沆より許可の旨を傳達さる

寶暦十三癸未年八月十七日、
・一、元長(田村)儀、製法手傳被　仰付候、
八月十日、一色安藝守殿(政沆、勘定奉行)ゟ内意有之、左之通、書付安藝守殿に指出ス、

田村元長

右私忰元長儀、人參御製法場に指出、手傳等爲仕度奉存候、依之奉願候、以上、

未八月　田村元雄

右之書付指出候處、安藝守殿ゟ添書被致被相伺候由、
八月十六日、安藝守殿ゟ以切紙元長方に、明十七日申渡御用之有之候間、自宅に可罷出旨被仰越候、依之、同十七日、安藝守殿に罷出候處、左之通、以書付被仰渡候、

田村元長

先達而元雄(田村)被願置候通、製法場手傳ニ罷出候儀、勝手次第ニ可致旨、松平攝津守殿(忠恒、若年寄)被　仰渡候間、可被得其意候、

未八月十七日

此節元雄儀、人參御買上御用ニ付、野州表に罷越有之候ニ付、安藝守殿ゟ以切紙、左之通元雄方に被申遣候、

以切紙致啓上候、然ハ、御同姓元長、人參製法場手傳ニ被指出度儀ニ付、御願書之趣、去ル十四日、別紙之通松平攝津守殿(忠恒)に相伺候處、同十六日、御同人御直ニ御下ケ、元長製法場に指出候儀、勝手次第可仕旨被仰渡候、尤、小普請支配よりハ伺不指出、拙者方ゟ相伺、不表立儀ニ付、御附紙ハ無之候間、承付致シ候様被仰聞候ニ付、即刻承付認、右近將監殿(松平武元、老中)御控共指上申候、依之、今朝元長拙宅に相控、右之段申達候間、爲御心得伺書寫相添、得御意置候、以上、

八月十七日　一色安藝守印

*八月下旬竣工

田村元雄様

未八月十四日、攝津守(松平忠恒)殿ニ御直ニ上ル、同十六日、御同人御直ニ御渡、卽刻承付、右近將監(松平武元、老中)殿御分共貳通、良阿彌(原田、御同朋頭)を以上ル、

*八月二十八日付元長宛政流書狀

但、小普請支配ゟ不相伺、安藝守(一色政沆)方ゟ相伺、不表立儀ニ付、御付札ハ無之旨被　仰渡候、

*見分濟むにつき引渡す

*一色政沆伺書

(朱書)「別紙上書」田村元雄悴人參製法場ニ指出候願之儀ニ付申上候書付

書面、田村元雄悴元長儀、製法場ニ指出候儀、勝手次第ニ可仕旨被　仰渡、奉畏候、

未八月十六日　　　　一色安藝守

田村元長

右私悴元長儀、人參御製法場ニ指出、手傳等爲仕度奉存候、依之奉願候、以上、

未八月　　　　田村元雄

右之通、田村元雄、書付指出申候、元雄悴之儀ニ御座候間、願之通、製法場ニ指出候様仕度奉存候、依之奉伺候、以上、

未八月　　　　一色安藝守

*二十九日晩までに全員引越す

*日食

*人參製法始る

*土根人參日光より到著し元雄も歸府につき製法を始む

*人參製法所請取

*元飯田町八百坪

寶暦十三癸未年八月廿八日、

一、人參製法所請取之事、

元飯田町中坂上四番目明地八百餘坪之處、人參製法所ニ被　仰出、七月中旬ゟ御普請相初り、八月下旬成就、

八月廿八日、一色安藝守殿(政沆、勘定奉行)ゟ元長(田村)方ニ、以切紙左之通申來、

製法場家作、今朝出來榮見分相濟候ニ付、今日引渡可申候間、手傳人四五人幷門番・中間召連、今八時、製法場迄可被相越候、尤相殘ル者共も、明晝時迄之內、不殘引越候様御申達可有之候、以上、

八月廿八日　　　　一色安藝守

田村元長殿

右之通候間、手傳頭取幷手傳人共五人幷門番・仲間召連、八時、製法所ニ罷出候處、安藝守殿(一色政沆)被罷越、諸道具共ニ請取相濟申候、同廿九日晩方迄、手傳人不殘引移申候、

寶暦十三癸未年九月朔日、今日、日食、

一、朝鮮種人參製法初ル、

土根人參御長持五棹、日光表ゟ昨八月廿九日、到着、尤元雄(田村)儀も歸着、依之今日ゟ製法相初申候、

門人醫師の製法見習許さる

一色政沆に願ふ

姓名書上

*鈴木良庵

*岸本道朔

大嶋昌伯は松平武元の頼みにより見習を許さる

願書に錯誤あるに依り改めて差出す

*一色を介して願ひ許さる

*なほ見習は四人のみとさる

元雄願書

福山舜調

*福山舜調誓詞

手傳見習ひ醫師の世話を任せたし

寶曆十三癸未年九月、
一、門人醫師、製法見習被　仰付、
最初元雄儀、一色安藝守(政沆、勘定奉行)殿江門人見習之儀以口上
相願姓名、左之通、
稲葉丹後守(正甫、山城淀城主)手醫師　福山舜調
松平右近將監(武元、越後長岡城主、老中)手醫師　大嶋昌伯
松平大學頭手醫師　鈴木良庵
松平播磨守(頼濟、常陸石岡城主)手醫師　岸本道朔
右之通申上候處、姓名被相認、內御伺も相濟、(大嶋)昌伯義ハ、(松平武元、老中)右近將監殿ゟ御頼之段、爲見習候樣ニ被
仰渡候、扨福山舜調義ハ、米倉丹後守(昌晴、武藏金澤邑主)出入醫師ニ候處、申違候ニ付、左之通書付指出候、(鈴木)良庵・(岸本)道朔兩人も、相改願書左之通指出候、

米倉丹後守出入醫師　福山舜調

右之者儀、私數年來之門人ニ而御座候間、此度奉願候醫師共之製法手傳見習指引等をも爲仕度、當人ハ勿論、製法手傳等隨分可相勤旨、申聞候、且又、私儀、貳拾人之手傳人共江指引も第一ニ御座候間、(福山)舜調を以兩三人之醫師共之世話爲仕度奉存候、先達而申上候處、其節稲葉丹後守(正甫、山城淀城主)手

醫師と申上違仕候段存出、今更可申上樣も無御座不調法至極、奉恐入候、何卒御聞濟被下、右之趣宜御伺被成下候樣仕度、偏奉願候、以上、

未九月　田村元雄

松平大學頭醫師　鈴木良庵
松平播磨守醫師　岸本道朔

右兩人之醫師共、私門人ニ而御座候、何卒製法場江指出、手傳等申付、爲見習申度奉存候ニ付、此段奉願候、以上、

未九月　田村元雄

右書付、安藝守殿江指出候處、御同人ゟ被相伺、願之通被　仰付候、尤見習之儀ハ、右四人ニ相限、已後ハ如此之願相成不申段、被仰渡候、
此四人製法傳授ニ付、誓詞取認候、左之通、尤福山舜調儀ハ、別段ニ案詞相認、殘り大嶋昌伯・鈴木良庵・岸本道朔三人ハ、同文言ニて御座候、

誓

先生、奉
公命、製朝鮮種人參於東都城中飯田邑之寺、因而、習製之術之件々漸將得之矣、敬以承傳、恭以受術

昌伯良庵道朔誓詞

元雄添書*

一色政沆より許さる*

兄大谷甲斐歿す*

見習醫師判鑑願を差出す

組頭へ届け忌服につき伺ふ*

療用に製法人參を用ゐたきにつき願ふ

也、若非　先生之命、則不敢傳之他人、不謾(マヽ)許之親子、不苟作僞贋、不苟爲求利、盡情製、篤信護之、維其約之不變、言之不食、將有如日焉矣、

寶暦十三癸未冬十一月廿一日　福山舜調 血判書判

藍水田村先生左右

誓

先生、奉

公命、製朝鮮種人參於東都城中飯田邑之寺、因而、習製之術之件〻漸將得之矣、敬以承傳、恭以受術也、今受此術也、不仝爲已耳、爲醫敝國之意、竟非以不倭之手製參及之、他國是寡君之意也、若非先生之命、則不敢傳之他人、不謾(マヽ)許之親子、不苟作僞贋、不苟求利、盡情製之、篤信護之、維其約之不變、言之不食、將有如日焉矣、

寶暦十三癸未冬十一月廿一日　姓名 (朱書)「昌伯・良庵・道朔三人同様」 血判書判

藍水田村先生左右

判鑑願之義ニ付、門人見習醫師ゟ指出候書付、左之通、幷添書左之通、

口上

私共四人、療治仕候病人に、御製法人參相用申度奉存候ニ付、印鑑指出置、療用之節、臨時相渡候様仕度奉願候、此段宜様御願可被下候、以上、

未十二月

(米倉昌晴手醫師)福山舜調
(松平武元手醫師)大嶋昌伯
(松平大學頭手醫師)鈴木良庵
(松平賴濟手醫師)岸本道朔

右之通書付指出申候間、相成候儀ニ御座候ハヽ、願之通被　仰付被下様仕度、奉願候、以上、

未十二月　田村元雄

十二月晦日、願之通勝手次第判鑑爲指出置、百五十日之日割を以可相渡旨、一色安藝守(政沆、勘定奉行)殿ゟ被仰渡候、尚此後十一丁めニ詳ニ記ス、

寶暦十三癸未年九月廿二日、

一、(田村)元雄兄大谷甲斐死去、

甲斐死去ニ付御届之儀、組頭寬彌左衞門(正休)殿に以手紙御届申、且、別紙左之通書付指出ス、

小普請方棟梁
大谷甲斐弟
田村元雄

忌二十日 未九月廿二日ゟ同十月十二日迄、
服九十日 未九月廿二日ゟ同十二月廿三日迄、

*政流元雄に忌中は製法場勝手方に詰める様命ず

忌服半減を仰付けらる

元長も半減

一色政流へも届出

*書替奉行宛扶持方請取手形

*三十人扶持

寶暦十三年九月

右ハ、私兄小普請方棟梁大谷甲斐、今七ッ時、病死仕候間、書面之通忌服請可申候哉、此段奉伺候、以上、

未九月廿二日　　田村元雄

廿三日、寛彌左衛門殿ゟ、貴様實方御舎兄大谷甲斐方、昨廿二日、就御死去御届之趣、高力式部殿（長昌、小普請組支配頭）に申達候處、御忌服半減、忌十日・服四十五日御請候様可申達旨、御同姓（田村）元長殿御忌服之儀ハ、追而御申聞可有之候旨、申來ル、同廿五日、同人ゟ又以手紙、元長殿御忌服之儀相改候處、實方伯父之御續ニ相成候故、御忌服半減、忌十日・服四十五日、去ル廿二日ゟ之積り、元長殿御請可被成候旨、申來ル、一色安藝守殿（政流、勘定奉行）に左之通御届申候、

實方兄
小普請方大工棟梁
大谷甲斐

右甲斐儀、昨廿二日夕七ッ時、病死仕候ニ付、忌服之儀、高力式部方に相伺候處、半減之忌服請可申旨、被申渡候、依之申上候、以上、

未十二月廿三日　　田村元雄

右書付、安藝守殿に指出候處、安藝守殿ゟ又御届被指出候書付、左之通、

〰〰〰〰〰〰〰〰〰〰〰〰〰〰〰〰〰〰〰〰

二〇

小普請組高力式部支配
田村元雄

右元雄儀、實方兄小普請方大工棟梁大谷甲斐、一昨廿二日、病死仕、半減之忌服請候間、來月二日迄忌中ニ罷成り候段、申聞候ニ付、製法場に不罷出、元雄詰所勝手之方ニ罷在、手傳人指引其外取〆等可心得旨、申付候様申渡候、依之申上置候、以上、

未九月廿四日　　一色安藝守

寶暦十三癸未年、

一、御扶持方手形并小普請金御免被　仰付候ニ付、手形相改、并藏宿、坂倉屋治兵衛ニ相極候事、

九月十八日、御扶持方請取手形左之通、

請取申御扶持方之事

米合拾七石五斗五升ハ、但京升也、

右是ハ、拙者儀、今度御醫師並被　召出、御證文之通、新規御扶持方三拾人扶持一生之内被下、小普請組高力式部支配（長昌、小普請組支配頭）に入候間、當未六月朔日ゟ同九月廿九日迄、日數合百拾七日分、三拾人扶持之積り、請取申所實正也、仍如件、

*十二月分請取手形

支配頭裏書の後御藏へ差出し米を受領す

寶暦十三未年九月　高力式部支配
田村元雄印
（正直、書替奉行）野呂吉十郎殿
（正央、同右）雨宮宇右衞門殿

右手形、高力式部殿ニ指出し、裏書相濟請取、御藏ニ指出し、御米請取候、十月朔日、御扶持方請取候手形、左之通、

扶持方請取手形

請取申御扶持方之事
米合四石五斗ハ、　但三拾人扶持也、
右是ハ、當未十月大之分、請取申所實正也、仍如件、
寶暦十三未年九月　高力式部支配
田村元雄
野呂吉十郎殿
雨宮宇右衞門殿

十一月御扶持米請取方ハ、十月相認候手形と同様也、

人參御用を勤むるにつき小普請金を免さる

十一月十六日、高力式部殿ゟ、明日御用之有之間、五時自宅ニ可罷出旨、以切紙申來ル、十七日、式部殿御宅ニ罷出候處、人參御用相勤候間ハ、小普（請脱カ）金指出候ニ及不申旨、被申渡候、依（正休、小普請組支配）覧彌左衞門殿（組頭）ゟ、御扶持方請取手形之儀、藏宿ニ聞合可申旨被申候ニ付、藏宿ニ聞合候處、書替所ゟ指圖ニて、十二月御扶持請取手形ゟ、左之通相認ム、

*手形裏書は毎月二日米請取は五日と極む

請取申御扶持方之事
米四石五斗ハ、　但三拾人扶持也、
右是ハ、當十二月大之分、請取申所實正也、仍如件、
寶暦十三未年十一月　人參御用相勤候ニ付勤仕並
高力式部支配
田村元雄
野呂吉十郎殿
雨宮宇右衞門殿

右之通相認請取申候、尤組頭ゟ之指圖ニて、毎月手形式部殿ニ指出し日毎月二日、御裏書相濟請取日ハ、毎月五日ニ相極申候、此文言之通、此已後相認候事、

*藏宿は坂倉屋治兵衛札差料は年一両

藏宿之儀ハ、坂倉屋治兵衛ニ相定メ、札（差）指料として壹ヶ年ニ金壹兩、尤七月貳分、暮貳分つヽ指遣候約束ニ相極申候、

*中根四郎左衞門召抱

寶暦十三癸未年十月、
一、家來中根四郎左衞門召抱候、
（田村）元雄弟大谷立佐口入を以而中根四郎左衞門召抱候、

先主は小河原大吉

御構の有無を問ひ召抱ふ

給金

寶曆十三年十一月

此者、先主ハ市谷御門外小河原大吉殿ニ相勤罷在候處、此度此方江召抱候ニ付、右大吉殿江、用人中迄長崎榮助ゟ、此四郎左衞門儀、御障も無之哉之旨、以手紙申遣候處、障無之條相聞候ニ付、彌召抱、給分左之通相極、十一月、此方江引移申候、

壹ヶ年給金八兩　　壹ヶ月三人扶持

尤當未年宛行之儀ハ、十月ゟ十二月迄三ヶ月分、月割金貳兩・米八斗八升五合相渡し、此方江引移ニ付、外金貳分合力金遣ス、

右伺書、寛彌左衞門殿（正休、小普請組支配組頭）江指出候處、式部殿江進達被致候由、

*引込日數書付

*病氣忌中に依る引込日數の書上

寶曆十三癸未十月廿二日、

一、元雄（田村）引込日數書付、伊丹權太夫殿（康命、小普請組支配組頭）江出ス、

伊丹權太夫殿ゟ、病氣幷忌中ニて引込候日數書出候様申來ル、依之、左之通書付指出候、

高力式部支配
田村元雄

私儀、當未六月、被　召出、同七月朔日ゟ病氣ニ罷在引込、同七日、病氣快出勤仕候後、九月廿二日、實方兄大谷甲斐、病死仕、十月二日迄忌中ニ罷在、同三日ゟ出勤仕候、

右之外、病氣・忌中・看病斷仕候儀無御座候、以上、

未十月廿二日　　田村元雄

拝領地願につき伺書

支配頭宛伺書

製法所近邊に屋敷地拝領を願ふ

寶曆十三癸未年十一月、

一、拜領地仕度伺書、高力式部殿（長昌、小普請組支配頭）江指出候、

奉伺候覺

私儀、今度被　召出、其上朝鮮種人參御用被　仰付、毎日飯田町製法所江罷出相勤申候、夫付、居宅遠方ニ而ハ自然と手後ニ相成申候、罷成候御儀ニ御座候ハヽ、製法所最寄ニ而、相應之屋敷地被下置候様仕度之趣、願書指上申度奉存候ニ付、此段奉伺候、以上、

未十一月　　田村元雄

*進獻御用として手製人參差出を命ぜらる

寶曆十三癸未年十一月、

一、御進獻御用ニ付、元雄（田村）、此度手製之朝鮮種人參掛目五兩目指出可申旨、被　仰渡候ニ付、則掛目五兩目差出申候、

沐浴して製法し掛目五両目を差出す

右人參可指出旨、十一月七日、於製法所一色安藝（政沆、勘定奉行）守殿被　仰渡候、依之、日々沐浴して製法仕、十一月廿日、掛目五兩目一色安藝守殿に指出ス、

人参判鑑差出

朝鮮種人参座出來につき判鑑差出を命ぜらる

寶暦十三癸未年十二月、

一、人參判鑑指出ス、

高力式部殿（長昌、小普請組支配頭）ゟ以廻狀、此度朝鮮種人參座相立、來ル二日ゟ相渡り候、依之、別紙寸法書面之通相認、來ル十三日迄、銘々判鑑自宅に可被指出旨、下書相添申來ル、尤朝六半時ゟ四時迄相渡候間、判鑑爲持取ニ可遣候、尤相渡候翌日ゟ六十日置、半兩宛相渡候、但、小普請之分も、渡候翌日ゟ百五十日置、半兩つゝ相渡候由申來ル、依之、判鑑左之通相認、高力式部殿へ出ス、

判鑑一色政沆に宛て差出す

（朱書）「紙幷寸法ハ程村十二切也、」

（朱書）「同五寸壹分程」

小普請組高力式部支配 田村元雄家來 判鑑◯中根四郎左衞門 （朱書）「かね尺二寸五分程」

---

*人参製法御用につき諸入用金を給はる

寶暦十三癸未年十二月十五日、

一、元雄（田村）儀、人參製法御用ニ付、諸入用金壹ヶ月三兩宛被下置候旨、被　仰渡候、

高力式部殿（長昌、小普請組支配頭）ゟ申達御用之儀有之候間、押付自宅に可被罷越旨、以切紙申來ル、則式部殿御宅に罷出候處、左之通以書付式部殿被　仰渡候、

田村元雄

*月に三両

諸入用金一ヶ月三兩つゝ、

右朝鮮種人參仕上ヶ爲手入、製法場に詰切相勤候ニ付被下旨、松平右近將監（武元、老中）殿被仰渡候付、申渡候、爲御禮御老中方不殘、板倉佐渡守（勝清、側用人）殿、若年寄衆西丸共、不殘今日中可被參候、

*御禮廻り

十二月十五日

右金子、當十二月分請取、

*薬種を拝領す

寶暦十三癸未年十二月廿三日、

一、藥種拜領被　仰付候、

十二月廿二日、高力式部殿（長昌、小普請組支配頭）ゟ申達御用之儀候間、明廿三日朝五時以前、十德着用、自宅に可被相越

旨、以切紙申來ル、同廿三日朝五時、式部殿御宅
に罷出候處、以書付左之通被　仰渡候、

高力式部支配
田村元雄

御薬種被下候、半井大炊頭（成高、典薬頭）方ニ而可相渡候間、請
取候様可申渡旨、松平攝津守（忠恆、若年寄）殿、以御書付被
仰渡候ニ付、申渡候、

十二月廿三日

典薬頭半井成高より請取

十二月廿四日、今大路道三（壽國、典薬頭）老・半井大炊頭殿ゟ、
御薬種、廿六日朝六ッ時より四時迄之内、大炊頭
方ニ而相渡申候間、取ニ可被遣旨、以廻状申來ル、
依之、廿六日朝、長持爲持請取ニ指遣し、請取申
候、薬種目錄左之通、

拝領薬種目錄

目錄

日本種

玄參　二十七匁　　桔梗　百二十七匁
知母　二百二十匁　　黄柏　百七十七匁
當歸　三十六匁　　川芎　三十四匁
大黄　二十匁　　荊芥　三百四十七匁
前胡　四十五匁　　大棗　六十三匁
莪朮　百十六匁　　鬱金　八十五匁
木香　十匁　　牛膝　百九十匁
三稜　七十二匁　　葛根　十六匁
紫菀　二百四十匁　　連翹　七匁
烏梅　二百九匁　　枳殼　七十匁
紅花　三匁　　菊花　十匁
茵蔯　三百十六匁　　薄荷　三十八匁
木通　十二匁　　伊吹蓬百三十九匁
天門冬五十匁　　胡荽　三百六十匁
（威）葳靈仙三十四匁　　益母草二百五十八匁
王不留行五十匁　　牡丹皮百五匁
呉茱萸二十匁　　地骨皮十六匁
酸棗仁二十匁　　桑白皮十八匁
芍薬　六百八十匁　　薏苡仁九十四匁
紫蘇子百匁　　茴香　三匁
羌活　十八匁　　地黄　三匁
藜蘆　九匁　　イノント三匁
山査子八十五匁　　槐花　百九十八匁
（別種）槐花　五十四匁　　（別種）山査子二百九十二匁
忍冬　百四十七匁　　稀薟　三百四十七匁
紫蘇　（二嚢）一貫百三十匁　　香薷　（同）九百三十三匁

唐種

中國種

沙參　百八十九匁　貝母　二十一匁
白朮　四十五匁　白芷　九十六匁
蒼朮　百五十匁　防風　二十匁
地楡　百七十六匁　藁本　百十匁
木瓜　十六匁　蘄艾　二百二十匁
百部根百四十三匁　呉茱萸百三十匁
苦楝子二百四十三匁　白何首烏三十九匁
紅何首烏五十七匁　江南大青二十一匁
枳實　三十四匁　補骨脂二十一匁
枳殼　百七十七匁

朝鮮

秦艽　十二匁　山茱萸　三十目
黄芩　百五十六匁

都合七十四味

*支配頭宛願書

朝鮮種

*二十八日聽許の旨傳達さる

五節句月次御禮を許さる

組頭へ伺ふ

願書差出を指示さる

寶暦十三癸未年十二月廿八日、
一、(田村)元雄儀、五節句・月次御禮被　仰付候、
最初五節句・月次御禮願度旨、伺書筧彌左衛門殿(正休、小普請組支配組頭)に指出置候處、十一月廿(日脱カ)、彌左衛門殿ゟ以手紙、
先達而被相伺候五節句・月並登　城　御目見願書、

寶暦十三年十二月

早〻可被指出旨申來、尤案詞相添來ル、則願書左之通、本紙并寫貳通合三通、筧彌左衛門殿に(田村)元長持參候處、急成事、且、相支配ニも知人無之故、彌左衛門殿指圖ニて、壹通ハ以元長ヲ高力式部殿(長昌、小普請組支配頭)に指出ス、寫貳通ハ彌左衛門殿へ出ス、

奉願候覺

私儀、爲冥加五節句・月次御禮之節、登　城仕、
御目見仕度奉願候、以上、

寶暦十三未年十一月　田村元雄書判

高力式部殿

右願書指出し置候處、十二月廿八日、高力式部殿ゟ、申達御用之儀有之候間、押付自宅に可被罷越旨、以切紙申來ル、則卽刻式部殿宅に罷出候處、以書付左之通被　仰渡候、

高力式部支配
田村元雄

右五節句・月次御禮願之儀、松平右京太夫(輝高、老中)に申上候處、可爲願之通旨被仰渡候ニ付、申渡候、
尤、爲御禮、右京太夫殿に計今日中可被參候、

十二月廿八日

年始御禮を許さる

伺書

*正月三日年始御禮登城を許されたし

年頭御禮につき願書提出を伺ふ

枳朮丸獻上を願ふ

*御禮の節枳朮丸を獻上したし

十二月六日付願書

*十二月晦日支配頭より傳達

寶暦十三癸未年十二月晦日、

一、元雄、年始御禮被　仰付候、

最初十一月廿六日、伺書、左之通筧彌左衛門殿（正休、小普請組支配組頭）に指出ス、

奉伺候覺

年頭御禮罷出候様仕旨（度脱カ）、願書指上申度奉存候、尤其節者、先達而獻上仕候枳朮丸、獻上仕度奉存候、依之奉伺候、以上、

未十一月　田村元雄

十二月、伊丹權太夫殿（康命、小普請組支配組頭）ゟ以手紙、先達而奉相伺候年頭御禮被致度願書、本六日迄ニ可被指出旨、案詞指添申來ル、依之、左之通相認、本紙ハ高力式部殿（長昌、小普請組支配頭）に以元長（田村）指出、寫貳通り伊丹權太夫殿に指出ス、

奉願候覺

小普請組高力式部支配

寶暦十三未年六月廿四日、町醫師ゟ被召出、御醫師並被　仰付、御扶持方三拾人扶持被下置、人參御用被　仰付、小普請組高力式部支配ニ罷成、同年七月廿八日、御目見願之通被　仰付、其節御藥獻上仕候、

高三拾人扶持　田村元雄

私儀、爲冥加來申正月三日、年始御禮登　城仕度奉願候、以上、

寶暦十三未年十二月六日　田村元雄書判

高力式部殿

奉願候覺

私儀、年始御禮之儀奉願候、願之通被　仰付候ハヽ、從先規枳朮丸指上來候間、前ゝ之通獻上仕度、此段奉願候、以上、

寶暦十三未年十二月六日　田村元雄書判

高力式部殿

右貳通り之願書、各本紙者式部殿に以元長指出し、何も寫し貳通りつゝ伊丹權太夫殿に指出ス、

十二月晦日、高力式部殿ゟ申達御用之儀候間、今八時、十徳着用、自宅に可被相越候旨、以切紙申來ル、則式部殿御宅に罷出候處、左之通被　仰渡候、

高力式部支配
田村元雄

年始御禮竝に献上のこと許さる

*製法所詰の日割につき届く

*植村政辰は月に十二日晝夜詰

*元雄は月に十八日晝夜詰

右願之通、來正月三日、年始御禮罷出候樣、且又、其節伺之通、御藥枳朮丸可指上旨、松平右(武元、老中)近將監殿、御附札ヲ以被仰渡候ニ付、申渡候、尤爲御禮、今日中右近將監殿に可被參候、

十二月晦日

元雄の製法所詰の日割

一色政沆より申渡さる

見習醫師の判鑑の事

人參渡方の事

老中宛一色政沆届書

寶暦十三癸未年十二月晦日、

一、(田村)元雄儀、製法所に相詰候日割被　仰渡候、

最初九月朔日人參製法相初り候ゟ、只今迄、製法所に日勤罷出候處、今日一色安藝守殿(政沆、勘定奉行)ゟ植村左源(政辰、駒場御藥園預)次・田村元雄方に、以切紙被申聞候ヽ、各製法所に被相詰候日割之儀、別紙之通、昨日右近將監殿(松平武元、老中)に御届申上置候間、其旨可有御心得候、一、元雄老に申達而、見習醫師判鑑指出置、療用之節請取申度願之儀、右近將監殿に相伺候處、勝手次第判鑑指出させ置、人參渡方之儀ヽ、申聞候度ゝ病躰承糺、百五十日置之日割を以相渡可申旨、被仰渡候間、可被得其意候、以上、十二月晦日

未十二月廿九日、右近將監殿へ上ル、

人參製法所に植村左源次・田村元雄相詰候日割申上候書付

一色安藝守

朝鮮種人參製法所に植村左源次・田村元雄相詰候儀、生根製法之內ヽ兩人共相詰候得共、中製法も出來仕候ニ付、左源次義ヽ、駒場御藥園預り本役之方重之儀御座候間、壹ヶ月之內十二日、晝夜共製法所に相詰、殘る十八日ヽ、御藥園御用相勤候樣可爲仕候、元雄義ヽ、製法御用ニ付被　召出候儀ニ御座候間、詰切ニも可仕候得共、左源次御藥園に相詰候內、壹ヶ月十八日、晝夜共製法所に相詰、殘る十二日、其外病用等も可有之ニ付、右之通製法所に相詰候樣可爲仕候、則日割左ニ申上候、

申正月ゟ

二日三日　七日八日　十二日十三日　十七日十八日　廿二日廿三日　廿七日廿八日　但、晝夜共、　植村左源次

同斷、

朔日　四日五日六日　九日十日十一日　十四

日十五日十六日　十九日廿日廿一日　廿四日
廿五日廿六日　廿九日晦日　同斷、　田村元
雄
右之通、兩人製法所に相詰候樣可申渡奉存候、依
之申上置候、以上、
　未十二月

*年始登城し枳朮丸獻上
*元長朝鮮人筆談を許さる
*朝鮮通信使來聘につき觸書
*筆談內容の制限
*我國を嘲る筆談もあり
*無用なる雜事の筆談を禁ず
*筆談の節は役人立合ふ

寶暦十四甲申正月三日、
一、元雄(田村)登　城、枳朮丸獻上、
　登城　御目見仕、枳朮丸貳百粒獻上仕候、尤　若(徳
　君樣(川家基)にも枳朮丸貳百粒獻上仕候、

寶暦十四甲申二月七日、
一、元長(田村)、朝鮮人筆談被　仰付候、
　寶暦十四申年朝鮮來朝(人脱カ)に付、御觸左之通高力式部(長昌、小普請組支配頭)
　殿ゟ申來、
　朝鮮人に詩作贈答幷筆談等に罷出候者、一通り之
　對話之趣意相認候儀、且古來より二儀兩説之疑敷
　所なとを談、或風雅を贈答仕候樣成事も不苦候得
　共、一分之學力を自負之ため異國をなぢり、彼國
　之事を尊ミ候とて我國をあざけり候樣成筆談等、
　第一國躰を不辨筋違候樣に相見付、林大學頭方(信言)に
　而も、詩作贈答計にて、筆談等も決而仕間敷段、
　堅申付來候、依之、此度出席之もの共に、右に準
　し、詩作之唱和も格別、國躰を心得違候樣成無用
　之雜事筆談不仕樣可相心得候、尤右筆談幷詩作唱
　和之度々役人其席に立合、不洩樣に取集、林大學

*支配頭へ伺ふべき旨指示さる
筆談は許されたる者の外なり難し

頭方ニ不殘指出候筈ニ候、且又、筆談之儀相願候者之外給仕等ニ罷出、又ハ相願難罷出者共ハ、筆談出席之者など相頼候而、詩文贈答仕來候者も有之様相聞候、此儀も、猶以如何成事ニ候間、相願候人數之外も、詩作贈答堅仕間敷事ニ候、

右之趣可被相觸候、

正月

*支配頭宛伺書

(田村)元長儀、朝鮮人ニ筆談仕度儀ニ付、内々一色安藝(政沆、勘定奉行)守殿ニ指出候書付、左之通、

一色政沆宛元雄願書
元長の筆談を願ふ
*願書差出を指示さる

奉願候覺

朝鮮人來朝ニ付、私悴元長儀、數年承度儀有之候由、依之、可相成御儀ニ御座候ハヽ、筆談爲仕度奉存候、元長願之通被　仰付被下候様、於私奉願候、以上、

未十二月　田村元雄

*支配頭宛願書
一色政沆宛元長願書
疑問あるに依り筆談を願ふ

奉願候覺

朝鮮人來朝ニ付、何卒私儀、數年疑敷事共筆談(以脱カ)を相尋申度奉願候、願之通被　仰付被下候ハヽ、難有奉存候、以上、

未十二月　田村元長

寶暦十四年二月

右書付一色安藝守殿ニ指出候處、内御伺も有之候處、高力式部方ゟ申出候様ニと之由、安藝守殿ゟ被　仰渡候、依之、式部殿ニ伺書左之通相認、寛(正休、小普請組支配組頭)彌左衛門殿ニ指出ス、

私悴　田村元長

右元長儀、朝鮮人來聘ニ付、數年疑敷事共朝鮮之醫師ニ筆談仕度旨、願書指出申度奉存候、此段奉伺候、以上、

申正月　田村元雄

右伺書指出置候處、寛彌左衛門殿ゟ、先達而被相伺候御同姓元長殿、朝鮮人ニ筆談被致度願書可被指出旨、案詞指添以手紙申來ル、卽願書左之通相認、高力式部殿ニ元長を以指出ス、寫貳通寛彌左衛門殿へ出ス、

奉願候覺

實子惣領　田村元長

右私悴惣領田村元長儀、此度朝鮮人來朝之節、數年疑敷事共朝鮮之醫師ニ筆談仕度旨相願候、依之、其節指出申度奉願候、以上、

寶暦十四申年正月廿四日　田村元雄書判

筆談なしたき廉の書上を命ぜらる
組*頭宛口上書
筆*談につき説明
筆談なしたき箇條
植方
生方
花色
實
根拔取
對*談と同意
製法
氣味主治
種類
龍骨
組頭より筆談のこと不詳につき説明を求めらる

寶暦十四年二月
高力式部殿
又彌左衛門殿ゟ右願書指出候ニ付、筆談被致候儀何ゝ、と申ケ條書、別紙ニ被相認可被指出旨申來ル、依之、別紙左之通相認、願書ニ相添指出ス、

覺

一、人參植方之儀ニ付、疑敷事、
一、人參生方之儀ニ付、承度事、
一、人參花色之儀ニ付、疑敷事、
一、人參實を收候儀ニ付、疑敷事、
一、人參根拔取候儀ニ付、承度事、
一、人參製法數ゝ有之候ニ付、尙又承度事、
一、人參氣味主治之儀ニ付、承度事、
一、人參種類御座候ニ付、承度事、
一、龍骨之儀ニ付、古來諸說御座候ニ付、承合申度事、

右之通御座候、尤此外詩作贈答并日用藥種之儀も、少ゝ宛筆談仕度儀共御座候、此段悴元長相願申候、以上、

申正月　田村元雄

右願書并別紙指出置候處、寛彌左衛門殿ゟ、願書

文言之內、筆談と申儀も如何躰之義ニ候哉、委細書付可差出旨被申聞候間、左之通口上書相認、(寛)彌左衛門殿へ指出し申候、

口上書

先達而指出候私悴元長朝鮮之醫師江筆談爲仕度願書ニ相認候筆談と申儀、朝鮮人も異國人故、言語ニてハ難相通候間、筆談と相認申候、惣而詩作贈答等も皆筆墨を以而相認、朝鮮人江爲見候得も、朝鮮人も其意を得心仕、又彼方ゟも筆墨を以而右之挨拶を仕候儀ニ御座候間、筆談と申も、對談と申も意味同樣之義ニ奉存候、以上、

申正月晦日　田村元雄

二月六日、高力式部殿ゟ元雄方江、申達御用之儀候間、明七日五時、十德着用、自宅江可被相越候旨、以切紙申來ル、依之、同七日、式部殿御宅江元雄罷出候處、左之通以書被(付脱カ)仰渡候、

高力式部支配　田村元雄
實子惣領　田村元長

右悴元長儀、此度朝鮮人來聘ニ付、朝鮮之醫師江筆談仕度旨、松平周防守殿(康福、老中)江相伺候處、御同

對馬藩の指圖を請ふべし

*筆談許可のこと通達ありや
對馬藩書記役の紹介を一色政沆に願ふ
*書記役の紹介を求む

願書

*對馬藩家老返書
書記役に懇意の者なくては筆談に實なし

*未だ通達なし
*藩邸への來訪は構ひなし
*書記役を紹介す
政沆對馬藩家老へ書狀を送る

人御附札を以宗對馬(義暢)方申談、指圖次第可致旨、
申渡候樣被　仰渡候ニ付、依之申渡候、尤爲御
禮今日中松平周防守殿に計可被參候、

二月七日

右願之通被　仰渡候ニ付、對州書記役に取入度ニ
付、一色安藝守殿(政沆)相頼申候趣、左之通書付ニいた
し、安藝守殿に指出申候、

私儀、同右願之通、此度朝鮮之醫師に筆談仕候
樣、就夫、對州役人中に申談、指圖次第可仕旨
被　仰渡候由、高力式部(長昌)被申渡候、兼而及承候
も、對州書記と申候掛り役人に知ル人ニ相成置
候而筆談仕候得も、得と書記ゟ相頼、筆談も表
面一通りニ無御座、良醫も無心置筆談仕候由、
左も無之候而ハ、旅館取込ニも有之、答ニ不詳
儀も有之旨ニ御座候間、右書記に近付ニ相成置
申度奉存候、何卒對州役人中に御聲被爲懸被下
候樣、此段奉願候、以上、

申二月　　　　　　田村元長

右書付指出候處、安藝守殿ゟ對州家老古川大炊以
手紙、小普請組高力式部支配御醫師勤仕並田村元

雄悴田村元長儀、今度朝鮮之醫師に筆談致度旨相
願候ニ付、右支配高力式部方ゟ松平周防守殿(康福、老中)に相
伺候處、別紙之趣御附札を以被　仰渡候段、式部
ゟ被申渡候由、其元へも被　仰渡御座候哉、承度
存候、夫ニ付、右掛り書記役中に前廣ニ元長掛御
目度由、拙者方迄申聞候、幾日頃指遣可申候哉、
掛り役人中姓名承度候間、乍御六ヶ敷御報被　仰
聞可被下候、右元長儀、拙者方に兼〻心安罷越候
ものニ付、此段御內〻御頼申候旨、二月八日、被
仰遣候處、古川大炊ゟ返書ニ、高力式部殿御支配
御醫師田村元雄老御子息元長老、此度朝鮮醫に筆
談有之度被相伺候處、伺之通被　仰渡候由、對馬(宗義暢)
守へも右被　仰渡有之候哉、就夫右掛り書記役中
に前廣ニ元長老御對談有御座度由ニて、委細被
仰下候御紙上之趣承知仕候、元長老儀ニ付、未何
之被　仰渡も無御座候、此方屋敷に御越之義、何
時も指支無御座候、御勝手ニ存候、役人共に可申
付置候、尤御越之節も、別紙名前之者共御掛合可
申候條申來り候由、安藝守殿ゟ右貳通之寫し御見
せ被下候、

中原狩野介　樋口留右衛門
橋邊豐左衛門　加城仁左衛門

元長儀、對州屋敷江罷越、書記役橋邊豐左衛門江對談いたし、尤罷出候節、書記之者壹人召連出度存候、如何有之候哉、不苦儀ニ候哉之旨相談候處、其義ハ朝鮮人到着之節、信文役・裁判役之者江御掛合可然之旨申聞候、其外人參之義も對談致候ニ付、左之通書付安藝守殿江指出候處、朱書之通以御下札被　仰渡候、

口上

此度私儀、朝鮮之醫師江筆談仕候人參之儀ニ付、此方ニ朝鮮種人參御座候趣、申出候而も不苦哉之旨、此間對州之書記役橋邊豐左衛門江相尋候處、此人參之儀、先年對馬守方ゟ朝鮮江被致所望、貰請獻上ニ相成候間、此方ニ朝鮮種人參有之儀、秘する儀ニも無御座旨、右書記役申候、乍去、此方ニ有無之儀、先不申樣兼而ゟ相心掛罷在候得共、右書記役申候趣ニ御座候得𪜈、其席問答之樣子ニより、此方ニ朝鮮種人參も有之段申出し候而も不苦哉と奉存候ニ付、依之申上置候、以上、（朱書）「書面朝鮮種人參之儀、先方ゟ尋も有之候ハヽ、申出し不苦候、此方ゟ申出し候儀ハ無用ニ可被致候、」

二月十五日　　　　田村元長

二月十六日、朝鮮人本願寺江着、依之、同十九日、本願寺江罷越、本願寺住居之方之玄關江參り、對州裁判役江逢度申込候處、裁判役罷出候ニ付挨拶申、扨拙者義、書記之者壹人召連出申度候、不苦候哉之段申候得𪜈、隨分不苦條裁判役申聞候、依之、同廿日、書記石金多仲召連致出席候、其日𪜈於本堂致應對、其後ハ良醫之望ニて、直ニ良醫之部屋江參り致筆談候、

寶暦十四甲申年二月廿八日、

一、元雄（田村）、阿蘭陀人對談被　仰付候、

高力式部（長昌、小普請組支配頭）殿江指出候伺書、左之通、尤以元長（田村）を伊丹權太夫（康命、小普請組支配組頭）殿江指遣ス、

例年當月廿日頃𪜈、阿蘭陀人參申候、就夫、藥草・藥木幷功能之儀、阿蘭陀（人脱カ）江對談仕度奉存候、依之願書指上申度奉存候、此段奉伺候、以上、

申二月　　　　田村元雄

*書記役姓名書
*朝鮮人より質問あらば構ひなしとの回答
元長藩邸を訪ひ書記役と談ず
筆談に書記を召連れること
*二月十六日朝鮮人來著
*十九日元長旅宿本願寺へ赴く
人參につき對談の故に政流に伺ふ
*書記の召連れを許さる
*二十日筆談に出席
元長口上書
*良醫とその部屋にて筆談す
筆談の節我國に朝鮮種人參のありしこと申出て然るべきか
對馬藩書記役は構ひなしとす
*阿蘭陀人對談を許さる
*支配頭宛伺書
*阿蘭陀人對談を願ふにつき伺ふ

*薬草薬木の功能
願書差出の指示を受く
*褒美を賜はる
支配頭宛願書
*十六日登城
*元雄は野州人參買上の勤功に依る
*元長は製法精勤に依る
*御禮廻り
對談を許さる
長崎屋源右衛門宅にて對談
*伊勢神宮代參を命ず

伊丹權太夫殿ゟ以手紙、先達而被相伺候阿蘭陀人對談之義、願書被指出可申旨、案詞指添申來ル、依之、左之通本紙壹通、高力式部殿ニ元長を以指出し、寫貳通權太夫殿へ出ス、

奉願候覺

例年當月、阿蘭陀人罷越候、夫ニ付、薬草・薬木并功能之儀、右之節阿蘭陀人ニ私儀對談仕度奉願候、以上、

寶暦十四申年二月　田村元雄書判

高力式部殿

二月廿七日、高力式部殿ゟ、申達御用之儀候間、明廿八日五時、自宅ニ可被相越旨、以切紙申來ル、同廿八日、式部殿御宅ニ罷出候處、以御書付左之通被仰渡、

阿蘭陀人罷越候節薬種之儀對談仕度願、松平周防守(康福、老中)殿ニ相伺候處、可爲伺之通旨以御附札被仰渡候、依之申渡候、爲御禮周防守殿ニ計可被參候、

二月廿八日

右ニ付、長崎屋源右衛門宅ニ折々罷越、阿らんだ人ニ致對談候、

寶暦十四甲申年三月十六日、

一、(田村)元雄・(同上)元長、御褒美被下置候、

高力式部殿(長昌、小普請組支配頭)ゟ元雄方ニ、三月十五日、以切紙、御用之儀有之候間、明十六日五時、十徳服沙(紗)小袖着用、御城ニ可被罷出候、尤爲御請、今日中自宅ニ可被相越旨、被申越候、則式部殿ニ御請ニ罷出申候、同十六日、登　城仕候處、去歳野州表人參御買上御用相勤候ニ付、爲御褒美銀七枚被下置旨、若年寄衆御侍座、御老中松平右近將監(武元)殿被　仰渡候、

元長儀も、朝鮮種古人參仕上出精仕、格別骨折候ニ付被下之旨、於製法所一色安藝守(政沆、勘定奉行)殿被仰渡候、爲御禮元長儀、松平右近將監(武元、老中)殿・松平攝津守(忠恆、若年寄)殿・田沼主殿頭(意次、側衆)殿・白須甲斐守(政賢、小納戸頭取)殿・松下隱岐守(昭永、小納戸頭取)殿ニ罷越候、

寶暦十四甲申年四月、

一、勢州太神宮ニ爲代參、中根四郎左衛門指遣候、

中根四郎左衛門を以代參爲致、御初尾金百疋指上

病氣平愈の願掛け御禮
*公儀へは病氣と届く
一色政沆の健康も祈願す
中根四郎左衞門道中入用金
*野州出張道中金等の請取過ぎ分の返納
*返納米手形
四月二十二日江戸發
五月二日參宮
六月十三日歸著
一色政沆へ御祓進上
元長も内々參宮す
*京大坂に廻る
*旅扶持分

寶暦十四年四月

ル、是ハ去歳六月中、元雄（田村）病氣之節、平愈之願相掛ケ、早速病氣平愈候ニ付、爲御禮此度代參爲致候、且又、去冬一色安藝守殿（政沆、勘定奉行）御病氣後、御不丈夫ニ付、爲御祈禱御初尾金百疋指上ル也、右四郎左衞門道中入用金相渡高、左之通、

合金五兩

内

三兩貳分ハ、道中人馬代・宿代等諸入用金、

三分ハ、　旅扶持代、

三分ハ、　合力金、

〆

四月廿二日、江戸出立、東海道中勢州江、五月二日、參宮、夫ゟ自分勝手ニ付、京都江相廻り、歸路木曾道中、六月十三日、江戸歸着、依之一色安藝守殿江も御祓致進上候、

右四郎左衞門義勢州江出立ニ付、元長（田村）儀も參宮之事存立、此節表向ニ相成候而ハ願も不相叶事之由ニ付、極内々元長妻歌江計前日ニ談置、廿二日出立、品川ゟ父母方江以口上書、勢州江出立之旨申越、四郎左衞門と一同參宮仕、夫ゟ京・大坂江相廻り候ニ付、跡ゟ元長路用金大坂表迄爲指登、元長方江落手、歸路木曾道中四郎左衞門と一同、六月十三日、江戸歸着致候、尤公儀前ハ病氣之由申置、極内々家來之外ハ親類江も一切不相知せ候事、

寶暦十四甲申年四月、

一、去未秋野州表江罷越候節、道中金幷旅御扶持方請取過之分、返納仕候、

米壹石壹斗・金五兩貳分、御金藏幷御藏江致返納候、手形幷請取、且又、高力式部殿（長昌、小普請組支配頭）ゟ御斷、左之通、

覺

旅御扶持方請取高
日數三十日分
一米三石　　小普請組
高力式部支配
田村元雄

内

去未八月十一日、出立、
同廿九日、歸府、　日數拾九日

此米壹石九斗　但、一日壹人五合宛、
拾人扶持一倍之積、

殘日數十一日分
米壹石壹斗　返納之分

右ハ、去未年、朝鮮種人參爲御用、野州・奥州筋江罷越候節、旅御扶持方書面之通請取過有之候ニ

五月分扶持方の内より返納

付、當五月分御扶持方之内を以返納爲致候間、右之段、御藏奉行衆に御斷可被下候、以上、

寶暦十四申年四月　高力式部

一色安藝守殿（政沆、勘定奉行）
石谷備後守殿（清昌、同右）
安藤彈正少弼殿（惟要、同右）
牧野大隅守殿（成賢、同右）
小野日向守殿（一吉、同右）
伊奈半左衛門殿（忠宥、勘定吟味役）
古坂與七郎殿（達經、同右）
上遠野源太郎殿（興吉、同右）
柘植五郎左衛門殿（守清、同右）

支配頭を經て勘定奉行へ差出す

右手形、御勘定方ゟ下書貰、式部（高力長昌）に指出し、式部殿ゟ御勘定奉行衆に被指出、聞届相濟、當五月分御扶持米之内引落、被請取候ニ付、御藏書替所ゟ、左之通請取手形參申候、

藏奉行返納米請取手形

請取申返納米之事

請取高三石　但、日數三十日分、拾人扶持一倍之積り、
米合壹石壹斗ハ、　但、京升也、
此日數十一日分、請取過返納之分、

右是ハ、御自分、去未年、朝鮮種人參爲御用、野州・奥州筋に被相越候節、旅御扶持方書面之通請取過有之候ニ付、返納ニ成候、依之、此度請取候當五月分御扶持方之内を以上納ニ差次、御藏に納申候、但、御勘定所添狀を以如件、

寶暦十四申年四月廿六日

花木傳次郎（正等、淺草藏奉行）印
本山彌太郎（正峰、同右）印
中野藤十郎（定候、同右）印
比留七右衛門（正信、同右）印
多田與八郎（秀一、同右）印
山寺治兵衛（信興、同右）印
磯谷新三郎（富政、同右）印
藤井千四郎（篤延、同右）印
押田吉次郎（勝久、同右）印
前田八右衛門（定候、同右）印
飯嶋惣左衛門（之房、同右）印
窪田助左衛門（勝安、同右）印

田村元雄殿

*御金奉行宛返納金手形

上納申金子之事

寶暦十四年四月

人馬賃分
*奥醫師宛諭書
*一色政沆持參し示す
御金奉行返納金請取手形
*國産人參の由來
人馬賃分
*徳川吉宗朝鮮より輸入し試作せしむ
*朝鮮産に替る所なし

寶暦十四年五月
金五兩貳分　　後藤包
右ハ、寶暦十三〔未〕申年、朝鮮種人參買上爲御用、
野州・奥州筋江罷越候節、爲人馬賃三十日分、
去未七月、拂方御金藏より請取候處、十一日分
請取過ニ成候ニ付、書面之通返納申所、仍如件、
寶暦十四申年四月　　田村元雄印
久間左兵衛殿（成美、元方金奉行）
臼井吉之丞殿（護都、同右）
村上善五郎殿（師秀、同右）
久野平四郎殿（孝助、同右）
右書付金子指添指出候處、請取手形左之通來ル、
請取申金子事
金五兩貳分ハ、　　後藤包
右ハ、去未年、朝鮮種人參買上爲御用、野州・
奥州筋江罷越候節、人馬賃相渡候處、請取過之
分上納、仍如件、
寶暦十四申年四月十八日　久野平四郎印
村上善五郎印
臼井吉之丞印
久間左兵衛印

田村元雄殿

寶暦十四甲申年五月廿三日、
一、人參之儀ニ付、田沼主殿頭殿（意次、御側御用取次）ゟ奥醫師衆江御渡被成
候書付、
五月廿三日、主殿頭殿ゟ奥醫師衆江御渡被成候御
書付寫、人參掛り之事故、爲心得一色安藝守殿（政沆、勘定奉行）江
御渡被成候由、尤御觸と申ニハ無之候得共、望候
者も有之候ハヽ勝手次第爲寫取候樣ニ被　仰渡候
旨、安藝守殿、製法所江御持參被成候、御見被成
候ニ付寫し置候、左之通、
一、藥種之儀、都而外國産を多く用ひ來り候内、人參
ハ殊更用方多き品ニ候處、日本ニハ至而拂底故、
末ゝニおゐて容易ニ難相用、依之病氣不得本〔復〕腹者
不少ニ付、御國ニ出來可致候ハヽ、此上もなき御
救之御事故、
有徳院（徳川吉宗）樣甚御世話有之、對馬守（宗義誠）を以朝鮮國江人參種
御所望被遊、日本ニて御作らせ、其功能御ためし
有之候處、全朝鮮之産ニ不相替、其上孫種・孫ゝ
種ニ到り候而も日本之種ニ不歸、朝鮮種・日本種

之様子素人之見候處も分明ニ有之候、依之何卒澤山ニ作り出し、末〻之者迄も無殘所御救可被遊と彼是御世話有之候得共、作り馴さる故哉、難生、或ハ實生し候而も枯候而増長もか取兼候處、種〻御世話有之、
（徳川家重）先御代も御趣意ヲ御繼被遊、追〻　公儀之御世話を以此節ニ到り、漸世上江及候程ニも相成候事ニ候、尤只今迄少〻つゝ致流布來り候所之功能、朝鮮ゟ持來り候品ニ相替事無之儀も、處〻ためし多く候、然ルニ、末〻之醫者此品を用候事を嫌ひ、却而、功能薄く其用ニたらさるよし申觸候族有之、又至而懇望致す者も候段粗風聞候、右之通年來之御世話をもどき候輩も、畢竟藥店之者共と引合候而、譯等も有之哉之様ニ相聞候、勿論御醫師共も右之趣意を兼〻心得罷在候事故、下〻ニ而右躰之心得違候而も、世上人氣之指支ニも相成間敷候事ニ候得共、若萬一御醫師之内ニも此旨心得違有之ニおゐてハ、以之外之儀ニ付、右末〻醫師共藥店ヲ引合有之哉之趣、爲念各〻心得申達置候、既ニ先達而廣東人參暫通用候處、醫師共宜旨を申用ひ來り候、右之品も異國之贋藥種ニ候段及露顯、御國禁被（寶暦十三年）仰出候、此度も長崎江相渡り候呂大經と申者、近來渡り候者共之内ニも勝レ候醫術之由、右大經申候ニも、廣東人參ハ別段之種生ニて、人參之用ニもあたらさる旨詳ニ申候、藥品功能之眞僞を不辨、重〻御ためし有之たる品を、下〻ニおゐて評する儀も有之間敷事ニ候得共、畢竟怪き醫業之者藥店ニ引合、渡世同様之事故、しひて貪着ニ不及、御醫師之面〻、深き御救之　思召通り、猶致勘辨相心得居候様ニ可被致候、

寶暦十四甲申年六月十三日、明和ト改元被　仰出候、
右改元被　仰出候ニ付、今十三日、元雄（田村）登　城仕候、

明和元甲申年六月、
一、門人福間元齋、療用人參請取候様被　仰付候、
福間元齋、人參判鑑願書左之通相認、一色安藝守（政沆、勘定奉行）殿江指出ス、

細川越中守醫師（重賢）
肥後熊本住居福間元齋

右元齋儀、私門人ニ而御座候、此者朝鮮種人參療

*贋物なること露顯す
植付を奬勵す
漸次流布す
*御救の趣意を心得べし
功能薄き由を唱ふ者あり
*六月十三日明和と改元す
*改元につき登城す
藥種屋と馴合ふ者か
*門人福間元齋療用人參請取を許さる
奥醫師を戒む
*一色政沆宛元雄伺書
廣東人參

元齋療用に人參を願ふ
遠國につき入手不自由なり
*添口上書
*火浣布
人參座より購ひたし
*廣嶋伊勢の山中にて火浣布に成るべき石を見出す
*本草學の妄説
*石にて織ること蘭書に見ゆ
田沼意次より許さる
人參座へ判鑑を差出すべし
*門人平賀源内布に織り香敷を拵ふ
*西洋にても珍品の由
*蘭語にてあみあんでゆす
火浣布香敷の獻上

治ニ遣申度奉存候、尤國許邊鄙之場所故、人參も勝レ而不自由ニ御座候間、人參相用度病人御座候ても不叶儀共多く、勿論江戸表遠國之事故、相求候儀も、指掛り候療治之度〻ニも手ニ及不申候、依之、相成候儀ニ御座候ハヽ、何卒上人參掛目三拾兩程・並人參掛目三拾兩程・肉折掛目拾兩程・細鬚掛目拾兩程、人參座ゟ相求置、療用ニ仕度候、代料之儀ハ、人參請取候當日相納候積りニ御座候、右相用切候ハヽ、又〻追〻請取候樣ニ仕度旨、私方迄相願候ニ付、此段奉伺候、以上、

六月　　　　　　田村元雄

右願書、一色安藝守殿江指出候處、左之通被仰渡候、

書面福間元齋願之趣、田沼主殿守〔頭〕殿（意次、御側御用取次）江申達候處、人參座江判鑑爲指出、入用之節買請候樣可申渡旨、被　仰聞候間、其段可被申渡候、

明和元甲申年六月、

一、火浣布香敷貳つ獻上仕候處、珍敷品を指上、御滿悅被遊候旨被　仰渡候、

火浣布香敷貳つ指上候ニ付、添口上書左之通、

以口上書申上候

火浣布之儀ハ、異國ニ而も甚珍物と仕、中華之書籍ニも重寶仕候由見江申候、或香敷等ニ仕、垢付候時ハ火中ニ入燒申候、尤手垢・墨・油等付候節ハ、燒候得ハ卽時ニ垢去り、布ハ別條無御座候、私儀、七ヶ年以前九州江採藥ニ罷越候節、安藝國廣嶋領之山中幷伊勢山中ニも此石を見當り申候處、火浣布ニ可成石と相見江候ニ付、採歸申候、尤此石、種類二三種御座候、藝州之產ハ色少〻薄青く、或潔白なる品も御座候、大石を打割り申候得ハ、其石間ゟ多く出申候、本草等ニハ、火鼠之毛、又ハ火山之艸木之皮を取、織候由出申候、然共、皆妄説ニて御座候、此物元來石ニ而織候儀ハ、紅毛國之書ニも詳ニ出居申候、此度私門人平賀源内と申者、織方相考布ニ仕、香敷ニ相拵申候、蠻國ニも甚稀なる樣子、阿蘭陀通詞共申聞候、蠻語ニ阿ミあんでゆすと相唱申候由、ケ樣に稀なる品此國ゟ出申候間、何卒入　御覽申度奉存候ニ付、生石一箱幷

生石竝に香敷を獻上す

*拜領朝鮮人參種繁茂するにつき懇望の者へ讓渡したし

將軍滿悅の旨を傳へらる

*一色政沆より許さる

諸州藥品考を田沼意次に差出す

意次元雄の實見せし藥品の書上を命ず

*人參實相對讓渡を願ふ者あるにつき伺ふ

諸州藥品考と題し差出す

九月に所載の藥品の有無等の取調諸國に命ぜらる

所持の人參實の讓渡を許さる

香敷貳つ指上申候、以上、

申六月　　　　　　　田村元雄

右火浣布香敷并生石書付共、一色(政沆、勘定奉行)安藝守殿に指出候處、御城に御同人ゟ被指上候處、以安藝守殿を、珍敷品を指上、御滿悅被遊候旨、被　仰出候、

明和元甲申年六月、

一、諸州藥品考一册、田沼(意次、御側御用取次)主殿頭殿に指出ス、

田沼主殿頭殿ゟ御內意ニ而被仰聞候も、貴殿只今迄諸國ニ而見當り候珍敷藥品之儀、先達而一色(政沆、勘定奉行)安藝守方に被指出候書付も有之候得共、尙又無殘書付可指出旨被仰候ニ付、珍物共不殘相認一册ニ致し、諸州藥品考と致名目、主殿頭殿に指出候處、申九月、一色安藝守殿・土山(紀時、勘定組頭)甚十郎殿御掛り被仰付、御領も御代官、私領も地頭に申付、有無之實否相糺候樣ニと之儀ニ付、諸國に御吟味ニ相成申候、

明和元甲申年七月、

一、人參實懇望之者に指遣、并野州今市邊ニ而相對渡し之事、

最初、先年(田村)元雄拜領仕候朝鮮種人參實、年々養育仕候處、段々繁茂仕、當年も實付も餘程相見候、就夫、所々ゟ人參作り立、行々御買上ニも指出申度旨ニ付、實貰申度條申者有之候間、私所持之人參實指遣申度奉存候、尤人數之儀、追而可申上旨書付致し、一色(政沆、勘定奉行)安藝守殿に指出し相伺候處、伺之通可仕、尤人數之義も追而可申上旨、被仰渡候、

(下野日光)今市町三郎兵衛并(下野鹽谷郡)矢板村小左衛門ゟ讓渡之儀ニ付、伺書左之通相認、一色安藝守殿に指出ス、

濱町白崎清六一所
助三郎

淺草三谷町
半左衛門

下谷金杉五町目
甚左衛門

右も、日光今市町三郎兵衛ゟ書面三人之者共に、人參實千粒讓請度旨願出申候、

神田花房町
市兵衛

右も、野州矢板村小左衛門ゟ書面之市兵衛に、人參實貳千五百粒讓請度旨願出申候、

右之通野州今市三郎兵衛・同國矢板村小左衛門ゟ書面之四人之者共、人參實相對を以代料指遣讓請度旨、願書指出、并人參實持主三郎兵衛・

明和元年七月

*人參實植ゑさせ御用に立たせたし

小左衛門ゟも讓渡度旨、願書指出申候、願之通讓請候様可爲仕候哉、奉伺候、以上、

申八月　　田村元雄

一色政沆返答

右伺書指出候處、以御附札左之通被仰渡候、

書面之趣、主殿頭殿（田沼意次）江申達候處、當年者最早蒔付候用意も致候上者、願之通爲讓渡、向後者實讓請之儀ハ難相成間、其旨可申渡旨被仰聞候條、可被得其意候、

當年のみ許し以後なり難し

申八月

元雄所持分讓渡につき届く

右之通伺相濟候ニ付、相對讓渡之義者夫〻申渡、手前江貰度旨致懇望者共江者少〻つゝ呉遣候ニ付、左之通以書付御届、一色安藝守殿江指出し申候、

*人參實遣せし者の書上

口上書

口上之覺

拝領朝鮮人參實増長につき所々蒔付させたし

當時、朝鮮種人參段〻世上江賣出し申候、然處、私先年御實拝領仕候ニ付、蒔付置候處、次第ニ増長仕、當年之實凡千粒程も可有御座候、夫ニ付、所〻ゟ人參實蒔付御買上被　仰付候ハゝ、指上申度旨、尤何も地面所持仕候者共、且又、別紙書面人數之内ニ者、日頃諸草木植方手入功（マヽ）者之者も多御座候ニ付、地面之宜場所持候者幷功（マヽ）者之者共江者多分ニ相渡、いまた植方等不手習レ者共江ハ少〻つゝ呉遣シ、人參實爲植付、御用立セ候様仕度奉存候、此外、日光道中今市宿三郎兵衛幷野州矢板村小左衛門方ゟも讓請、蒔付申度旨願出候者共も御座候、依之前書ニ申上候拝領之御實、夫〻江呉遣、今市宿幷矢板村ゟ讓請候もの共ハ其通り爲仕、植試之上、行〻手入之仕方等をも覺、追年御用相勤候様仕セ度奉存候間、別紙書面之者共江、夫〻割賦仕指遣申候、依之御届申上候、以上、

申七月　　田村元雄

（朱書）「別紙」朝鮮種人參指遣候者共名前

實貳拾粒　牛込肴町　太兵衛

同断　小石川諏訪町　茂右衛門

同断　吉兵衛

同貳拾五粒　下谷廣小路　林藏

同断　谷中三崎　右平次

同断　鐵炮町　丸屋　治兵衛

同断　神田花房町　市兵衛

同貳拾粒　幸田友之助方ニ罷在候、　千葉陽生

*都合六百八十粒

*日光今市三郎兵衛より譲り請けたき者

*下野矢板村小左衛門より譲り請けたき者

*日光表人參買上御用出張は植村政辰と隔年になる

*政辰等人參買上御用出張を命ぜらる

同断　篠山吉之助(光官)家來中井五郎右衛門弟　中井辨藏

同五拾粒　朝鮮種人參座　岡田治助

同貳拾五粒　増(上)長寺領巣鴨村　彌三郎

同貳拾粒　高田村　惣兵衛

同断　大久保村　久兵衛

同三拾五粒　(武藏荏原郡)馬込領上目黑村　市之丞

同貳拾粒　(同右)六郷領御園村　惣左衛門

同貳拾五粒　武州橘樹郡上菅生村　新兵衛

同貳拾粒　同國多麻(マヽ)郡眞光寺村　藤四郎

同断　兵藏

同断　同國同郡小川村醫師　小川東磻

同断　(香取郡)下總國中村鄕士　彌次郎

同貳拾五粒　(匝瑳郡)同國大浦村　平山藤右衛門

同断　彌惣

同断　(香取郡)同國佐原村醫師　藤友齋

同貳拾粒　常陸國筑波郡中嶋村　一長

同貳拾五粒　上總國天羽郡相野谷村　佐次右衛門

同断　同國障子谷村　外記

同五拾粒　上總國周准郡下湯江村鄕士　田中吉太夫

明和元年七月

同拾粒　上州(マヽ)郡舘村領近藤醫師　早川三益

〆六百八拾粒

日光今市三郎兵衛方ゟ譲請度旨申出候者共

名前

濱町白崎清六一所　助次郎

同千粒　淺草三(山)谷町　半左衛門

金杉五丁目　甚左衛門

野州矢板村小左衛門方ゟ譲(ユツリ)請、幷前書ニ私

方ゟ指遣度旨相認候、

同貳千五百粒　神田花房町　市兵衛

〆三千五百粒

合人數三拾貳人

右之通御座候、以上、

申七月　田村元雄

明和元甲申七月十八日、

一、野州日光表御買上人參之儀、植村左源次(政辰、駒場御藥園預)と格(隔)年ニ可

被指遣旨、被仰渡候、

一色安藝守(政沆、勘定奉行)殿ゟ以御書付、左之通被仰渡候、

御勘定　宇治鄕藏(陳定)

＊一色政沆宛元雄伺書
＊仲庵は善光寺宿に居住
＊邊鄙の故に人參に不自由す
＊人參座より請取り療用に充てたし
元雄製法所繁忙につき出張を免さる
＊福間元齋の先例あるに依り許されたし
門人青山仲庵療用人參の請取を許さる
＊田沼意次より許さる

明和元年七月

駒場御藥園預り
植村左源次

當秋、朝鮮種人參御買上爲御用、野州・奥州筋ニ被指遣候間、可被得其意候、

御普請役
名和善五郎
製法所上手傳
森下直右衛門
畠中正右衛門
同所並手傳
高橋市左衛門

其方共儀も、右同爲御用被指遣候間、其旨可相心得、

申七月十八日

右之通今日於製法所申渡候間、可被得其意候、其元儀ハ、當時製法所人參之品も多、其上當秋御買上ヶ之人參根、早速製法ニも被取懸候事故、當年ハ不被指遣候、來年ゟハ左源次(植村政辰)代り合、隔年ニ可被指遣候間、可被得其意候、依之申達置候、已上、

明和元甲申年七月廿一日、

一、門人青山仲庵儀、療用人參請取候樣被　仰渡候、

青山仲庵、人參判鑑指出度願、左之通書付ニ致し、一色安藝守(政沆、勘定奉行)殿ニ指出、相伺候、

口上之覺

私門人醫師青山仲庵と申者、信州道中善光寺宿ニ居住仕場所ハ不及申、近郷邊迄療治出精仕候、依之病用ニ人參相用度儀も平生御座候得共、遠路邊鄙之場所故、自由ニ相求候儀も難仕、自然と不任心底、醫術之功も無御座候由、此節御當地ニ出府仕罷在、奉願候、何卒相成儀ニ御座候ハヽ、直印鑑指出置、一度ニ五三兩目つゝも人參座ゟ相調、於在所療用ニ相用ひ、勿論遣候ハヽ、又ゝ五三兩目程宛も其度ゝ相調申度旨、私方迄同人願出申候、夫ニ付、私門人福間元齋奉願、願之通被　仰付候先格(本年六月ノ條ニアリ)も御座候間、右仲庵願之通被　仰付被下候ハヽ、於私難有可奉存候、依之願書相添奉伺候、以上、

申七月

右伺書指出候處、左之通御附札を以而被仰渡候、

七月廿一日、

書面青山仲庵願之趣、田沼主殿頭(意次、御側御用取次)殿ニ申達候處、人參座ニ判鑑爲指出、入用之節買請候樣可申渡旨、被仰聞候間、其段可被申渡候、

下野今市に借地し人參作立を許さる
今市宿清藏をして所持地に人參を作立させたき旨願ふ
*地代等を定む

一色政沆宛伺書
三年前に日光井桁屋茂右衛門に拜領人參實を植ゑさす
約定年期迫る
*元雄病用等の節元長製法所に詰むこと命ぜらる
新に借地し植付けたし
*植村政辰出張につき元雄一人詰切となる故の措置
*一色政沆より伺ひ許さる
今市町清藏諾す

明和元甲申年八月、
一、野州今市ニ而借地仕、人參作り立候様被　仰付候、
去秋元雄（田村）儀、今市江罷越候節、今市宿清藏江、其方
地面之內當分借請、朝鮮種人參作立世話致し貰度
旨、致對談候處、承知之旨清藏申候ニ付、此度右
借地人參植立願之儀、左之通伺書一色安藝守（政沆、勘定奉行）殿江
指出ス、

口上之覺

先年拜領被　仰付候朝鮮種人參實貳千貳百粒、
三ヶ年已前午年（寶曆十二年）九月、日光本町井桁屋茂右衛門
と申者江、午年ゟ來ル戌年迄四ヶ年季ニ相極、
預ヶ置爲植付申候、右之者年限も相立候得𪜈、
尙又其已前引拂之場所、兼而用意等も仕置申度、
旁此度今市ニ而地面借請、人參實少〻預ヶ爲植付
候様仕度奉存候、依之奉伺候、以上、

申八月　　田村元雄

右伺書指出候處、伺之通可仕旨、安藝守殿被仰渡
候、
依之、今市町清藏方江借地之義申遣候、尤秋今市
江參候節、荒增清藏江及對談置候間、又候此度申
遣候處致承知、則花段（壇）拵候由、尤此方ゟ人參種八
拾七粒指遣申候、仍而清藏方ゟ地代等極候事、左
之通書付指越候、

實蒔御植場入用覺

一、地面　三拾坪　地代壹ヶ年ニ貳百文つゝ、
一、實蒔花段（壇）　壹　但、長六尺・巾貳尺五寸、杉皮雨覆、人足手間諸色入用、　代五匁

右之通入用書付指上申候、以上、

申九月　　今市町　清藏

明和元甲申年八月晦日、
一、元雄（田村）儀、無據病用等之節𪜈、元長（同上）代り合製法所江相
詰候様被　仰付候、
此度植村左源次（政辰）儀、野州・奧州筋江人參買上御用
ニ付罷越候ニ付、元雄製法所へ詰切ニ相成候間、
元長代合之儀、安藝守（一色政沆、勘定奉行）殿ゟ被相伺候處、伺之通可
仕旨被仰渡候條、可得其意段、一色安藝守、於製
法所ニ被仰渡候、安藝守殿江被指出候伺書面、爲
心得寫被遣候、文言左之通、

一色政沆伺書

*吹上添奉行へ人參製法傳授を命ぜらる

*花壇の者六人へも命ぜらる

元雄病用等の節元長の製法所詰を伺ふ

*傳授に差あり添奉行は殘らず花壇の者は沸熟以外

製法所手傳の異動

*神田紺屋町に拜借地を許さる

*藥草場に使ひたし

*火除明地五六百坪あり

明和元年九月

申八月廿七日、（松平忠恆、若年寄）攝津守殿ニ良阿彌を以上ル、同晦日、上村政（利安、奥右筆）次郎を以御下ケ、承付、右近將監殿（松平武元、老中）御分共良阿彌（原田、同朋頭）を以上ル、

田村元雄製法所ニ詰切相成候儀ニ付申上候

書付

書面之通可仕旨被　仰渡奉畏候、一色安藝守
申八月

田村元雄
同人悴
田村元長

去未八月十六日、
製法所手傳被仰付候、

右元雄儀、植村左源次（政辰、駒場御薬園預）人參御買上御用相仕廻罷歸候迄ハ、製法所ニ晝夜詰切相勤申候ニ付、無據病用、又ハ自分病氣之節ハ、製法所手傳をも被　仰付相勤候儀御座候間、悴元長代り合爲相詰候様可仕候哉、此段奉伺候、以上、

申八月

明和元甲申年九月、

一、製法上手傳松井千藏儀、長病ニ付御暇被下置、並手傳高橋市左衞門を上手傳ニ被　仰付、新規ニ加藤彦八御抱入、並手傳被　仰付候、

加藤彦八誓詞之儀、申十月九日、去秋手傳誓詞之通、尤其連名之次ニ名・印形・血判取認候、誓詞濟候而ゟ製法之爲手傳候、

明和元甲申年九月、

一、吹上添奉行高月政右衞門（政敦）・金子彦八郎（賅富）・高月内藏丞（則忠）三人ニ、人參製法手授（傳）可仕旨被　仰付、

添奉行衆三人ニ製法手授（傳）可仕旨、於製法所一色安（政沆、勘定奉行）藝守殿被　仰渡候、尤御花段（壇）之者六人も右添奉行衆代り〳〵召連、製法所ニ可被罷出候間、製法手授仕候様ニ被仰渡候、折節政右衞門殿病氣ニ付、（十月十六日卒）内藏丞殿も看病引ニ付、彦八郎殿計御花段（壇）方被召連、製法所ニ被罷出候間、段々致傳授候、尤添奉行衆ニも沸熟迄不殘手傳（傳授）いたし、御花段（壇）方ニも沸熟之儀計傳授不致候、尤此旨一色安藝守殿ニ以書付御屆申上置候事、

明和元甲申年九月廿五日、

一、神田紺屋町三町目明地、拜借地被　仰付候、

紺屋町明地之義拜借仕、薬草植場ニ仕度旨、最初内々主殿頭殿（田沼意次、御側御用取次）ニ、神田紺屋町三丁目火除明地、當時五六百坪程も明居申候、何卒可相成儀ニ御座候

拝借地出願につき田沼意次の内意を伺ふ

一色政沆添書*

意次の内意に依り一色政沆に出願す

ハヽ、當分之内拝借地ニ仕、薬草等指置申度奉存候、尤御用之節ハ、御下知次第早々取拂候様可仕候、願出候而も不苦候半哉之旨、相伺候處、可相成筋合ニ候間、此方不存分ニて願出候様ニ、主殿頭殿御内意被　仰候ニ付、一色安藝守殿(政沆、勘定奉行)に左之通願書指出候處、御内伺有之、高力式部殿(長昌、小普請組支配頭)へも一通被仰知、此願ハ一色安藝守殿ゟ御出被下候處、御添書并被　仰付候承付左之通候間、爲心得御見セ被成候條、被遣ニ付寫置、尤此方ゟ指出候願書、右明地之荒繪圖相添指出候事、

九月廿五日、承付、右近將監殿(松平武元、老中)御分共封候而、攝津守殿(松平忠恒、若年寄)に良阿彌(原田、同朋頭)を以上ル、

繪圖*

繪圖を添ふ

紺屋町三丁目明地拝借願繪圖

繪圖面之通拝借被　仰付候間、其段田村元雄へ可申渡旨被仰渡、奉畏候、一色安藝守

申九月廿五日

元雄願書

神田紺屋町三丁目、人參座ゟ東之方ニ火除明地御座候、當時五六百坪程も明居申候、何卒可相成御儀ニ御座候ハヽ、當分之内拝借地ニ仕、薬草等指置申度奉願候、御用之節ハ、御下知次第早々取拂候様可仕候、尤薬草置場之儀ニ御座候間、家作等

明和元年九月

ハ一切仕間敷候、則繪圖相添指上申候、以上、

申九月　　田村元雄

右之通、田村元雄書付指出申候、右場所ハ火除明地ニ御座候得共、薬草置場ニ仕、家作等ハ不仕儀ニ御座候間、可相成儀ニ御座候ハヽ、元雄に願之通拝借地ニ被　仰付被下候様仕度奉存候、依之繪圖相添申上候、以上、

申九月　　一色安藝守

(朱書)「願書に指添出候繪圖面」

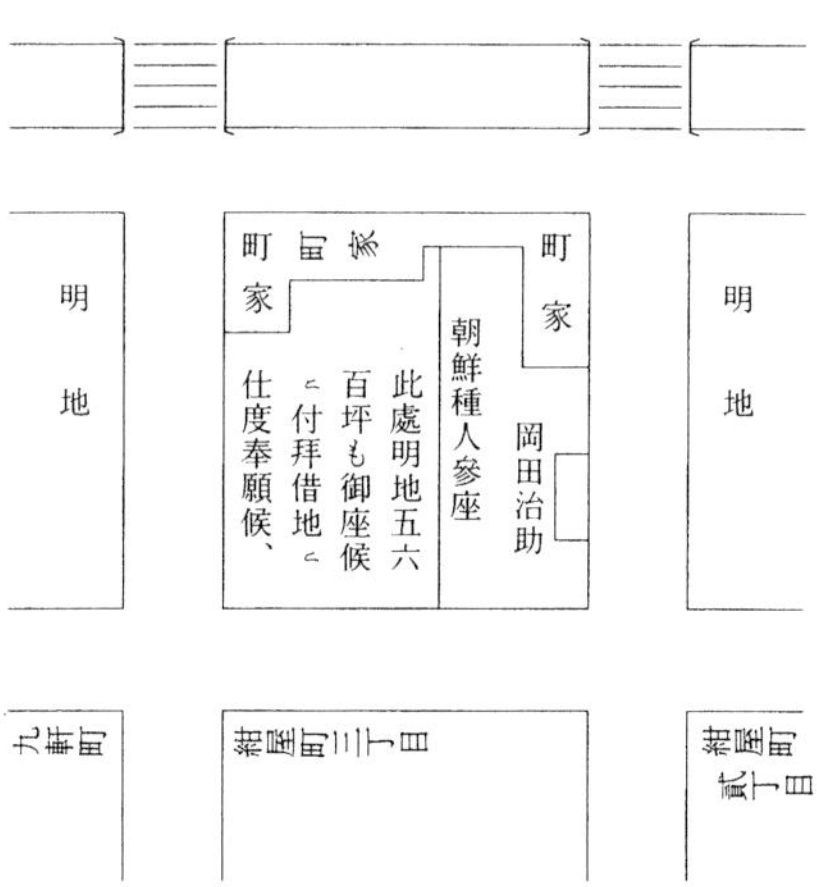

右願書指出候處、安藝守殿御承付候通、申九月廿五日、可爲願之通旨、於製法所安藝守殿被仰渡候、

九月二十九日
拜借地引渡さる

*拜借地引渡濟むにつき届く
立合者

*一色政沆支配頭組頭宛届書

依之高力式部殿ニも右之御届書伊丹權太夫殿（康命、小普請組支配組頭）へ指出ス、同九月廿八日、安藝守殿ゟ被仰聞候て、明廿九日、右拜借地依田豐前守（政次、北町奉行）方ゟ可相渡候間、家來請取ニ可被指出旨被仰下候、同九月廿九日、家來中根四郎左衛門を以、右地面請取ニ指出候處、立合依田豐前守組與力中山源右衛門・同組同心吉澤仙右衛門、土屋越前守（正方、南町奉行）組與力由比伊兵衛・同組同心外山惣三郎、町年寄樽屋與左衛門・同人手代南條次郎左衛門・奈良や（町年寄）市兵衛手代堀庄兵衛・喜（同）多村彦右衛門手代藤田九兵衛・地割樽屋三右衛門手代柴山永藏・傳馬町名主馬込勘解由・紺屋丁三丁め名主橋本彌左衛門・同貳町目名主石川勘次郎立會、間數相改候處、六百貳坪餘有之候、則四郎左衛門ニ請取候ニ付、左之通繪圖面・請取書指出し申候、尤四郎左衛門義今朝四つ時前ニ罷出、夜六時過ニ請取相濟候、

六百二坪あり

*矢來圍等入用金

○茲ニ繪圖アリ、便宜次頁ニ移ス、

拜借地請取手形

（朱書）「右繪圖面と一紙」
神田紺屋町三町目明地、此度拙者ニ拜借被　仰付、藥草置場ニ相成候間、今日各御出、間數・坪御改御渡被成、右御繪圖面之傍示（榜）杭之通無相違請取申候、爲後日仍如件、

明和元申年九月廿九日　田村元雄家來 請取人中根四郎左衛門

中山源右衛門殿

由比伊兵衛殿

申十月朔日、屆書左之通一色安藝守殿幷高力式部殿、且組頭伊丹權太夫殿・筧彌左衛門（正休）殿へ指出ス、尤、安藝守殿ニ計右坪數記候繪圖面相添出ス、

先達而藥草置場ニ拜借地奉願候處、願之通被仰付、紺屋町三町目明地六百貳坪之處、昨廿九日、依田豐前守組與力中山源右衛門ゟ私家來中根四郎左衛門ニ右地面爲請取申候、依之御屆申上候、以上、

申十月朔日　田村元雄

右拜借地請取候ニ付、矢來一式・人足手間代共入用左之通、

矢來圍一式　代金拾兩壹分餘
但、門材木・大工手間・傍示（榜）杭代共、

右拜借地被仰付候ニ付、爲御禮一色安藝守殿ニ計、鯛一折貳尾致進上候、

（朱書）
「此繪圖面末之請取書と一紙」

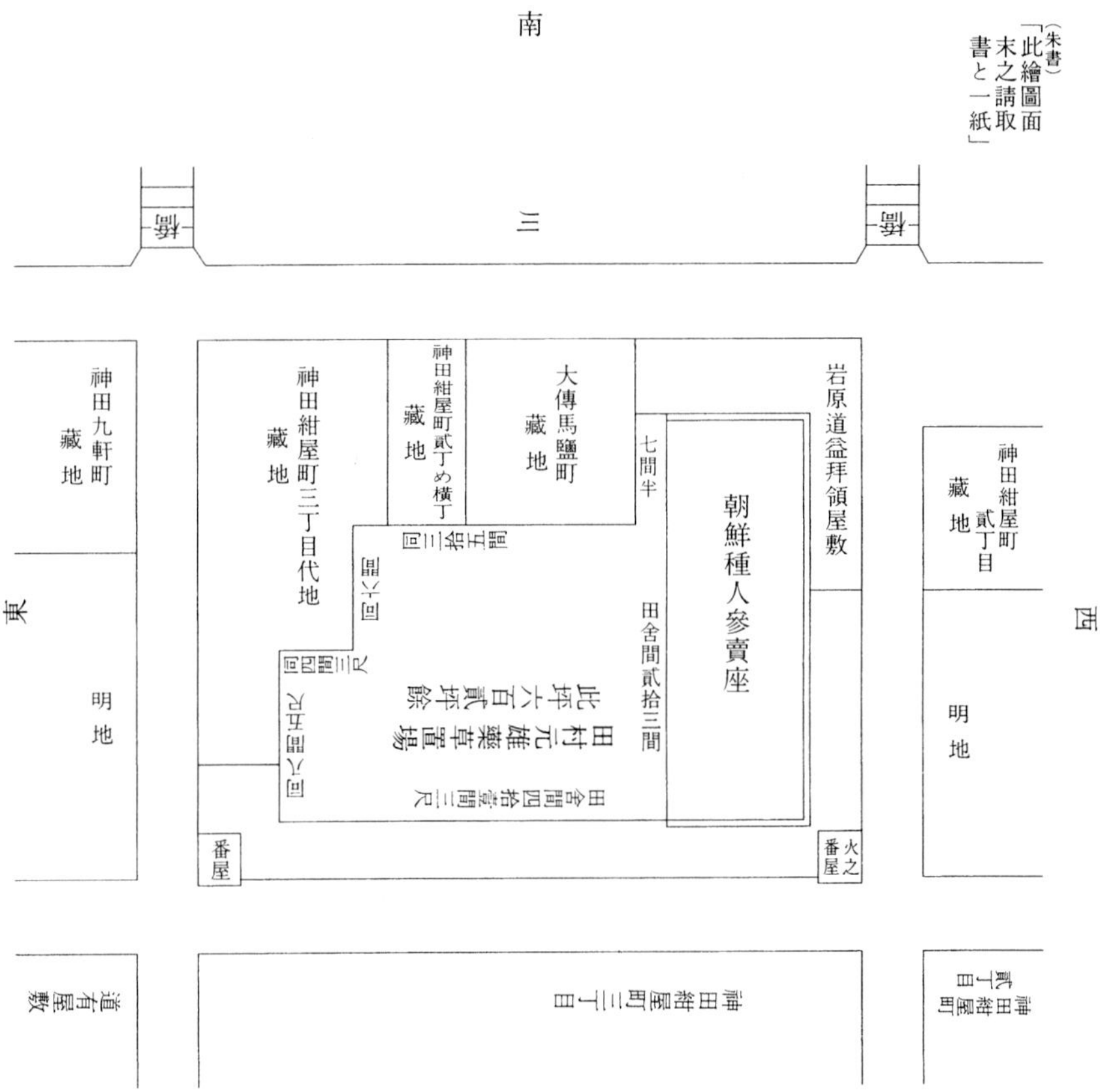

明和元年九月

裏四番町に借地住居を許さる
政沆右につき支配頭へ達す
小普請蜂屋可護拜領屋敷の內
願書差出を命ぜらる
長屋等八十兩にて買入
支配頭宛伺書
地代は年十兩
製法所近邊に住ひたし
一色政沆宛伺書
現住地神田紺屋町製法所に遠き故近邊に住ひたし
相士を以て願ふべき旨申渡さる

明和元甲申年十一月八日、

一、裏四番町蜂屋左兵衛(可護、小普請)拜領屋敷內借地住居之儀、願之通被仰付、

蜂屋左兵衛拜領屋敷裏四番町四百五拾坪之處、只今迄野田帶刀(諸成、小普請)借地住居致候處、此度帶刀自分拜領屋敷江引移候ニ付、住居・長屋共其儘賣居〔店〕ニ致度旨相聞候間、對談致し長屋幷住居・立具・疊共ニ代金八拾兩ニ相極、手附金指出し致決定置、一色安藝守殿(政沆、勘定奉行)江左之通內〻以書付申達候、尤地代之儀も、右四百五拾坪ニ付壹ヶ年ニ拾兩つゝニ相極メ、當年之處も月割ニいたし可遣約束ニ定候事、

(朱書)「表銘書」借地奉願度儀ニ付申上候書付

私儀、只今迄神田紺屋町ニ住宅仕候處、人參製法御用屋敷江程遠く、夜分出火等之節も方角難見分御座候ニ付、右御用屋敷近邊住宅仕度奉存候、幸母方遠キ由緒も御座候間、小普請組堀三六郎(直昌、小普請組支配頭)支配裏四番町蜂屋左兵衛拜領屋敷之內、當分借地仕候筈ニ對談仕候間、可相成儀ニ御座候ハヽ、右屋敷當分借地住宅仕度旨、願書指出申度奉存候、依之御內〻申上候、以上、

申十月　　田村元雄

右之書付○十月廿四日安藝守殿江指出候處、御同人ゟ、高力式部殿(長昌、小普請組支配頭)幷堀三六郎殿へも此趣元雄幷左兵衛方ゟ近〻願出可申間、早〻埒明候樣御取計可被成旨被仰達被下候間、願書早〻式部殿江可被指出旨安藝守殿被仰候ニ付、卽十月廿七日、式部殿江之伺書左之通伊丹權太夫殿(康命、小普請組支配組頭)江出ス、

私儀、只今迄神田紺屋町住宅仕候處、人參製法御用屋敷江程遠く、夜分出火等之節も方角難見分御座候ニ付、右御用屋敷近邊住宅仕度奉存候、幸母方遠由緒も御座候間、小普請組堀三六郎支配裏四番町蜂屋左兵衛拜領屋敷四百五拾坪之內南之方貳百坪之所、當分借地仕候筈ニ對談仕候間、可相成儀ニ御座候ハヽ、當分借地住宅仕度旨願書指出し申度奉存候、依之奉伺候、以上、

申十月　　田村元雄

右伺書三通權太夫殿江出置候處、十一月三日、權太夫殿ゟ、先達而被相伺候借地被致度願書、御相支配を以來ル六日可被指出旨、案詞指添へ申來ル、尤御相支配近付も無之候ハヽ、此方ゟ指圖之旨被

組頭より相士を紹介さる
*借地を許さる
なほ一人を相士に頼む
支配頭宛願書
製法所近邊に借地を願ふ
*人參耕作記の板行を許さる
*一色政沆宛伺書
*延享年中板行
*類火に依り板木等を燒く
*增補して板行したし
相士二人を以て差出す

仰、淺羽次郎(幸明)右衞門御賴可被成旨、權太夫殿指圖ニ付、淺羽次郎右衞門方に以使者右之趣願遣候處、承知之旨、尤相士無之候而も惡敷候間、此方ニて外壹人賴可申條相聞候間、十一月五日、願書左之通相認、以使者治(マヽ)郎右衞門方に爲持遣し候、尤同人方ニて八木清五郎(茂弘)を相士ニ相賴候由、

借地奉願候覺

私儀、只今迄神田紺屋町町屋敷住宅仕罷在候處、人參製法御用屋敷に程遠く、出火等之節も難見分御座候ニ付、小普請組堀三六郎殿御支配蜂屋左兵衞由緒も御座候間、右拜領地裏四番町四百五拾坪之內貳百坪借地仕、住居仕度奉願候、以上、

明和元申年十一月六日　　田村元雄書判

高力式部殿

右願書、本紙も高力式部殿當名、寫貳通組頭連名、壹通ハ權太夫殿を前ニ認、壹通ハ彌左衞門殿(寬正休、小普請組支配組頭)を前ニ認遣ス、外ニ寫し貳通相支配に遣ス、合而五通昨日淺羽次郎右衞門に遣ス、則今十一月六日、右願書式部殿へ淺羽治(マヽ)郎右衞門・八木清五郎を以指出ス、

明和元年十一月

就夫、元雄義も御用取込ニ付、以使者式部殿へ指遣置、右願書御請取相濟候得も、直御禮爲申述候、十一月八日、高力式部殿ゟ以切紙左之通申來、

御自分儀、神田紺屋町町屋敷住居候處、人參製法御用屋敷に程遠候ニ付、蜂屋左兵衞拜領屋敷之內貳百坪借地被致度願之趣承屆候之間、勝手次第借地候之樣可被致候、以上、

十一月八日　　高力式部

田村元雄殿

右ニ付、卽日、元雄義、式部殿に御禮ニ罷越候、淺羽次郎右衞門にも以手紙願之通相濟候段知せ遣候、同十一日、淺羽次郎右衞門幷八木清五郎に爲謝禮肴一折つゝ遣候、

明和元年甲申年十一月、

一、人參耕作記一册、板本ニ仕候樣被　仰渡候、

申十月、安藝守殿(一色政沆、勘定奉行)迄指出候伺書左之通、

私儀、去延享(四年)年中、人參耕作記一册板行ニ相仕立、所々懇望之者に指遣申候、然處、去ル(寶曆十年)辰年春類燒之節、右板行共燒失仕候、又候懇望之者も有之候間、此度右本書に少々增補仕、板行ニ仕度奉存候ニ付、下書壹册入御覽此段奉伺候、

申十月　　田村元雄

右書付并下書、御老中方(武元、老中)に安藝守殿ゟ被指出候處、

*支配頭宛願書

可爲伺之通旨、松平右近將監殿被仰渡候旨、安藝
守殿被仰渡候、

*大學頭より板行を免さる

元長の朝鮮人筆談板行を許さる

明和元甲申年十二月十八日、
一、朝鮮人筆談(倭韓醫談)、板本ニ可仕旨被　仰渡候、

一色政沆宛伺書

申八月、安藝守殿(一色政沆、勘定奉行)に指出候伺書左之通、

元長筆談の書物對馬藩士大學頭に出す

先達而私儀御支配に奉願相濟候悴元長朝鮮人筆
談仕候書面(物)、宗對馬守(義暢)家來ゟ林大學頭(信言)に指出し、

大學頭より若年寄へ届け板行を免さる

同人ゟ松平攝津守殿(忠恆、若年寄)に御屆書も相濟候間、板行
ニ仕候而も不苦旨、大學頭ゟ對馬守家來に被申
渡候由、以書狀元長方(田村)に申來候、就夫、世上に

人參製法の箇所を除きたし

も流布仕度奉存候間、人參等製法大切之義も文
言相除キ、其外筆談之趣貳册、此度板行ニ仕申
度奉存候、依之右板本之下書相添、此段奉伺候、
以上、

申八月　　田村元雄

政沆添書し伺ふ

願書差出を許さる

右之通書付安藝守殿に指出候處、安藝守殿ゟ添書
被致被相伺候處、伺之通高力式部(長昌、小普請組支配頭)方に指出候様ニ
可申渡旨被　仰渡候由、安藝守殿、十月廿八日被
仰渡候ニ付、高力式部殿に指出候、文言左之通、
先達而私儀奉願相濟候悴元長朝鮮人と筆談仕候
書物、宗對馬守家來ゟ林大學頭に指出、同人ゟ
松平攝津守殿へ御屆も相濟候間、板行ニ仕候而
も不苦候旨、大學頭ゟ對馬守家來に被申渡候由、
以書狀元長方に申來候、夫ニ付、世上へも流布
仕度奉存候間、人參等製法大切之義も文言相除、
其外筆談之趣貳册ニ仕、此度板行ニ仕申度奉存
候、依之右板本之下書相添、此段奉願候、以上、

申十月　　田村元雄

右之書付三通、伊丹權太夫(康命、小普請組支配組頭)殿に指出候、
十二月十七日、高力式部(長昌)殿ゟ申達御用之儀有之候
間、明十八日五時、十德着用自宅に可被相越候、
若病氣候ハヽ、右之刻限名代可被指出旨、以切紙
申來、依之十八日、元雄義式部(高力長昌)殿に罷出候處、左
之通被仰渡候、

高力式部支配　田村元雄
悴　田村元長

右元長朝鮮人と致筆談候趣貳册、此板本ニ致、

世上へも流布致度願之趣、阿部伊豫守殿（正右、老中）に相伺
候處、願之通たるべき旨松平右近將監殿被　仰
渡候、依之申渡候、尤爲御禮松平右近將監殿（武元、老中）・
阿部伊豫守殿（正右、老中）・小出信濃守殿（英智、若年寄）・松平攝津守殿（忠恆、同上）に
計今日中可被參候、

申十二月

藥品五十一種の獻上を許さる

明和元甲申年閏十二月十八日、

一、藥品五十一種獻上仕候樣被　仰渡候、
當夏田沼主殿頭殿（意次、御側御用取次）に指出候諸州藥品考之末ニ、珍
敷藥草五拾壹種ハ、當時所持仕罷在候間、御指圖
次第何時成共指上可申旨書加へ置候處、昨十二月
十七日、白須甲斐守殿（政賢、御用取次見習）ゟ被　仰達候儀有之間、一
兩日中自宅に可被參旨、以手紙申越され候間、同
十八日、元雄儀白須甲斐守殿御宅に罷越候處、先
達而被　仰出候藥品、書付之通五拾壹種何も珍敷
品ニ候間、被指上候樣ニ可被致候旨、甲斐守殿被
仰渡、藥品目錄左之通、

諸州藥品考所載にして所持の藥草

一、阿蘭陀忍冬　一、淺黃水仙花

藥品目錄

一、ヒンプル子ルレ　一、黃花檀特

一、橄欖樹　一、柞木
一、眞枸杞　一、山豆根
一、水蘇　一、油桐
一、海桐　一、朝鮮胡桃
一、ホルトカル　一、折傷木
一、雲實　一、茘枝橘
一、見腫消　一、眞黃耆
一、延胡索　一、釣藤
一、茵蕷　一、草零陵荣
一、紫參　一、水蠟樹
一、釣栗　一、白兎藿
一、土常山　一、千歳虆
一、赭魁　一、木藜蘆
一、菴蕳　一、眞續斷
一、王孫　一、仙茅
一、眞巴戟天　一、ミリンカ
一、ホツヘコロイト　一、セルテリイ
一、眞醉魚草　一、千金藤
一、眞鼠尾草　一、眞木蓮
一、水蕉　一、茉莉

明和元年閏十二月

一、樟兒細辛　一、柳穿魚
一、山礬　一、橉木
一、食茱萸　一、眞白頭翁
一、黄連

黄連は藥品考に未載の分

都合五拾壹種

但し、右之内黄連之儀ハ、最初主(頭)殿守(田沼意次)殿江指出候
書付ニも無之、此間藥園黄連植替いたし候處、澤

小石川藥園に差上げたき旨を願ふ

山有之候ニ付、小石川御藥園へ指上申度旨書付ニ
いたし、一色安藝守(政沆、勘定奉行)殿江指出候處、先達而書付出
し置候五十種と一同ニ此度指上候樣ニ被　仰渡候、
依之、都合五十壹種ニ相成候也、
右藥草之儀、植村左源次(政辰、駒場御藥園預)を相頼、白須甲斐守殿江

順次獻上す

申込、奥ゟ製法所迄請取人被指越、追々獻上仕候、

伺ひの上その外にも獻上す

尤其外ニ添藥草も少々宛相添指上申度旨、其度々
前ヶ度ニ左源次を以白須甲斐守殿江相伺、伺之通
被仰付、段々指上候品左之通、

明和二年正月に獻上の分

酉正月初而獻上之藥草
黄蓮　淺黄花水仙　延胡索　セルデリイ　ヒン
プル子ルレ　樟耳細辛
右六種

外ニ　水斗葉　薄淺黄色早咲芍藥
此二種添藥草ニ仕獻上、

三*月の分

酉三月二日獻上之品
菴蕳　橉木　紫參　眞黄耆
草零陵菜　土常山　水蘇　枸杞
菊葉黄連　ホツペコロイト　眞白頭翁　柞木
右拾貳種
外　管咲蒲公英
此壹種添(藥脱カ)草ニ仕獻上、

四*月の分

酉四月二日獻上之品
王孫　續斷　ミリンカ　釣栗　茵蕷
海桐　食茱萸　阿蘭陀忍冬　千歳虆
木蓮
右拾種
外ニ　バアベンスクウン　兩點兒菜
此二種添藥草ニ仕獻上、

五*月の分

酉五月十七日獻上之品
荔枝橘　酔魚草　水蠟樹　千金藤
見腫消　赭魁　朝鮮胡桃　雲實
白兎藿　油桐　ホルトカル

*登城御目見枳朮丸獻上

五月の分

*阿蘭陀人對談を許さる

六月の分

*支配頭宛願書

*藥品功能につき對談したし

*昨年同様許されたし

右拾壹種
外ニ　深山石竹　草生蘆薈
此二種添藥草ニ仕獻上、
酉五月廿七日獻上之品
橄欖樹　山豆根　眞鼠尾草　茉莉
柳穿魚　山礬　水焦
右七種
外ニ　山梗菜　琉球百合　使君子
此三種添藥草（ニ脱カ）仕獻上、
酉六月獻上之品
眞巴戟天　黄花壇（檀特カ）恃
右兩種
外ニ　馥草　紅花蓍草　琉球櫻蘭
此三種添藥草ニ仕獻上、

明和二乙酉歳
一、正月三日、元雄（田村）登　城、年始御禮、枳朮丸獻上、
御目見仕、枳朮丸貳百粒獻上仕候、若君様（徳川家基）にも
枳朮丸貳百粒獻上、西之御丸に罷出御禮申上候、

同二月廿四日、
一、阿蘭陀人對談被　仰付候、
阿蘭陀人對談仕度ニ付、願書左之通正月十二日、
指出ス、
奉願候覺
去春中も伺之上、阿蘭陀人參着逗留中、藥草・
藥木幷功能之儀、阿蘭陀人に對談仕候、又ゝ當
年も右ニ付、先格之通對談被　仰付候様奉願候、
以上、
酉正月　田村元雄
高力式部殿（長昌、小普請組支配頭）
右願書式部殿に壹通・組頭兩人に夫ゝ連名ニて壹
通つゝ、尤組頭にも兩通之内、壹通ハ彌左衛門（寛正休、小普請組支配組頭）を
筆頭ニして權太夫（伊丹康命、同上）連名、壹通ハ權太夫を筆頭ニし
て彌左衛門連名、舊例之通三通共ニ月番權太夫方

殿に相伺候處、願之通たるへき旨、松平右近將(武元、老中)監殿被　仰渡候、依之申渡候、

申十二月

右之通支配高力式部(長昌)ゟ被申渡候ニ付、右筆談之趣一冊ニ仕、此度板行出來仕候、然處、此度人參耕作記も此節板行出來仕候ニ付、右筆談之趣板行出來之分も御一所ニ主殿頭(田沼意次、御側御用取次)殿に御上ヶ被下候様仕度、此段申上候、以上、

酉四月　　田村元雄

右書付土山甚十郎(紀時、勘定組頭)を以て指出ス、然處、元長筆談之義も、最初式部方ゟ伺相濟候品故、式部ゟ指上可然旨相聞候ニ付、則式部殿に右之趣申込候處、式部殿ゟハ先〻ゟケ様成指上物致候例無之ニ付、式部殿ゟ半左衛門殿に、半左衛門殿ゟ右筆談之書も御上ヶ被下候様ニ被致旨被頼遣候由、依之半左衛門殿承知之上、元長筆談も半左衛門殿ゟ出候様ニ相成候、

四月廿五日、人參耕作記・倭韓醫談合貳冊つゝ土山甚十郎に頼指出、尤半左衛門殿ゟ主殿頭殿に被指出被下候積り也、然處、同廿八日、半左衛門殿

に指出ス、

二月廿四日、式部殿ゟ以切紙左之通申來ル、

御自分儀、阿蘭陀(人脱カ)に對談仕度願之趣、則松平右(武元、老中)近將監殿に相窺候處、可爲伺之通旨御附札を以被　仰渡候、依之申渡候、尤御禮之儀其外共ニ、諸事去年中之通可被相心得候、以上、

二月廿四日　　高力式部

田村元雄殿

右ニ付、松平右近將監殿に計御禮ニ罷越候、又勝手ニ付長崎奉行新見加賀守(正榮)殿に此段御屆申上、田沼主殿頭(意次、側衆)殿にも御禮ニ罷越申候、阿蘭陀人到來逗留中、度〻及對談候、

明和二乙酉歳五月十四日、

一、朝鮮人參耕作記并倭韓醫談獻上、

最初伊奈半左衛門(忠有、勘定奉行)殿、左之通書付指出候、

高力式部支配　田村元雄

悴　田村元長

右元長儀、朝鮮人と致筆談候趣貳冊、此度板本ニ致、世上にも致流布度旨、願之趣阿部伊豫守(正右、老中)

*筆談人參耕作記板行出來につき田沼意次へ獻上を願ふ

長崎奉行に屆く

*勘定組頭を經て勘定奉行へ差出す

*支配頭先例なき故勘定奉行を頼る

元雄著人參耕作記元長著倭韓醫談獻上す

*二冊勘定組頭同奉行を經て田沼意次へ指出の積り

元長朝鮮人筆談板行のこと許さる

勘定奉行老中に提出す
中*の序
上覧につき吟味本を差出すべき旨勘定奉行より命あり
終*の序
本*文
畫*
筆者畫工等姓名の書上も命ぜらる
後*序
讀*合校正人
筆者の覺
倭*韓醫談
朝鮮人參耕作記
序*
始の序
本*文

ゟ被申越候も、元雄著述之人參耕作記并元長著述之倭韓醫談、今半左衞門より松平右近將監殿・松平攝津守(忠恒、若年寄)殿江進達致し候間、其通可心得旨土山甚十郎を以被　仰越候、

四月廿九日、伊奈半左衞門殿ゟ、人參耕作記并倭韓醫談此度　上覧ニ相成候間、壹册つゝ致吟味、早々指出可申旨、土山甚十郎を(以脱カ)被申聞候、且又、右之二書共、板下相認候筆者・畫工并序秡(跋)作り候者之姓名共委細書付ニ仕可指出段、且又、半左衞門殿ゟ甚十郎を以被　仰越候、依之、二書共ニ別段板行すらせ、とぢも致吟味、壹册つゝ箱入ニ致し、筆者并畫工等左之通書付ニ致し、二書と共ニ五月十日、土山甚十郎を以伊奈半左衞門殿江指出ス、筆者之覺寫左之通、

覺

一、朝鮮人參耕作記　田村元雄著

右之書中序文作者并筆者之姓名、左之通御座候、

始之序　作者　御番醫師　藤本立泉
　　　　筆者　浪人儒者　河奈林助

明和二年五月

右朝鮮人參耕作記出來之上、讀合校正人、左之通御座候、

中之序　作者　米倉丹後守(昌晴、大番頭)出入町醫　田村元雄門人　人參御製法手傳ニも出席仕候、　福山舜調
　　　　筆者　福山舜調
終之序　作者　田村元雄
　　　　筆者　河奈林助
本文　　筆者　河奈林助
畫　　　筆者　河奈林助
後序　　作者　田村元雄悴　田村元長
　　　　筆者　田村元長

福山舜調
人參御製法並手傳人　田村元雄門人　中澤養亭

一、倭韓醫談　田村元雄悴　田村元長著

右之書中序文作者并筆者之姓名、左之通御座候、

序　　作者　浪人儒者　石金多仲
　　　筆者　石金多仲
本文　筆者　田村元長

*召抱に構ひなきや

讀合校正人

*返書

五月十四日獻上となる

*構ひなし

安田粂右衞門召抱

*給分

中根四郎左衞門長病につき暇願ひ

先主中山時壽宛居書

*御用の節御殿奥通りを許され元長と共に人參を賜はる

右倭韓醫談出來之上、讀合校正人、左之通御座
候、
（右人參耕作記〔衍〕幷倭韓）　中澤養亭
右人參耕作記幷倭韓醫談兩書之序文作者幷本文
筆者・畫工共ニ、書面之通御座候、以上、
酉五月　田村元雄
五月十四日、右之二書半左衞門殿ゟ　御上に上り
候段、土山甚十郎申聞候、

明和二乙酉歳七月、
一、中根四郎左衞門病氣ニ付、暇指遣し、爲代安田久米
右衞門召抱ユ、
四郎左衞門長病ニ仕（付）、暇願書指出候間、願之通暇
申付候、
安田久米右衞門儀及相談、先主居左之通、
中山大隅守様（時壽、寄合）　田村元雄内
（朱書）「たて狀結び狀也、」御用人中様　通見　井上喜内
一筆致啓上候、然ハ、先達而其御方様ニ被召仕候
安田久米右衞門と申仁、此度旦那方に可被相抱略
及相談候、此仁儀、於其御方様無御構御暇被下候
哉、左候ハヽ此方に召抱候様可被致之間、此段御
問合仕度、如此御座候、恐惶謹言、
七月　日　通見書判
右之通相認指遣候處、返書左之通、
中山大隅守内　今井七右衞門
貴札致拜見候、然ハ、此方相勤候安田久米右衞門
儀、其元様へ被召抱候之由被　仰聞、承知仕候、
此方何之構無之、出入等も申付候而暇之義申付候、
御相談被召抱可然と奉存候、御問合被入御念候御
儀奉存候、恐惶謹言、
七月十六日　書判
安田久米右衞門給分
壹ヶ年ニ金八兩　三人扶持
右之通相極、當年分ハ月割、六月分四兩之内二
兩取替相渡候、殘り壹兩ハ當暮迄遣候筈、

明和二乙酉歳八月二日、
一、（田村）元雄儀、　御殿奥通り被　仰付、且、朝鮮種人參三
兩拜領被　仰付、幷元長にも朝鮮種人參三兩頂戴被
仰付候、

登城を命ぜらる

八月二日登城朝鮮種人參古製三兩づゝ賜はる

御用の節奥通りを許さる

田沼意次の命

*人參買上出張を命ぜらる

御禮廻り

右につき支配頭に屆く

*御用序に藥品調査のことを意次に内伺す

*内伺濟みたるのち勘定奉行に伺ふ

屆書

*勘定奉行宛伺書

*下野黑羽領を通りたし

*人參作立の者道中變はらば申出もあらん

八月朔日、白須甲斐守(政賢、小納戸頭取)殿ゟ申達御用之義有之間、明日四ッ時、登　城可致旨、尤　御城ニ出候ハヽ、御目付衆ニ申達、御同人ニ可申込旨、以手紙申來候、依之、八月二日四ッ時、登　城、御目付衆ニ申込候處、朝鮮種人參古製三兩拜領被　仰付、又三兩悴元長ニ被下置候旨、且此已後御用之説(節)・伺等之節ハ、奥ニも被罷出候様可申達旨、田沼主殿頭(意次、御側御用取次)殿被　仰聞候間、申達條於奥表新部屋、白須甲斐守殿・松下隱岐守(昭永、小納戸頭取)殿列座ニて被　仰渡候、御禮廻り之儀ハ、田沼主殿頭殿・白須甲斐守殿・松下隱岐守殿・一色安藝守(政沆、勘定奉行)殿ニ參申候、元長儀も、御禮廻り右之通相勤候、右ニ付、支配頭ニ屆書左之通、組頭ニも銘々壹通つヽ指出候積り、附(月)番之組頭ニ貳通指出ス、文言左之通、

白須甲斐守殿ゟ、可被仰達御用之儀有之ニ付、今四ッ時頃　御城ニ可罷出旨、尤、　御城ニ出候ハヽ、御目付中ニ可申込段、以手紙被申越候、依之、今四ッ時登　城仕候處、朝鮮種人參三兩拜領被　仰付、又三兩悴元長ニ被下置旨、且、此已後御用向之節ハ、奥ニも被罷通候様可申達旨、田沼主殿頭殿被　仰聞候間、此段申達候條、於奥御廊下新部屋、白須甲斐守殿・松下隱岐守殿列座ニて、甲斐守殿被仰渡候、依之、御禮旁御屆申上候、以上、

明和二年八月

八月二日　　田村元雄

明和二乙酉歳八月四日、

一、朝鮮種人參御買上御用ニ付、野州・奥州筋ニ被指遣候ニ付、御暇被　仰付候、隨而金貳枚被下置候、

最初七月九日、當年朝鮮種人參御買上御用被　仰付候間、其通可心得旨伊奈半左衛門(忠宥、勘定奉行)殿ゟ土山甚十郎(紀時、勘定組頭)を以而被仰聞候、

此度御用旅之序ニ藥品も相糺度儀ニ付、書付田沼主殿頭(意次、御側御用取次)殿ニ内伺相濟候上、左之通伊奈半左衛門殿ニ指出候、

此度人參御買上爲御用、武州・野州・奥州筋迄も罷越申候、道中之儀ハ、千住ゟ水戸通り野州黑羽領高久邊(那須郡)ニ罷通り申度候、尤朝鮮種人參作り立所持仕候者も有之候得共、難申出差控候ものも御座候由、風聞傳承仕候、道中道を替候而

高久に磁石砂金ありと傳ふ
*伺ひを許さる
右につき故大關增備より內談あり
*陸奥にも人參植付の者あり松平賴濟の內談あるにつき意次へ內伺濟むの後勘定奉行へ伺ふ
鹽谷郡玉生に紫石英ある故見分したし
*伺書
*會津若松に人參植付の者あり
黑羽領は珍敷き藥草木あり
人參買上御用のさい步行にて村方に入りたし
*領分に藥品鑛山ある旨松平賴濟內談あり

往來も仕候ハヽ、亦〻申出候ものも可有御座哉と奉存候、黑羽領之儀ハ山道多く、殊ニ高久之近邊須瀨と申所ニハ磁石も澤山ニ有之、砂金も出候處御座候旨承傳申候、夫ニ付、大關故因幡守(增備、下野黑羽城主)も、磁石之儀ハ何卒表立見分も相濟、行〻藥店にも指出させ申度之段、兼而私にも咄被申聞置候、尤、野州鹽谷郡玉生(タマニウ)村と申所ニハ、紫石英も御座候、至而珍敷物ニ御座候故、此度御買上御用之序ニも御座候間、右磁石・砂金之場所幷紫石英之場所も見分仕、樣子申上度奉存候、往來ゟハ少〻道脇ニ而御座候、黑羽領之內ニハ深山も有之候間、其道筋珍敷藥草木之類可有御座、草木ニ不限珍敷藥品等見當申候ハ持參仕、指上申度奉存候、且又、朝鮮種人參御用之儀ハ宿場計りも不罷通、在〻村方に多入込候ニ付、無賃之人馬指出させ候而ハ村方難儀ニ罷成り候、依之、去〻年ニも賃人馬被下候樣ニ相濟候旨、其節之御掛り一色安藝守(政沆、勘定奉行)殿被仰渡候、ケ樣成例も御座候ニ付、右品〻有之候村方に罷越候節ハ、人馬等所之難儀ニ不相成樣、步行ニて罷越候樣

可仕奉存候、依之奉伺候、以上、

酉七月十一日　　　田村元雄

右之書付田沼主殿頭殿に指出候處、可爲伺之通旨申達候樣被申聞候間、其通可得其意旨、伊奈半左衞門殿ゟ被仰渡候、又、奥州ニも人參植付所持候者有之由承傳、且、內〻播磨守賴(松平賴濟、常陸石岡城主)ニ付、書付左之通半左衞門殿に指出し候、尤、是又主殿頭殿(田沼意次)に內伺濟上、表向ゟ半左衞門殿に指出し候事、

此度人參根爲御買上、奥州邊にも罷越候、夫ニ付、松平肥後守(容頌、陸奥會津若松城主)領分會津若松領町醫大塚玄養・齋藤玄良・町人山川三郎次と申者、朝鮮種人參凡大概壹萬根程植付、所持仕罷在候由、私門人目黑道琢と申者申聞候、此度御買上人參ニ付、大田原(下野那須郡)迄罷越候、同所ゟ若松迄ハ三拾里餘も御座候得共、序ニ右之場所に罷越、書面之者共所持仕候人參幷其外ニも有之候哉、根數見分仕置申度奉存候、尤、此道中往來之內、同國永沼(岩瀨郡)領主松平播磨守領地山中ニ黃連・細辛・升痲其外藥品も多、且、金銀幷銅山も有之候由、右之品〻打續出候ハヽ、往〻御用ニも相立度旨、播磨

守內〻申聞候間、是又立寄見分も可仕候哉、此
段奉伺候、以上、

酉八月　　　　　　　田村元雄

右の件見分すべきか

右之書付半左衞門殿より主殿頭殿に被指出候處、右
之場所相廻り候に付、外御入用も不掛候儀に候ハ
ゝ、可爲伺之通候、尤歸府之日數も延引に不及事
に候ハゝ其通り、若及延引可申候哉、品により表立
御老中方に御屆ヶ申候儀候間、委細書付可指出旨、
半左衞門殿被仰聞候、依之、左之通書付指出候事、

入用日數に支障なきことを申立つべき旨命ぜらる

此度人參根爲御買上奥州邊に罷越候序に、若松
領之人參見分、并同國永沼領にて藥品等見分仕
度儀に付、別段に御入用も不相掛、尤歸府之日
數もさのみ延引に及候儀も有御座間敷奉存候、
依之申上候、以上、

酉八月　　　　　　　田村元雄

入用日數に支障なし

登城を命ぜらる

八月二日、高力式部殿(長昌、小普請組支配頭)より、御用之儀候間、明三日
四時、登　城可有之候、尤、爲御請今日中自宅に
可被相越候旨、以切紙申來候、依之、即刻式部殿
御宅に御請に罷越候、八月三日、登　城仕候處、

*人參買上出張を命ぜらる

朝鮮種人參御買上爲御用、武州・野州・奥州筋に
被指遣候に付、御暇被　仰付、隨而金貳枚被下置

*金二枚賜はる

旨、於御祐筆部屋御緣がわに、松平右近將監殿(武元、老中)被
仰渡候、即日御禮廻り、御老中・若年寄・御用

*御禮廻り

掛り御側衆・伊奈半左衞門(忠有、勘定奉行)・白須甲斐守殿(政賢、小納戸頭取)・松下
隱岐守殿(昭永、小納戸頭取)・一色安藝守殿(政沆、留守居)、小普請支配頭・組頭に相
廻り候、八月三日、高力式部殿より申達御用之儀
有之候間、明四日五時、十德着用候而自宅に可被
相越旨、以切紙申來候、仍翌四日、式部殿に罷出
候處、左之通以書付被申渡候、

高力式部支配
田村元雄

*出張入用金を下さる

金六拾兩

右、御用に付野州・奥州・武州筋に罷越候付、
爲諸入用被下旨、松平右近將監殿以御書付被
仰渡候、依之申渡候、

酉八月

*金子請取手形

右に付、御金請取手形文言御勘定方承合、左之通
相認、

請取申金子之事

金六拾兩

*六十兩

內貳拾兩步判

*日光拜禮を願ふ

*願書

拂方金奉行宛

金藏より受領支配頭へ届く口上書

*先年日光出張の節拜禮せざる理由を質さる

*今市迄にて歸府十三日出立

*製法所開業が切迫

*右につき拜禮を願はず

明和二年八月

右ハ、朝鮮種人參根御買上御用ニ付、野州・奥州筋ニ罷越候ニ付、爲諸入用請取申所、仍如件、

明和二酉年八月　小普請 高力式部支配 田村元雄印

柘植又左衛門殿（永隨、拂方金奉行）
横瀬源左衛門殿（貞能、同右）
猪俣庄右衛門殿（範英、同右）

右御金請取手形土山甚十郎ニ指出し、同人、八月四日、御殿ニ持參、裏書御印共相濟、翌五日、此方ニ請取、翌六日、於御金藏ニ金子請取申候、依之、高力式部殿ニ左之通以書付相届候、

口上之覺

私儀、今度朝鮮種人參爲御用、武州・野州・奥州筋ニ罷越候ニ付、爲諸入用金六拾兩被下置、昨六日、御金藏ゟ請取申候、依之御届申候、

一、來ル十三日、江戸發足仕候、當日又々御届可申上候、以上、

八月七日　田村元雄

右届書二ヶ條之趣、式部殿指圖ニ付如此相届申候、尤三通相認、壹通式部殿ニ、二通ハ寛彌左衛門（正休、小普請組支配組頭）ニ指出、并ニ元長持參候、

日光御宮・御靈屋拜禮仕度儀ニ付、書付左之通寛彌左衛門ニ出ス、八月十三日、

奉願候覺

私儀、此度朝鮮種人參御買上爲御用、日光　御山内ニも罷越候ニ付、　御宮　御靈屋拜禮仕度奉願候、以上、

酉八月　田村元雄

右ニ付、八月十一日、高力式部殿ゟ御自分儀御用ニ付、此度日光御山内ニも罷越候間、　御宮拜禮願之儀ニ付、松平右近將監殿被　仰聞候御儀御座候、依之、只今自宅ニ可被相越候旨、以切紙被申越候、依之、式部殿御宅ニ罷出候處、先年日光ニ參候節、如何之儀ニ付　御宮拜禮不相願候哉之段、右近將監殿ゟ御尋ニ御座候、委細可申上旨、式部殿被　仰聞候、左之趣書付を（以脱カ）御答申候、

私儀、去々年御買上御用ニ罷越候節ハ、今市切ニて罷歸、日光御山内ニハ不參、其上初而製法も九月朔日ニハ相初り候儀ニ取急キ歸國之積り故、御宮拜禮不相願候、此度ハ日光御山内ニ御宮拜禮奉願候、以上、

支配頭より出立延引を指圖さる
勘定方と評議し十四日と極む
*日光御宮御靈屋獻上目錄
日光拜禮を許さる
*道中供連れ
*用人一人

酉八月　田村元雄

右願書伺かけ有之候間、明後日出立之義延引可然哉之段、式部殿被申候間、翌十二日、御勘定方に評義之上、書付を以半左衛門殿に申達し候處、然ハ、十四日出立之積りニ可致候旨相極り申候、依之、以手紙式部殿用人迄、明日出立之義延引仕、來十四日出立ニ相極申候、此段式部殿に被仰上可給旨申遣候處、式部殿ニも承知之段、返書來ル、

八月十二日晩、式部殿ゟ以切紙、御自分日光　御宮　御靈屋拜禮之儀、願之通被仰渡候、依之、右申渡之書付別紙指遣申候、被得其意、御禮廻等之儀今日中可被相勤候、尤右書付相渡候儀、拙者病氣ニ付、爲名代筧彌左衛門於拙宅被相渡候趣ニ可被相心得旨、申來ル、別紙書付左之通、

高力式部支配
田村元雄

右此度朝鮮種人參御買上御用ニ付、日光御山内にも罷越候間、御宮　御靈屋拜禮仕度旨、御用番阿部伊豫守殿(正右、老中)に以書付相伺候處、願之通拜禮仕候様可申渡旨、御同人御附札を以被仰渡候、依之申渡候、尤、爲御禮御老中方不殘、若年寄衆にも御用番酒井石見守殿(忠休)に計、且又、御懸りニ付、松平攝津守殿(忠恒、若年寄)にも今日中可被參候、

明和二年八月

八月十二日

日光御宮・御靈屋獻上目錄之義、御勘定方請合(ウケタマワリ)候處、常禮左之通相聞候ニ付、此度其通獻上物仕、

(朱書)「御宮之分」
御供代
金　百疋
以上、
田村元雄
登
(朱書)「大樂院に持參」

(朱書)「御靈屋之分」
獻上
金　百疋
以上、
(朱書)「是ハ直ニ御靈前に持參候得も、書記ゟ取次申候、」田村元雄
登

獻上臺
下ヶ札

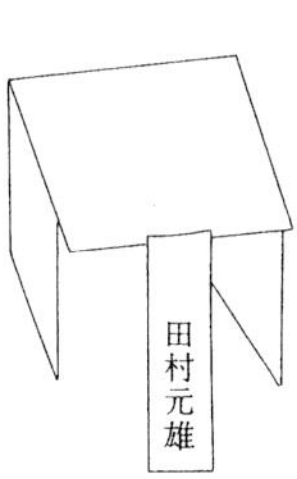

道中供連之儀、左之通

用人壹人　内井太左衛門

是者、此度道中之間雇ニ召抱に、給金貳兩相定、取替壹兩相渡し、殘り壹兩も追而相渡候積り、

十二人
*傳馬所宛書付
*馬二疋の用意を命ず
*先觸 長刀持外
*賃傳馬一疋
*賃人足十人
本馬一疋

明和二年八月

士貳人　齋藤彌門
蟹江彌門事、道中之間姓字假改〆、
尤給金無し、道中支度幷道中入用
皆此方ゟ致遣ス、

野菅半藏
是者、松平讃岐守（賴恭、讃岐高松城主）家來野菅半左衛
門事、道中假改名、是へも道中は
き物代金壹兩遣し候、

長刀持壹人　手前中間
（草履取
長柄持 兼帯壹人　手前中間
兩掛挾箱持壹人　人足持
長持貳人　同斷
茶辨當持壹人　同斷
藥草籠持壹人　同斷
合羽籠持壹人　同斷
江戸出立千住迄四人幷歸府之節
駕籠舁千住ゟ同斷、
千住ゟ道中貳人　何も雇人足
本馬壹疋　但賃傳馬
右之通召連候、

傳馬所に斷指遣候書付左之通、尤、南傳馬丁名主
高野新右衛門に遣ス、

覺

馬貳疋　内壹疋ハ、人參製法手傳人分、飯田町中坂上製法所御用屋敷に可被指越候、
右朝鮮種人參爲御用、明十四日朝六ツ時、江戸出
立に付、無間違可被指出候、以上、
酉八月十三日　裏四番丁廣小路　田村元雄印
傳馬所

先觸書付左之通、八月十三日、千住宿に爲持遣ス、
（朱書）「表目」　御用先觸　田村元雄内　内井左衛門〔太脱カ〕
覺（朱書）「半切紙程村」
賃傳馬　壹疋
賃人足　拾人　但、長持人足・駕籠人足共に、
右ハ、此度朝鮮人參御用に付、野州・奥州筋に
罷越候間、書面之人馬無滯可差出候、以上、
酉八月十三日　小普請組 高力式部支配　田村元雄印
右之通、明十四日明六ツ時、江戸出立被致候間、
書面之人馬無滯被指出、尤、此先觸早々繼送り、
留りゟ可被相返候、以上、
酉八月十三日　田村元雄内　内井太左衛門印

*植村政辰と交代詰番

泊り付

武州千住宿ゟ新宿通り常州土浦迄、夫ゟ勝倉通額田迄、夫ゟ野州黒羽迄、右宿々
問屋中
年寄

泊

十四日　小金（下總東葛飾郡）
十五日　土浦（常陸新治郡）
十六日　勝倉（同右那珂郡）

右之外も、里數積り合泊り可被相心得候、

出立刻限を支配頭に届く

十四日朝六ッ時、江戸出立致候ニ付、高力式部殿江御届書付元長持參、文言左之通、

*支配頭へ届く

先達而申上置候通、私儀、今十四日明六ッ時、江戸表出立仕候、依之、御届申上候、以上、

八月十四日　　田村元雄

右式部殿江届書三通認、壹通ハ式部殿江元長持參、貳通ハ寛彌左衛門江指出ス、

*元長交代詰番を命ぜらるにつき

元長元雄出張中の製法所詰番を命ぜらる

明和二乙酉歳八月十三日、
一、元長（田村）儀、人參製法所江詰番被　仰付候、最初植村左源次（政辰、駒場御薬園預）ゟ、元雄留守中元長と代り詰番致度義、伺書被指出候由、八月十三日、伊奈半左衛門（忠宥、勘定奉行）殿ゟ左之通以書付被仰渡候、

田村元長江

此度元雄（田村）人參御用ニ被罷越候留守中、是迄元雄被相詰候通、左源次（植村政辰）と代り合製法所江可被相詰候、尤右之趣主殿頭殿（田沼意次、御側御用取次）江伺之上、右近將監殿（松平武元、老中）・攝津守殿（松平忠恒、若年寄）へも御届申上申達候儀ニ候間、可被得其意候、

酉八月

右ニ付、高力式部殿（長昌、小普請組支配頭）（江脱カ）届書、左之通指出シ候、

此度元雄人參御用ニ罷越候留守中、是迄元雄相詰候通ニ、元長儀植村左源次と代り合製法所江可相詰旨、尤右之趣田沼主殿（頭殿脱カ）江伺之上、松平右近將監殿・松平攝津守殿江も御届申上、被申達候儀候間、可得其意旨、伊奈半左衛門殿ゟ昨日元長江被仰渡候、依之御届申上候、以上、

酉八月十四日　　田村元雄
　　　　　　　　田村元長

右之通三通相認、壹通ハ式部殿江、貳通ハ寛彌左衛門（正休、小普請組支配組頭）江元長持參、是ハ元雄出立届指出候節、一所ニ持參指出也、

*金藏より入用金を受領

九月六日、於御金藏諸入用金請取候、案文左之通手形、

諸入用金請取手形

明和二年十月

請取申金子之事

合金三両ハ、

右ハ、朝鮮種人參製法御用相勤候田村元雄儀、當秋人參根御買上爲御用、野州・奥州筋ニ罷越候ニ付、右元雄代り拙者助相勤候、依之、當酉九月分諸入用金、書面之通請取申所、仍如件、

明和二酉年九月　田村元雄悴　田村元長印

柘植又左衛門殿（永隨、拂方金奉行）
横瀬源左衛門殿（貞能、同右）
猪俣庄右衛門殿（範英、同右）

元雄に代り勤むるにつき

諸入用金請取手形

支配頭宛届書*

請取申金子之事

合金六両貳分

是ハ、壹ヶ月金三両貳分植村左源次、壹ヶ月金三両田村元長、當酉十月分、

右ハ、朝鮮種人參製法御用相勤候ニ付、諸入用金書面之通請取申所、仍如件、

明和二酉年九月　田村元雄悴　田村元長印
駒場御薬園預り　植村左源次印

柘植又左衛門殿
横瀬源左衛門殿
猪俣庄右衛門殿

右之通貳通相認、書面之通金六両請取申候、且又、十月も又植村左源次連名之手形ニ而十一月分迄請取候、都合金九両請取候事、

帰府*

道中より支配頭組頭勘定奉行に届く*

明和二乙酉歳十月二日、

一、元雄（田村）江戸帰着、

十月二日、江戸帰着、道中ゟ直ニ高力式部殿（長昌、小普請組支配頭）幷小普請組頭、且又、伊奈半左衛門殿（忠宥、勘定奉行）ニ御届ニ相廻り、人參製法所ニ立寄り帰宅、右ニ付式部殿持參候届書、左之通、

私儀、今二日、江戸帰着仕候、依之御届申上候、以上、

酉十月二日

人參製法御用を勤むるにつき

帰府御目見願書を差出す*

右之本書、式部殿ニ元雄持參、寫貳通附（月）番組頭筧（正休）彌左衛門ニ持參、十月四日、帰府　御見（下）目（上）願書式部殿ニ指出候、案文左之通、

願書*

奉願候覺

私儀、當月二日、野州表ゟ帰府仕候ニ付、先格之通、帰府之　御目見被　仰付被下候様奉願候、以上、

御目見を許さる

*牡丹百品獻上

十月十五日御目見

はめの間

*獻上につき伺ふ

*藥園に栽培の内より百品

十一月十一日明日登城を命ぜらる

*御慰に獻上したし

登城

買上御用褒美銀を賜はる

明和二酉年十月　　　　田村元雄書判

高力式部殿

右本紙程村、美濃折かけ包、元雄義式部殿に持參、外寫貳通組頭當名、尤壹通ハ權太夫(伊丹康命)を筆頭、壹通ハ彌左衛門を筆頭ニ相認、何も連名當名、貳通共月番組頭寛彌左衛門に持參、

十月十四日、高力式部殿ゟ御序有之候間、歸府御目見被仰付候間、朝六半時登　城可被致旨、以切紙申來候、卽刻式部殿御宅に御請ニ罷出候、

十月十五日朝六半時、登　城仕候處、はめ之間ニ於而歸府　御目見被　仰付候、爲御禮、西之丸幷御老中・若年寄衆・支配頭・組頭・伊奈半左衛門殿に迄一日ニ相廻り候、着服之義ハ服沙〔紗〕小袖・十德、

十一月十一日、高力式部殿ゟ明日　御用有之候間、服沙〔紗〕小袖・十德着用、　御城に可罷出旨、以切紙申來候、今日元雄(田村)義、製法所當番ニ付、以悴元長(田村)ヲ式部殿御宅に御請ニ指出、右當番之段御斷申述、御請相濟候、

十二〔一〕月十二日朝五ッ時、登　城仕候處、朝鮮種人參御買上御用首尾好相濟候ニ付、爲御褒美銀七枚被下置候旨、於御祐筆部屋御椽下、松平攝津守殿(忠恒、若年寄)御侍座、松平右近將監殿(武元、老中)被仰渡候、御禮廻として、西ノ丸幷御老中・若年寄・御側御用人・御用掛り御側衆、御小納戸頭取ニてハ白須甲斐守(政賢)・松下隱岐守(昭永)、支配頭・組頭幷伊奈半左衛門・土山甚十郎(紀時、勘定組頭)に相廻り候、

明和二乙酉歳十一月、

一、牡丹花百品獻上、

十月、左之通書付を以植村左源次(政辰、駒場御藥園預)に相頼、白須甲(政賢、小納戸頭取)斐守殿に指出候、

　　牡丹花百品

右ハ、私藥園ニ作り置候牡丹皮之內、花形宜き品接木ニ仕候而、來夏花咲可申分百色所持仕候、若　御慰ニも相成可申候ハヽ、指上申度奉存候、尤此節植替等宜時節ニ御座候間、奉伺候、以上、

　十月　　　　田村元雄

右之通相伺候處、伺之通指上可申旨、白須甲斐守殿ゟ以左源次被仰通候、依之、左之通獻上仕候、

十一月　獻上

*釣臺へ植付獻上す

*藥草牡丹獻上につき褒美銀を賜はる

*登城

*銀三十枚

*御禮廻り

明和二年十一月

牡丹百品名目

玉ノ管　雲井坂　曾根紅　岩尾之松　神無月
文珠櫻　梅花香　鶴の葉　八重紅　南殿
惣社紅　關之色　玉津嶋　濱烏　名取川
姫松　小鹽　富山　峯の紅葉　十八公
一角情　秋之葉　錦裳(シャウ)衣　千〻の秋　壽星
秋の山　八重垣　宮城野　御棹　都南(下)斗(上)
毛衣　安養知　山中白　清見か關　麻衣
雪の谷　瓶の原　音羽山　蓬萊山　鷺の原
柳川　月の都　不二川　初音　汐見坂
秋の露　瀧浪　萬世　朝の鶴　銅雀臺
鎌田藤　女郎花　林夕　花の都　黄昏紅
八久母　染殿　大和紅　金剛界　殿造り
八重柏　五大山　御裳川　赤戸羽　唐崎
獅〻丸　緋ノ袴　犀角　風の音　壽永樂
駕籠山　飛鳥川　四海浪　岩尾　兎南(トナミ)山
鴻臚館　埋火　乾坤白　野の月　友鶴
駒ヶ嶽　玉月山　仙山　十寸鏡　富士の雪
太極白　信夫摺　藤時雨　藤浪　室の戸
雪篝　爪紅　鵜殿　反魂香　鏡山

舞曲　廣靈城　渡會　夫能　白帝城
宇治山
右之通、白須甲斐守殿世話ニ而、奥ゟ釣臺被指越、
假ニ植付候而奥江指上候、

明和二乙酉十一月十三日、
一、先達而藥草幷牡丹指上候ニ付、爲御褒美銀三拾枚拜
領被　仰付候、
十一月十二日、高力式部殿(長昌、小普請組支配頭)ゟ明十三日御用之儀有
之候間、五ッ時、十徳着用、　御城江可罷出旨、
以切紙申來候、卽刻爲御請式部殿御宅江元雄(田村)罷出
候、
十一月十三日五ッ時、登　城仕候處、先達而藥草
幷牡丹花指上候ニ付、爲御褒美銀三拾枚被下置候
旨、於御祐筆部屋御椽下、松平攝津守殿(忠恆、若年寄)御侍座、
松平右近將監殿(武元、老中)被仰渡候、御禮廻として西ノ丸幷
御老中・若年寄・御側御用人・御用掛り御側衆幷
伊奈半左衛門殿(忠宥、勘定奉行)・白須甲斐守殿(政賢、小納戸頭取)・松下隱岐守殿(昭永、同上)・
支配頭・組頭・土山甚十郎(紀時、勘定組頭)へ相廻り候、

人參買上御用を勤むにつき拜領物あり

*正月三日年始登城枳朮丸獻上

*西丸へも獻上

銀七枚

*丸藥は前年暮坊主衆を賴み納む

*阿蘭陀人對談を許さる

*願書

*去年と同樣に願ふ

酉十一月十二日、

一、當秋野州・奥州筋ニ朝鮮種人參御買上爲御用罷越、
骨折相勤候ニ付、拜領物被　仰付候、
右於御祐筆部屋御縁側、若年寄衆侍座、御老中松平右近將監(武元)殿被仰渡、銀七枚拜領仕候、御禮廻り例之通、

明和三丙戌歳

一、正月三日、元雄(田村)登　城、年始御禮、枳朮丸獻上、
御目見仕、枳朮丸貳百粒獻上仕候、
若君様(徳川家基)ニも枳朮丸獻上仕、尤、西御丸ニ罷出御禮申上候、
右御丸藥之儀ハ、去暮兩御丸御坊主衆ニ夫々相賴遣置、其御坊主ゟ相納呉申候、依包之儘ニて指遣し、臺ハ付ヶ不申候、

同二月廿三日、

一、阿蘭陀(人脱カ)對談被　仰付候、
正月晦日、左之通願書三通伊丹權太夫(康命、小普請組支配組頭)ニ指出候、

奉願候覺

去年中も伺之通、阿蘭陀人參着逗留中、御藥草・藥木幷功能之儀、阿蘭陀人ニ對談仕候、又々當年も、右ニ付先格之通對談被　仰付候樣奉願候、以上、

戌正月　田村元雄 書判

高力式部殿(長昌、小普請組支配頭)

右壹通ハ式部殿名當、貳通ハ組頭連名、夫々前後

入用等は掛ることなし*
阿蘭陀人對談を聽許さる
許可さる*
製法所内の竹矢來の拜借を願ふ*
遼東種人參三根を預けらる
六月晦日人參根竹矢來共に引移す*
阿蘭陀人船載の水仙獻上*
製法所に遼東人參三根あり風入惡く根腐れの恐あるにつき拜借地に移したし
初て花咲く*

之當名也、

二月廿三日、高力式部殿ゟ、申達御用之儀候間、十德着用只今自宅ニ可被相越候段、以手紙申來候、仍而卽刻罷出候處、左之通以書付被仰渡候、

高力式部支配
田村元雄

右阿蘭陀人ニ對談致度旨、願之趣松平右近將監(武元、老中)殿ニ相伺候處、伺之通可申渡旨被仰渡候付、依之申渡候、尤爲御禮松平右近將監殿ニ計可被參候、

二月廿三日

明和三丙戌歳六月十六日、

一、遼東種人參三根、御預被　仰付候、

六月九日、左之通、書付土山甚十郎(紀時、勘定組頭)を以伊奈備前(忠宥、勘定奉行)守殿ニ指出候、

此旨御勘定奉行伊奈備前守殿ゟ御小納戸頭取白須甲斐守(政賢)殿を而(以脱カ)、六月十四日、田沼主殿頭(意次、御側御用取次)殿へ上り候處、同十六日、伺之通被仰渡候、

覺

飯田町人參製法所内ニ遼東種人參三根御植付有之候場所、風入不申候間、根腐等にも相成可申と奉存候、依之、右根・實共私ニ御預ヶ被成下候ハヽ、增長仕候樣手入可仕候、左候ハヽ、神田紺屋町三町目私拜借地ニ植付可申候間、御入用等相掛り候儀も無御座候、尤、只今迄人參植付之場所植村左源次(政辰、駒場御藥園預)も見分仕候處、私同樣之存寄ニ御座候旨、右之趣奧ニ御掛合被成下候樣仕度奉存候ニ付、此段申上候、以上、

戌六月　　田村元雄

右之書付指出置候處、同六月十五日、願通勝手次第可仕旨、土山甚十郎を以伊奈備前守殿ゟ被仰渡候、依之、唯今迄植付有之候製法所內假植花段(壇)之竹矢來間數四間、兩側拜借仕度旨、甚十郎ニ申談候處、勝手次第可致旨甚十郎被申聞候ニ付、同六月晦日、遼東種人參三根并竹矢來共此方ニ引取、神田紺屋町拜借地ニ相移し申候、

同七月十八日、

一、阿蘭陀持渡候水仙花獻上、

此水仙之儀、當年初而花咲申候ニ付、切花ニ仕指上可申哉之旨、此間植村左源次(政辰、駒場御藥園預)を以白須甲斐守(政賢、小納戸頭取)殿ニ相伺候處、彌可指上旨被仰渡候間、左之通書付

*勘定奉行より實を下げらる

添書

*木綿は枯死

*草綿は生長

船載の種を通詞より貰ふ

*斑布地に織り印花布を製す

蘭名ナクトトヲル

*御覽に入れたし

香氣日本に持渡ること曾てなし

*上覽濟み下げらる

*元雄願書

印花布獻上

口上覺

阿蘭陀人船載の木綿草綿實

*印花布を獻上したし

相添、今七月十八日、指上候、尤、持人之義も、甲斐守殿より以書中御城より被指遣、相渡遣申候、

水仙花添書

九年以前寅年(寶暦八年)、私儀、九州筋ニ採藥ニ罷越候節、阿蘭陀人長崎表ニ持渡候水仙之種、通詞方ゟ貰請申候、蠻名ナクトトヲルと相唱候由、御當地ニ持參養育仕候處、當年ニ至り壹本花咲申候、此花晝七ッ半時ゟ香氣段〻ニ發し、夜分九ッ時過迄も殊之外相薫申候、唯今迄日本ニ持渡りも無御座候品ニ付、此度生花ニ仕奉差上候、以上、

七月　　田村元雄

明和三丙戌歳七月廿四日、

一、印花布獻上、

印花布之儀、左之通書付相添ニ、七月六日、土山(紀時、勘定組頭)甚十郎を以而伊奈備前守殿(忠宥、勘定奉行)ニ指出申候、

口上之覺

先年阿蘭陀人闍婆(ジャワ)國之産物之由ニ而、木綿實・草綿實二種持渡り申候、右二種之内草綿之儀も、棧留嶋并金巾木綿之類迄此綿ニ而織立候由、阿蘭陀通詞和解を以申上候儀、承知仕候、其節一色安藝守殿(政沆、勘定奉行)を以兩種共ニ御種被下置候處、木綿樹之儀も、寒氣ニ痛枯失申候得共、草綿之儀も、段〻生長仕候而、去酉年秋中、綿絮五六升收納仕候、爲試斑布地(サラサヂ)ニ織立、模様等之儀も異國之染方相考、印華布(ハナサラサ)ニ仕候處、手本切之通り二品ニ出來仕候、依之、書付相添奉入　御覽候、以上、

戌七月　　田村元雄

右之通書付并印花布箱入ニ仕指出候處、　上覽相濟、又〻伊奈備前守殿ゟ御下ケ被成候、依左之通伺書指上申候、七月十二日、

先年阿蘭陀人持參仕被下置候闍婆國之土産木綿實・草綿實二種、隨分養育仕處、木綿樹も及枯失、草綿ハ段〻致生長、去秋中蒔付之內、綿絮五六升程收納仕候ニ付、爲試蠻國之産物斑布地ニ織立、模様等迄相考、印華布ニ仕候處、今般始而出來仕候、依之、可相成御儀御座候ハヽ、何卒指上申度奉存候間、此段奉願候、以上、

戌七月　　田村元雄

明和三年七月

堀留町二丁目町屋敷を抱ふ*
望む者あり五郎兵衛町抱屋敷を賣却す*
代金八百五十両*

右之通願書備前守殿に指出候處、同人ゟ主殿頭殿（田沼意次、御側御用取次）に伺相濟候ニ付、願之通可指上旨被仰渡候間、同七月廿四日、右之印花布備前守殿に土山甚十郎を以而指出申候、

宗旨證文提出
南油町抱屋敷を家質に入れ四百両を工面す*
宗旨證文支配頭宛

明和三丙戌歳八月

一、宗旨證文、例年之通指出候、

文言左之通、壹通伊丹權太夫（康命、小普請組支配組頭）に指出候、

宗旨證文之事

切支丹宗門、從前ゝ無懈怠今以相改申候、先年被　仰出候御法度書之趣、家來下ゝニ至迄遂穿鑿候處、不審成者無御座候、依之、家來譜代之者寺證文手前に取置、年季・一季居之者も請人方に寺證文取置申候段、請狀ニ爲書入申候、若相替儀御座候ハヽ、急度可申上候、爲其依如件、

明和三戌年八月　田村元雄印判書判

高力式部殿（長昌、小普請組支配頭）

九百五十両にて町屋敷を抱ふ*
南油町抱屋敷家質諸入用*

右本紙程村、上包美濃紙折掛ヶ包、

町屋敷購入の諸入用*

明和三丙戌歳十一月廿八日、

一、堀留町貳丁目町屋敷相抱候、

此屋敷相調候譯も、先達而、當夏中五郎兵衛町抱屋敷相拂呉候樣達而申込候者有之候ニ付、代金手取八百五拾両ニ賣渡し、金子不殘受取申候、內三百両も豊嶋屋十右衞門方ゟ借置候間、此節相返し申候、殘り五百五拾位（両脱カ）之屋敷相求可申と吟味致し候處、思わしき所無之ニ付、此度南油町抱屋敷之儀、本町四町目村田七右衞門方に家質ニいたし、金子四百両借用致し、都合千両を以而堀留町九百五拾両之屋敷相調申候、油丁幷堀留両所之諸入用左之通、

十一月廿七日、

南油町抱屋敷之儀家質諸入用

一、金貳分　名主に禮金、

一、銀壹両　名主手代に、

一、錢壹貫貳百貳文　名主幷五人組に遣候肴代、

一、銀一両　淸三郎に書役ニ付遣候、

右淸三郎方ニ而目錄幷肴等取認、指遣申候、

十一月廿八日、請取、

堀留町貳町目東角ゟ五軒目、表間口京間五間半、

奥行町並有之町屋敷、代金九百五拾兩ニ相定、今
日代金不殘相渡し、古（沽）券證文受取申候、依之、諸
入用・禮金左之通、
一、金拾九兩　是ハ、九百五拾兩之分一金、月行
　事ニ相渡候、
一、銀五枚并三本入扇子箱臺付　長熨斗付、名主
　ニ遣、
一、銀貳枚　但、熨斗包付、名主悴ニ遣ス、
一、同貳枚　同斷、　名主悴妻ニ遣ス、
一、金三分　　名主手代三人ニ、
一、銀三拾八兩　但、壹人ニ付貳兩ツヽ　町内家守拾九人ニ、
一、銀四枚　但、壹人ニ付壹枚ツヽ　組合家守四人ニ、
　　并貳本入扇子箱熨斗包添、
一、銀壹枚　　書役ニ、
一、錢八百文　　番人四人ニ、

〆

家守披露入用*

　家守廣〆諸入用左之通、　家守幸右衞門、
一、金壹分并貳本入扇子臺付　長熨斗付、名主ニ、
一、銀三兩　但、壹人壹兩つゝ、　名主手代三人ニ、
一、銀四兩　但、壹人壹兩つゝ、　組合四人ニ、
明和三年十一月

一、金壹分　　書役ニ、
一、金三分　　町内廣〆、
一、錢四百文　　番人四人ニ、

〆

外
一、金貳百疋　内百疋盲人、百疋盲女ニ、　盲人・盲女ニ、

家守給金五兩*

右堀留町抱屋敷家守幸右衞門儀、壹ヶ年給金五兩
ニ相定、家守請狀取置申候、
右之屋敷取引之儀、當十一月末ニ請取候儀ニ候得
ハ、只今迄之地主ゟ當十一月分家賃之義ハ不殘貰
申度旨、左候得共、十一月分家守給ハ彼方ゟ相濟
可申段申越候ニ付、其通ニ相濟し遣候事、

妻榮出產*

流產なれど女子出產と屆く*

明和三丙戌歳十一月晦日、
一、元（田村）雄妻榮出產、
今朝出產、實ハ流產ニ候得共、表向ハ女子生出之（ママ）
旨、左之通相屆申候、

產穢引を問ふ*

產穢七日*

勘定奉行宛屆書*

私妻、今朝五ッ時、出產、女子出生仕候、依之、
產穢引之儀被　仰聞被（衍）下度旨、糊入竪狀ニ而伊
丹權太夫（康命、小普請組支配組頭）方ニ申遣候處、產穢之儀、七日切ニ候段
申越候間、則引込申候、此段伊奈備前守（忠宥、勘定奉行）殿ニも左

産穢につき製法所に詰めず

之通以書相届申候、
今朝私妻出産仕候、依之、來月六日迄産穢ニ罷在候間、飯田町人參製法所ニ相詰不申候ニ付、此段申上置候、以上、
十一月晦日　田村元雄
右之書付、十二月朔日、植村左源次（政辰、駒場御藥園預）を（以脱カ）備前守ニ指出ス、

藥種拜領

明和三丙戌歳十二月廿一日、
一、御藥種拜領被　仰付候、
十二月廿二日、高力式部殿（長昌、小普請組支配頭）ゟ、申達御用之儀候間、只今自宅ニ可罷越旨、以切紙申來候、卽刻罷出候處、左之通以書付被仰渡候、
高力式部支配
田村元雄
朝鮮種人參製法御用相勤候ニ付、御藥種被下候、
右之段、松平攝津守殿（忠恆、若年寄）以御書付被　仰渡候ニ付申渡候、
十二月廿一日

典藥頭より請取る

十二月廿四日、半井大炊頭（成高、典藥頭）ゟ、御藥種、來ル廿六日朝六ツ時ゟ四ツ時迄之內相渡候間、可請取旨、以手紙申越候、依之十二月廿六日朝、長持ニて爲請取申候、御藥種都合七拾四味、惣目拾壹貫九百八拾五匁也、

*七十四味十一貫九百八十五匁

*御禮廻り

右御藥（種脱カ）被下候ニ付御禮廻り之義、式部殿ニ相伺候處、其方ニ而承り合せ、可然相廻り可申段被申聞候、依之、松平攝津守殿・田沼主殿守（頭）殿（意次、御側御用取次）・白須甲斐守殿（政賢、小納戸頭取）ニ相廻り、式部殿ニも參り候、

正月三日例年の如し

朝鮮種人參生根八十九根を預けらる

攝津池田村の者獻上の根大形にて製法なり難き根を預けらる

*小鐵砲一挺獻上

*阿蘭陀小鐵砲を上覽に入る

阿蘭陀人對談を許さる

例年の如く願ふ

明和四丁亥歳

一、正月三日、元雄(田村)登　城、年始御禮、枳朮丸獻上、
　諸事例年之通、

亥正月十一日、

一、朝鮮人參生根八拾九根、御預ヶ被　仰付候、
　伊奈備前守殿(忠宥、勘定奉行)を以左之通被仰渡候、
　攝州池田村(豊能郡)彌兵衞・吉兵衞ゟ指出し候朝鮮種人參根數百拾壹根之內、貳拾貳根ハ御製法ニ相成候、殘り八拾九根之人參ハ、形大ぶりニ付製法難相成候、依之、右八拾九根田村元雄に御預ヶ被　仰付候旨、伊奈備前守殿ゟ被仰渡候、取次土山甚十郎(紀時、勘定組頭)、備前守殿ゟ承り來り、於製法所元雄に申聞る、

同二月廿二日、

一、阿蘭陀對談、願之通被　仰付候、
　奉願候覺　三通內壹通式部殿(高力長昌、小普請組支配頭)當名、貳通ハ夫々組頭連名當、三通共月番組頭伊丹權太夫(康命)に指出ス、
　去年中も伺之上、阿蘭陀人參着逗留中、藥草・藥木幷功能之義、阿蘭陀人に對談仕候、又々當年も右ニ付、先格之通對談被　仰付候樣奉願候、
　以上、
　亥二月　田村元雄書判
　高力式部殿

二月廿二日、式部殿ゟ、申達御用之儀候間、十德着用、唯今自宅に可罷越旨申來り候ニ付、卽剋罷越候處、左之通被申渡候、
　高力式部支配
　田村元雄
阿蘭陀人に藥草・藥木對談願、松平右近將監殿(武元、老中)に相伺候處、伺之通被仰渡候間、申渡候、右ニ付御禮廻り之儀、例年之通被相心得可被相越候、
　亥二月

同七月二日、

一、小鐵炮壹つ獻上、
是ハ、阿蘭陀小鐵炮殊之外小サク面白キ物ニ付、植村左源次(政辰、駒場御藥園預)を以而白須甲斐守殿(政賢、小納戶頭取)迄指出し、入　上覽候處、可指上哉、左候ハヽ御留可被置旨、左源次を以而甲斐守殿ゟ被仰渡候ニ付、則獻上ニ相成候事、

同八月廿六日、

牡丹穗獻上
*阿蘭陀人舶載の種
白須政賢の命に依り獻上
*ジヤガタラ產蘭名コノルコウル
二十種の名前
*無益の地にても能く生ひ立つ
*葉は食料實は油となり民益となる
*水油となる故民用の助なり
闍婆菜種獻上
*闍婆菜の栽培方法書付
願書

一、牡丹之穗貳十種獻上、
是ハ、白須甲斐守殿（政賢、小納戸頭取）ゟ植村左源次（政辰、駒場御薬園預）を以而、牡丹之穗珍敷品有之候ハヽ、可指上旨被申聞候間、左之通貳十種指上候、

牡丹之穗貳拾種名前

紫雲（朱書）「古名紫雲龍」　曙（朱書）「古名朝妻」　錦競
乙女（朱書）「古名咲屋姫」　秋風（朱書）「古名秋風樂」　蘆屋里
難波津　玉箒（朱書）「古名所縁顏」　納涼（朱書）「古名清涼殿」
臥龍　藤島　太平樂（朱書）「古名還城樂」
嚴嶋（朱書）「古名磯城嶋」　金峰山（朱書）「古名金鷲山」　雪見車
流鶯（朱書）「古名浦半秋」

〆

右牡丹之穗、植村左源次相賴白須甲斐守殿に指出候、

同九月三日、

一、闍婆菜種子壹箱獻上、
闍婆菜種子獻上仕度旨、（願脱カ）書植村左源次（政辰、駒場御薬園預）を以白須甲斐守殿（政賢、小納戸頭取）迄指出候、案文左之通、

口上之覺

私儀、先年長崎表に罷越候節、阿蘭陀人持渡り植置候菜類之內、闍婆（シヤカタラ）國之產ニ而、蠻名コノルコウルと申菜之種、少〻申請歸國仕候而、江戸ニ而蒔付見申候處、過分ニ出生仕候、尤此野菜ハ木之如ニ罷成、四五年之古莖ゟ年〻生立申候、畑地に作り候ニも及不申、但無益之土地に植候而も能出生仕候、葉ハ食料ニ仕、實ハ常之菜類同樣ニ油ニ搾（シメ）申候、左候得ハ甚民益ニ相成物と奉存候、依之、此度種子一箱指上申度奉願候、御代官所百姓にも少〻つゝ被下置、蒔付被　仰付候ハヽ、菜油（ミツアフラ）も澤山ニ出來仕、民用之助ニも可相成哉と奉存候、依之奉願候、以上、

亥八月　田村元雄

右書付指出候處、願之通右之菜之實指上候樣、甲斐守殿ゟ被仰渡候間、菜種壹箱書付相添、又〻左源次ヲ以指出申候、其書付案文左之通、

闍婆菜植付之書付

此闍婆菜之儀ハ、春二三月之頃より蒔付申候、或ハ其所ニ寄而八九月ゟ蒔付候ても隨分出生仕候、無用之土地に植付候而甚能出生仕候、此菜年〻樹

*宗旨證文例の如し
食用と油
*人參買上出張を命ぜらる
*富士山等採薬も許さる
南油町抱屋敷類焼
家守清三郎へ一両遣す
*十六日登城出張を命ぜらる
*御禮廻り
*日光社拜禮願書

之如くニ罷成り、刈取候得ハ其莖先ゟ葉を吹出し、又花開申候、成莖之先キ四五寸位ニ切り取り、日陰に挿置申候得ハ、自ラ根生し申候ニ付、壹根御座候得ハ、何根ニも相分り申候、葉ハ時々ニ缺キ取り、食用ニ仕候、別而春ニ至り風味宜敷御座候、種子を結申候得ハ、常之菜子を取候様相納メ申候、油を取候事も、常之菜子を搾り候様ニ手入致候得ハ、油も澤山ニ出申候、以上、

九月　田村元雄

亥四月、

一、南油町抱屋敷類焼、

油町屋敷類焼ニ付、家守清三郎に金子壹両指遣候、是ハ家守居宅計も急ニも假かこひニ可致處、左様致候も八重ニ相成り不益之筋ニ付、清三郎に金壹両遣し、清三郎方ニて如何様ニも取揃候様ニと之事ニ付遣候、依之、清三郎方ニて先さしかけ致し候事、

右ニ付、早速壹長屋裏屋相立申候、

明和四年九月

同八月、

一、宗旨證文、先格之通支配頭に指出候、

亥九月十六日、

一、朝鮮(人參脱カ)種御買上御用ニ付、野州・奥州筋に被遣候段、御暇被　仰付候、隨而金貳枚被下置候、

右御用序ニ付、富士山其外採薬之儀奉願候處、願之通被仰付候、

九月十五日、高力式部殿(長昌、小普請組支配頭)ゟ以切紙被申越候ハ、御自分御用之儀有之候間、明十六日五時以前、服沙(紗)小袖十徳着用、御城に可罷出旨被申聞候ニ付、卽刻爲御請式部殿宅に罷越申候、

九月十六日、登　城いたし候處、松平右近將監殿(武元、老中)御暇之義被仰渡、松平攝津守殿(忠恆、若年寄)御侍座也、夫ゟ西之御丸に御禮ニ上り、夫ゟ御老中・若年寄衆・御側御用人・御側衆御用掛り之分・御小納(戸脱カ)頭取兩人・支配頭・組頭・伊奈備前守殿(忠宥、勘定奉行)に御禮ニ相廻り候、

日光御宮・御靈屋拜禮之義、願書左之通附番(月)組頭に指出候、

奉願候覺

*出張につき採薬も伺ふ
*田沼意次に内伺ひし指圖に依り老中に願ふ
*採藥のこと許さる
日光社拜禮を許さる
*願書
*人參作立場所を見分したし
御禮廻り
*小田原水の尾村
*甲斐吉田口

私儀、此度朝鮮種人參御買上爲御用、日光　御山内江も罷越候ニ付、　御宮　御靈屋拜禮仕度奉願候、以上、

亥九月　　田村元雄

高力式部殿

右之通願書指出置候處、九月廿五日、高力式部殿ゟ以切紙左之通被仰越候、

御自分儀、日光　御宮　御靈屋拜禮願松平右京（輝高、老中）太夫殿江相伺候處、願之通拜禮仕候樣可申渡旨、御附札を以被仰渡候、依之申渡候、可被得其意候、尤御禮廻り之儀ニ付、別紙を以申入候、是亦可被得其意候、以上、

九月廿五日　　高力式部

田村元雄殿

（朱書）「別紙」
御老中方西丸共不殘、
田沼主殿頭殿（意次、側用人）
御懸り　松平攝津守殿
御月番　水野壹岐守殿（忠見、若年寄）

右之通爲御禮、明廿六日、可被相越候、以上、

九月廿五日

右、此度旅行御暇被　仰付候ニ付、採藥等之義、左之通伺書植村左源次（政辰、駒場御薬園預）を以白須甲斐守殿（政賢、小納戸頭取）江指出し、田沼主殿頭殿江相伺候處、何れニも表向江相伺候樣ニと主殿頭殿被仰聞候ニ付、右近將監殿・攝津守殿江忠七（山本、製法並手傳）を以指上ケ、備前守殿へも申達候、九月廿八日、攝津守殿ゟ備前守殿江御渡被成、可爲伺之通旨被仰渡候、

案文左之通、

（朱書）「銘書」　朝鮮種人參御買上御用罷越候ニ付、相州・甲州ニ有之候人參場所見分并採藥等仕度奉願候書付　　田村元雄

此度人參根爲御買上、野州・奥州筋江罷越申候ニ付、道筋之儀も少々廻りニ御座候得共、朝鮮種人參作り場所も御座候ニ付、相廻り申度、左之通見分場所之儀奉申上候、

一、相州小田原水ノ尾村（足柄郡）年寄善右衞門と申百姓、地面場廣ニ致所持候者ニ御座候ニ付、去ル午年（寶暦十二年）、朝鮮種人參實貳拾粒、試ニ作り候樣ニと指遣置申候、當年別而生立宜御座候由申聞候間、罷越見分致置候樣仕度候、

一、甲州不二山之麓吉田口（都留郡）ニ住居仕候神主田邊伊豫

吉田口は薬草澤山につき採薬も爲したし
*出張廻村の節製法人參所望の者あり
*元雄所持分を遣したし
日光奉行屋敷楓の見分
*製法人參の名を弘むるに効果あり
*奥州長沼銀山問堀始むるにつき見分したし
日光山領小百村採薬したし
今市宿清藏根腐につき新に植ゑさせたし
*見分竝に採薬を爲したし
清藏手傳兩人に人參作立てさせたし
*旅用金六十兩を給はる
*道中供

ト申者、先年朝鮮種人參實被下置、於只今作り立罷在候、右場所之人參も彌出來仕候哉、就夫、出來方等見分仕置申度奉存候、殊更右吉田口之儀ハ、別而藥草も多御座候由及承候、何卒乍序採藥も仕度奉存候、

一、日光奉行屋敷ニ楓樹有之候由、去〻年人參御買上之節も、楓樹之見分等被仰付候哉と、神尾若狹守（春由、日光奉行）私ニ申聞候、當年右楓樹見分も仕、養育之致方幷下枝取木之仕様等迄傳授仕、楓樹益增長仕候様爲仕度奉存候、

一、日光鉢石町ゟ右之方、御神領ニ而小百村之土地ニハ藥草も澤山ニ御座候由、兼〻及承申候、是又採藥見分等仕度奉存候、

一、今市宿清藏方ニ預ケ置申候朝鮮種人參之儀、當春餘寒强候故歟、親根五百根程根腐仕候、依之、種繼ニも仕度奉存候ニ付、御拂根之内小根五千根程も植付、根ニ仕度奉存候、

一、今市宿清藏方ニ私預ケ置候人參、嘉右衞門・次右衞門と申者、常〻手入仕呉候、右兩人兼而人參作り立度旨申聞候、私人參世話仕呉候者之儀故、私所持仕候人參之内、種取ニ七根つゝ指遣候様仕度奉存候、

一、去〻年秋私罷越候節・去（秋カ）私左源次（植村政長）御買上御用ニ付罷越候節共、御製法人參相望候者、先〻ニ間〻御座候、右躰之節ハ、私共所持之分ニ仕遣候様ニ仕度奉存候間、上・並肉折人參五兩目程つゝ包候而持參仕度奉存候、尤、人〻存候爲ニも可然哉ニ奉存候、

一、去〻年申上候奥州長沼（岩瀬郡）銀山之儀、去年已來問堀等仕候由、依之、日光表御用相仕舞次第、尚又右之場所ニも立寄、山色幷様子等見分も仕可申上哉と奉存候、

右申上候通、相州小田原水ノ尾村幷甲州富士山麓之儀ハ、最寄違之儀ニハ御座候得共、人參も有之候場所之儀故、見分も仕置、幷乍序採藥等も仕申度、旁書面之趣奉願候、以上、

亥九月　　　田村元雄

明和四年九月

道中旅用金六拾兩被下置候請取手形受取様、去〻年之通、

道中供人左之通、

用人

士

*元長製法所助番を命ぜらる

*伊奈忠有宅にて申渡さる

*元雄出張中製法所へ詰むべし

閏九月二日江戸出立

支配頭へ届書

*支配頭へ届く

用人壹人　安田久米右衛門
　支度金貳兩遣候、
士貳人　鹽田辰之助
是望ニ付、此度相頼召連、仍而支度金不遣、道中諸拂此方ゟ致させ候計、
田中惣八
　支度金壹兩遣候、
右之外、中間・小者召連様、一昨年之通、
　内手前中間貳人　支度金壹分貳朱つゝ遣候、
閏九月二日、江戸出立、
先觸之儀、昨日指出し候案文、一昨年之通、宿付も違候、
出立之早朝、高力式部殿江届書左之通、
先達而申上候通、私儀、今二日明六時、江戸出立仕候、依之御届申上候、以上、
　閏九月二日　田村元雄
右も、先達而二日ニ出立之積之由申達候故、當朝届書書面之通ニ候、尤三通相認、支配頭・組頭共銘〻ニ相届候事、

同九月廿五日、
一、元長（田村）儀、製法所助番被　仰付候、
伊奈備前守殿（忠有、勘定奉行）ゟ、九月廿四日、以手紙被申越候も、
申達儀有之候間、明朝自宅江御越可有之候、九月廿四日　田村元長様　伊奈備前守
九月廿五日、備前守殿御宅江元長罷出候處、左之通以書付被申渡候、
田村元雄人參根為御買上御用、野州・奥州筋被罷越候留守中、元雄製法所江被相詰候通、植村左源次（政辰、駒場御薬園預）と代り合、諸事前〻之通可被相心得候、
依之、元雄請取來候諸入用金被下候間、可被得其意候、
九月
元長儀、製法所助番被仰渡候ニ付、高力式部殿（長昌、小普請組支配頭）江届書左之通、
此度、元雄人參御用ニ罷越候留守中、是迄元雄相詰候通、元長儀、植村左源次と代り合製法所江可相詰旨、尤、右之趣松平右近將監殿（武元、老中）・田沼主殿頭殿（意次、側用人）・松平攝津守殿（忠恒、若年寄）へも御届申上、被申達

*人參買上出張より歸府
牡丹を獻上す
白須政賢へ内伺す
*富士山黃耆竝に淫羊藿を道中より獻上
二十種
*御薬園へ植付けらる
目錄
*御禮廻り
*手札
*黃耆淫羊藿の嘉納を謝す

候儀候間、可得其意旨、伊奈備前守殿、昨日元長に被仰渡候、依之御届申上候、以上、

亥九月廿六日　田村元雄

同閏九月八日、

一、牡丹貳拾種獻上、

是ハ、先達而植村左源次(政辰、駒場御薬園預)を以而白須甲斐守殿(政賢、小納戸頭取)に、當秋接穗ニ仕候牡丹貳拾種程、不苦候ハヽ獻上仕度旨、内〻相伺候處、伺之通可指上旨被仰渡候、尤、上ヶ候而宜節、あの方ゟ御左右可有之旨被仰聞候處、此節指上候様甲斐守殿ゟ左源次を以被仰聞候間、則貳拾種、左之通目錄相添、左源次を(以脱カ)甲斐守殿迄指出候、

覺

蟬小川　夕紅葉　百花鳥　忍摺
袖照　歲春　染衣　玉嶋
由良戸　風鳥　夕錦　香山
住吉　嵯峨關　麗(ウラヽカ)　諸葉草
水重　臥龍　長生　春濃山

合貳拾種

十月晦日、

一、朝鮮種(人參脱カ)御買上御用相濟、(田村)元雄歸府、

道中ゟ直ニ伊奈備前守殿(忠宥、勘定奉行)・支配頭・組頭に參り、歸着御届申上、夫ゟ製法所に立寄歸宅、尤、支配頭・組頭に届書付左之通、

私儀、今晦日、江戸歸着仕候、依之御届申上候、以上、

十月晦日　田村元雄

一、富士山黃耆(マヽ)　淫羊藿、道中ゟ獻上、

道中ゟ以手紙植村左源次(政辰、駒場御薬園預)に相賴、本文之貳種指上候處、早速達　上聞、御薬園に御植付ニ相成候由、依之、歸府之上、松平右近將監殿(武元、老中)・田沼主殿頭殿(意次、側用人)・伊奈備前守殿(忠宥、勘定奉行)に御禮ニ相廻り候、手札左之通、

私儀、此度人參御買上御用序ニ、採藥之儀も願之通被　仰付候ニ付、採出候黃耆幷淫羊藿、御用ニ御座候ハヽ奉指上度旨、植村左源次を以而奉伺候處、御薬園に御植付被　仰付候由、於私本望至極難有仕合奉存候、依之右御禮申上候、

＊願書
＊歸府御目見
＊御預人參増す
＊番人なきにつき不安
＊番人詰所竝に諸道具置場として家作を造りたし
神田紺屋町藥草置場に家作を許さる
田沼意次手醫師桃井碩水を以て内伺す
＊先例もあり
勘定奉行を通して田沼に願ふ

十一月十五日、
一、歸府御目見被　仰付候、
歸府後早〻、歸府之御目見御序ニ被仰付被下候様、願書先格之通指出候處、十一月十四日、高力式部（長昌、小普請組支配頭）殿ゟ以手紙被申越候ハ、御自分儀、明十五日、御目見之御序有之候間、五時登　城可有旨、松平右京大夫（輝高、老中）殿ゟ被仰渡候條被申越候、依之、十五日、登　城仕候處、首尾好　御目見相濟候、夫ゟ御禮廻り先例之通、

亥閏九月廿六日、
一、拜借地神田紺屋町三町目藥草置場之内ニ塗屋家作壹ヶ所仕度旨、先達而奉願置處、今日願之通被　仰付候、
此儀、去冬中、田沼主殿頭殿（意次、側用人）ニ内〻以書付、主殿頭殿手醫師桃井碩水を以而相伺候處、一向不埒明事ニも無之候間、何れニも表向ニ指出候様ニと之儀ニ付、早〻伊奈備前守殿（忠有、勘定奉行）を以而願書奥ニ上ル、然處、願書文言段〻御好等、又差合ヶ間敷儀有之、

數度相直し、當亥左之通願書相認メ、備前守殿を以而主殿頭殿ニ上ル、幷繪圖壹枚指添上ル、
去ル戌六月、遼東種人參三根御預りニ相成、又候當春（正月）攝州池田村（豐能郡）より指上候大根人參八拾九根御預りニ相成、神田紺屋町三町目拜借地藥草置場之内ニ植付置申候、尤最初ゟ惣矢來幷内圍、且、花段（壇）廻り共ニ三重ニ仕置、随分大切ニ培養仕候得共、元來番人も無之候ニ付、万一麤末成義も可有御座哉と、晝夜共氣遣敷奉存候ニ付、何卒番人等をも差置、幷耕作諸道具・雨覆・日覆等之諸品をも入置申度奉存候間、右圍内ニ塗屋之家作壹ヶ所造作仕置申度奉存候、尤、於唯今も、私非番之節ハ、節〻見廻り等仕候得共、此上右家作をも　御免被成下候ハヽ、私當番之節ハ悴元長（田村）をも差遣置、培養大切ニ爲相守候様仕度奉存候、尤先年（享保十三年）、阿部友之進（照任、將翁）拜借地仕候節、塗屋之番屋相建候例も御座候間、可相成御義ニ御座候ハヽ、何とぞ右之通塗屋之家作壹ヶ所造作仕度、此段奉願候、以上、
亥七月　　田村元雄

繪圖面左之通、

上袋銘書
神田紺屋町三丁目
拝借地薬園之内家
作願之繪圖
田村元雄

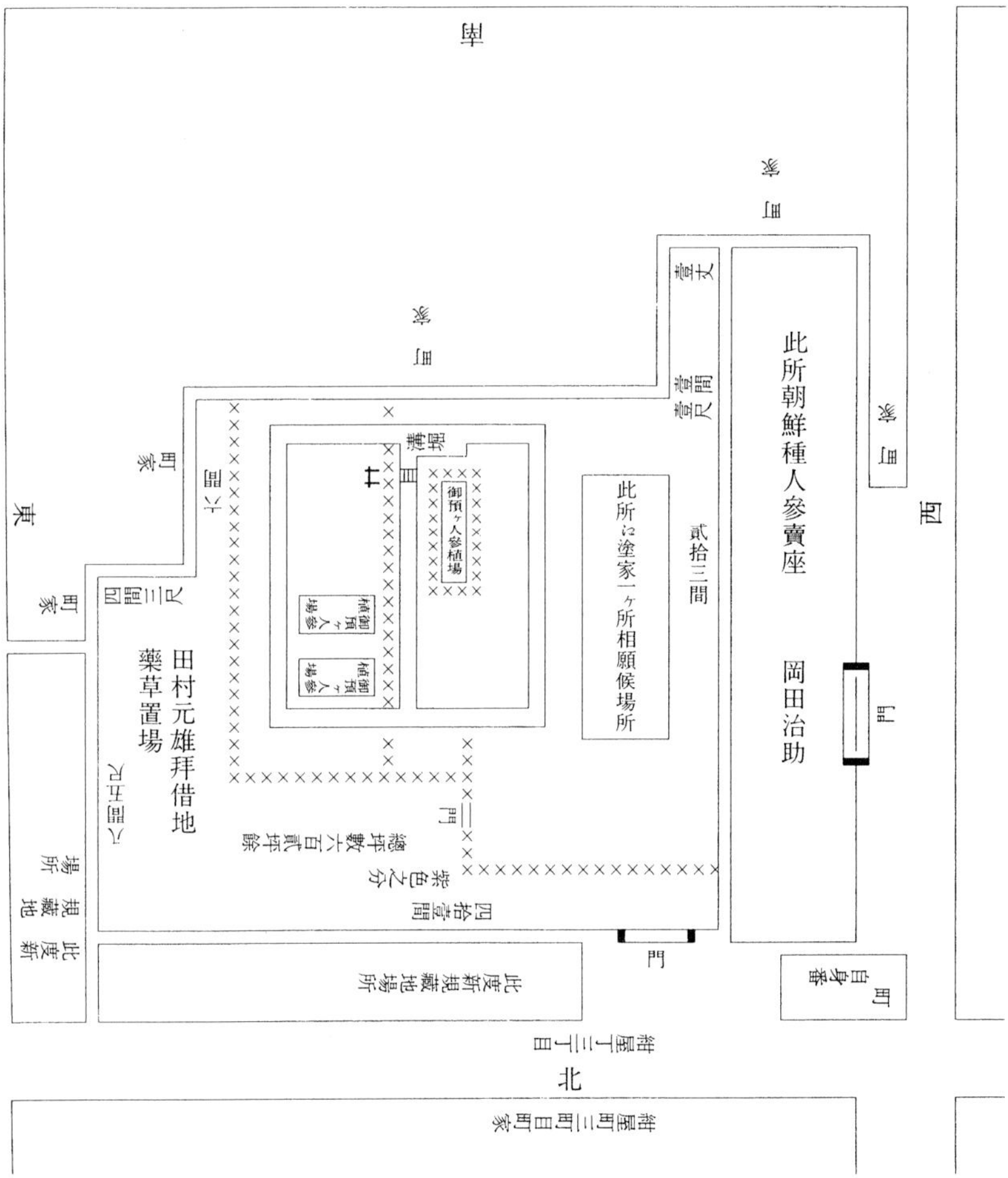

明和四年閏九月

右之通、願書・繪圖面共指出置候處、九月廿六日、伊奈備前守殿（忠宥、勘定奉行）ゟ以使者元長方（田村）江被申越候も、先達而元雄老被相願置候紺屋町藥草置場之內江家作願之義、願之通被　仰付候旨、松平攝津守殿（忠恒、若年寄）被仰渡候間、申達候、定而此趣元雄老御用廻村先江被申遣ニて可有之旨、依之、卽刻元長義備前守殿江御受ニ參り、御禮廻り之義承合候處、急ニ相分兼候間、追而可被申聞旨ニ候、依之、又〻備前守殿、於　御城植村左源次（政長、駒場御藥園預）被申聞候も、御禮廻り之義ニ付攝津守殿被仰候も、元雄（田村）遠國ニ罷在候儀ニ而、早速被仰渡之趣承知仕候ハヽ、同役植村左源次義、御禮ニ相廻り候筋ニ候得共、右之趣御用廻村先江申遣し候ハヽ、段〻跡を追ひ、歸府ニ趣キ致承知候義も可有之候間、左候ハヽ、元雄歸府之上御禮ニ相廻候而宜筋ニ候由ニ候間、可得其意旨ニ候、右ニ付、九月廿七日、元長ゟ書狀相認、御用先江早速爲相知、跡ゟ右攝津守殿被仰候趣、又〻申遣候、依之、元雄歸府之上御禮ニ相廻り候、口上も、右願之通被　仰付候趣、廻村先江申遣候處、段〻追をくれ、漸歸府ニ趣奉承知候ニ付、此節御禮申上候條、松平右近將監殿（武元、老中）・松平攝津守殿・田沼主殿頭殿・伊奈備前守殿・白須甲斐守殿（政賢、小納戸頭取）江相廻り候、勿論右被　仰付候當日、先御請・御禮旁元長儀、田沼主殿頭殿・白須甲斐守殿江計御禮申上候、

勘定奉行より許可の旨傳達さる

＊支配頭組頭へも届く

御禮廻のこと元雄出張中につき歸府の後と指圖を請く

元長許可のこと書狀を以て元雄に報ず

元雄歸府の後御禮廻

御禮口上

右ニ付、歸府之上御禮ニ相廻り候節、支配頭高力式部殿（長昌）幷組頭兩人江左之通以書付相屆候、

神田紺屋町三丁目拜借地藥園之內ニ御預り藥草有之候間、塗屋之家作一ヶ所相建申度旨兼〻奉願候處、去ル閏九月廿六日、松平攝津守殿ゟ伊奈備前守殿を以願之通被仰渡候段、飛脚を以人參御買上之御用先江申越候處、道中筋行違、歸府ニ趣承知仕候、依之、今日松平右近將監殿・松平攝津守殿・田沼主殿頭殿・伊奈備前守殿江も御禮申上候ニ付、右御禮旁御屆申上候、以上、

十二月二日　　　田村元雄

＊人參買上御用濟むにつき褒美を賜はる

十二月廿四日、

一、朝鮮種人參御買上御用、首尾好相勤候ニ付、爲御褒美銀五枚被下置候、

製法所精勤につき褒美を賜はる
*年始登城例年の如し
*阿蘭陀人對談を許さる
御禮廻
*人參買上御用褒美銀不足分を賜はる
*例年銀七枚
*當年は五枚
*間違かの旨植村政辰申立つ
*間違につき銀二枚を賜はる

十二月廿四日、
一、朝鮮種人參製法所御用向、取〆り宜相勤候ニ付、爲
御褒美銀五枚被下置候、
(二)十一月廿三日、高力式部殿(長昌、小普請組支配頭)ゟ以切紙、御用之儀候
間、御自分儀、明廿四日朝六半時、十徳着用、
御城ニ可被罷出候旨被申越候、卽刻式部殿ニ御請
ニ罷出ル、
十二月廿四日、登　城候處、本文之通兩様之御褒
美被下置候、尤御祐筆部屋御椽側ニおゐて、松平
右近將監殿(武元、老中)被仰渡、松平攝津守殿(忠恒、若年寄)御侍座、夫ゟ西
之丸ニ御禮ニ上り、御老中・若年寄衆・田沼主殿(意次、側用人)
頭殿・白須甲斐守殿(政賢、小納戸頭取)・松下隱岐守殿(昭永、同上)・伊奈備前守(忠宥、勘定奉行)
殿・高力式部殿幷組頭兩人、且又、御用掛り御側
衆ニ御禮ニ相廻り候、

明和五戊子年
一、正月三日、元雄(田村)登　城、枳朮丸獻上、年始御禮申上
候、
諸事例年之通、

子二月十五日、
一、阿蘭陀對談被　仰付候、
例年之通、願書支配頭高力式部殿(長昌)ニ指上候處、御
同人ゟ御伺之上、願之通被　仰付候、尤御禮廻り
之義ハ、右京大夫殿(松平輝高、老中)へ計、卽日御禮、

子三月九日、
一、舊臘被下置候朝鮮種人參御買上御用首尾好相濟候ニ
付御褒美銀七枚之處、其節五枚被下置候ニ付、此度
貳枚被下置候、
是ハ、例年朝鮮種人參御買上御用、首尾好相濟候
得ハ御褒美銀七枚被下置候處、當年ハ五枚被下置
候ニ付、間違ニ御座候哉之趣、植村左源次義(政辰、駒場御薬園預)、白
須甲斐守(政賢、小納戸頭取)を以申立候處、右ハ彌間違之由ニ付、此
度又ゝ貳枚被下置候、但、三月七日、高力式部殿

*弟玄流に相傳したし

*壹人にては支障あるに依り門人玄昌にも傳授したし

松平頼恭より葵紋附袷を賜はる

元雄元長に酒食を給はる

*玄流は謂れあるに依り許さるるも玄昌は許されず

松平武元手醫師大嶋玄流に人參製法傳授を許さる

武元の請に依り手醫師二名につき田沼意次に伺ふ

香取玄昌
大嶋玄流

*植村政辰宛白須政賢書狀

玄流兄松伯は門人にて傳授するも歿す

ゟ、申達御用之儀有之候間、明八日八ッ時過、十徳着用自宅へ可相越旨、以切紙申來ル、依之、八日ニ高力式部殿御宅へ罷出候處、右之銀子貳枚被下置候間、明九日、御城に可罷出旨被仰渡候、九日、登　城いたし、銀貳枚拜領仕候、

子四月八日、

一、松平讃岐守殿（頼恭、讃岐高松城主）ゟ葵御紋附袷壹つ被呉候、
是ハ、元雄（田村）・元長（同上）兩人共、讃岐守殿下屋敷に被召寄、御酒等被下候而、讃岐守ニも御出被成、其節讃岐守殿ゟ元雄に右御紋付被下候、

子四月九日、

一、松平右近將監殿（武元、老中）手醫師大嶋玄流に朝鮮種人參製法傳授被　仰付候、
是ハ、右近將監殿（松平武元）ゟ御賴ニ付、左之通伺書指出候、

松平右近將監殿醫師
香取玄昌
同
大嶋玄流

右兩人之內、玄流（大嶋）兄松伯儀ハ、私門人ニて御座候ニ付、去ル（寶暦十三年）未年九月中申上、朝鮮種人參製法之儀も相傳仕候處、病死仕候、依之、右松伯弟玄流に人參製法相傳仕度奉存候、然處、壹人ニてハ製法之仕方覺違等も有之候而ハ得と出來兼候ニ付、右玄昌儀も私門人之儀ニ御座候間、此度玄昌へも同樣製法傳授仕度奉存候、勿論、製法傳授之義ハ容易ニ不相成事ニ御座候へ共、前書ニ申上候通、先達而松伯に傳授仕置候義ニも御座候故、此上外〻之例ニも相成申間敷哉ニ奉存候付、右兩人に相傳仕度奉存候間、此段奉願候、以上、

子四月　　田村元雄

右之通、願書田沼主殿頭殿（意次、側用人）に白須甲斐守殿（政賢、小納戸頭取）を以指上候處、前〻之譯有之候間、玄流にハ相傳可仕旨、玄昌へハ相傳難致旨可及挨拶旨被　仰渡候、但、此義白須甲斐守殿ゟ植村左源次（政辰、駒場御薬園預）に左之通以手紙申來候、

以手紙申進候、然ハ、此間被遣候別紙田村元雄願書、主殿頭殿に入御披見候處、別紙願書之內、大嶋玄流にハ人參製法相傳有之候樣相心得、香取玄昌にハ製法相傳難成筋ニ候、玄流義ハ前〻

玄昌は新規につき許されず

*朝鮮人參の屑を病用に給はる

*尾先屑鬚屑人參

明和二年水戸の醫師傳授を願ふも許されず

不許可は先例に準據したるのみ

玄流の傳授を許されしは松伯の弟の故

*元長植村政辰人參買上出張中の製法所助勤を命ぜらる

之譯有之候得共、玄昌儀も此度新規ニ候、製法傳授之義も容易不相成事ニ候間、左樣相心得罷在候樣可申達旨被仰渡候間、右之趣元雄老ニ御申達可被成候、則右願書致返進候、承り御付可被遣候、以上、　四月八日　猶〻右玄昌・玄流ゟ元雄老ニ人參製法傳授之義申込有之候ハヽ、御挨拶入可申候、夫ニ付、本文之趣、元雄老奧向ニ計之願ニ御座候間、先方ニ此度奧ニ願か樣主殿頭殿御差圖有之候間、玄昌ヘハ傳授難致抔と御申達候筋ニも無之候、先達而去ル(明和二年)酉正月、水戸殿御領內醫師人見本琳ヘ製法相傳之義、御賴有之候節、右製法相傳之義も難相成筋之旨、御城付迄御挨拶被成候、右之振合ニ何ニも相替義無之候間、此度も先方ニ御挨拶被成候ハヽ、左之通ニ而可然候、此段拙者心付候間、爲御心得申進候、得と元雄老ニ御申達可被成候、以上、

玄流兄松伯ニ前〻人參製法之義致相傳候處、其後致病死候、右之譯も御座候ニ付、玄流ニも製法傳授可致候、製法傳授之義容易ニも難相成筋ニ候間、玄昌ニも傳授難致候、

右之通ニ付、委細承知仕候旨、左源次ゟ甲斐守殿ニ御返事致し、其書面左源次ゟ元雄ヘ申聞候、

子五月廿八日、

一、朝鮮種人參尾先屑・細鬚屑、爲病用被下置候、

五月廿七日、白須甲斐守殿(政賢、小納戸頭取)・松下隱岐守殿(昭永、同上)ゟ、明日四時被申達候御用之義候間、御城ニ可罷出旨左(植村政辰、駒場藥園預)源次・元雄兩名當ニて申來候、

同廿八日、奧ニ罷出候處、爲病用尾先屑人參・鬚屑人參被下置候段、主殿頭殿(田沼意次、側用人)ゟ被仰渡候間、其通可被相心得旨白須甲斐守殿・松下隱岐守殿御兩人ニ而被仰渡候、御禮廻り松平因幡守殿(康郷、側衆)・水野豐後(忠友、側衆)守殿・田沼主殿頭殿・白須甲斐守殿・松下隱岐守殿ニ罷越、伊奈備前守殿(忠有、勘定奉行)ニも於殿中御禮申述候、

同八月十一日、

一、植村左源次(政辰、駒場御藥園預)當秋人參御買上在勤中、元長(田村)儀製法所助勤被　仰付候、

伊奈備前守殿(忠有、勘定奉行)ゟ元長方ニ以手紙、明朝自宅ニ可罷越旨被申越候、　八月十日、

*正月三日例年の如し
*阿蘭陀人對談を許さる
元雄並の諸入用金を下さる
*甥大谷大和病死
*實方甥小普請方棟梁
支配頭宛届書
元長植村政辰出張中製法所詰を命ぜらる
*勘定奉行支配頭等へ届く
*支配頭宛届書
*忌服日數を問合す
*忌三日服七日となる
同八月十一日、備前守殿御宅に罷出候處、左之通以書付被仰渡候、
　植村左源次人參根爲御用野州・奥州筋に罷越候留守中、左源次製法所に被相詰候通、田村元雄と代り合當十二日ゟ被相詰、諸事前々之通可被相心得候、依之、左源次歸府迄之內、左源次に被下候諸入用金之內、元雄に被下候並を以被下候、右之趣右近將監殿(松平武元、老中)・主殿頭殿(田沼意次、側用人)・攝津守殿(松平忠恒、若年寄)に御届申上候上申達候間、可被得其意候、
　八月
右ニ付支配に届書、左之通三通指出ス、
朝鮮種人參御用相勤候植村左源次儀、此度在勤被　仰付候間、右左源次留守中私悴元長儀、私と代り合製法所に相詰候樣、且、左源次歸府迄之內、私に被下候並を以諸入用金元長に被下置候條、尤、松平右近將監殿・田沼主殿頭殿・松平攝津守殿に御届被申上被　仰達候段、昨十日、伊奈備前守殿於御宅、元長に御同人被仰渡候、依之御届申上候、以上、
　八月十一日　田村元雄
明和六己丑年、
一、正月三日、元雄(田村)登　城、年始御禮、枳朮丸獻上、
　諸事例年之通、
同二月廿日、
一、阿蘭(陀脱カ)人對談被　仰付候、
　諸事例年之通、御老中阿部(正右)伊豫守殿に御禮參上、
同四月二日、
一、大谷大和病死、
　元雄實方甥大谷大和、長病相煩罷在候處、養生不相叶、今曉八ッ時、病死之段、大和悴善次郎ゟ申越候、依之、役所當番植村左源次(政辰、駒場御薬園預)に其段届方申遣し、人參御用掛伊奈備前守殿(忠宥、勘定奉行)にも届書付指出申候、支配頭にも伊丹權太夫(康命、小普請組支配組頭)迄以書札左之通届いたす、
一筆啓上仕候、然ハ、私甥小普請方棟梁大谷大和儀、久々病氣之處、養生不相叶、今曉八時、病死仕候、依之御届申上候、忌服之日數被仰聞可被下候、恐惶謹言、　四月二日　坂登書判　書面之通竪狀結文指遣候處、忌三日・服七日請可申旨、

四月五日忌明

植村政辰實方甥の忌服なき旨を唱ふ

*八月二十三日江戸出立

右につき支配組頭に掛合ふ

*岩屋見分につき代官鵜飼實道宛勘定奉行書狀

人參買上出張の序に下野上仙波村岩屋見分も命ぜらる

*元雄をして岩屋を見分せしむること田沼意次の命なり

日光社拜禮も許さる

旅用金六十兩

*元長元雄出張中の助番を命ぜらる

尤、忌明之節三ヶ所に届可致旨、返書來る、

四月五日、今日忌明ニ御座候ニ付御届候旨、以書付支配頭・組頭兩所、此三ヶ所に届書付出申候、

但、同役植村左源次義、御目付中に承合候處、實方甥忌服無之由ニ付、昨四日、製法所に出勤可致旨、左源次ゟ申聞候間、此趣伊丹權太夫に掛合候處、製法所にも四日ゟ出勤致し、（高力長昌、小普請組支配頭）式部殿にも五日ニ忌明之旨、屆可致旨被申候ニ付、其通いたし候事、

同八月九日、

一、朝鮮種人參御買上御用被　仰付候、金貳枚被下置候、右御用序ニ、野州都賀郡上仙波村岩屋見分可仕旨、

奥より被　仰付候、

朝鮮種人參御買上御用之儀、諸事亥年（明和四年）之通、御暇被下候節金貳枚被下候、日光御靈屋拜禮之義も奉願候處、願之通被　仰付候、道中旅用金六拾兩於御金藏請取之、供人先格之通、用人安田久米右衛門に支度金貳兩、士兩人に壹兩つゝ、內壹人ハ久米右衛門悴ニ付外ニ貳分、手前中間兩人、壹人に壹分貳朱つゝ指遣候、

高力式部殿（長昌、小普請組支配頭）に、私儀、此表出立之日限來ル廿三日ニ相定り申候、依之、御屆申上候旨、屆書指出し置候、　八月廿三日、江戸出立候ニ付、即刻式部殿に、先達而申上候通、私儀、今廿三日明六時、江戸出立仕候、依之、御屆申上候旨、以書付相屆候、

〇野州都賀郡上仙波村岩屋見分之義ニ付、江戸出立前、伊奈備前守殿（忠宥、勘定奉行）より別紙之通鵜飼左十郎（實道、代官）に申達候ニ付、左十郎ゟ懸合可及段、以手紙被申越候、

別紙　鵜飼左十郎御代官所野州都賀郡上仙波村、右村之內ニ岩穴有之候由、當秋人參御買上御用ニ付、田村元雄右近邊に罷越候間、則元雄見分いたし申上候樣、（田沼意次、側用人）主殿頭殿被仰渡候、依之、元雄彼地に罷越候節、最寄宜所ゟ致案內、元雄に爲見候樣其方に可申渡旨ニ候間、被得其意、元雄に可被談合候、以上、　丑八月、

同八月十五日、

一、（田村）元雄留守中、元長儀、製法所に助番被　仰付候、

*支配頭組頭に届く

*一橋御坊主大谷立佐長病し死去

當年皆勤につき尋ねらる

*忌服を問ふ

*忌十日服四十五日

忌の外皆勤す

*組頭宛元長届書

*伯父大谷立佐病死忌中につき勤め方

元雄實弟大谷立佐病死

*實兄病死の節元雄は製法所勝手方に詰む

*元長も同様か

明和六年九月・十月

元長製法所助勤、伊奈備前守（忠宥、勘定奉行）殿ゟ被　仰渡候、諸事先格之通、

同十月三日、

一、元雄（田村）儀、當丑年是迄皆勤之旨尋ニ付、書付支配ニ出ス、

元雄、當丑年、病氣斷・看病斷、其外指合等ニて引込候儀有之哉否之義、元長（田村）ニ指遣候様式部殿（高力長昌、小普請組支配頭）ゟ申來候由ニ付、伊丹權太夫（康命、小普請組支配組頭）ゟ以手紙元長方ニ申越候、依之、左之通書付權太夫ニ指出ス、

田村元雄、當丑年、是迄引込候儀有之候ハヽ、申上候様被仰下奉畏候、四月二日、元雄甥大谷大和病死仕、三日之忌請申候、九月六日、元雄實方弟大谷立佐病死仕、十日之忌請申候、右之外是迄病氣斷・看病斷・差合等無之皆勤仕候、

以上、　丑十月三日　田村元長

明和六己丑年九月六日、

一、大谷立佐病死、

元雄（田村）實方弟大谷立佐病氣之處、養生不相叶、昨夜四ッ時致死去候由、立悦より今七日申越候ニ付、即刻元長ゟ役所當番植村左源次（政辰、駒場御薬園預）ニも其段屆申遣シ、支配頭（高力長昌）ニも以竪結狀、組頭寛彌左衛門（正休）ニ元長ゟ左之通申遣、

一筆啓上仕候、然ハ、田村元雄實方弟一ッ橋御坊主大谷立佐儀、長病相煩罷在候處、養生不相叶、昨六日夜四時死去仕候、此節同姓元雄儀御用旅中ニ付、旅先ニも此段申遣候、依之、私ゟ御屆申上候、元雄并私忌服之儀被爲仰聞可被下候、以上、　丑九月七日　田村元長書判

右之通申遣候處、元雄殿忌服、忌十日・服四十五日ニて候由、寛彌左衛門ゟ申越候、元長忌服之義ハ挨拶無之候、○同九月八日、寛彌左衛門ニ左之通三通指出ス、

私儀、此節忌中ニ相成候ニ付、朝鮮種人參製法所相勤候植村左源次ゟ、人參御用掛り御役人中ニ申上候ハ、田村元雄悴元長儀、實方伯父大谷立佐、去ル六日病死仕、忌中ニ相成候、就夫、七ヶ年以前未（寶暦十三年）年九月中、田村元雄兄大谷甲斐病死仕候節、製法場勝手之方ニ相詰罷在、諸事指引仕候間、此度元長儀も、右甲斐病死之節之振合

植村政辰勘定奉行に届く
*醫師遠國療治につき觸書
*典薬頭より廻狀
*逗留を断るべからず
勘定奉行宛植村政辰届書
元長忌服半減
*元雄歸府
大谷甲斐病死の節の例に任せ勝手方へ詰めさせたし
勘定奉行伊奈忠宥添書

を以、製法所に相詰候様可爲仕と奉存候間、此
段申上置候旨、以書付伊奈備前守（忠宥、勘定奉行）殿に申上、備
前守殿ゟ松平右近將監（武元、老中）殿・水野出羽守（忠友、若年寄）殿・白須
甲斐守（政賢、御用取次見習）殿に以書付被仰上候ニ付、其通相心得製
法所に相詰候様、植村左源次ゟ申聞候、依之、
此段御届奉申上置候、以上、
　　丑九月八日　　　　　　　　田村元雄悴
　　　　　　　　　　　　　　　田村元長

右ハ、植村左源次ゟ伊奈備前守殿に左之通被相届候、備前守殿ゟ
松平右近將監殿・水野出羽守殿・白須甲斐守殿に添書いたし被相
届候ニ付、高力式部（長昌、小普請組支配頭）殿に右之通相届候、左源次ゟ備前守殿に被相
届候書付并備前守殿添書共左之通、
　田村元長忌中ニ相成候ニ付申上候書付
　　御届　　　　　　　　　　　　　　　小普請組高力式部支配
　　　伊奈備前守　　　　　　　　　　　　田村元雄悴
　　　　　　　　　　　　　　　　　　　　　田村元長
右元長儀、實方伯父大谷立佐、昨六日病死仕、半減之忌服請候間、
來十五日迄忌中ニ相成候、就夫、七ヶ年以前未年九月中、田村元
雄兄大谷甲斐病死仕候節、製法場勝手之方ニ罷在、諸事指引仕候、
依之、此度元長儀も右甲斐病死之節之通相心得、製法所に相詰候
様可爲仕と奉存候間、此段奉申上置候、以上、　丑九月七日　植
村左源次
右之通植村左源次申上候ニ付、則指上申候、以上、　九月　伊
奈備前守
○此十五日迄半減之忌中之義ハ、植村左源次ゟ御目付中に承合候
處、右之通之由ニ候、

同九月廿一日、
一、醫師遠國療治心得之御觸、
　九月廿一日、牛井大炊頭（成高、典藥頭）より廻狀を（以脱カ）被申聞候ハ、
　松平攝津守（忠恒、老中）殿御直ニ御渡被成候御書付之寫一通相
　廻シ申候間、承知可置旨文言左之通、
　　惣而於在所病氣之面々、醫師願有之相越致療治、
　　相應ニ付指留療治相頼候節ハ、望次第致逗留可
　　有療治儀、勿論之事候得共、若心得違ニて逗留
　　之儀及斷候而ハ如何候間、以來共心得違無之様
　　一同可被申合候、以上、

同十月十三日、
一、（田村）元雄歸府、
　今十月十三日、人參御買上御用相濟、江戸歸着い
　たし候ニ付、高力式部（長昌、小普請組支配頭）殿に御届左之通、
　　私儀、今十三日、江戸歸着仕候、依之、御届申
　　上候、以上、　　十（十脱カ）月三日　　田村元雄

同十一月朔日、

歸府御目見
上仙波村岩穴雛形等を上る
*岩穴の入口
*岩穴の内
*鐘乳石
岩穴委細書
*石燕
*小蝶

明和六年十一月

一、元雄（田村）歸府之　御目見被　仰付候、
　歸府之　御目見願書指出、願之通被　仰付候條、
　諸事先格之通、

丑十一月十四日、

一、野州都賀郡上仙波村山中岩穴雛形幷委細書付指上候、
朝鮮人參御買上御用序ニ、右之岩穴見分可仕旨、人參御買上御用被　仰付候後、於奥白須甲斐守殿（政賢、御用取次）被仰渡候、依之、人參御用先ニて右穴見分仕、其山之雛形幷高サ貳尺程・幅壹尺餘四方程ニ仕立、其中を穴之様子ニ拵、採（彩）色等仕、其穴之中之產物等、左之書付（カキ）ニ有之候通相添、白須甲斐守殿に同人御宅に、十一月十四日、元雄持參いたし指出申候、其書付左之通、

此度私儀、朝鮮種人參御用序、野州都賀郡上仙波村山中岩穴之內見分仕申上候樣、當丑八月中被仰渡候ニ付、同月廿六日、右場所に罷越、尤御代官鵜飼左十郎（實道）にも被仰渡有之候付、同人手代幷同村役人共ゟ案內爲致、見分仕候處、右仙（上脫カ）波村ゟ山之岩穴迄道法壹里半程有之、一躰山石之儀ハ青黑ク相見に、至極堅キ石等有之、麓より右見分所之穴迄上下屈曲拾町計相登り候得ハ、右ニ當り、巖石（ガンゼキ）夥敷、谷に入候得ハ、東に向キ七八町も深く相見申候、此谷ニ蛇多ク、樵夫も一通りにてハ難立入候之間、俗ニ此谷を蛇谷と唱へ來り候由、

一、見分仕候岩穴之入口ハ南向ニて、空ニ向ヒ横三尺四五寸・竪五尺計、勿論陷（ヲト）し穴にて、內に貳間半程入申候、俗ニ此穴を請口と相唱候由、偖（サテ）又、穴之上ハ、巖石多ク樹木も生兼、中ゝ登候事ハ難仕候、尤穴內下り階子（ハシゴ）ニ而火を燈（トモ）し案內爲致、下り付候得ハ、三四間も平成場所有之、夫より穴ハ東之方に段ゝ深ク、三四間之階子ニて下り候得ハ、左右皆鐘乳石ニて御座候、將又、石燕と申候而、羽黑キ燕飛巡（メグ）り、鐘乳之汁を吸候躰ニも相見に申候、其外岩之端（ハザマ）ニ、白ク背中ニ少ゝ栗色之斑（マダラ）有之候小蝶も間ゝ相見に申候、然處、殊之外暗く候間、蠟燭等道ゝ建置申候、右之階子不殘下り盡（ツク）シ候得ハ、東南之岩上ニ蓮花（衍）華岩と申所有之候、是ハ鐘乳流れ掛り凝り堅（カタマリ）、

蓮華岩
*額岩
辨才天池
大日如來岩
瑠璃壺
*手本石を添ふ
護摩壇石
*藥種拜領

蓮華之形ニ似寄候間、蓮華岩と俗ニ申ニ而可有御座候、其外ニ谷之様成所有之、貳三間入込候得も、少し之池有之候、俗ニ是を辨才天池と申習し候由、其池之少し左之方ニ壹丈四五寸計上ニ、立像之大日如來と申岩、其丈三尺計も有之、佛之形ニ自然と似寄り相見ニ申候、俗ニ是を金剛界之大日と申傳へ候、又東之方下ニ下り候而、座像之大日如來と申岩有之、高サ壹尺八九寸程相見ニ申候、俗ニ是を胎藏界之大日と申習し候、又五六尺も左之方ニ相當り、壹尺四五寸計之壺之形成ル石有之候、是を俗ニ瑠璃壺と相唱へ申候由、世上ニ而見請候壺之形ニ似寄申候、

一、穴登方ニ壹丈五六尺も上ニ相當り、護摩壇石と申岩有之、往古弘法大師などの護摩壇所と申様成姿ニも似寄り候ニ付、如此相唱へ候ニても可有御座候、此所ニて長竿之端ニ蠟燭を建見不申候而も、暗く候而其躰一向相分り不申候、又其上ニ壹丈計北西之方ニ上り候得も、洞穴有之候、此所一通りニてハ難登、足代等不仕候而も見分不相成候間、不得止事殘置申候、

明和六年十二月

一、穴之中央より貳丈七八尺も上ニ相當り、額岩（ガクイワ）と申石有之候、此處も亦〻暗ク候ニ付、長竿ニ蠟燭を燈し、高く指上不申候而も、一向形も相分り不申候、竪八尺位・横三尺計之岩ニ而、自然と額之形ニ相見ニ申候、依之、俗ニ額岩と申候哉、右之品も不殘鐘乳石之類、或ハ孔公孽と申石ニて、皆石鐘乳之大キ成物ニ御座候、

右も、御代官鵜飼左十郎手代幷村役人ニ案內爲仕見分仕候處、荒增書面之通御座候、依之、山之儀も、大凡（ヲヽヨソ）積りを以雛形ニ仕、幷鐘乳石・孔公孽之類手本石壹包つゝ、彼地より持參仕候間、則相添指上申候、

丑十一月十四日　田村元雄

丑十二月十九日、

一、御藥種拜領被　仰付候、

高力式部殿（長昌、小普請組支配頭）ゟ以切紙左之通申來、

御自分儀、御藥種被下置候付、別紙指越申候、可被得其意候、尤御禮廻等之儀、例年之通可被相心得候、以上、

十二月十九日　田村元雄殿　高

力式部
別紙
高力式部支配　田村元雄　御薬種被下候付、半井出雲守（成高、典薬頭）方ニて可相渡候間可請取旨、水野壹岐守（忠見、若年寄）殿被仰渡候付申達候、　十二月十九日

右之通ニ付、田沼主殿頭（意次、老中格、側用人）殿・水野壹岐守殿・白須甲斐守（政賢、御用取次）殿ニ御禮ニ相廻り、高力式部殿・伊丹權太夫（康命、小普請組支配組頭）殿・寛彌左衛門（正休、同上）殿ニも御禮ニ相廻り候、

＊典薬頭より渡さる七十四味十一貫餘

十二月廿日、半井出雲守より、御拜領之御薬種、明後廿二日朝六時ゟ四時迄之内御渡申候間、御受取可被成旨、以手紙申來候、依之、同十二月廿二日早朝、請取人出雲守方ニ指出し、御薬種都合七拾四味、惣目拾壹貫七百貳拾六匁、此袋數七拾八、内紫蘇・香薷・荊芥・茵蔯貳袋物、無相違請取候、

丑十二月廿八日、

屑朝鮮人參拜領

一、屑朝鮮種人參拜領被　仰付候、
屑人參被下候旨、松下隱岐守（昭永、小納戸頭取）殿被仰渡、屑人參御直請取候、白須甲斐守（政賢、御用取次）殿・松下隱岐守殿ニ御禮ニ相廻り候、

＊人參買上竝に製法所精勤につき褒美銀

丑十二月廿九日、
一、朝鮮種人參御買上御用首尾好相濟候ニ付、銀七枚被下置候、
一、朝鮮種人參製法所出精相勤候ニ付、銀五枚被下置候、
本文兩樣之御褒美銀、同日ニ被下候、諸事一昨亥年之通、

＊印形を改む

丑十二月廿九日、
一、元雄（田村）印形相改候、
元雄印形相改度儀ニ付伺書、左之通月番伊丹權太夫（康命、小普請組支配組頭）ニ三通出ス、

＊伺書

覺　私唯今迄相用候印形損候付、依之、相改申度奉伺候、以上、
丑十二月　田村元雄

右之通伺書指出候處、本願書可指出旨、權太夫ゟ案詞指添申來候ニ付、左之通、

＊願書

印形改奉願候覺
一、私儀、唯今迄用來り候印形損シ候ニ付、相改申度奉願候、以上、
明和六丑年十二月　田村元雄書判
高力式部（長昌、小普請組支配頭）殿

右之通、程村竪紙、上包美濃折懸包、外ニ組頭拾(マヽ)
貳通、各名當先例之通、
上包上書付ヶ、印鑑改願書　田村元雄
外ニ印鑑左之通、
表書
印鑑　田村元雄

よこ八寸
明和六丑年十二月幾日相改申候、
印鑑○　田村元雄
たて九寸　程村紙
此日付ヶも認不申、其儘ニ指出ス、尤其處を明置也、願濟候節あの方にて日付ヶ書入候由、

右之通相認、願書幷印鑑共使者を以伊丹權太夫に指遣候處、同十二月廿九日、願之通印形相改候様伊丹權太夫ゟ被申渡候、

*年始御禮
*阿蘭陀人對談印鑑
*養父宗宣八十麿靈神號を受く
*醫業
*宗宣靈神號のこと生前に申置く
*本年二十三回忌
*神田明神神主へ頼む

明和七庚寅年、
一、正月三日、(田村)元雄登　城、年始御禮、枳朮丸獻上、
　諸事例年之通、
同二月十六日、
一、阿蘭陀人對談被　仰付候、
　諸事例之通、御老中松平右近將監(武元)殿に御禮參上、
同六月廿六日、
一、八十麿靈神號拜受、
　(田村)元雄養父宗宣ヶ、天和二壬戌年、江戸神田紺屋町ニ生れ、後自ラ八十麿と號ス、名乘ハ倂豊(よしとむ)、醫を業とし、神道ニ志深く、神道之書倭元集説六卷・中臣注解壹卷・神代卷勘辨四卷を綴る、其餘歌道を學、認置書數卷此ニ略置、寛延元戊辰年十月十九日、生るゝ所ニ卒る、八十麿、沒後靈神号を授度旨、存命之内元雄に申置候ニ付、今年廿三廻忌ニも當り候間、元雄存立、靈神號申請度間世話致し呉候様、神田明神之神主芝崎大隅守に相頼候、大隅守指圖ニ仍而、左之通書付幷願書大隅守に相

禮金*
宗宣吉田家へ入門
吉田家宛願書
口上覺書*
靈神號は八十麿又は坂上とされたし
返答書*
吉田家入門の證類火にて燒く

渡、
惇信院様(徳川家重)御代、吉田様江戸表ニ御下向之節、芝
崎宮内殿御世話を以て御門入仕候、　田村
宗宣　号八十麿、
右半切紙ニ相認候、
　以願書申上候
私父田村宗宣儀、廿三ヶ年已前死去仕候、兼而
存生之内、靈神号平常相願罷在候、元より御門
弟之儀ニも御座候、當年年忌ニも相當候間、靈
神號御授被下置候様奉願候、尤存生之内號を八
十麿と申候間、直ニ八十麿と成共、坂上と成共、
靈神號ニ被成下候ハヽ、難有奉存候、夫共難被
成儀も御座候ハヽ、如何様ニも思召次第御考御
調被成被下候様、偏奉願上候、以上、
　明和七寅年五月　田村元雄印
　吉田二位様(兼雄)
　　御雑掌衆中
右願書、程村竪紙、上包美濃折掛包、大隅守(芝崎)ニ相
渡ス、且、同人指圖ニ而、吉田様ニ御禮金左之通、右
願書幷書付と一同大隅守ニ相渡ス、五月十三日、

靈神號御禮金貳兩、
同斷雑掌四人ニ金百匹ッヽ、　鈴鹿筑前守　鈴鹿丹波守　鈴鹿下野守　鈴鹿石見守
合金三兩、
同八月、靈神號京都ゟ被指遣候間、請取ニ自宅迄
參候様大隅守ゟ申越候ニ付、元長罷越、靈神號請
取候、仍而靈神號之請取書付幷吉田様ゟ御尋之由、
大隅守申聞候ニ付、書付左之通大隅守ニ相渡候、
　口上覺　竪紙、上包美濃折掛、
一、靈神號　一箱　右ハ、拙者親宗宣儀、存
生之内相願罷在候故、今般右靈神號御願申上候
處、願之通御許容被下、早速御指下被成候ニ付、
御渡慥落手仕候、何分宜様御禮御取計可被下候、
爲念如此御座候、以上、
　明和七寅八月　芝崎大隅守殿　田村元雄印
　覺　半切紙、上包美濃折掛、
拙者亡父宗宣事、先年吉田様ニ御門入仕候儀、
控等も有之哉之由御尋ニ候處、十一ヶ年以前類
燒仕候節、土藏ニ火入、右躰之諸控不殘燒失仕
候付、委細之儀ハ相分り兼申候、乍去、御門入
仕候義ハ私記憶仕罷在候、尤其以後亡父儀、姓

脚*氣にて足痛

相*州湯本にての湯治を願ふ

神田明神神主へ謝禮

往*返二十一日

植*村政辰添願書

靈神號

御*用向支障なし

湯治願

奥向へ内伺

支*配組頭宛伺書

名等改候儀も無御座候、若萬一後日ニ委細相知候儀も有之候ハヽ、早速申上候様可仕候、左様思召可被下候、以上、　寅八月　芝崎大隅守殿

田村元雄

右之通、芝崎大隅守儀、段々致世話呉、靈神號被下相濟候ニ付、爲謝禮銀壹枚・肴一折、同人社士匂坂彦之丞儀も、取次等始終致世話呉候ニ付、是又爲謝禮肴代金貳百疋、何も以使者安田久米右衛門指遣ス、右靈神號書面左之通、

宗源　　宣旨

麿靈神　田村宗宣亡魂

右宜授靈号者、

神宣之啓状如件、

明和七年六月廿六日　神部壹岐宿祢奉

神祇道管領卜部朝臣(兼雄)〔花押〕

○◎ハ朱印、

同閏六月十二日、

一、相州湯元(足柄郡)に湯治、願之通被　仰付候、

最初内伺、六月十八日、奥向に隠岐守殿(松下昭永、小納戸頭取)を以上る、

左之通植村左源次(政辰、駒場御薬園預)ゟ之書付貳通、

奉願候覺　　私儀、先年ゟ脚氣之様子ニ而足痛候處、此節別而痛強く難儀仕候、依之、湯治仕候ハヽ可然哉ニ奉存候間、相州湯元に罷越、湯治仕度奉存候ニ付、可罷成儀ニ御座候ハヽ、往返日數廿一日御暇被下候様奉願候、以上、寅六月　田村元雄

別紙田村元雄奉願候通ニ付、往返日數廿一日御暇被下、願之場所に湯治仕候様ニ被　仰付被下置候様、於私も奉願候、右留守中も、前々人參根御買上御用留守中ニ准シ、元雄悴元長私と代り合、元雄相勤來候通相勤候得も、御用向御指支も無御座候間、元雄奉願候通被　仰付候様仕度、此段奉申上候、以上、寅六月　植村左源次

右貳通之願書、同六月廿三日、表向に願書指出候様、松下隠岐守殿を以被　仰渡候、依之、閏六月二日、支配に覓彌左衛門(正休、小普請組支配組頭)迄元長持參指出候伺書左之通、

奉窺候覺　奉書半切紙、上包美濃折掛、三通、

私儀、先年ゟ脚氣之様子ニ而足痛候處、此節別

醫師の勸め

而痛强難儀仕、御醫師多紀安元・町醫福山舜調薬服用仕候得共、同篇ニ御座候ニ付、湯治仕候ハヽ可然旨、右醫師共申候ニ付、三廻り之御暇ニ而相州湯元江罷越、湯治仕度段、願書指出申度、此段奉窺候、以上、　寅閏六月　田村元雄

*三廻り湯治許さる

寛彌左衛門ゟ、左之通願書可指出旨案詞來る、

支配頭宛願書

湯治奉願候覺　〔湯治願書　田村元雄〕（本紙程村竪紙、上包美濃折掛包、表書面之通、）

私儀、先年ゟ脚氣之様子ニ而足痛候處、至此節別而痛强難儀仕候、御醫師多紀安元・町醫福山舜調療治請、色々養生仕候得共、同篇ニ御座候、湯治仕候ハヽ可然旨、右醫師共申候、依之、相州湯元江三廻り湯治仕度奉願候、以上、

明和七寅年閏六月　田村元雄書判

高力式部殿

（壹通此通、壹通ハ伊丹權太夫・寛彌左衛門名當、壹通ハ寛彌左衛門・伊丹權太夫名當、都合三通、）

*御禮廻り

閏六月四日

右願書、相支配竹村權左衛門（嘉品）・能勢又十郎（賴廉）兩人を以式部殿（高力長昌、小普請組支配頭）江指出候、尤使者安田久米右衛門を以而、

*屆書の廉書

右願書高力式部殿御門迄指遣置、權左衛門・又十郎兩人、式部殿江被罷越候而願書相渡、尤三通共相渡、同人指圖ニ仍而組頭名當兩通ハ、寛彌左衛門宅江久米右衛門即刻持參相渡、權左衛門・又十郎兩人江も、即刻使者として久米右衛門禮ニ相廻る、後爲謝禮權左衛門・又十郎兩所江、以使者肴一折つヽ遣候、（閏六月廿〔十〕三日、以使者竹村權左衛門相賴候處、承知之上、同人ゟ又十郎を賴、兩人ニ而願書出ス、）

閏六月十二日、高力式部殿ゟ以切紙左之通申來、願相濟、

御自分儀、足痛所有之候ニ付、相州湯元江三廻り湯治被致度願、板倉佐渡守殿（勝清、老中）江申上候處、願之通相州湯元江三廻入湯候様可申渡旨、被仰渡候、依之申渡候、被得其意、右爲御禮今日中佐渡守殿江計可被參候、以上、　閏六月十二日　高力式部

田村元雄殿

猶以、右爲御禮佐渡守殿江被參候節、十德著用可被致候、右之禮相濟候ハヽ、自分宅へも可被相越候、以上、

右ニ付爲御禮、當日佐渡守殿・式部殿・伊丹權太夫（康命、小普請組支配組頭）・寛彌左衛門江相廻候、

高力式部殿ゟ御借被成候間指越候、此通可心得旨寛彌左衛門ゟ被借候書付、左之通、

一、出立之前日、以使者可被相屆候、

一、出立之當日、使者書付を以可被相屆候、

一、湯元ニ參着候ハヽ、其段以書状可被申聞候、
一、湯元逗留中、一廻り程入湯候ハヽ、入湯相應之否書状を以可被申聞候、
一、若又不相應ニて被歸度候ハヽ、其趣被申越、此方ゟ一左右次第湯元より出立可被申候、
一、江戸表ニ歸着候ハヽ、早速使者書付を以可被相届候、

以上、　寅閏六月

*支配組頭宛書状

（彌左衛門ゟ添書）
右之通、高力式部殿幷拙者方ニも同様御届可被成候、伊丹權太夫方ニも、御出立之御届幷御歸着之儀も御届可被成候、其餘も御届及不申候、

寛彌左衛門ゟ指圖ニ付、左之書付同人ニ出ス、尤案詞來ル、

旅程を届く

覺　（半切紙、上包美濃折掛、三通、三通共彌左衛門へ指出ス、）

一、江戸出立、閏六月十四日、
一、道中三日ニて湯元ニ、閏六月十六日ニ着、
一、三廻り日數廿一日、（閏六月十六日ゟ七月七日迄、）逗留、
一、七月八日、湯元出立、
一、道中三日ニて、江戸ニ七月十日ニ着、

右之通御座候、以上、　寅閏六月十三日　田村元雄

*召連れ人數を届く

（同斷）覺（同斷　三通　同斷）

湯元ニ道中召連候人數
侍貳人　長刀持壹人　藥箱持壹人　挾箱持壹人　草履取壹人

右之通ニ御座候、尤私義も、駕籠ニ而旅行仕候、以上、

寅閏六月十三日　田村元雄

湯元ニ道法貳拾貳里程有之ニ付、道中二日ニも可參處、三日之道中ニ致シ候ニ付、寛彌左衛門ゟ指圖ニ付、左之通手紙同人ニ遣候、

以手紙啓上仕候、然も、湯元ニ道中二日ニも可罷越候處、此節又外ニ痛所出來仕候ニ付、道中三日ニ罷越候條、爲念申上置候、以上、

閏六月十三日　田村元雄

*出立届書

閏六月十三日、高力式部殿ニ届ケ、使者を以申遣候、使者安田久米右衛門口上書左之通、

明十四日、朝六ツ時、相州湯元ニ元雄義出立仕候ニ付、此段以使者御届申上候、以上、

閏六月十三日　（田村元雄使者）安田久米右衛門　（式部殿ニ届相濟、彌左衛門ニも其段

明和七年閏六月

先觸
*江戸出立届書

以使者
相届る、

閏六月十四日、元雄江戸出立いたし候、道中先觸昨日指出候、文言左之通、

表書
先觸　　　田村元雄内
　　　　　　橋本右内
　　　　　　深山庄藏

覺

本馬壹匹　人足三人 内駕籠人貳人、両掛持壹人、但、御定之賃錢相拂罷通候、

右ハ、田村元雄儀痛所有之ニ付、願之上爲湯治、明十四日朝六ッ時、江戸出立、相州湯元に被罷通候間、書面之人馬無滯指出可給候、以上、

寅閏六月　　田村元雄内
　　　　　　深山庄藏
　　　　　　橋本右内

武州品川宿ゟ相州湯元迄、
右宿ゝ 問屋
　　　年寄中

*湯元著届書

十四日、元雄、品川宿に罷越候處、問屋共申候ハ、駕籠人足ハ四人、乗物ハ六人持之御定ニ候ニ付、貳人にてハ駕籠難指出由ニ付、致増人罷通り候、掛引甚六ヶ敷御座候事、

掛引甚だ難し

製法所ゟ御届之義、植村左源次(政辰、駒場御藥園預)ゟ以書付、元雄義今朝江戸出立仕候旨、夫ゝ御届申上候、

*支配頭宛書狀

寛彌左衛門ゟ此間中ゟ指圖ニ付、左之通届書付、

*湯相應なり

今十四日朝、指出ス、

覺　半切紙、上包美濃折掛　式部殿・彌左衛門・權太夫に、銘ゝ以使者書付出ス、

私儀、今十四日朝六ッ時、相州湯元に湯治出立仕候、依之御届申上候、以上、

寅閏六月十四日　　田村元雄

寛彌左衛門ゟ先達而ゟ指圖ニ付、左之通書狀指遣候、

表書　高式部様　田村元雄　横折、裏白書狀 封し狀　閏六月十八日、以使爲持式部殿御宅に遣候、

一筆啓上仕候、然ハ、私儀、道中無恙今十六日、相州湯元に參着仕候、依之、右之段御届申上候、恐惶謹言、

閏六月十六日　　田村元雄 名乗書判

高(長昌)式部様

右之外ニ、書面同斷、當名ハ寛彌左衛門様と壹通、同十八日、彌左衛門に爲持遣ス、彌左衛門よりハ返書來る、

表書　同斷　同斷　閏六月廿五日、式部殿御宅へ使を以指遣ス、

一筆啓上仕候、彌御勇健被成御座候哉、乍憚奉承知度奉存候、然ハ、私儀、入湯一廻り程ニも罷成候處、相障儀も無御座、湯相應之方ニ奉存

*歸府
*届書
留守中元長助勤
*歸府刻限
*元長助勤
人參買上御用留守中に准ず

候、右之段申上候様、先達而被仰聞候ニ付、以
書中申上候、恐惶謹言、
閏六月廿二日　高式部様　田村元雄名乗書判
同断彌左衛門にも、同廿五日、壹通爲持遣候、彌
左衛門ゟ之返書來る、
一、元雄(田村)湯治留守中、元長(田村)儀製法所助勤被　仰付候、
是ハ、最初元雄湯治内伺奥に願書指出候節、以別
紙代りハ元長相勤可申旨、植村左源次(政辰、駒場御薬園預)ゟ前書之通
指出置候ニ付、江戸出立之當日ゟ、元長義役所へ
相詰候様左源次申聞候ニ付、松平右近將監(武元、老中)殿・田
沼主殿頭(意次、老中格、側用人)殿・白須甲斐守(政賢、御用取次)殿・松下隱岐守(昭永、小納戸頭取)殿・水谷
但馬守(勝富、小納戸頭取)殿に、元長御禮ニ相廻り、支配にハ左之通
寛彌左衛門(正休、小普請組支配組頭)に以書付相届候、
此度元雄義、相州湯元に湯治仕候ニ付、前ゝ人
參根御買上御用留守中ニ相准シ、元雄留守中元
長義製法所に相詰候ニ付、此段御届申上候、以
上、
閏六月十四日　田村元雄
田村元長

同七月十日、
一、元雄歸府、支配に届左之通三通、半切紙、上包美濃折かけ、表書　御届　式部(高力長昌)殿・彌左衛門・權太夫(伊丹康命、小普請組支配組頭)に銘ゝ持參、
私儀、道中無恙今十日朝六半時、歸府仕候、依
之御届申上候、以上、
寅七月十日　田村元雄
此歸府之日刻限之儀、寛彌左衛門(正休、小普請組支配組頭)殿内意ニ候、
製法所ゟ歸府御届之義ハ、植村左源次(政辰、駒場御薬園預)を以書付出ス、
同七月、
一、植村左源次(政辰、駒場御薬園預)人參御買上御用留守中、元長(田村)儀製法所助
勤被　仰付候、
左源次留守中、元長儀、先格之通製法所助勤可爲
仕旨、左源次ゟ以書付人參御掛り衆中に御届申上
候間、其通可心得旨、左源次ゟ元長に申聞候付、
御禮廻り、松平右近將監(武元、老中)殿・田沼主殿頭(意次、老中格、側用人)殿・白須
甲斐守(政賢、御用取次)殿・松下隱岐守(昭永、小納戸頭取)殿・水谷但馬守(勝富、同上)殿へ元長罷
出候、支配にハ、月番組頭伊丹權太夫(康命)に貳通、高
力式部(長昌、小普請組支配組頭)殿へ壹通、左之通以書付相届候、

届書　植村政辰人参買上御用にて出張
*製法所精勤につき褒美銀

覺　（半切紙、上包美濃折掛、式部殿へ壹通、權太夫へ貳通、）
人参製法所相勤候植村左源次義、此度人參御買上御用被　仰付候ニ付、右左源次在勤留守中、元長儀、元雄と代り合製法所に相詰申候、依之御届申上候、以上、
七月廿四日　田村元雄
田村元長

同十月廿三日、

病氣等にて引込の有無を問はる
*銀五枚拜領

一、元雄（田村）儀、當春ゟ是迄病氣等ニて引込候儀無之哉之旨尋ニ付、書付出ス、
高力式部殿（長昌、小普請組支配頭）用人與田茂兵衛・根岸清藏・萬年源之丞ゟ以手紙、本文之趣式部殿ゟ御尋之旨申越候ニ付、左之通書付指出候處、同人ゟ請取之返事來ル、

返答書

表書書付　田村元雄　（本紙半切、上包美濃折掛包、壹通式部殿へ計、）

湯治の外なし

私儀、當寅年、相州湯元（足柄郡）に湯治相願、閏六月十四日、江戸出立仕、七月十日、歸府仕候、右之外當春ゟ是迄、病氣・看病其外指合等ニ而引込候義無御座候、以上、
寅十月　田村元雄

*元長妻出産

寅十二月十九日、
一、朝鮮種人參製法所出精相勤候ニ付、銀五枚被下候、
十二月十八日、高力式部殿（長昌、小普請組支配頭）ゟ切紙を以左之通申來る、
御用之儀有之候間、明十九日朝六半時、十德着用、御城に可被罷出候、右為御請今日中自宅ニ可被相越候、以上、
十二月十八日　田村元雄殿　高力式部
同十九日、登　城候處、朝鮮種人參製法所出精相勤候ニ付、爲御褒美銀五枚拜領被　仰付候旨、於御祐筆部屋御緣側、水野出羽守殿（忠友、若年寄）御侍座、松平右近將監殿（武元、老中）被仰渡候、西之丸に御謁申上、夫ゟ御本丸・西丸御老中、若年寄・御側御用人・御用掛御側衆・御小納戸頭取水谷但馬守殿（勝富）、支配頭・同組頭に御禮ニ廻る、

同十一月十三日、
一、元長（田村）妻歌出産、男子出生、安太郎と名ク、
十一月十三日夕七ツ時、安產、支配頭等に屆不致候、

万年帳　巻二

明和八辛卯年正月
明和九壬辰十一月廿五日改元安永
安永十辛丑四月十三日　改元天明

明和八辛卯年正月三日、

一、（田村）元雄登　城、年始御禮、枳朮丸獻上、西　御丸同斷、

右枳朮丸貳包之制

上包

上包大鷹紙貳枚重
裏封朱印

内包

内包大鷹紙幅七寸四分程
裏封朱印
丸薬貳百粒入

獻上臺
寸法
七寸三分ニ
七寸五分
高サ六寸八分
二重ぐり
但白粉ぬり、
神田明神下ニ而
代銀一匁五分

内包之外
上包之内
入候功能
書付

枳朮丸功能書
一、瘡ヲ治ス、
一、胃氣ヲ健ニス、
一、久服スレハ飲食ヲ消シ、能食を進ム、

功能書付大鷹紙半切

年始登城

枳朮丸獻上

阿蘭陀人對談を願ふ*

右獻上丸薬、御本丸江指上候壹包も、御本丸御坊主瀬能（宗務ニカ）□□□去暮十二月廿八日爲持遣し相頼置、當春御禮之節納呉候、西御丸江之壹包も、西御丸御坊主佐藤道嘉江去暮爲持遣、當春納呉候、

卯二月十七日、

一、阿蘭陀人對談、願之通被　仰付候、
（康命、小普請組支配組頭）
卯二月、月番組頭伊丹權太夫江三通共元雄持參、指出ス、本紙程村竪紙、上包美濃折掛包、三通、

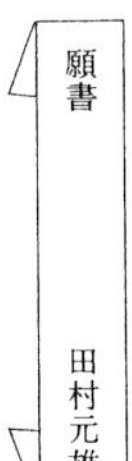

奉願候覺

去年中も伺之上、阿蘭陀人參着逗留中、薬草・薬木幷功能之義、阿蘭陀人江對談仕候、又々當年も、右ニ付先格之通對談被　仰付候樣奉願候、以上、

卯二月　　田村元雄書判

高力式部殿（長昌、小普請組支配頭）

右壹通も高力式部殿當名、壹通ハ伊丹權太夫殿（康命、小普請組支配組頭）・寛彌左衛門殿（正休、同上）兩連當名、壹通ハ寛彌左衛門殿・伊丹權太夫殿兩連當名、

合而三通、

*所持屋敷地等の調査

*屋敷地等の書上げ

*屑の朝鮮人參を賜はる

*拜借地

*年貢地

卯二月十七日、以切紙申來ル、

御自分儀、例年之通阿蘭陀人參着之節、藥草木功能之儀對談被致度願之趣、板倉佐渡守（勝清、老中）殿江相伺候處、伺之通可申渡旨被仰渡候、依之申達候、尤爲御禮先格之通今日中可被相越候、以上、

二月十七日　高力式部

田村元雄殿

右ニ付、先格之通（板倉佐渡カ）□□守殿并（支配）□□頭・組頭兩人江御禮ニ相廻る、

卯二月十七日、

一、朝鮮種人參尾先切粉拾匁・同細鬚屑四拾匁、拜領被仰付、

朝鮮種人參尾先切粉人參拾匁・同細鬚屑四拾匁被下候旨、白須甲斐守（政賢、御側御用取次）殿被仰渡候由、水谷但馬守（勝富、小納戸頭取）殿被仰通請取來候條、植村左源次（政辰、駒場御藥園預）申聞候、則、人參請取之爲御禮、白須甲斐守殿へ罷越候、

卯三月、

一、居宅并抱屋敷等書付、支配頭江指出ス、

以廻狀申入候、然ハ、左之趣竪紙ニ被相認、來ル四日・五日兩日之内自宅江可被指出候、拜領屋敷・御預地等各所坪數、抱屋敷・抱地・町屋敷・町並屋敷等各所坪數、御料・私領之譯、當時借地・借宅候（抱カ）□屋敷之内他江も貸置候ハヽ其譯、右借地人勤姓名、并家來・厄介之男女所持之屋敷有之候ハヽ各所坪數等、右之趣を以被相認可被指出候、廻狀順達被致、留ゟ可被相返候、以上、

二月　高力式部（長昌、小普請組支配頭）

卯三月二日、高力式部殿江計壹通、以使者指出ス、

覺

一、神田紺屋町三町目南側六百貳坪餘之拜借地壹ヶ所、

右拜借地壹ヶ所、藥草置場ニ御座候、

一、東叡山御領地豐嶋郡下田端村名主忠兵衞支配之內、御水帳之面高貳石貳斗八升四合之年貢畑屋敷壹ヶ所、

一、東叡山御領地豐嶋郡下田端村名主忠兵衞支配之內、御水帳之面高貳斗貳升八合之年貢畑屋敷壹

町屋敷
阿蘭陀産野菜の種子を請ふ*
妻名儀
町屋敷
願書*
妹名儀
借地
薬草野菜の種子を蒔付たし*
國益*
諸民食用

ヶ所、
右年貢地貳ヶ所［之抱屋敷カ］何も薬園地ニ仕置候、
一、神田紺屋町貳町目北側西角ゟ五軒目表間口京間拾壹間、裏行町並貳拾間之町屋敷壹ヶ所、
一、南油町西木戸ゟ貳軒(ケン)目表間口京間五間、裏行町並貳拾間之町屋敷壹ヶ所、
一、堀留町貳丁目北側東角ゟ五軒目表間口京間五間半、裏行町並貳拾間之町屋敷壹ヶ所、
右町屋敷三ヶ所、私妻所持之抱屋敷ニて御座候、
一、神田紺屋町貳町目北側東角ゟ三軒目表間口京間七間、裏行町並貳拾間之町屋敷壹ヶ所、
右町屋敷壹ヶ所、私妹所持之抱屋敷ニて御座候、
一、當時私居宅、裏四番町蜂屋左兵衛屋敷内借地仕(可護)罷在候、
右拝借地・抱屋敷・借地書面之通ニ御座候、其外家來ニ至迄所持之屋敷等無之候、以上、　明和八辛卯年三月　田村元雄書判

高力式部殿

右書付高力式部殿へ指出候處、又ゝ式部殿用人ゟ、居宅地主左兵衛殿支配頭名前等、委相認可指（出脱カ）旨申越候ニ付、左之通書付又ゝ以使者指出候、

明和八年三月

覺

一、私儀、當時居宅ハ、小普請堀（直昌）三六郎支配裏四番町蜂屋左兵衛屋敷内借地仕罷在候、以上、　明和八年卯三月　田村元雄印書判

高力式部殿

卯三月四日、
一、阿蘭陀國野菜類之種子持渡候樣、持渡候ハヽ被下置候樣仕度旨、願之通被　仰付候、

卯二月八日、白須（甲斐守殿カ）（政賢）水谷但馬守殿（勝富、小納戸頭取）を以上る、同二月（表向にカ）□指出候樣御同人ゟ被仰渡、

當春阿蘭陀人に對談之節薬草木等之種子所望仕度儀ニ付奉伺候書付　田村元雄

私儀、奉願候上、例年御當地に阿蘭陀人參着仕候節、逗留中薬草木之儀功能等迄對談仕候、就夫、彼國之薬草木之種并野菜類之種所望仕、蒔付候樣仕度奉存候、左候ハヽ、往ゝ御國益ニも相成候品可有御座、又ハ諸民食用之助ニも相成候品可有之哉ニ奉存候ニ付、所望仕、蒔付候樣仕度奉存候、願之通被　仰付、所望整候ハヽ、右爲謝禮丹後嶋（縞）・越後縮之内ニ而一端つゝ、私ゟ指遣候樣仕度奉存候

支配頭達書
老中の差圖を傳ふ
*所望の種子を繪圖を添へ願ふ
阿蘭陀人より相對にて受取るは不可
所望の分申上ぐべし

老中差圖附札

*藥草野菜種子の圖

願書

明和八年三月

ニ付、此段共奉伺候、以上、

卯二月　　　田村元雄

卯二月十三日、高力式部殿(長昌、小普請組支配頭)に、前書之通文言本紙半切、上包美濃折掛包三通元雄持參、月番組頭寛彌左衛門(正休)に三通共指出ス、別段ニ竪紙願書無之、左之通被仰渡候、尤以切紙申來る、

御自分儀、阿蘭陀人參着之節、彼國之藥草木之種幷野菜類之種所望被致度願之趣、板倉佐渡守殿(勝清、老中)に相伺候處、種類相對ニて所望之儀難成候間、入用之種類有之候ハヽ、相願候樣可仕旨申渡候樣、御同人御附札を以被　仰渡候間、依之申達候、可被得其意候、以上、

二月廿日　　　高力式部

田村元雄殿

尚ゝ、御附札之寫差越候間、可被致落手候、以上、

御附札之寫　｜種類相對ニて所望之義難成候間、入用之種類有之候ハヽ相願候樣可仕旨、可被申渡候、｜

右ニ付、翌廿一日、高力式部殿に計元雄御請ニ罷越ス、

卯二月、高力式部殿に、月番組頭寛彌左衛門迄三通、元雄持參相渡ス、

本紙程村竪紙、上包美濃折掛包、壹通ハ式部殿當名、貳通ハ組頭連名當名、都合三通、外繪圖面□(壹通カ)共、

上包表書　願書　　　田村元雄

奉願候覺

私儀奉願、例年參着之阿蘭陀人逗留中、藥草木之儀功能等迄對談仕候、就夫、彼國之藥草木之種幷野菜類之種爲持渡、於此方蒔付候樣仕度奉存候、左候ハヽ、往ゝ諸民食用之助ニも相成候品可有之哉と奉存候ニ付、數年懇望仕罷在候品ゝ別紙繪圖之通、可相成御儀ニ御座候ハヽ、重而持渡候樣被爲　仰付候ハヽ、阿蘭陀人持參可仕候、左候ハヽ何卒被下置候樣仕度、此段奉願上候、以上、

卯三月　　　田村元雄書判

高力式部殿(長昌)

右之通支配頭に繪圖面相添、願書指出候ニ付、奥向にも其段申上、水谷但馬守殿(勝富)迄同斷之繪圖面壹通指上候、

藥草幷野菜類種子之圖

茴香　蠻名ア子イ□

長實茴香　蠻名ヘンケル

大花茴香　阿蘭陀本艸怒ゝ乳須四百八十八番

雞冠花　同斷二百八十一番　蠻名フルーエール　フルーメン

願*を聴さる

種*子に就きては長崎奉行に相談

赤大根　蠻名ロウトラデイス

［　　］

同断　千三十八番　蠻名アンデル　シトロルレ

同断　千四十番内二番　蠻名ゴロート。ロンデ。ヘフ―子ン

同断　千四十番内三番　蠻名ケレインロンデ。ヘフ―子ン

同断　千四十八番　蠻名バルサンアツヘル　マン子ケン

明和八年三月

絲瓜　阿蘭陀本草怒々乳須　千三十四番　蠻名ランク。ウヲルヒ□

［　　］番　蠻名ウイルデ　コンコムメルス

同断　千三十九番　蠻名クイントアツフル

同断　千四十番内一番　蠻名ゴロートランクウヲルビケ　ヘフ―子ン

同断　千四十一番　蠻名ブレーデヘフ―子ン

番稷（ハンキヒ）　蠻名カナアリヤサアト

番稗（ヒエ）　蠻名バアトルサアト

番豌豆（エンドウ）　蠻名カチヤヤンホヲム　又グルウン乇中候、

右繪圖面［　　］種子［　　］（掛目カ）四五匁［　　］六七
匁つゝも持渡□□（候様）被爲　仰［　　］、

卯二月　　田村元雄

卯三月四日、高力式部殿ゟ切紙夜ニ入來ル、

御自分儀、阿蘭陀國藥草木之種・野菜類之種重而持渡り候ハゝ、被下置候様仕度願之趣、其段板倉佐渡守殿（勝清、老中）ニ以書付申上候處、願之通可申渡以御附札被仰渡候、依之、佐渡守殿ニ計今日中か明朝迄之内、爲御禮可被相越候、以上、

三月四日　　高力式部

田村元雄殿

尚々、右願之趣被　仰渡候ニ付而、奥向衆之内御禮被相越度候ハゝ、其段も御自分勝手次第可被致候、且又、右種類持渡り之義ニ付、長崎奉行衆ニ可申談旨佐渡守殿被　仰渡候、右ニ付、種類繪圖面御本紙之通今一通被相認候而、早々自分方ニ可

龍尾車献上*

八十麿神社田端薬園に安置稲荷社に同居

旱魃に有効*

五分の一の大きさに製作*

龍骨車より便利*

明和八年五月

被指出候、

右ニ付、御禮廻り板倉佐渡守殿幷組頭両人に罷越候、繪圖も又壹通式部殿に出ス、

卯三月廿八日、

一、八十麿靈神之社、田端薬園中に新規ニ安置、社九尺ニ六尺、有來り之稲荷幷八十麿靈神同居、

右社造營代金七兩壹分銀五匁、

社前石坂拵代金貳兩三分、内、金貳兩上總屋善六寄附、

當日振舞料理代其外諸入用共、金壹兩銀拾三匁七分、

内、銀五匁外米貳升鳥海近江、銀貳匁同人弟子に遣ス、

當日之客、櫻井九郎兵衛　上田勘七　中澤養亭

松田長元　井田宗俊　上總や善六　吉平

外、鳥海近江義社安置之淨メ之爲召呼候處、弟子をも壹人召連來ル、

諸入用〔　　　〕、

卯五月十七日、

一、龍尾車献上、

卯五月十三日、植村左源次（政辰、駒場御薬園預）を以、左之通書付白須甲斐守（政賢、御側御用取次）殿に出ス、

伺之覺

私儀、拾ヶ年以前少〻之田地も所持仕、農業も爲致見候處、年ニ寄田地殊之外水乾キ、稲植付等ニも難儀仕候ニ付、龍骨車抔と申道具相拵水引上候處、折〻損シ出來、時〻修復仕候而も手ニ廻り兼申候、就夫、武備志と申書之内龍尾車と申道具、殊之外水上便利之由相見に申候、異國ニても、旱魃之年も右之道具を相用ひ、民之助ニ仕候旨相見に申候、依之其道具製作之儀相考、先五分一程之積りを以拵立申候處、龍骨車ゟ甚便利ニ而、至極田地に水掛り等多相見に申候、只今右之道具所持仕罷在候ニ付、當年も只今之様子ニてハ、旱魃ニも可有御座と奉存候、左候ハヽ、田苗植付等難成仕候村も所〻ニ可有御座候、何卒右之道具御用ニも相立候品ニ御座候ハヽ、指上申度奉願候、彌便利之儀相分り候ハヽ、右之道具手本ニも相成り可申と奉存候ニ付、此段奉伺候、以上、

植村政辰添書

卯五月　　田村元雄

右之通元雄申聞候ニ付、此段奉申上候、此道具之儀
御勘定所ニ而取扱方等相糺候ハヽ、可然哉ニ奉存候、
御取用も可被遊候ハヽ、御下知次第相廻し候様可
仕旨ニ御座候、以上、

五月　　植村左源次

献上す

書面之通書付指上候處、彌龍尾車指上候様、水
谷（勝富、小納戸頭取）但馬守殿を以白須甲斐守殿ゟ被　仰渡候、依
之五月十七日、龍尾車一具献上仕候、　御城ゟ
持人相廻り製法所ゟ指出ス、當日龍尾車ニ相添
指出候書付左之通、

道具一式の書上げ

覺

龍尾車　　壹輛

内

水巻筒　壹つ　　車大小　貳つ
軸　　壹本　　車掛　　貳挺
廻シ木大小　四本　　枠柱ねたはり拾四本
水巻持前後　貳枚　　長桁　四隅四本
大貫　　貳挺　　くさび共

明和八年八月

右ハ龍尾車一通り之道具、書面之通御座候、以上、

卯五月十七日　　田村元雄

右之通ニ御座候、以上、　五月　　植村左源次

卯八月三日、

人*参買上げ御用拝命

一、野州・奥州筋朝鮮種人參御買上御用被　仰付、金貳
枚被下置候、

卯八月二日、高力（長昌、小普請組支配頭）式部殿ゟ左之通以切紙申來、
當日御同人御宅へ御請ニ出る、

御用之儀候間、御自分儀、明三日朝六半時、染帷
子十徳着用、　御城江可被罷出候、右爲御請、今
日中自宅江可被相越候、以上、八月二日

田村元雄殿　　高力式部

金*二枚を賜はる

右ニ付翌三日登　城候處、野州・奥州筋朝鮮種
人參御買上御用被　仰付候、御暇被下候ニ付、
金貳枚被下置候旨、御祐筆部屋御椽かわニおゐ
て、水野（忠友、若年寄）出羽守殿御侍座、松平（武元、老中）右近將監殿被　仰
渡候、御禮廻り之義、西ノ御丸江上り、夫ゟ御
本丸西丸御老中・若年寄・御側御用人・御側衆
御用掛り衆、水谷（勝富、小納戸頭取）但馬守殿・横田（準松、小性組奥勤）筑後守殿・高

日光社拜禮を願ふ

明和八年八月

力式部殿・伊丹權太夫（康命、小普請組支配組頭）・筧彌左衛門（正休、同上）に相廻り候、

日光御宮・御靈屋拜禮願書、左之通月番組頭筧彌左衛門に八月四日指出候處、同五日願之通被
仰付候、願書本紙程村「　」

願書

奉願候覺

私儀、此度朝鮮種人參御買上爲御用、日光　御山内にも罷越候ニ付、御宮　御靈屋拜禮仕度奉願候、以上、

卯八月　　田村元雄

聴さる

御自分儀、朝鮮種人參御買上御用ニ付日光　御山内にも被相越候間、御宮・御靈屋拜禮被致度願之趣、松平右京大夫（輝高、老中）殿に相伺候處、願之通拜禮仕候様可申渡旨、御同人御附札を以被　仰渡候付、此段申達候、被得其意、爲御禮今明朝迄ニ前々之通可被相越候、以上、

八月五日

田村元雄殿　　高力式部

出立届*

右之通願之通相濟候段、式部殿ゟ以切紙申來る、

御禮廻り之義先例之通、御本丸・西丸共御老中方不殘、若年寄衆にも御掛りニ付水野出羽守殿、御用番白須甲斐守殿（政賢、御用取次）・并田沼主殿頭殿（意次、老中格、側用人）・水谷但

馬守殿・岡部河内守殿（一徳、小納戸頭取）・高力式部殿・伊丹權太夫殿・筧彌左衛門殿に八月六日ニ相廻り候、

御宮　御靈屋拜禮之節獻上目錄、先格之通金百疋つゝ指上候、

道中召連候供人左之通、

用人壹人　安田久米右衛門　支度金貳兩

士貳人　安田清次　金壹兩貳分（内貳分も當時清次浪人ニ而罷在候ニ付別段ニ合力也、）

長崎繁次　金壹兩

中間貳人　金三分（但、壹人壹分貳朱つゝ、兩人ニて三分也、）

八月十三日、江戸出立、支配頭に出立屆之儀左之通、去ル十一日ニ屆置、又々當朝左之通相屆申候、本紙半切、上包美濃折掛、

私儀、來十三日朝六ッ時、江戸出立仕候、尤、其當朝又々御屆可申上候、以上、

卯八月十一日　　田村元雄

右之通、高力式部殿に壹通、筧彌左衛門「
」元長持參、

出立届*

先達而申上置候通、私儀、今十三日朝六時、江戸出立仕候、依之御屆申上候、以上、

卯八月十三日　　田村元雄

右之通、高力式部殿・寛彌左衛門・伊丹權太夫に銘々相届元長持参、

元長製法所助勤

卯八月九日、

一、(田村)元長儀、製法所助勤被　仰付候、

此度元雄在勤留守中、元長製法所助勤之儀、植村左源次(政辰、駒場御薬園預)より御届書付指出置候間、其通相心得候様同人ゟ申聞候、依之御禮廻り松平右近將監(武元、老中)殿・田沼主殿頭殿(意次、老中格、側用人)・水野出羽守殿(忠成、若年寄)・白須甲斐守(政賢、御用取次)殿・水谷但馬守殿(勝富、小納戸頭取)・岡部河内守殿(一徳、同上)に相廻り候、

諸入用金例年之通被下置候、

支配頭宛届書

右ニ付支配頭に届書左之通、高力式部殿(長昌)に壹通、寛彌左衛門(正休、小普請組支配組頭)に貳通、元長持参、

本紙半切、上包美濃折掛包、

此度元雄儀、朝鮮種人参御買上御用ニ付在勤留守中、元長儀、植村左源次と代り合製法所に相詰候ニ付、依之御届申上候、以上、

卯八月　　田村元雄
同　元長

堀留町抱屋敷家守*

卯九月廿四日、

一、堀留町貳町目抱屋敷家守幸右衛門跡役、庄八と申者申付候、

家守披露*

堀留町抱屋敷家守幸右衛門儀、九月十五日、病死いたし候ニ付、跡役庄八申付、家守請状取之引移らせ候上、同廿四日、家守廣いたし候、入用左之通、

家守廣メ入用　　此方ゟ指出ス、

金百疋臺付のし包　　貳本入扇子箱臺付のし包名主に、
銀壹兩つゝ　　名主手代三人［　］也、
銀壹匁つゝ　　組合四人に［　］也、
金百疋　　書役に、
錢八百文　　番人四人に、但壹人貳百文つゝ、
〆

細辛株献上*

卯九月廿四日、

一、細辛拾株献上、

卯九月十九日、白須甲斐守殿(政賢、御用取次)に岡部河内守殿(一徳、小納戸頭取)を以而上ル、

天竺粟獻上*
日光近邊にて發見
植村政辰伺書*
長崎町年寄より贈らる*
歸府
薬園に蒔付*
馬に効能あり*
歸府屆

同廿二日、伺之通可指上旨、河内守殿を以被
仰渡候、
同廿四日、細辛十株、植村左源次（政辰、駒場御薬園預）ゟ河内守殿ニ
指上ル、

覺

田村元雄、野州日光近在ニ而細辛見當候間、拾株
掘候而指越申候、御薬園に御植付ニも可被　仰付
候ハヽ、指上候様仕度奉願候旨、私ゟ奉申上呉候
様申越候、指上候様可仕候哉、奉伺候、以上、
卯九月　植村左源次

卯十月五日、
一、元雄江戸歸着、
支配頭長谷川久三郎（正脩）殿、組頭伊丹權太夫（康命）・寛彌（正休）
左衞門に銘ゝ自身屆、
本紙半切、上包美濃折掛、
私儀、今五日江戸歸着仕候、依之御屆申上候、以
上、
十月五日　田村元雄

卯十月廿三日、
一、天竺粟獻上、
卯十月十八日、岡部河内守殿（一徳、小納戸頭取）を以而上る、
水谷但馬守殿（勝富、同上）・岡部河内守殿、御覽被成候由ニ
付、十月廿一日、　御城に天竺粟壹箱持參、但
馬守殿に渡ス、
十月廿三日、天竺粟
御上に上り候由、岡部河内守殿被　仰渡候、

銘書
天竺粟田村元雄ゟ指上申度旨申聞候ニ
付奉伺候書付　植村左源次（政辰、駒場御薬園預）

此粟之儀、天竺粟之由ニ而、去春中長崎表町年寄
ゟ田村元雄方に指遣候ニ付、同人薬園ニ當年蒔付
候處、莖之高壹丈三尺程有之、常之粟と違ひ實も
大キニ御座候、尤、馬抔ニ飼候得も、弱キ馬も丈
夫ニ相成り、一躰馬之諸病を治シ候由傳承仕候ニ
付、珍敷品ニ御座候間、指上申度旨元雄申聞候ニ
付、此段奉伺候、以上、
卯十月　植村左源次

明細書等を呈出
元長宛組頭書状
支配頭代るにつき明細書等を呈出すべし

卯十月、
一、明細書・親類書・抱屋鋪書付等、支配頭に出ス、

田村元長様　　寛彌左衛門（正休、小普請組支配組頭）

以手紙致啓上候、然ㇵ昨廿八日、高力式部殿（長昌）禁裏附被　仰付、跡御役長谷川久三郎殿（正脩）被　仰付候、然ル所、元雄殿未御帰着無御座候ニ付、為御承知此段貴様ニ得御意候、尤元雄殿御帰府候ハヽ、早速明細書久三郎殿ニ御持参可被成候、以上、
九月廿九日　尚以、長谷川久三郎殿御宿所、糀町四町目ニて御座候、是又為御心得御意置候、以上、

明細書

元雄帰府後、左之通明細書・親類書等、長谷川久三郎殿ニ計指出ス、

明細書　本紙程村竪紙・上包美濃折掛
小普請組長谷川久三郎支配
田村元雄
卯ニ歳五拾四
本國和泉
生國武藏
高三拾人扶持
拝領屋敷無之、
住居、小普請組堀三六郎（直昌）支配蜂屋左兵衛（可護）裏四番町拝領屋敷内借地仕罷在候、

私儀、寶暦十三未年、町醫師ゟ新規被　召出、御醫師並被　仰付、御扶持方三拾人扶持被下置候旨、於躑躅之間若年寄衆御侍座、御老中松平右近將監（武元）

明和八年十月

殿被仰渡候、人參御用被　仰付候旨、於焼火之間松平攝津守（忠恒、若年寄）殿被仰渡、小普請組高力式部（長昌）支配ニ罷成り、明和八卯年九月、長谷川久三郎支配ニ罷成候、

一、祖父　町醫師　田村正元（マヽ）死
一、父　町醫師　田村宗宣　死
一、實子惣領　田村元長

右之通御座候、以上、明和八卯年十月
田村元雄　印書判
長谷川久三郎殿

高三拾人扶持　本紙程村竪紙・上包美濃折掛
小普請組長谷川久三郎支配
田村元雄
卯ニ歳五拾四
本國和泉
生國武藏
拝領屋敷無之、
宿、小普請組堀三六郎支配蜂屋左兵衛裏四番町屋敷内借地仕罷在候、

私儀、寶暦十三未年六月廿四日、町醫師ゟ新規被　召出、御醫師並ニ被　仰付、御扶持方三拾人扶持被下置候旨、於躑躅之間若年寄衆御侍座、御老中松平右近將監殿被仰渡候、人參御用被　仰付候旨、於焼火之間松平攝津守殿被仰渡、小普請組高力式部支配ニ罷成、明和八卯年九月、長谷川久三郎支

親類書

明和八年十月

配ニ罷成候、

親類書

養父方

一、祖父　町醫師　田村正玄死
一、祖母　品川宿名主役　利田吉左衛門死娘死
一、養父　町醫師　田村宗宣死
一、養母　堀長門守家來　櫻井左五右衛門死娘死
一、妻　町醫師　田村宗宣死娘
一、嫡子　父田村元雄一所ニ罷在候　田村元長
一、娵　榊原式部太輔醫師　蟹江杏庵娘
一、次男　田村元東　私手前ニ罷在候、
一、妹　壹人　私手前ニ罷在候、

養母方

一、祖父　堀長門守家來　櫻井佐五右衛門死
一、祖母　土屋能登守家來　奥田與惣左衛門死娘死
一、叔父　堀長門守家來　櫻井九郎兵衛
一、叔父　土屋能登守家來　小田部庄司

實方

一、祖父　小普請方棟梁　大谷甲斐死
一、祖母　石河藏人家來　川村次郎太夫死娘死
一、父　小普請方棟梁　大谷出雲死
一、母　御作事方棟梁　甲良豊前死娘死
一、兄　小普請方棟梁　大谷甲斐死
一、甥　一橋奥坊主　大谷立悦

右之外、忌掛り候親類・遠類幷縁者無御座候、以上、

明和八卯年十月　田村元雄印書判

長谷川久三郎殿

屋敷書付*

表書　屋鋪書付　本紙程村竪紙・上包美濃折掛包　田村元雄

覺

一、神田紺屋町三町目南側□〔六百貳坪カ〕餘之拝借地壹ヶ所、

此拝借地壹ヶ所、薬草置場ニ御座候、

一、東叡山御領知、豊嶋郡下田端村名主忠兵衛支配之内、御水帳之面高貳石貳斗八升四合之年貢畑屋敷壹ヶ所

一、東叡山御領知、豊嶋郡下田端村名主忠兵衛支配之内、御水帳之面高貳斗貳升八合之年貢畑屋敷壹ヶ所、

*拜借金無し

*拜借地に建添を願ふ

*元長の御目見を願ふ

*支配頭より質さる

*廣敷向外の御用なし

*家業は本道にて製法所勤め

*引込等のことなし

此年貢地貳ヶ所之抱屋敷、何れも薬園地ニ
仕置候、
一、神田紺屋町貳町目北側西角ゟ五軒目、表間口京間拾壹間、裏行町並貳拾間之町屋敷壹ヶ所、
一、南油町北側西木戸ゟ貳軒目、表間口五間、裏行町並貳拾間之町屋敷壹ヶ所、
一、堀留町貳町目北側東角ゟ五軒目、表間口京間五間半、裏行町並貳拾間之町屋敷壹ヶ所、
此町屋敷三ヶ所、私妻所持之抱屋敷ニ而御座候、
一、神田紺屋町貳町目北側東角ゟ三軒目、表間口京間七間、裏行町並貳拾間之町屋敷壹ヶ所、
此町屋敷一ヶ所、私妹所持之抱屋敷ニ而御座候、
一、當時私居宅、小普請組堀三六郎支配（裏脱カ）四番町蜂屋左兵衛屋敷内借地仕罷在候、
右拜借地・抱屋敷・借地、書面之通ニ御座候、其外家來ニ至迄、所持之屋敷等無御座候、以上、
明和八卯年十月　田村元雄印（書判）
長谷川久三郎（正脩）殿

明和八年十月

覺　本紙半切・上包美濃折掛包
一、私儀、唯今迄拜借金無御座候、
一、私儀、唯今迄□無御座候、
一、私儀、神田紺屋町拜借地內□□番屋有之候ニ付、建添仕住居仕度旨、當卯年四月廿四日、願書高力式部殿に指置候處、未被仰渡無御座候、
一、私悴元長儀、御目見願書指出申度旨伺書、當卯年五月六日、伊丹權太夫（康命、小普請組支配組頭）殿に指出置候處、未御指圖無御座候、
右之通御座候、以上、　卯十月　田村元雄
支配頭長谷川久三郎（正脩）殿ゟ以廻狀尋ニ付、左之通書付出ス、　本紙半切
御廣敷向幷御女中樣方、清水・一橋・田安御用相勤候ハヽ、以書付可申上旨承知仕候、私義、右之御場所御用相勤不申候、
一、家業之義幷引込等之儀有之候ハヽ、可申上旨承知仕候、家業本道ニて御座候、尤人參製法所御用相勤候、當卯年是迄病氣斷・看病斷、其外指合等ニ而引込候義無御座候、以上、　十月　田村元

雄

卯十月九日、

宗門改印鑑を差出す

一、切支丹改證文幷印鑑、支配頭江指出ス、

卯十一月十六日、

皆勤居

一、當卯年皆勤居書指出ス、

田村元雄様　　伊丹權太夫（康命、小普請組支配組頭）半切手紙

貴様先頃久三郎（長谷川正脩、小普請組支配頭）殿ゟ、御病氣・御看病斷差合等、當年無御座哉御尋有之候節、書付を以而御指出相濟候處、又候昨夜御書付ニて、先比御指出之以後御病氣御指合等無之哉、御目付山田十太夫（利壽）尋之由、依之又候書付受取指出候樣申來候之間、書付□進候間、□（御）障無御座候ハヽ、書付只今御指出可被成候、右可得其意如此御座□□□（候、以上カ）　　十一月十六日

尚々壹通□上包□

覺　　□上包美濃折掛

私儀、先達而御尋□書付を以而申上候通、相違無御座候、其已後も病氣・看病斷指合等ニて引込候儀、無御座候、依之書付を以申上候、以上、

卯十一月十六日　　田村元雄

卯十一月朔日、

歸府拜謁

一、歸府之　御目見被　仰付候、

奉願候覺　　卯十月五日、三通元雄（田村）持參、寛彌左衛門（正休、小普請組支配組頭）江渡ス、本紙程村竪紙、上包美濃、

私儀、當月五日野州表ゟ歸府仕候ニ付、先格之通歸府之　御目見被　仰付被下候樣奉願候、以上、

明和八卯年十月　　田村元雄

長谷川久三郎（正脩、小普請組支配頭）殿

田村元雄殿　切紙　　長谷川久三郎

明朔日、　御目見御序有之候間、五ッ時登　城候樣可申渡旨、松平周防守（康福、老中）殿被仰渡候、可被得其意候、以上、　　十月廿九日

十一月朔日、そめ之間ニ於て　御目見被　仰付候、御禮廻り、西之丸江上り、夫ゟ御老中・若年寄・御側御用人・御用掛御側衆・御小納戸頭取兩人・支配頭・組頭兩人江相廻る、

卯十二月五日、

拜借地内住居を願ふ

一、神田紺屋町三町目拜借地之內江住居仕度旨、願書指

拝借地内に当分住居したし*

許されず*

借地明渡しを求めらる

出候処、難相成旨被仰渡候、
卯四月廿四日、相支配能瀬又十郎（頼廉）・栗林金三郎（友多）両人を以而高力式部殿（長昌、小普請組支配頭）へ出ス、外ニ貳通寛彌左衛門（正休、小普請組支配組頭）に出ス、但三通共用人安田久米右衛門ニ為持、朝五時式部殿門前に遣し置、又十郎□出、願書同人に相渡候、本紙式部殿へ相納る、外貳通も久米右衛門義□持参、用人に相渡ス、右ニ付元雄義式部殿に御禮可被成□御請取被下忝奉存候旨、以使者式部殿幷組頭両人にも禮申述候、夫ゟ又十郎・金三郎にも使者を禮ニ遣ス、
五月朔日、能瀬又十郎へ禮ニ鯛一折以手紙遣ス、同十一日栗村（林）金三郎へ鯛一折以手紙遣ス、又十郎宅も六番丁、金三郎宅に（も）青山御路次町、

表書
願書　　田村元雄本紙程村竪紙・上包美濃折掛

奉願候覚

私儀、只今迄小普請組堀三六郎（直昌）殿支配蜂屋左兵衛（可護）裏四番丁拝領屋敷借地仕罷在候、然処、右屋敷之義、不遠内地面入用ニ付明呉候様申聞候間、近キ内明ケ候而戻し候積りニ御座候、就夫、又ゝ外ニ相応之屋敷も御座候ハヽ借地可仕と心掛候処、相応之屋敷ニ明地無御座、当惑仕候、依之、相応之借地屋敷見立候迄之内、可相成義ニ御座候ハヽ、神田紺屋町三町目私拝借地之内、御預ケ人参も植置、其外私所持之薬草も植付置候間、先達而奉願候上番人指置候ため塗屋相建置申候、右之塗屋に少ゝ建添仕、私住居仕度奉存候、此段奉願候、以上、

明和八年十二月

卯三月　　田村元雄

卯十二月五日、寛彌左衛門宅に罷出候様、昨四日同人ゟ以手紙申越候ニ付罷出候処、左之通に（マヽ）同人被申渡候、同人手控書付被相渡、左之通、
先達而高力式部殿（長昌）支配之節、神田紺屋町三町目貴様御拝借地之内御家作被成度段、式部殿伺書指出被置候処、松平右京大夫殿（輝高、老中）、右伺書に難相成事ニ候旨御附札被成、昨四日、御渡被成候間、右之段御達可申旨、長谷川久三郎殿（正脩、小普請組支配頭）ゟ申來候間、御達シ申候、　卯十二月五日、
右願ニ付候而、色ゝ之書付共支配頭ゟ尋ニ出候得共、願不済事故、略之不記候、寂早奥向にも

*人參製法精勤に付褒美銀

人參買上御用褒美銀を拝領

*肉桂實拝領

*駒場薬園に出來る

明和八年十二月

書付出し候、是又略ス、

卯十二月二日、

一、朝鮮種人參御買上御用首尾能相濟候ニ付、爲御褒美

銀子七枚被下置候、

田村元雄殿　　長谷川久三郎（正脩、小普請組支配頭）切紙

御自分儀、明二日五時　御城江可被罷出候、尤、

登　城候ハヽ、自分共部屋江早々御通達可有之候、

以上、　　十二月朔日

此日元雄當番ニ付、元長儀御請ニ卽刻久三郎殿

御宅江罷出る、

十二月二日、元雄登　城候處、朝鮮種人參御買

上御用相勤候ニ付、爲御褒美銀七枚被下置候旨、

於御祐筆部屋御椽側、水野出羽守（忠成、若年寄）殿御侍座、松

平右近將監（武元、老中）殿被　仰渡候、御禮廻り、西ノ丸へ

上り、夫ゟ御老中・若年寄・御側御用人・御用

掛り御側衆・御小納戸頭取兩人・支配頭・組頭

江御禮ニ相廻る、

卯十二月十六日、

一、製法所出精相勤候ニ付、銀子五枚爲御褒美被下置候、

田村元雄殿　　長谷川久三郎（正脩、小普請組支配頭）切紙

御自分儀、明十六日五時　御城江可被罷出候、尤

爲御請、今日中自分宅江御越可有之候、以上、

十二月十五日

右ニ付、卽刻久三郎御宅へ御請ニ罷出、

十二月十六日、登　城、製法所出精相勤候ニ付、

爲御褒美銀五枚被下候、御禮廻り、去ル二日と

同斷、

明和八卯年十一月十三日、

一、肉桂實三百粒拝領被　仰付候、

卯十一月八日、御小納□　　□守殿を以□處、同

月□願之通肉桂實被下候間、元雄江□御小納戸頭取水

谷但馬守（勝富）殿を以仰渡候、

肉桂實□田村元雄江被下置候様奉願候書付　植村左源次（政辰、駒場御藥園預）

駒場御藥園ニ出來仕候肉桂實之內、可罷成儀ニ御

座候ハヽ、少々被下置候様仕度旨、田村元雄私迄

申聞候、當年も殊外實多出來仕候之間、三百粒程

も元雄江被下候様仕度、於私奉願候、以上、

卯十一月　　植村左源次

年始登城

明和九年壬辰正月三日、
一、元雄(田村)登　城、年始御禮、枳朮丸獻上、西　御丸同斷、
諸事例年之通、

阿蘭陀人對談を許さる

辰二月十七日、
一、阿蘭陀對談、願之通被　仰付候、
諸事例年之通、

神田紺屋町三町目町屋敷を購ふ

辰二月三日、
一、神田紺屋町三町目町屋敷召抱候、
神田紺屋町三町目元地西角ゟ三軒目、表京間四間
貳尺三寸七分五厘、裏行町並貳拾間有之□代金
三百八拾兩、辰二月三日、賣主久次郎手前ゟ相調

田村元東名儀

申候、代金不殘相渡、枯(沽)券證文請取、買主名前田
村元東、

披露入用

右屋敷調候ニ付、廣入用左之通、

*目黒行人坂大火にて抱屋敷を焼失

一、金七兩貳分銀六匁　地主弘メ　分一金
一、同貳兩三分銀六匁　振舞金
一、同壹兩貳分　名主ニ

*支配頭宛類焼届

一、同壹分銀六匁五分　名主之隠居ニ
一、銀七匁五分　手代
一、金貳兩錢八百文　此せに扇子代也、　五人組
一、金六兩貳分　町内家守貳拾六人
一、同壹分銀六匁五分　書役
一、銀七匁五分　髪結
一、六百文　番人三人
一、金壹兩貳分錢百九拾文　家守弘メ
一、錢三百文　（のり入半紙 水引のし代）
一、錢五百文　（扇子箱貳ツ、臺貳ツ、目錄臺貳ツ、へき七枚代、）
一、錢三百文　切ちん
〆金貳拾三兩　錢貳貫三百三拾六文
右家屋敷家主(守)之儀、久次郎申付ヶ、壹ヶ年給金三
兩貳分ニ相定、家守請狀取置之候、此屋敷糞(コヤシ)之義、
此方ニ取候筈、

辰二月廿九日、
一、江戸大火事、神田紺屋町貳町目・三町目・南油町・堀留
町共抱屋鋪、良昌院分共五ヶ所不殘類燒、神田紺屋
町三町目拜借地是亦燒失、
支配頭ニ届書、左之通三通月番組頭ニ出ス、

覺　本紙半切

私儀拜借地・私妻幷妹所持仕罷在候抱町屋敷、
去二月廿九日、左之通類燒仕候、
一、神田紺屋町三町目南側六百貳坪餘之拜借地壹ヶ所、
一、神田紺屋町貳町目北側西角ゟ五軒目、表間口京間拾壹間裏行町並貳拾間、私妻所持抱町屋敷壹ヶ所、
一、南油町北側西木戸ゟ貳軒目、表間口京間五間裏行町並貳拾間、私妻所持抱町屋敷壹ヶ所、
一、堀留町貳町目北側東角ゟ五軒目、表間口京間五間半裏行町並貳拾間、私妻所持抱町屋敷壹ヶ所、
一、神田紺屋町貳町目北側東角ゟ三軒目、表間口京間七間裏行町並貳拾間、私妹所持抱町屋敷壹ヶ所、
右之通類燒仕候、依之御屆奉申上候、以上、
辰三月十四日　田村元雄

田村元雄殿　長谷川久三郎（正脩、小普請組支配頭）
御自分拜借地神田紺屋町屋敷、去月廿九日類燒之由、右地ニ番人有之樣ニ致承知候、如何、番人小屋類燒否、御報御申聞可有候、尤、書付認可被指越候、以上、
三月十七日

長谷川久三郎樣　田村元雄
御切紙拜見仕候、然ㇾ、私拜借地神田紺屋町藥草置場類燒仕候ニ付御屆奉申上候處、右之地ニ番人有之候樣御承知被成候、右之番人小屋類燒仕候哉、以書付御報可申上旨被仰下奉畏候、番屋類燒仕候條、則別紙ニ相認指上申候、以上、　三月十七日

（別紙半切紙）私拜借地神田紺屋町三町目藥草置場、去二月廿九日類燒仕候、右地面ニ御預り人參も植置候ニ付、先達而伺之上塗屋之番屋壹ヶ所相建、番人指置候、右番屋も去二月廿九日、一同ニ類燒仕候、以上、
三月十七日　田村元雄

辰二月廿九日、前書之通抱屋敷類燒ニ付、紺屋町貳町目家守治兵衛・堀留町家守庄八、此兩人居所無之候ニ付、番町之古材木を以、先ニ此兩人居處兩所之屋敷に普請いたし遣候、油町家守清三郎事ハ獨身者ニ付、懇意之者之方ニ寄宿いたし罷在候間、急居所拵候ニ不及旨清三郎申候

*支配頭宛書状
*番小屋も燒失
*番屋類燒屆
*抱屋敷家守の處置
支配頭書状
拜借地內番小屋は如何

伺書*

ニ付、其通ニいたし置候、紺屋町三町目家守久次郎儀も、土藏有之ニ付當分土藏之内ニ住居候、紺屋町貳町目良昌院抱屋敷家守善太郎義も、外家守と違商買躰も有之ものニ付、且亦、元より地借りニて罷在候者故、自分ニて假小屋拵申候、依之、とま少〻借し遣申候、紺屋町貳町目三町・(目脱カ)堀留丁(マヽ)共四ヶ所之抱屋(敷脱カ)、何も急〻古材木ニて貳疋立雪隠拵候、油町之義も掃治(マヽ)之者ゟ假ニ拵候由ニ付、急〻拵候及不申旨、清三郎申聞候間、當分其通ニて指置候、

辰五月十八日、

實千粒*

元長初めて将軍に謁す*

下野の人清作持地に人參植付を願ふ

一、野州(那須郡)小川村清作地内ニ而人參耕作之儀、願之通被仰付候、

辰五月十二日、白須甲斐守殿(政賢、御用取次)に水谷但馬守殿(勝富、小納戸頭取)を以左源次(植村政辰)相頼指出、

同月十八日、甲斐守殿に但馬守殿を以左源次指出之、

植村政辰願書*

表書野州小川村清作地内に人參實植付申度儀ニ付奉伺候書付

書面願之通可仕旨被仰渡奉畏候、［　］田村元雄

五月十八日

明和九年五月・七月

先年私に朝鮮種人參實拜領被　仰付、蒔付候處段〻實出來仕候ニ付、右實、九ヶ年以前申年(明和元年)八月伺之上、野州今市町清藏地面借候而爲植付置申候、猶又此度同國小川村清藏(作)と申者地内地味も宜相見へ候間、少〻借候而實千粒程蒔付させ申度奉存候、依之、此段奉伺候、以上、

辰五月　　田村元雄

明和九辰年七月朔日、

一、元長儀、初而　御目見被　仰付候、

明和八年卯四月八日、御用掛御側(衆脱カ)白須甲斐守殿(政賢)に、御小納戸頭取水谷但馬守殿(勝富)を以同役植村左(政辰)源次願書指出候處、元雄ゟ支配頭高力式部(長昌)に願書出し候様可仕、四月十九日、甲斐守殿ゟ但馬守殿を以而植村左源次に被仰渡候、是ニ而奥向御内願相濟、其左源次願書左之通、

表書　田村元雄悴元長儀

御目見醫師並ニ被　仰付被下置候様

奉願候書付

植村左源次

*元長も御目見醫師に仰付けられたし

元長は家業本草學人參製法に出精

*組頭宛元雄口上書

御目見醫師の通り御目見を願ふ

*元長の件に付植村政辰奔走す

*父子年來の心願

組頭宛元雄伺書

*助力を請ふ

奉願候覺

田村元雄儀、九ヶ年以前御醫師並結構被　召出、冥加至極難有仕合奉存候而、朝鮮種人參御用向無油斷出精仕相勤申候、就夫、於私奉願候も、元雄惣領元長儀、家業專出精仕、本草等之取扱尚是又精出、其上元雄・私、代り〳〵ニ人參御用向ニ付遠國に罷越候得も、留守中人參製法所に相詰、製法御用等も入念相勤候儀ニ御座候間、右元長儀、何卒可罷成義ニ御座候ハヽ、　御目見醫師之通御目見被　仰付被下置候樣、於私奉願候、尤、元雄父子共ニ書面之趣被　仰付被下置候ハヽ、冥加至極難有仕合奉存候旨、色々私に申聞候ニ付、此段於私偏奉願候、以上、

卯四月　　植村左源次

卯五月六日、組頭伊丹權太夫(康命)に元雄持參候書付、文言左之通貳通、

表書　伺書　本紙半切・上包美濃折掛　田村元雄

私儀、寶曆十三癸未年六月中被　召出、御扶持方被下置、御醫師並被　仰付、朝鮮種人參御用掛り可相勤旨被仰渡、書面之通段々結構被　仰付、冥加至極難有仕合奉存候、就夫奉願候も、是迄　御目見醫師被　仰付來り候通、私惣領元長儀も、何卒　御目見醫師被　仰付被下置候樣、偏奉願度、此段奉伺候、以上、

卯五月　　田村元雄

口上之覺半切紙

私儀、此度奉伺候通、惣領元長儀、　御目見醫師被　仰付被下置候樣、兼々心願ニ罷在候段、人參御用申合相勤候植村左源次に物語仕置候處、奥向人參御用掛り之御方々に、同人存寄を以寄々御内々申上呉候趣、左ニ奉申上候、元長儀家業專出精仕、其上本草等之取扱も是又精出シ、且又、左源次・私、年々代り〳〵ニ遠國に人參御用ニ付罷越候留守中、人參製法所に相詰製法御用助勤仕候間、何卒是迄向々ゟ被　仰付候　御目見醫師之通、元長儀、　御目見醫師被　仰付被下置候樣、私父子共ニ年來心願之旨是又左源次申上呉候處、尊公樣に私ゟ願書指出候方可然哉之旨ニ御座候段、同人申聞候ニ付、此段申上、則伺書指上申候間、此上何分ニも尊公樣御精力之程偏奉願上候、以上、

組頭指圖あり

小*普請組組頭指圖に從ひ來春伺出たし政辰に傳ふ

町醫師御目見願小普請方に先例なし

一通りの御目見願を來春に出すべし

支*配頭の扱と申渡さる

水谷勝富宛植村政辰上申書

組*頭宛元雄伺書

御*目見願指出につき伺ふ

卯五月　　田村元雄

卯十一月廿五日、外用事ニ而元雄儀、支配頭長谷川久三郎(正脩)殿御宅に罷出候處、組頭伊丹權太夫(康命)被居合候而、元長儀　御目見願之事被申聞候、様子左之通書付ニいたし、同廿八日、植村左源次に見セ(申カ)□候、

先達而奥向に□御願被下候私悴元長　御目見願之義、表向御支配に指出候様被仰下候ニ付、伺書相認、月番組頭に指出候處、願之趣、町醫師　御目見之振合之様ニてハ、此方ニ先格も無之候間、此方ゟ願書出し候儀ニ候ハヽ、小普請組先格之通、一通り之　御目見願ニ相認指出可申哉、其通り得心ニ候ハヽ、來春ニも至り、其振合を以伺書又ヽ指出し候様ニと、組頭被申候、以上、　卯十一月廿八日

卯十二月八日、水谷但馬守(勝富)殿に植村左源次指上ル書付、左之通、

表書

田村元雄悴

御目見願之儀ニ付奉申上候書付

植村左源次

明和九年七月

田村元雄悴元長儀、　御目見醫師之振合を以　御目見被　仰付被下置候様奉願度旨、先達而申上候上、元雄ゟ小普請支配に伺書指出候處、町醫師御目見之振合と申候而ハ、小普請支配之方ニ振合無之候間、小普請先格之通　御目見願ニ相認指出可申哉、左候ハヽ來春ニも至り伺書出候様、小普請組與頭共ゟ元雄に申聞候旨ニ付、右之振合を以來春伺書指出申度旨相願申候ニ付、此段奉申上候、以上、

卯十二月　　植村左源次(政辰)

右左源次指上候書付、但馬守殿(水谷勝富)ゟ白須甲斐守殿に被指上候處、支配頭ニ而願取扱之筋ニ候間、甲斐守殿思召無之旨被仰候間、其段元雄に挨拶いたし置候様ニと、但馬守殿ゟ左源次に御申聞被成候條、左源次ゟ元雄に申聞る、卯十二月廿五日、

辰正月廿八日、元長持參、與頭伊丹權太夫(康命)に指出ス、

表書　伺書　本紙半切・上包美濃折掛　田村元雄

私悴元長儀、朝鮮種人參製法所助勤も仕候間、何

*相支配に頼み願書指出すべし
組頭書状
元長の製法所助勤は官命か
組頭宛元雄返書状
*相支配竹村嘉品を以て指出す
勘定奉行の指図に依り助勤
組頭書状
*支配頭宛願書

明和九年七月
卒爲冥加　御目見被　仰付被下置度旨、願書指上
申度奉存候ニ付、此段奉伺候、以上、
辰正月　　田村元雄
田村元雄様　　伊丹權太夫

「以手紙致啓上候、然者、御息元長殿人參製法場御
手傳候之儀、被　仰付候哉、又者御自分ニ而御手
傳被成候哉之趣、（長谷川正脩、支配頭）久三郎殿ゟ被申越候間、此段御
書付可被遣候、以上、　三月廿一日
伊丹權太夫様　　田村元雄

「御手紙拜見仕候、然者、私悴元長儀人參製法所手
傳候義、被　仰付候哉、又者自分ニて手傳候哉、
久三郎殿ゟ御尋ニ付、書付指出候様被仰下候通承
知仕、則別紙書付指上申候、以上、　三月廿一日
別紙書付
「私悴元長儀人參製法所手傳仕候儀、去ル（寶暦十三年）未年製法
所相始り候節、手傳仕度旨人參御用掛り御勘定奉
行一色安藝守殿（政沆）に願書指出候處、御同人ゟ伺之上、
寶暦十三未年八月十七日、願之通被　仰付候、以
上、　三月廿一日　　田村元雄
田村元雄様　　寛彌左衛門（正休、小普請組頭）

「以手紙致啓上候、然者、御同姓元長殿　御目見御
願書、明朝迄ニ被指出候様可得御意旨、只今長谷
川久三郎殿ゟ申來候、依之、先達而被指出候右御
伺書振合ニ准シ、程村竪紙ニ御認、御相支配中を
以、明朝右御願書直ニ久三郎殿に御指出可被成候、
勿論拙者方にも御願書控貳通可被遣候、此段可得
御意、如此御座候、以上、　六月九日　尚以、
指懸候儀ニ候間、御相支配御壹人ニても可然候、
御近所之事故、竹村權左衛門殿（嘉品）に右之譯御頼被仰
越、無間違明朝御指出し被成候様ニ存候、若指支
候ハヽ、能勢又十郎殿（頼廉）御頼候様存候、以上、
右ニ付、以使者竹村權左衛門へ頼遣候處、同人
承知被致候、

「辰六月十日、相支配竹村權左衛門を以而、願書
長谷川久三郎殿に出候、外控貳通寛彌左衛門に
指遣ス、使者安田久米右衛門遣ス、久三郎殿「
」願書被請取候爲御禮以使者申達候、權
左衛門に以使者御禮申遣候、權左衛門に爲謝禮、
交肴一折又〻以使者指遣ス、願書左之通、
表書　願書　本紙程村竪紙・上包美濃折掛田村元雄
奉願候覺

*支配頭達書
*元長御目見につき登城

組頭書状
元長元雄の年齢につき質す

*獻上藥につき支配頭に問ふ

*支配頭返答書
*獻上物は事前に伺はずしては許されず

元雄上申書
年齢

私倅元長儀、朝鮮種人參製法所助勤も仕候間、何
卒爲冥加　御目見被　仰付被下置候様奉願候、以上、
明和九辰年六月　　田村元雄書判
長谷川久三郎殿

「田村元雄様　　寛彌左衞門
以手紙致啓上候、然ハ、御同姓元長殿、當辰ニ何
才ニ候哉、并貴様ニも當辰ニ五十五才ニ相違無御
座候哉、早速相糺、今晩中長谷川久三郎殿江申達候
様申來候、依之、御父子様御姓名・御歳付ヶ御認、
拙者方江被遣候而ハ可及更夜候間、右御書付只今
貴様ゟ久三郎殿江御爲持可被指遣候、急早ゝ申殘、
以上、
六月十日

右ニ付承知仕候旨、彌左衞門江返書指遣し、左
之通書〔付脱カ〕以使者長谷川久三郎殿江指出候、

「表書　書付　本紙半切・上包美濃折掛　田村元雄
田村元雄　當辰ニ五拾五才
田村元長　當辰ニ三拾四才
右私并私倅元長年齢、書面之通御座候、以上、
明和九年七月

辰六月十日　　田村元雄

「田村元雄殿　　長谷川久三郎
御自分子息田村元長儀、明朔日御序有之　御目見
被　仰付候ニ付、明朔日六半時、染帷子十徳着之、
登　城有之候様可被致候、以上、
六月廿九日
尙ゝ、爲御請、今晩中自分宅江可被罷出候、以上、

右ニ付、卽刻元雄義、爲御請久三郎殿御宅へ罷
出候、獻上藥之義如何可仕候哉之旨、御尋申上
置候、

「田村元雄殿　　長谷川久三郎
御自分子息明日　御目見被　仰付候ニ付、獻上物
之儀先刻御聞合候、同役共江も申達承合候處、前
廉ニ伺置不申候事故、獻上之儀ハ相成間敷事之由
被申聞候、伺之上御指圖無之候而ハ不相成事ニ候
間、其旨御心得可被成候、以上、
六月廿九日

「明和九辰年七月朔日朝六ッ半時、元雄指添元長
登　城仕、御醫者溜り之間ニ控江居る、御目付
衆指圖ニて席ニ御納戸構ニつく、於御納戸構、

名披露御目見済む
*植村政辰書状
御禮廻り
*遠國御用に付元長代勤を命ぜらる
植村政辰水谷勝富に特に謝す
*元雄届書
*政辰留守中元長詰める
元長助勤を命ぜらる

支配頭・御目付立會、御奏者名披露、　御目見
首尾能相濟、尤、今日御納戸構之御目見も元長
壹人耳ニ候、御禮廻り西御丸ニ上り、尤、元雄・
元長共ニ上る、夫ゟ父子共御本丸・西丸御老中、
若年寄不殘、御側御用人・御用掛り御側衆・支
配頭・組頭・御小納戸頭取衆兩人ニ廻る、別ニ
爲御禮鯛一折、元雄ゟ以手紙御小納戸頭水谷但
馬守殿ニ進る、翌七月二日、植村左源次(政辰)ニ元長
計禮ニ罷(出)成候、名酒壹陶・肴代金貳百疋遣ス、
左源次義も、此度御目見之義甚以世話致し呉候、
但馬守殿(水谷勝富)も、伺書取次等世話被下候ニ付、別ニ
右兩人肴等遣ス、
此度元長　御目見之振合、奥御祐筆安藤長左衛(定賢)
門ニ植村左源次相□　□候處、元雄御醫師並被
仰付候間、御醫師悴之御目見□扱□　□、
前書御禮廻り之節、元長供人士壹人・藥箱持・挾箱持・草履
取召連、元雄同道ニて御老中方初其外共表門ゟ出□　□、
辰八月□、
一、元長(田村)儀製法所助勤被　仰付候、

田村元雄様　　植村左源次(政辰)
田村元長様
以手紙得貴意候、然も、私當十三日出立仕候ニ付、
當十二日ゟ製法所ニ元長殿御詰被成候儀、以書付
奥向ニ上候處、御一覧相濟、表向ニ上候様甲斐守(白須政賢、
殿被仰渡候旨(御用取次)、但馬守殿被仰聞候ニ付(水谷勝富、小納戸頭取)、則表向ニ
長坂忠七郎(高美、奥右筆)を以申上候間、例之通御心得被成候様、
此段得貴意候、以上、　八月八日
右ニ付、元長御禮廻り、松平右近將監殿(武元、老中)・田沼
主殿頭殿(意次、老中)・水野出羽守殿(忠友、側用人)・白須甲斐守殿・水谷
但馬守殿・岡部河内守殿(一徳、小納戸頭取)ニ相廻る、
辰八月十四日、長谷川久三郎殿(正脩、小普請組支配頭)ニ御届壹通、組
頭兩人ニ壹通つゝ指出ス、
表書　御届　本紙半切・上包美濃折掛　田村元雄
朝鮮種人參製法所相勤候植村左源次儀、此度人參
御買上御用ニ付在勤仕候間、右左源次在勤留守中、
私悴田村元長儀、私と代り合製法所ニ當辰八月十
二日ゟ相詰候、依之御届申上候、以上、
辰八月十日　　田村元雄

神田紺屋町二町目へ轉居

辰十月廿八日、

一、神田紺屋町貳町目抱屋鋪ニ裏四番町ゟ引移り候、

支配頭ニ届書三通、月番組頭筧彌左衛門(正休)ニ指出ス、

届書

表書　御届　本紙半切・上包美濃折掛　田村元雄

私儀、神田紺屋町元地貳町目舊宅ニ明廿八日引越申候、依之御届申上候、以上、

辰十月廿七日　田村元雄

裏四番町建家を引移す

□　□紺屋町□　□町□　□屋□　□

材木いたし、紺屋町貳町目住居普請いたし候、尤番町之古家寂初勝手向計取崩、紺屋町ニ勝手向拵候而、十月廿八日、家内引移、其上番丁之座敷向取崩紺屋町座敷普請いたし候、

惣入用百八拾三両餘

右紺屋町貳町目普請引越惣入用左之通、

惣金高百八拾三両貳分銀七匁貳分七厘

内

金百貳拾九両壹分銀拾三匁　居宅普請代　大工喜八請負

同九両壹分銀拾匁　同斷門之代

同壹両　普請出來ニ付大工ニ褒美

錢十九貫九百五拾四文　引越車力代家來荷物共

家來安田久米右衛門荷物運賃此方ゟ拂、在此高之内ニ、

金拾両銀拾匁五分四厘　疊・立具(ママ)修覆代

錢壹〆三百三拾貳文　居宅むね上ヶ両度ニ祝義代

金貳分　盲女・盲人ニ引越祝義仲一ニ渡ス、

金貳両錢百八拾文　（引越祝義幷骨折ニ付家來ニ遣ス、幷家來五人ニ祝義銀五匁つゝ、且善太郎悴骨折ニ付、是又五匁遣ス、）

〆

殘高

金貳拾貳両餘　（大工入手間・材木屋拂・俄人足・土藏之修覆・左官拂・門ぬり代・釘物屋拂・砂利其外小買物代也、）

外ニ

町内五人組・紺屋町貳町目組合不殘ニ一所ニ祝義として、酒五升・鯣五本指遣し申候、家守治兵衛へ申付、自身番ニ呼集振舞申候、住居裏北地之家守兩人ニも、往々世話も可有之ニ付、肴一折つゝ指遣し候、名主勘次郎ニも肴一折指遣し候、勘次郎ゟ肴來ル、

＊良昌院轉宅

良昌院儀、自分持屋敷家守善太郎地面ニ引移候、

良昌院立家代　金拾四両貳分銀拾匁　大工喜八請負

右良昌院家作代、此方ゟ□　□

精勤に付褒美銀
支配頭達書
*典薬頭より受領
御禮廻り
*七十三味
藥種拜領

安永元年辰十二月十四日、
一、人参製法所出精相勤候ニ付、爲御褒美銀五枚被下置
候、
御自分儀、明十四日四時、御城ニ罷出候様可申
渡旨、松平(康福、老中)周防守殿被仰渡候、可被得其意候、尤、
五時　御城ニ罷出候様可被致候、被罷出候ハヽ、
自分共部屋ニ早ヽ御通達可有之候、　十二月十三
日　長谷川(正脩、小普請組支配頭)久三郎
田村元雄殿
猶以、爲御請、今晩中自宅ニ可被罷越候、尤、明
日服(紗)沙小袖十徳着用可被罷出候、以上、
辰十二月十四日、　御城ニ罷出候處、本文之通
御褒美被下置候、御禮廻り先格之通、御老中・
若年寄衆・御側御用人・御側衆御用掛り之方、
御小納戸頭取衆兩人・支配頭・組頭ニ相廻る、
西ノ丸ニも御禮ニ上る、
辰十二月十九日、
一、御藥種拜領被　仰付候、

申達御用之儀有之候間、明十九日朝六時過、自宅
ニ御越可有之候、病氣差合候ハヽ、名代可被指出
候、以上、　十二月十八日　長谷川(正脩、小普請組支配頭)久三郎
田村元雄殿
「辰十二月十九日、長谷川久三郎殿御宅ニ罷出候
處、左之通以書付被仰渡候、
」
田村元雄
御藥種被下候、半井(成高、典藥頭)出雲守方ニ而可相渡候間、可
請取旨申渡候様、水野(忠見、若年寄)壹岐守殿被仰渡之、　辰
十二月
「御拜領之御藥種、來廿二日朝六ツ時ゟ四ツ時迄之
內御渡申候間、御請取可被致候、尤長持可被遣候、
以上、　十二月［　］　［　］
田村元雄様
「辰十二月廿二日、長持爲持請取人半井出雲守殿
宅ニ指出し候、左之通請取來候、
「御藥種都合七拾三味　田村元雄
惣目八貫五百□拾五匁
袋數七拾六　但、紫蘇・香薷・荊芥貳袋物、
「右之通書付相添、出雲守殿ゟ被指越候、

豪猪拝領

願ふ者あれど元雄への内意

*籠と共に給はる

*吹上奉行書状

*咬𠺕吧豪猪飼方

吹上御庭にて飼育さるも取拂となる

安永元年辰十二月廿七日、

一、豪猪拝領被　仰付候、

御小納戸頭取水谷但馬守(勝富)殿ゟ御内意被仰聞候ㇾ、豪猪之義拝領相望候者多有之候得共、田村元雄儀ㇾ、本草も出精仕候事故、外ゝに被下候ゟㇾ元雄に被下候儀可然候哉、乍去、元雄迷惑ニㇾ有之間敷哉、元雄に其趣申聞、元雄存寄可承旨、辰十二月廿五日、元雄と人參御用申合相勤候植村左源次(政辰)を以而被仰聞候、依之、同廿六日、　御城に元雄罷出但馬守殿に掛御目、豪猪可被下置旨冥加至極難有仕合奉存候、何卒拝領仕度奉願候、少しも迷惑仕候儀無之候旨、但馬守殿に申上候、

安永元年辰十二月廿七日、水谷但馬守殿ゟ白須甲斐守(政賢、御用取次)殿に伺之上、田村元雄に豪猪被下置候、尤、此豪猪只今迄吹上ニ有之候處、此節御取拂ニ而元雄に被下置候儀ニ候、世上にㇾ拝領仕候由申候而も不苦候旨、但馬守殿ゟ植村左源次を以而被仰渡候、依之同廿八日、　御城に元雄罷出、但馬守殿に御禮(申脱カ)上候、但馬守殿被仰聞候ㇾ、豪猪吹上ニ有之候間、今明日中吹上に(ゟカ)御宅に相廻し候様可致候間、其通可心得旨被仰聞候、夫ゟ田沼主殿頭(意次、老中)殿・白須甲斐守殿・水谷但馬守殿・岡部河内守(一徳、小納戸頭取)殿に、豪猪拝領□難有旨御禮ニ相廻り候、

辰十二月廿九日、豪猪〔　〕之籠〔　〕ゟ左之通別紙幷ニ書付〔　〕(豪猪持人貳人・宰領貳人皆□方之人也、)

河合平八郎(邑勝、吹上奉行)

河合平之丞(邑昌、同右)

金子彦八郎(朕富、同右)

田村元雄様

以手紙致啓上候、然ㇾ、吹上に御預有之候豪猪、貴様に被下ニ相成候ニ付、爲持相廻申候、御請取可被成候、飼方書付別紙指添申候、尤、植村左源次ゟ昨日右之段通達有之、御承知と奉存候、以上、

十二月廿九日

咬𠺕吧
豪猪飼方

一、白米貳合　但、飯ニ調へ水ニ而あらひ、少ゝ水溜り候様、

一、串柿五つ程

一、大根葉共一二本宛　但、琉球芋・かほちや等

有之時節ぇ、大根之應員数見合を以飼方いたし候、

右一日分飼料

右豪豬籠共ニ請取之、手紙之返書指遣し候、持人幷宰領ゟ御酒振舞遣し申候、

安永二巳年正月三日、

一、(田村)元雄登　城、年始御禮、枳朮丸献上、西　御丸同斷、献上丸藥・諸事例年之通、

巳三月、

一、阿蘭陀對談願之通被　仰付候、願書・被仰渡・御禮廻り等、諸事例年之通、

巳三月、

一、綿羊之儀、願之通長崎ゟ御聲可被掛旨、被仰渡候、巳三月、　白須甲斐守(政賢、御用取次)殿ゟ長崎奉行新見加賀守(正榮)殿ゟ被仰渡、吉雄幸左衛門(耕牛)ゟ加賀守殿ゟ御聲掛り候様可被成候旨、水谷但馬守(勝富、小納戸頭取)殿ゟ植村左源次(政辰)ゟ被仰渡候、

覺

兼〻田村元雄知ル人ニ而、長崎表ニ罷在候阿蘭陀大通詞吉雄幸左衛門、元雄ゟ申聞候ぇ、羅紗・羅背板等織候綿羊と申羊、雌雄所持仕罷在候、右羊元雄ゟ相送り申度旨、併、長崎奉行より元雄ゟ、幸左衛門ゟ遣度候ハヽ指遣候様ニと聲不相掛候而ぇ、

*年始登城

*阿蘭陀人對談願

*綿羊

*長崎奉行より吉雄耕牛へ御聲掛り

*元雄知人吉雄耕牛の所持

*奉行の御聲なくば元雄に送り難し

將來重寶となるらん

難相送候之段申候旨、綿羊增長仕候ハゝ、日本ニて羅紗・羅背板織候儀も相成、重寶ニも可相成哉ニ奉存候間、右之通長崎奉行ゟ右幸左衞門ニ聲相掛遣シ候樣、可罷成御儀ニ御座候ハゝ、右奉行ニ被爲掛御聲被下置候樣奉願候旨、元雄申聞候間、此段奉申上候、以上、

巳三月　植村左源次

巳六月廿七日、

藥草獻上

一、藥草拾三種獻上、

巳六月廿二日、水谷(勝富、小納戸頭取)但馬守殿を以白須(政賢、御用取次)甲斐守殿ニ、植村(政辰)左源次指上ル、

同廿五日、伺之通可指上旨、(水谷勝富)但馬守殿ゟ左源次ニ被仰渡候、

植村政辰伺書

表書　藥草之儀ニ付奉伺候覺　植村左源次

藥草之儀ニ付奉伺候覺

馬齒莧

一、馬齒莧　此馬齒莧之儀ハ、咬𠺕吧國ゟ相渡り申候、依之、漢土或ハ日本ニ生候草とハ形狀大ニ相違仕候、彼國ニ而も野菜ニ仕給候由、蠻名も、ぼをんころいとと相唱申候、

水仙

一、水仙　此水仙之義ハ、咬𠺕吧國ゟ相渡り、此節花開申候、(明和三年)先年指花ニ而奉指上候、此度ハ鉢物ニ而花開候間、猶又差上申度奉存候、蠻名ハ、なくととをると相唱⌈　⌋暮六ッ時過ゟ香(かう)氣を發し、明ケ六ッ時比ニも香⌈　⌋

黄木香*

一、黄木香　此草此度琉球國⌈　⌋

蓽茇*

一、蓽茇　此草唯今迄⌈　⌋御先々御代⌈　⌋承知□俗にあり□たと相唱申候、

半夏*

一、半夏　此草日本ニも澤山御座候得共、ケ樣成異躰之半夏ハ稀ニ御座候、此度琉球國ゟ取寄申候、

鴨跖草*

一、鴨跖草　此草日本ニも澤山有之候へ共、形狀大きに相違仕候、依之琉球國ゟ種取寄候間、植付當年生し申候、俗ニ琉球露草(ツユクサ)と相唱申候、

白花菜*

一、白花菜　此草唯今迄日本ニ無御座候、此度琉球國ゟ種取寄蒔付申候處、花を開申候、俗ニ風鳥花と相唱申候、

藍菊*

一、藍菊　此草花も單(ヒトヘノ)葉菊花之如く、花之色至

莪朮
*白蒿
迷迭香
*いづれも寒氣に弱し
*水谷勝富書状
仙茅
*薬草受取の使を遣す

極之紫ニ相成申候、此種琉球國ゟ取寄申候、

一、莪朮　此草唯今迄も御薬園等ニ御座候得共、急度眞ノ物ニ相當り不申候、此度琉球國ゟ取寄申候處、眞物ニ相違無御座候ニ付奉指上候、

○姜黄ヲ缺ク、

一、迷迭香　此草唯今迄日本ニ無御座候、漢土ニも稀成草之由、本草綱目ニも相見ニ申候、蠻名ロウツマレイナと相唱申候、大秦國之ろ□□申所ニ夥敷生シ候由、阿蘭陀人申之候、香薬ニて御座候、功能之儀ハ、胸之間の氣をめぐらし、氣を開候事第一ニて御座候、是又琉球國ニも御座候ニ付、此度取寄申候、葉之香氣至極宜御座候、花もすみれ草ニ似候品ニて御座候、

一、仙茅　是ハ先年指上候様伺相濟候處、生育仕兼候付相殘り居申候、此草功能ハ、人參ニも等しき草ニ而御座候、御先〻御代薬草御吟味之節も、此品出不申

候由承知仕候、俗ニ金梅笹と相唱申候、肥前國長崎無凡山と申所ゟ取出し申候、

一、白蒿　此品珍敷品ニ而御座候、御先〻御代薬草御吟味之節も、此薬草出不申候由承知仕候、佐渡國ゟ取出し申候、俗ニ白よもぎと相唱申候、尤、功能も有之草ニて御座候、

右拾三種何れも寒氣を恐申候、冬之間岡室之内ニ入養育仕候得ハ宜御座候、外(ソト)ニ指置候而ハ枯失申候、此度右拾三種□　□、

巳六月　田村元雄

前書之薬草此節花有之品□　□珍敷薬草之儀ニ御座候得ハ、奉指上度由、元雄相願□　□此段奉伺候、以上、

巳六月　植村左源次
水谷但馬守（勝富、小納戸頭取）

田村元雄様

以手紙申進候、然ハ、一昨日左源次殿ニ申達置候貴様被指上候薬草木類拾三種、取ニ進候、尤、左源次殿ニ承合置候通、箱釣臺貳ツ為持遣申候、被差上候様可被成候、尤、宰領之者途中心付候様、

御申含可被成候様ニと存候、以上、　六月廿七日

水　但馬守様　　　田村元雄

元雄書状

御紙簡奉拝見候、然も、兼而植村左源次奉申上置候藥草木拾三種、取ニ被遣、則御箱釣臺二ッニ入候而御使に相渡申候、拾三種之目録も此間指上候儘、今日も養ひ手入之書付一枚、指上申候、以上、

手入養方書付を添ふ

六月廿七日

手入養方

表書　拾三種藥草手入養方之覺

馬齒莧

一、馬齒莧　此草一年草ニて御座候、七八月之間實を收、地に種を蒔付申候、

水仙

一、水仙　此草宿根物ニ而御座候、冬も岡室ニて養候へハ随分生育仕候、

黄木香

一、黄木香　此草四季共ニ枯不申候、花も黄色ニて香氣も少ゝ御座候、四月又六七月之比花を兩度ニ開申候、寒氣も厭不申候、

華茇

一、華茇　此草宿根物ニて御座候、岡室ニて養候へハ随分生育仕候、

半夏

一、半夏　此草宿根物ニて御座候、毎年春葉を生シ申候、少ゝ寒氣を厭申候草ニて御座候、

鴨跖草*

一、鴨跖草　此草壹年草ニて御座候、七八月之間實を收、三月比ゟ種を蒔付申候、

白花菜*

一、白花菜　此草壹年草ニて御座候、六七月之間實を收、三月比種を蒔付申候、

藍菊*

一、藍菊　此草秋花を開候得も、草も枯申候、花不開分も春迄持越候而、三四月之比ゟ花を開申候、八九月ニ實を收、春之彼岸比ゟ種を蒔付申候、

莪朮*

一、莪朮　此草宿根物ニて〔　　〕岡室ニて養候得も随分生育仕候、先ッハ寒氣〔　　〕

姜黄*

一、姜黄　此草宿根物ニて御座候、冬之□岡室之内に入□候草ニて御座候、

迷迭香*

一、迷迭香　此草宿根物ニて御座候、岡室ニて相養候得も随分生育仕候、先も寒氣を厭候草ニて御座候、雨の繁くあたり潤過候而も不宜候、少ゝ日あたり之地ニて水乾キ候方宜御座候、

仙茅*

一、仙茅　此草宿根物ニて御座候、岡室ニ而相養

候へハ随分生育仕候、

白蒿

一、白蒿　此草宿根物ニて御座候、岡室ニて相養
〔候へハ、脱カ〕ひ随分生育仕候、七八月之間實を收、
春者彼岸比ゟ蒔付申候、

合拾三種

右之通ニ御座候、以上、

巳六月廿七日　田村元雄

巳三月十八日、

抱屋敷坪數を届く

一、屋鋪改衆ゟ手前抱屋敷坪數承合有之候ニ付、書付指
出し、支配頭ニも其段相届候、

抱*畑

屋敷改書状

田村元雄様　眞野庄左衛門(正敏、屋敷改)　室賀多宮(正明、同上)
永井傳右衛門(元平、同上)　渡部忠四郎(富榮、同上)

支配頭指出の書付に坪數記載なし

以手紙得御意候、然者、貴様御所持屋敷之儀、此
間長谷川久三郎(正脩、小普請組支配頭)被書出候之處、何も坪數書面無之
候ニ付、御支配ニ及懸合、坪數承知可致候得共、

町*屋敷

差急ニ承度候之間、直ニ貴様ニ申達候、則別紙指

坪數を書出すべし

進候間、坪數御書入可被遣候、此段可得御意、如
此御座候、以上、　三月十七日

眞野庄左衛門様　室賀多宮様
永井傳右衛門様　渡部忠四郎様　田村元雄

御手紙拝見仕候、然者、私方所持之屋敷之義、此
度長谷川久三郎ゟ書出候處、何も坪數書面無之候
ニ付、久三郎ニ御掛合坪數御承知可被成候得共、
御指急御承知被成度ニ付、直ニ私ニ御尋被仰下條、
則御別紙被遣候間、坪數書入可指出旨被仰下候御
紙上之趣承知仕、則別紙ニ書付進達仕候、右貴様
ニ可申上、如此御座候、以上、　三月十八日

別紙之
覺

一、抱畑　東叡山領　豊嶋郡下田端村　此坪數千七拾七坪
一、同断　同断　同断　此坪數百拾四坪
一、町屋敷　神田紺屋丁貳丁目北側西角ゟ五軒目　此坪貳百貳拾坪

右貳ヶ所、何も薬園ニ仕置候、

一、同断　南油丁北側西木戸ゟ貳軒目　此坪百坪
一、同断　堀留貳丁目北側東角ゟ五軒目　此坪百拾坪

右三ヶ所、私妻所持、

一、町屋敷　神田紺屋丁貳丁目北側東角ゟ三軒目　此坪百四拾坪

右壹ヶ所、私妹所持、
右拘地、書面之通御座候、以上、
　三月十八日　　田村元雄

右に付支配に届く

右ニ付、長谷川久三郎殿ニ届書左之通、家來安田久米右衛門を以而、月番組頭筧彌左衛門（正休）ニ三通指出候、

届書
*日光社拝禮を願ふ

　覺
屋敷改眞野庄左衛門・室賀多宮・永井傳右衛門・渡邊忠四郎ゟ、私方所持屋敷之儀、長谷川久三郎（正脩）殿ゟ御書出し被成候處、何も坪數無之候ニ付、又ミ久三郎殿ニ御掛合可被申候得共、差急被承度旨直ニ私ニ被申達候間、坪數書入可遣旨以書中被申聞候ニ付、別紙之通書付、右屋敷改方ニ指出候、依之、別紙相添、此段御届申上候、以上、

*出立日限を届く

　三月十八日　　田村元雄
別紙書付も、屋敷改へ出候書付同様三通、

巳八月廿四日、

人參買上御用を命ぜらる
金二枚拝領
*拝禮許さる

一、野州・奥州筋人參御買上御用被　仰付、金貳枚被下置候、

御自分事、御用之儀候之間、明廿四日六半時、染帷子十徳着之登　城可有之候、以上、八月廿三日
　田村元雄殿　　長谷川久三郎（正脩、小普請組支配頭）
八月廿四日、登　城いたし候處、人參御買上御用被　仰付候而、金貳枚被下置候、西丸へ御禮、夫ゟ定式之通御禮廻りいたし候、
　奉願候覺
私儀、此度朝鮮種人參爲御用、日光御山内ニも罷越候ニ付、去ミ卯年（明和八年）之通、　御宮　御靈屋拝禮仕度奉願候、以上、
　巳八月　長谷川久三郎殿　　田村元雄
右願之通被仰付候旨、伊丹權太夫（康命、小普請組頭）ゟ以手紙申來候、御禮廻りいたし候、
支配頭ニ出立日限書出し候、左之通、
此度私儀、朝鮮種人參御買上御用ニ付、江戸出立日限、明廿八日明六ツ時ニ相極り候間、御届申上候、尤、明朝又ミ御届可申上候、以上、　八月廿七日　田村元雄
右之通書付指出置候處、日光　御宮・御靈屋拝禮、願之通被仰付候義、今晩伊丹權太夫ゟ申來候間、

明朝之御禮廻りニ相成候ニ付、出立之義、明日
晝時ニ仕候、此段元長義、伊丹へ罷越對談いた
し候事、

出立届*

「田村元長義、製法所へ例年之通相詰候ニ付、届
書支配頭へ出ス、

元長代勤を届く

此度私義、朝鮮種人參御買上御用ニ付、在勤留守
中私悴田村元長義、例年之通製法所へ相詰候間、
此段御屆申上候、以上、
巳八月廿七日

道中先觸

「覺
賃傳馬　壹疋　賃人足　八人
右ハ、此度朝鮮種人參御用ニ付、野州・奥州筋ニ田
村元雄被罷通候間、書面之人馬無滯可指出候、尤、

十月二十三日*帰府

明廿八日明六ツ時江戸出立被致候間、此段可被相
心得候、此先觸早〻□　□留りゟ□　□可被相
返候、以上、
巳八月廿七日
田村元雄内
安田久米右衛門
武州千住宿ゟ日光海道石橋宿泊り夫ゟ阿（同）（下野河内郡）

帰府御目見*

久津迄（鹽谷郡）
右宿〻　問屋 年寄中

泊付
廿八日越谷（武藏南埼玉郡）　廿九日古河（下總葛飾郡）　朔日石橋　二日阿
久津
「此度上州・野州・奥州筋朝鮮種人參御買上御用ニ
付、今日晝九ツ時江戸出立仕候、依之御届申上候、
以上、　巳八月廿八日　田村元雄
右之通三通、長谷川久三郎殿并組頭兩人ニ銘〻屆、
日光御宮　御靈屋拜禮、願之通被　仰付候旨、
八月廿七日夜、於（ヨリ）伊丹權太夫被申渡候、依之、
廿八日朝、御老中不殘、若年寄へも御掛りニ付
水野出羽守殿（忠友）、御月番水野壹岐守殿（忠見）へ計、支配
頭へも相廻り、夫ゟ晝時出立いたし候、
「私儀、野州・奥州筋ゟ今廿三日、歸着仕候、依之
御屆申上候、以上、
十月　田村元雄
右之通支配頭并組頭へ壹通つゝ、銘〻屆、
巳十一月十五日、
一、歸府　御目見被　仰付候、
歸府　御目見願書、例之通指出候、十一月十四

日、支配ゟ指紙來ル、十五日、御目見首尾相濟〔能脱カ〕、

年始登城*

御禮廻りいたし候、

人參買上御用につき褒美銀

阿蘭陀人對談*

巳十二月十八日、

一、朝鮮種人參御買上御用、當秋首尾好相勤候ニ付、爲

御褒美銀七枚被下置候、諸事先格之通、

精勤に付褒美銀

夏足袋著用を許さる*

巳十二月廿六日、

一、製法所出精相勤候ニ付、爲御褒美銀五枚被下置候、

諸事先格之通、

元雄願書*

足痛*

巳八月八日、

黃蜀葵獻上

一、黃蜀葵切花獻上、　委細別帳ニ有之候、

巳八月十八日、

奥州霰草獻上

一、奥州霰草一躰獻上、　委細別帳ニ有之候、

支配頭達書*

巳十月三日、

野州黃連獻上

一、野州百山村黃連三拾株獻上、　委細別帳ニ有之候、

安永三午正月三日、

一、元雄〔田村〕登　城、年始御禮、枳朮丸獻上、　西御丸同斷、

午二月、

一、阿蘭陀人對談、願之通被　仰付候、

諸事先格之通、

午三月晦日、

一、夏中足袋用候儀、願之通被　仰付候、

奉願候覺　　表書 足袋願　　田村元雄

私儀、足痛所御座候而、不出來之節も足冷難儀仕候、依之、足冷申候節も、夏中足袋相用申度奉願候、以上、

安永三午年三月　　田村元雄書判

長谷川久三郎〔正脩、小普請組支配頭〕殿

右本紙程村竪紙・上包美濃掛包、月番組頭筧彌左〔正休〕衞門殿に指出候、尤、寫貳通相添出ス、

田村元雄殿　長谷川久三郎　御自分に申達候之義有之候間、明晦日五半時、自分病氣ニ付、筧彌左衞門宅に可被相越候、以上、

三月廿九日

田村元雄

聴さる

右願之通足袋相用可申旨、松平右京太夫（輝高、老中）殿、御附
札を以被仰渡候、依之申渡候、午三月
右ハ、寛彌左衛門宅ニ於而同人被申渡、書付書
面之通、三月晦日

親類書*

安永三午五月、

支配頭代るにつき明細書等を指出す明細書

一、支配頭代候ニ付、明細書・親類書、其外書付指出ス、

明細書

小普請組戸川山城守（逵和）支配
田村元雄
午歳五十七

高三拾人扶持 本國和泉 生國武藏

拝領屋敷無之、
住居私妻抱屋敷神田紺屋町貳丁目ニ罷在候、

私儀、寶暦十三未年、町醫師ゟ新規被　召出、御
醫師並被　仰付、御扶持方三拾人扶持被下置候旨、
於躑躅之間若年寄衆御侍座、御老中松平右近將監（武元）
殿被仰渡候、人參御用被　仰付候旨、於焼火之間
松平攝津守（忠恒、若年寄）殿被仰渡、小普請組高力式部（長昌）支配ニ罷
成り、明和八卯年五（九）月、長谷川久三郎（正脩）支配ニ罷成
り、安永三午年五月、戸川山城守支配ニ罷成候、

一、祖父　町醫師　田村正玄 死

一、父　町醫師　田村宗宣 死

一、實子惣領　田村元長

右之通ニ御座候、安永三午五月　田村元雄

戸川山城守殿

親類書之義、袖書、前書之明細書と同斷、奥ハ、
明和八卯年十月、長谷川久三郎（正脩）殿ニ出候親類書と
同斷、尤、其内大谷立悦改名・役替故、名前左之
通、幷堀氏姓名左之通、

一、叔父　堀淡路守（直堅、信濃須坂城主）家來　櫻井九郎兵衛

一、甥　一橋小十人格奥詰　大谷十郎右衛門

右之通として、名當ハ戸川山城守殿と相認る、

屋敷書付*

表書 屋敷書付　田村元雄

覺

一、神田紺屋町三町目南側六百貳坪餘之拝借地壹ヶ
所、
此拝借地壹ヶ所、薬草置場ニ御座候、

一、東叡山御領地豊嶋郡下田端村名主忠兵衛支配之
内、御水帳之面高貳石貳斗八升四合之年貢畑屋
敷壹ヶ所、

一、東叡山御領地豊嶋郡下田端村名主忠兵衛支配之

内、御水帳之面高貳斗貳升八合之年貢畑屋敷壹ヶ所、
此年貢地貳ヶ所之抱屋敷、何も薬園地ニ仕置候、
一、神田紺屋町貳丁目北側西角ゟ五軒目、表間口拾壹間・裏行町並貳拾間之町屋敷壹ヶ所、
一、南油町北側西木戸ゟ貳軒目、表間口五軒(間)・裏行町並貳拾間之町屋敷壹ヶ所、
一、堀留町貳丁め北側東角ゟ五軒目、表間口五間半・裏行町並貳拾間之町屋敷壹ヶ所、
此町屋敷三ヶ所、私妻所持之抱屋敷ニ罷在候、
一、神田紺屋町貳丁目北側東角ゟ三軒目、表間口七間・裏行町並貳拾間之町屋敷壹ヶ所、
此町屋敷一ヶ所、私妹所持之抱屋敷ニ罷在候、
一、私居宅神田紺屋丁貳丁め、私妻抱町屋敷ニ罷在候、
右拝借地・抱屋敷書面之通ニ御座候、其外家來ニ至迄所持之屋敷等無御座候、以上、

*元雄願書

安永三年五月　戸川山城守殿　田村元雄印 書判

*覺書

覺　本紙半切

*中の口出入の許可を願ふ

一、私儀、只今迄御咎等無御座候、

安永三年七月・九月

一、私儀、拝借金無御座候、
一、私儀、諸願書指出置候義無御座候、
右之通御座候、以上、　午五月　田村元雄

*元長製法所助勤

午七月、
一、元長(田村)儀、例年之通此節製法所助番致し候、

*植村政辰出張に付

午七月廿一日、三通寛彌左衛門(正休、小普請組支配組頭)へ元長持參、
朝鮮種人參製法所相勤候植村左源次(政辰)義、此度人參御買上御用ニ付、野州・奥州筋ニ罷越候間、右在勤留守中私悴田村元長義、私と代り合製法所へ相詰候、依之、此段御届申上候、以上、　七月
田村元雄

*登城の節中の口出入を許さる

午九月廿六日、
一、元雄(田村)儀、仲之口出入并大手御門櫻田御門ゟ中之口迄、御門〻晝夜共無滞御用之節も罷通候様被　仰付候、

覺

小普請組(逵和)戸川山城守支配 御醫師並　田村元雄

私儀、人參御用其外御用ニ付不時□　□候□□伺

*中の口出入の例書指出を求める

出[ ]大手御門内櫻田御門ゟ中之口[ ]無滞[ ]御斷被成下候樣仕度[ ]　[ ]

午九月　田村元雄

*奥部屋出入の例書も求める

午九月廿六日植村左源次(政辰、駒場御薬園預)罷出候樣[ ]水谷但馬(勝富、小納戸頭取)守殿ゟ申來候間、同人罷出候處、田村元雄中ノ口ゟ御用之節罷出候儀相願候ニ付、則大手御門内櫻田御門ゟ御門〻中ノ口迄、晝夜晝夜(衍)無滞罷通候樣、右同斷書付、稲葉越中守殿(正明、御用取次)ゟ酒井石見(忠休、若年寄)守殿ニ當廿三日御出し被成候旨、但馬守殿被仰渡候、

*中の口出入の例

*召出の時より御用の節出入

十月十一日、中ノ口出入ノ儀ニ付、戸川山城守(逵和)殿ニ御禮ニ罷越、書付出ス、

十一月朔日、元雄登　城、但馬守殿ニ掛御目、中ノ口通路之御禮申上候、

中の口番より目付の下知を求める

最初八月中、中ノ口出入仕候處、中之口番之もの申聞候、此處出入之義、未拙者共ニ御斷も出不申候樣ニ覺申候間、御目付中ゟ中ノ口出入之義御下知有之候樣存候旨申之候、尤、中ノ口入口御番方も同樣申之候由、是又中之口番申聞候、依之、戸

支配頭に内談

川山城守殿ニ御内〻御咄申候處、御支配ニても此

儀分り兼候付、由來之書付一通指出し候、然處、山城守殿ゟ御目付水野要人(忠寄)殿ニ御内〻掛合有之候由、其後水谷但馬守殿被仰聞候ハ、中之口致出入候義、具ニ書付指出可申旨、稲葉越中守殿被仰渡候由、但馬守殿被仰聞候、依之、委細書付一通御同人へ指出候、亦〻戸川山城守殿ゟ尋ニ付、右奥へ出候通之書付相認指出候、

午八月十四日水谷但馬守殿ニ指出候書付

御城中之口出入仕候覺

私儀、最初被　召出候節、寶暦十三未年六月廿三日、町奉行土屋越前守(正方)ゟ御用之儀有之候間、明廿四日朝五時、　御城ニ可罷出旨被申渡、翌朝罷出候節ハ、同心兩人御城[ ]　[ ]致案内[ ]　[ ]兩人ニ掛合有之[ ]　[ ]案内有之於躑躅之間[ ]　[ ]殿被仰渡有之、夫ゟ燒火之間ニ相[ ]朝鮮種人參[ ]被仰付候旨、松平攝津守(忠恒、若年寄)殿被仰渡候、御支配之義ハ高力式部(長昌)ニ相[ ]御目付長崎半左衛門(元亨)・永井伊織(直令)被申渡候、夫ゟ以來、御用之節ハ中之口ゟ出入仕候、御目見被　仰付候節ゟ表御玄關も出入仕候、

奥新部屋出入の例

*支配頭宛願書田沼意次より御用の節奥新部屋へ出る様命ぜらる

*従來御用の節中の口より出入す

*中の口番より目付の下知を求めらる

陰土圭間出入の例

*中の口より出入したし

奥新部屋に罷出候覺

一、明和二酉年八月朔日、御用之儀有之候間、明日四時登　城可仕旨、罷出候ハヽ當番御目付中に申達候而可申込旨、白須甲斐守殿（政賢、小納戸頭取）ゟ御手紙到來仕、翌二日、罷出候處、奥新部屋ニ於而、朝鮮種之古製人參三兩充私并悴元長に被下置候旨、且又、以來共御用之節は植村左源次同様新部屋迄罷出候様、主殿頭殿（田沼意次、御用取次）被仰渡候段、白須甲斐守殿・松下隱岐守（昭永、小納戸頭取）殿御立合ニて被仰渡候、

一、明和六丑年八月九日、朝鮮種人參御買上御用序、野州都賀郡上仙波村岩穴見分仕可申上旨、於新部屋白須甲斐守殿被仰渡候、

陰土圭間に罷出候覺

一、明和五子年九月朔日、白須甲斐守殿・松下隱岐守殿ゟ到來之御紙表左之通、以手紙申進候、然は、貴様自今御用之儀ニ付　御城に御出、拙者共に御談之筋有之候節は、陰土圭之間迄御出、坊主衆を以而拙者共に御申込可被成候、御届一通り位之儀ニ候ハヽ、御封し被差置候而も宜御座候、書面類封不申坊主衆に御渡御出候之義は御無用ニ可被成候、御談之筋有之候節は、御面談被成度旨御申込可被成候、此段可得貴意、如此御座候、陰時計之間迄御越候ハヽ、□相濟御用談都合宜敷□　□重疊之義ニ御座候、　九月朔日

安永三年九月

□　　□以上、午八月

□山城守殿に指出候書付

私儀、壹ヶ年以前ゟ御支配之儀ニ御座候得は、表御玄關□　　□共ニ出入仕候、然處、朝鮮種人參之御役相勤候ニ付、　御進獻人參并御勘定諸帳面、或は藥草木持參仕候ニ付、中ノ口ゟ出入仕、只今迄差上來申候、先御支配高力式部殿（長昌）・長谷川久三郎殿（正脩）御承知之上通路も致來候、此度中之口番人之内ゟ、私中ノ口通路之義、兼而急度被仰渡も無御座候ニ付、此上は御目付中ゟ御斷も出候様ニ被成被下度之由申之候、依之、又候御支配も相代り候ニ付、中之口出入之義、亦々申上候、可相成御義ニ御座候ハヽ、御役向御用向并諸帳面持參仕候ニ付、挾箱中之口御玄關前迄持せ候様仕度、此段奉願候、以上、

午八月

櫻井九郎兵衛歿す

午九月廿四日、

一、櫻井九郎兵衛、致病死候、

組頭宛元雄書状

寛彌左衛門様（正休、小普請支配組頭）

田村元雄 坂登

竪むすひ状

養母方叔父

一筆啓上仕候、然ㇵ、堀淡路守（直堅、信濃須坂城主）家來私養母方叔父

櫻井九郎兵衛儀、久〻病氣之處、養生不相叶、今

忌服日數を問ふ

朝五時病死仕候、依之、御届申上候、忌服之日數（ニッスウ）

被仰聞可被下候、恐惶謹言、

九月廿四日 坂登書判

組頭書状

田村元雄様 寛彌左衛門

御状致拝見候、然ㇵ、御養母方御叔父櫻井九郎兵

衛□ □致承知候、御忌服□□

忌十日服□ □守殿ㇸ可申達候、尤、□

□之節ㇵ三ヶ所□ □以上、 九月廿四日

忌明届

十月四日、支配頭・組頭三ヶ所へ銘〻届、

私義、先月廿四日ゟ忌中ニ相成候處、今四日忌明

ニ付、此段申上候、以上、

十月四日 田村元雄

精勤に付褒美銀*

午十二月十六日、

一、人參製法所出精相勤候ニ付、御褒美銀五枚被下置候、

諸事先格之通、

安永四年未正月三日、

年始登城

一、元雄(田村)登　城、年始御禮、枳朮丸獻上、　西御丸同斷、
　諸事例年之通、

未二月、

阿蘭陀人對談願

一、阿蘭陀人對談、願之通被　仰付候、
　諸事例年之通、

未二月六日、

良昌院抱屋敷家守交代披露

一、良昌院抱屋鋪神田紺屋町貳丁目家主善太郎致病死候
　ニ付跡□　□悴善次郎に申付□　□家守弘も致候、
　　□　□家守弘入用左之通□　□候、

届書

一、金壹分　　名主に、
一、錢三貫四百文　元地代地家守拾七人に、
一、同壹〆貳百文　同　五人組三人に、
一、四百文　名主手傳壹人・書役壹人、
一、三百文　番人三人に、
一、金壹兩　振舞代
　外八百五拾文　半紙糊(のり)入水引へぎのし其外
　　入用共、

合金貳兩壹分ト八百五拾文

未三月、

綿羊江戸著

二疋

一、綿羊長崎ゟ來候ニ付、其旨奥向に以書付申上候、
　綿羊之義、長崎吉雄幸左衛門(耕牛、オランダ大通詞)ゟ指越呉候、尤、壹
　匹ハ幸左衛門所持ニ付呉候、壹匹ハ長崎ニて調呉
　候、其代幷道中持送代共左之通、

綿羊と運送賃

　　金貳拾貳兩銀七匁三分九厘　　幸左衛門へ禮
　　　　　　　　　　　　　　　ハ此外也、

「未三月十八日、植村左源次(政辰、駒場御薬園預)義、御城へ持參、但(水谷勝富、小納戸頭取)馬守殿を以御用御取次御側衆へ上る、

　　口上之覺

牝牡二疋

　先達而(安永二年三月)相願、御奥向ゟ長崎奉行衆に被爲掛御聲被
　下候ニ付、右奉行衆ゟ、大通詞吉雄幸作ゟ私方に
　綿羊牝牡相送り度候ハヽ勝手次第相送候樣ニと、
　聲掛り候間、此度阿蘭陀人御當地に出府仕候幸幸(行)
　便ニ右幸作ゟ私方に阿蘭陀綿羊牝牡貰申候處、甚
　□　□面白キ獸ニて御座候、右之毛を以織物仕候

毛織物の材料

　ハヽ、毛織等□　　　□依之此段申上候、
以上、　未三月　　田村元雄

夏の足袋著用を許さる
*砂糖製法
*元雄願書
*吹上御庭にての砂糖製法を願ふ
元長製法所助勤
*製作法
*遠江より砂糖黍千本を取寄せる
南油町抱屋敷賣却
家守交代
*白砂糖五六合出來るか

未四月廿四日、
一、夏中足袋相用申度旨、願之通被　仰付候、
　願書、先例之通三通、伊丹權太夫（康命、小普請支配組頭）に元長持參、
　　田村元雄殿　　戸川山城守（逵和、小普請組支配頭）
御自分夏足袋、願之通田沼主殿頭殿（意次、老中）に相伺候處、
足袋用候樣可申渡旨被仰渡候、此段於拙者宅明朝
申渡候積御心得、爲御禮、主殿頭殿に可被相越候、
以上、四月廿四日、

未七月、
一、元長（田村）儀、人參製法所助番被　仰付候、
　諸事例之通、

未九月十四日、
一、南油町抱屋敷、代金四百五拾兩ニ村田に讓渡し候、

未八月、
一、良昌院抱屋敷家守善次郎致退役、跡役金十郎申付候、
　家守弘之義も、金十郎自分ニていたし候、

未十二月、
一、沙糖製法、願之上於吹上被　仰付候、
　植村左源次（政辰、駒場御藥園預）を以水谷但馬守殿（勝富、小納戸頭取）へ指出候書付
私儀［　　］沙糖黍爲作千本程右［　　］請取候
儀［　　　　］御慰ニ奉入御覽度奉存
候、［　　　　］吹上之内ニ而製方仕度奉願候、
道具も各別之品相懸り不［　　］有之候得も、出
來仕候義ニ御座候、尤、日數も多相掛り候義ニも
無［　　］勿論白沙糖ニも出來可仕と奉存候、右
製方奉入　御覽度奉存候ニ付、此段申上候、以上、
　十一月　　田村元雄
　水谷但馬守殿ゟ御尋ニ付、左之通書付出し候、
先達而遠州ゟ取寄置候沙糖黍千本程絞候ハヽ、水
壹斗餘も出可申奉存候、刈取間茂無之絞候得も、
右之黍數ニても絞水貳斗位も出候ものニ御座候得
共、取寄候上四十日餘も日數相立候間、書面之程
合出可申奉存候、右絞水を以而白沙糖ニ仕上候而、
何斤程出來可仕と申儀、聢と難申上奉存候、大概
五六合程も出來可仕と奉存候、尤、天氣能御座候

薪
*二十四日終る

鍋
*吹上役所不案
内につき製法
に苦しむ
人足
*平常より出來
惡し

許さる

元雄伺書
人參製法所手
傳人を召連れ
たし

*綿羊雌死

*精勤に付褒美
銀下さる
十九日取掛る

*元雄伺書

得ハ、日數相懸り候儀ニも無御座、早速出來仕候、
一、右煎候薪、松眞木ニ而代金壹分分程も有之候ハ
ゝ相濟可申候、右薪、樹木之枯枝等有之候ハゝ、
夫ニても宜御座候、
一、右煎候御鍋ハ、人參製法所ニ有之候鍋相廻し候
而も相濟可申奉存候、
一、右絞立幷煎上候迄ニ、人足拾貳三人も相掛可申
候、
右之通御座候、以上、未十二月　田村元雄

未十二月十八日、水谷（勝富）但馬守殿を以筑後守殿（横田準松、御用取次）へ伺候處、伺之通當日相濟候、

於吹上沙糖製作之義相願候處、願之通被　仰付候、
依之、人參製法手傳人之内壹兩人召連、爲手傳申
度奉存候ニ付、此段奉伺候、以上、
未十二月　　　　　　　田村元雄
右ニ付、吹上添奉行河合平八郎（邑勝）・河合平之丞（邑昌）江十
二月[　]以手紙掛合、明朝ゟ取掛候積申談候、同
十九日、手傳人上田勘七・關[　]　[　]吹上江罷
越、沙糖製作ニ取掛申候、製[　]　[　]
ゟ廿四日迄毎日罷出、廿五日、左之通御届申上但
安永四年閏十二月

馬守殿[　]　御城江持參、但馬守殿江上ル、
於吹上沙糖製作場所之義、昨夕方迄ニ仕、先引取
申候、煎候沙糖ハ瓦溜江入置、吹（フキ）上御役所差置申
候、少ゝ日數經候ハゝ出來上り可申と奉存候、此
度製作之義、吹上御役所向之御振合不案内ニ付、
諸向引ヶ候節ハ煎掛居而も相休、私儀も引取申候、
夫故哉、宿元ニて製作仕候樣ニハ早速出來仕兼申
候ニ付、右之通仕置、昨夕方迄ニ先私義、吹上御
場所ゟ引取申候間、此段申上候、以上、　十二月
廿五日　田村元雄

十二月、
一、綿羊雌病死、

未閏十二月十四日、
一、人參製法所出精相勤候ニ付、御褒美銀五枚被下置候、
御自分事御用之儀有之候間、明十四日五時、可被
致登　城候、以上、
閏十二月十三日　田村元雄殿　戸川山城守（逵和、小普請組支配頭）
私事御用之儀御座候間、明十四日五時、登　城可

病氣に付名代を立てたし
屆書*
支配頭達書
御請を免さる
薬種拜領*
支配頭達書*
植村政辰名代
元雄屆書*
御禮廻りも名代
病氣不快に付名代を立てたし*
病氣引込

仕旨被仰下、奉畏候、私儀、當月九日ゟ病氣ニ付、御番御斷申上引込罷在候間、名代植村左源次（政辰、駒場御薬園預）相頼候ニ付、此段申上候、以上、　閏十二月十三日　田村元雄　戸川山城守様

田村元雄殿　戸川山城守

追啓、爲御請今晩自宅ニ御越之儀ハ、可致用捨候、已上、

閏十二月十三日

御別紙拜見仕候、今晩尊宅ニ爲御請參上仕候儀、被下御用捨難有奉存候、以上、　閏十二月十三日

戸川山城守様　田村元雄

今日晝植村左源次も明日　召候段ニ付、元雄義も被　召候義□有之候間、左候ハヽ、左源次義名代として相勤可申候、山城守殿ニ左源次ゟ晝時掛合置候、

右ニ付十四日、左源次義、名代として御褒美頂戴仕候、則御禮廻り、是又名代いたし被呉候、

閏十二月九日、

一、元雄（田村）病氣ニ付、御番御斷引込申候、

支配頭ニ屆書出ス、但覚彌左衛門（正休、小普請組支配組頭）ニ貳通、彌左衛門指圖ニ付戸川殿ニ一通、

私儀、寒熱强相煩候ニ付、製法所御番御斷申上、引込申候、依之、御屆申上候、　閏十二月九日

田村元雄

閏十二月十八日、

一、御薬種拜領被　仰付候、

田村元雄殿　戸川山城守（逵和、小普請組支配頭）

申渡候儀有之候間、只今自宅ニ可被相越候、病氣未不被相勝候ハヽ、名代可被差出候、以上、　閏十二月十八日

戸川山城守様　田村元雄

御切紙拜見仕候、然ハ、被仰渡候御義御座候由ニ付、只今御宅ニ參上可仕旨、病氣未不相勝候ハヽ名代可指出候段、被得□御紙上之趣奉畏候、私義、病氣未不相勝候間、只今「　」指出「」如此御座候、以上、　閏十二月十八日

右ニ付「　」儀、即刻戸川山城守殿御宅「」被仰渡候、尤、以書付を被仰渡候、

*家守四人
典藥頭より受領す
*拵代金を與ふ
*社參の特例
七十三味拜領
*元長施藥す
*元雄屆書
*毎月三八日に施藥
來年日光社參につき家守共火事羽織等を願ふ

戸川山城守支配
田村元雄

御藥種被下候、半井出雲守(成高、典藥頭)方ニて可相渡候間、請取候樣可申渡旨、松平伊賀守(忠順、若年寄)殿被仰渡候、依之申渡候、

御禮廻り之義も、並之通可相心得被仰渡候、依之、伊賀守殿へ計、元雄名代として元長罷越候、且又、半井出雲守へも禮ニ參候、

閏十二月廿二日、御藥種左之通半井出雲守ゟ請取申候、尤、此間出雲守ゟ以手紙申越候も、拜領之藥種廿二日ニ相渡可申間、請取人出し可申旨申越候、依之、當日請取人指出し候之處、左之通書付幷御藥種請取申候、

御藥種都合七拾三味　田村元雄
惣目九貫七百拾八匁　此袋數七拾五
但紫蘇・香薷貳袋物

閏十二月、
一、來申四月、日光　御社參御沙汰被　仰出候ニ付、家守共火事羽織・袴引相願候間、銘々指遣候、

安永四年閏十二月

來年四月、日光　御社參御沙汰ニ付、家守共一統火事羽織幷袴引相願書付指出候間、則銘々指出し、左之通申渡候、

金壹兩壹分　紺屋丁貳丁目家守治兵衛
金壹兩貳分　堀留丁家守〔　〕
金壹兩壹分　紺屋丁二丁目家守〔　〕
金壹兩壹分　紺〔　　〕〔　〕

右四人共、來申四月日光　御社參ニ付、其方共火事羽織幷袴引相願候旨御聞濟有之、銘々被下之候、尤、右拵代金書付之通被下之儀ニ候、但、御社參之儀も稀成事故、願之通袴引共ニ被下之候間、已後之例ニも難相成候、其段可相心得候、

此段於茶之間元長申渡之候、

未十二月六日、
一、元長(田村)儀、致施藥候ニ付、支配頭へ屆書出申候、
私悴田村元長儀、此節ゟ毎月三ノ日・八ノ日朝ゟ九ツ時迄之內、小兒五疳を治シ申候附藥施藥仕候、依之此段御屆申上候、以上、
十二月　田村元雄
書面之通三通、伊丹權太夫(康命、小普請支配組頭)へ使者を以出ス、

元雄病氣に付年始登城なし
*元雄病氣に付製法所に出でず
*元雄少々快方
元長助勤
植村政辰書状
*晝夜看病不要に付元長に助勤させたし
元長の助勤につき
植村政辰上申書
*御禮廻り

安永五申年正月、
一、(田村)元雄病氣ニ付引込罷在間、年始御禮不申上候、
舊冬閏十二月九日ゟ病氣ニ付引込罷在、今以不相勝引込罷在候、
申正月廿三日、
一、(田村)元長儀、製法所助勤被　仰付候、

田村元雄様
田村元長様　　植村(政辰、駒場御薬園預)左源次

以手紙得貴意候、不正之天氣御座候得共、御病氣御□無御座候哉、承度奉存候、然ハ、明廿四日ゟ元長「　」被成「　」儀奥向・表向共「　」之通申上候「　」被成御詰「　」被成候、右爲可得御意如此御座候、以上、「　」
□者別紙之通申上候ニ付、則寫いたし致進上候、已上、

申正月十九日、奥向ニ但馬守殿(水谷勝富、小納戸頭取)を以上ル、越中守殿(稲葉正明、御用取次)御聞濟、表向へ申上候様被仰渡候、

田村元雄悴元長儀製法所ニ爲相詰申度儀ニ付
申上候書付　　植村左源次

申正月廿三日右近將監殿(松平武元、老中)・出羽守殿(水野忠友、若年寄)ニ長坂忠七郎(高美、奥右筆)を以上ル

田村元雄儀、去閏十二月九日ゟ病氣ニ付、人參製法所御番御斷申上候、就夫、元雄悴元長儀も難見放奉存候ニ付、製法所へ罷出候儀も難仕奉存候處、此節元雄儀、少ゝ快方御座候、依之奉申上候ハ、年ゝ元雄・私代り〳〵人參御買上御用ニ付、野州・奥州筋其外ニ罷越候節ハ、右留守中元長儀、爲手代り製法所へ相詰、御用相勤申候、元雄儀、少ゝ快御座候ニ付、晝夜附添罷在看病不仕候而も當時宜候間、人參御買上之節之例ニ准シ其段申上置候上、元雄相詰候通ニ、當廿四日比より製法所へ相詰、御用爲相勤候様仕度旨、元雄私迄申聞候、若此上元雄儀、甚不快ニも有之候節ハ、元長儀罷越、様子見候様ニ爲仕度奉存候、其節ハ取〆役并手傳頭取爲詰切置候而、右之通爲仕度奉存候ニ付、此段申上候、以上、

申正月　　植村左源次

右ニ付御禮廻り、御老中松平右近將監殿・田沼主殿頭(意次)殿、若年寄水野出羽守殿(忠友)・御側衆稲葉越(正明)

*側衆へ指出す
支配頭宛届書
*白砂糖出來ず
*その理由
元長助勤に付届く
*吹上御庭に不案内の故加減できず

中守殿、御小納戸頭取水谷但馬守(勝富)殿・岡部河内守(一徳)殿に相廻り候、
支配頭戸川山城守(逵和)・組頭兩人に銘々届書、左之通指出し候、
私儀、病氣ニ付引込罷在候間、私悴田村元長儀、人參製法所助勤被仰付候而、今日ゟ製法所へ相詰候間、此段御屆申上候、以上、
申正月廿四日　　　　田村元雄

製法の砂糖を指上ぐ
元雄伺書
製法途中に付手入させたし
*元雄退役を願ひ出る
*側衆へ内々伺ふの上表向き願ひ出る
元長手入す
黒砂糖出來る

申二月、
一、舊冬ゟ於吹上製法仕候沙糖指上候、
書面之通可仕旨被　仰渡奉畏候、申二月十八日
舊冬於吹上御役所沙糖製法仕掛り候處、病氣ニ付引込罷在、於只今出勤不仕候、依之相考候處、此節製法手入可然奉存候間、天氣宜節、私悴元長成共吹上御役所に指出シ、手入爲仕度奉存候、依之、此段奉申上候、以上、　二月　　田村元雄
右之通書付稻葉越中守(正明、御用取次)殿に指上候處、書面之通可仕旨被仰渡候ニ付、元長儀、吹上に罷出、製法手入仕、黑沙糖出來仕候ニ付、左之通書付相

濟、黑沙糖越中守殿に指出し候、
去冬於吹上製法仕掛ヶ候沙糖之義、私病氣ニ付、此間伺之上悴元長指出、此節手入爲仕候處、出來も仕候得共、黑沙糖ニ相成申候、此儀も先達而も申上候通、寂初煎候節、極晩迄罷在候而も不苦候義も、私不案(内脫)ニ而不奉存、吹上諸向引ヶ候節も、必引取候儀と相心得、煎掛居候而も相止、私義も引取申候、夫故歟加減出來兼、白沙糖ニも相成兼申候、依之、出來仕候黑沙糖一箱、奉入御覽候、殘りも屑ニ罷成申候、則元長儀も、去ル廿五日迄ニ而吹上御場所爲引取申候間、此段共ニ奉申上候、以上、
申二月　　　　田村元雄

申三月、
一、元雄病氣ニ付、人參御用向悴元長に被　仰付度旨願書、
申二月、植村左源次(政辰、駒場御藥園預)相賴、御小納戸水谷但馬守(勝富)殿を以、御側衆稻葉越中守(正明)殿に御內々指上候處、御加筆等□　□表向指上候樣御伺□　□被仰渡、
申三月□三日、表向右近將監(松平武元、老中)殿・出羽守(水野忠友、若年寄)殿に御右筆長坂忠七郎(高美)□　□同四月廿一日、右近將監殿・出羽守殿□　□御承知被

四月二十八日免さる

成候旨ニ付書付〔　〕被成〔　〕、御目付丸毛一學（政安）ゟ來ル、
同四月廿八日、表向ニ而御承知被遊候旨、丸毛一學ゟ指越候手紙寫、奥向へ左源次ゟ但馬守殿（水谷勝富、小納戸頭取）を以上ル、支配頭戸川山城守（達和）ニも本紙之寫を以、此旨左源次ゟ達候、

元雄願書

*人參御用全般を元長に勤めさせたし

私儀病氣ニ付朝鮮種人參御用掛悴元長ニ被　仰付被下置候樣奉願候書付　　田村元雄

私儀、寶暦十三未年、被　召出、朝鮮種人參御用掛り被　仰付、當申年迄拾四ヶ年相勤申候、然處、

脚氣を煩ふ

私儀、脚氣ニ而氣分相勝不申候ニ付、去未閏十二月中、御番御斷申上、今以引込罷在養生仕候、何

快方せず

卒少々も快方ニ御座候ハヽ出勤仕度、無油斷色々保養仕候得共、兎角同篇ニ御座候內、近キ比も氣力共ニ惣躰甚勞レ强、別而相勝不申、難義仕候、

快氣ありても從來通り勤められず

此節之樣子ニ御座候而も、全快之程も難相計、若快氣仕候共、年來之儀ニ付出勤仕候而も、㝡早迚茂唯今迄之通御用押張相勤候儀も、中々難相成可有御座哉と恐入奉存候、夫ニ付、年々植村左源次幷私兩人之內壹人つゝ、人參根御買上爲御用野州・奥州筋其外ニ罷越候時分も、壹人勤ニ罷成候ニ付、

元長は年來助勤す

其節々相伺爲代合私悴元長儀、人參製法所ニ指出、諸事人參御用向取扱セ申候、此度も私引込罷在、左源次久々壹人勤仕候付、右之例を以伺相濟、先比ゟ右元長儀、製法所ニ指出、左源次と代り合御用向取扱セ置申候、然處、私儀、右申上候通之病躰ニ御座候ニ付、可罷成儀ニ御座候ハヽ、唯今迄私相勤來り候朝鮮種人參御用向取扱諸事、右悴元長ニ相勤候樣ニ被　仰付被下置候も、重疊難有仕合奉存候、尤、先達而元長義、人參製法手傳相勤候樣被仰渡有之候ニ付、每度手掛ヶ、人參製法之仕方も私同樣ニ覺罷在候ニ付、旁御憐愍を以、何卒右願之通被　仰付被下置候樣ニ偏奉願上候、以上、

申三月　　田村元雄

*支配頭宛元雄書狀

申三月十四日、昨日右近將監殿（松平武元、老中）・出羽守殿（水野忠友、若年寄）ニ指出候願書寫相添、

戸川山城守（達和）樣　　田村元雄

*退役願書指出のことを報ず

以手紙申上候、其後も久々不奉得尊意候、愈御勇健被遊御座候由奉〔　〕候、私儀、病氣今以不相勝難儀仕候、依之〔　〕之通願書〔　〕右近將監殿・出羽守殿ニ差上置〔　〕御座候間、何分宜御取扱被下候樣奉願候、以上、

三月十四日

支配頭用人書狀
返答延引を詫ぶ
*元長次男を養子に出す
目付達書
老中承知す
*御能拜見
願書返却す
*支配頭書狀
*御能拜見の有無
元雄請書
*元雄返書
返却さる願書を落手
*御能拜見のことなし

田村元雄様　　戸川山城守（逵和）内
御家來中様　　井上新吾

以手紙致啓上候、然ハ、昨日ハ植村左源次（政辰、駒場御薬園預）様を以御進達被成候御書面被遣、歸宅之節申聞候、今日も御人被下候處、山城守儀早朝罷出、右御答段々被及延引候、此段各様迄自拙者得貴意候様申付置候間、右之趣何分宜被仰上可被下候、以上、

三月十五日　猶々、昨日之御狀箱ハ致返進候、御落手可被下候、以上、

別紙書付貳通、書面之趣、右近將監殿・出羽守殿委細御承知被成、右書付ハ貳通ハ御返し被成候、此段可相達旨被仰渡、右書付貳通爲持差越候、御請取可有之候、以上、　四月十一日　田村元雄老

御城 丸毛一學

御紙上拜見仕候、然ハ、別紙書付貳通、書面之趣右近將監殿・出羽守殿委細御承知被成候ニ付、右書付貳通ハ御返シニ相成候旨被仰渡、右書付貳通爲御持被下、慥落手仕候、右爲御請如此御座候、以上、　四月十一日

丸茂（マヽ）一學様　　田村元雄

右別紙ハ、去ル三月十三日、元雄病氣ニ付、人參御用掛り元長ニ被　仰付被下度願書、
右近將監殿・出羽守殿ニ壹通つゝ、合而貳通指上置候書付也、

申四月、
一、元長（田村）次男田村豐次郎儀、榊原式部太輔（政永、越後高田城主）家來蟹江與左衛門ニ養子ニ遣ス、

申五月十九日、
一、御能拜見被　仰付、

田村元雄殿　　戸川山城守（逵和、小普請組支配頭）

御自分、前々御祝儀事ニ付御能有之候節、拜見被召出候哉、御報御申越可有之候、以上、　五月四日

戸川山城守様　　田村元雄

御紙上拜見仕候、然ハ私儀、前々御祝儀事ニ而御能有之候節、拜見□　　□奉畏候、右御能有之節、拜見罷出候儀無御座候、此段御請可申上、

安永五年五月
如此御座候、以上、五月□日

田村元雄殿　　戸川山城守

支配頭書状
＊病氣に付御断書付を指上ぐ
社參濟み祝儀御能拝見を許さる

今度日光　御社參相濟候爲御祝儀、來ル十九日・
廿一日、御能有之、見物被　仰付候、依之、明後
十九日御能之節、爲拝見五時登　城可被致候、以
上、
五月十七日

＊登城御断書

猶以、右御禮之儀ハ、御能拝見仕候翌日、御老中
阿部豐後守殿（正允）、御本丸・西丸若年寄中江可被相廻
候、以上、　追而、御自分病中ニ付登　城斷之書
付、此御報一所成共御指越可有之候、以上、

元雄書状

戸川山城守様　　田村元雄

御能拝見のこと承る

御切紙拝見仕候、然ハ、今度日光　御社參相濟候
爲御祝儀、來十九日・廿一日、御能有之、拝見被
仰付候、依之、明後十九日御能之節、爲拝見五
時登　城可仕旨被仰下候、御紙上之通奉畏、冥加
至極難有仕合奉存候、右爲御請如此御座候、以上、
五月十七日

＊支配頭達書

猶以、右御禮之儀ハ、御能拝見仕候翌日、御老中

阿部豐後守殿、御本丸・西丸若年寄中江可相廻
旨、被仰下候通奉畏候、以上、
追而、私病中ニ付、登　城御斷之儀、書付此御報
一所ニ成共指上候様被仰下候趣、奉畏候、則、右
御斷書付指上候、何分可然御取計被遊被下候様奉
願上候、以上、

申五月十七日、戸川山城守殿江壹通指出ス、本紙半切・上包折掛、
上書　書付　田村元雄

今度日光　御社參相濟候爲御祝儀、來十九日・廿
一日、御能有之、拝見被　仰付候、依之、明後十
九日御能之節、爲拝見五時登　城可仕旨被仰渡、
冥加至極難有仕合奉存候、然處、私儀、舊冬ゟ病
氣ニ付引込罷在候間、登　城之儀御斷申候、依之、
此段以書付申上候、以上、
申五月十七日　　田村元雄

申五月十九日、
一、惣出仕之節可罷出例
田村元雄殿　　戸川山城守（逵和、小普請組支配頭）

徳川家基麻疹に付惣出仕

大納言（徳川家基）様御麻疹爲伺御機嫌、明十九日五時前西丸に惣出仕、夫ゟ御麻疹御輕御容躰爲恐悅、　御本丸に惣出仕之旨、小野日州（一吉、大目付）被申聞候、
一、麻疹病人向後不及遠慮候之旨、是又、右同人被申聞候、因茲申達候、以上、
五月十八日

元雄書狀
惣出仕のこと承る

戸川山城守（逵和）様　　田村元雄

御切紙拜見仕候、然ハ
大納言様御麻疹爲伺御機嫌伺、明十九日五時前　西丸に惣出仕、夫ゟ御麻疹御輕御容躰爲恐悅、　御本丸に惣出仕之旨被仰下候、御紙上之通奉畏候、
一、麻疹病人向後不及遠慮之旨、奉畏候、右貴答可申上、如此御座候、以上、
五月十八日

出仕御斷書

申五月十八日、戸川山城守殿に壹通出ス、本紙半切・上包折掛包、

上書　書付　田村元雄

病氣引込中に付

大納言様御麻疹爲伺御機嫌、明十九日五時前　西丸に惣出仕、夫より御麻疹御輕御容躰爲恐悅、御本丸に惣出仕之旨、被仰下候通奉畏候、然處、私儀、病氣ニ付引込罷在候間、出仕之儀御断申上候、以上、
安永五年五月
五月十八日

元*雄歿す五十九歳

安永五申年五月廿二日、
一、田村元雄登、齢五十九、病死、

元*長跡役願を出す様勸めらる

小普請組支配頭戸川山城守（逵和）、内々植村左源次（政辰）に申聞候ハ、元雄病死屆指出候節、□跡役元長に被　仰付被下度元雄願書□病死屆月番御老中に可出旨、奥御祐筆長坂（高美）忠七郎申聞候間、其通□□夫ニ付、右□　□指越候様御通可被下候、加筆いたし候事も可有□短く認□□且又、元長儀も押付忌中ニ可罷成候間、左候ハヽ、□□二三日前ニ知せ候様出羽守（水野忠友、若年寄）殿被仰聞候旨、山城守内々左源次に被申聞候條、五月三日、左源次内々元長へ申聞候、

元*雄書狀
願*書指上ぐ

戸川山城守様　　田村元雄

以切紙申上候、然ハ、先刻植村左源次に被仰下候趣、早速相達、則願書相認指上申候、此上何分宜様御取扱被成下候様奉願上候、以上、
五月三日

元雄願書
快氣不可能に付人參御用を元長に仰付られたし
*その節元長竝に親類中立合ふべし
*元長看病にて不都合か
植村政辰宛支配頭書状
*支配頭宛植村政辰書状
近日相支配の者元雄宅へ參るに付願書等指出すべし

安永五年五月

私儀、去未閏十二月中ゟ脚氣[之様子]（戸川ゟ此書付返り候節附紙）ニ而相勝不申
候ニ付、人參製法所御番御斷申上、引込色〻養生
仕候得共、快氣可仕躰ニ無御座候、依之奉願候ハ、
悴元長儀、人參製法（所脱）ニも前〻ゟ罷出、御用向も相
辨來り、人參製法之仕方も、私同前ニ仕候義ニも
御座候間、何卒御憐愍を以、私取扱來り候人參御
用向、右元長ニ被　仰付被下置候ハヽ、冥加至極
難有仕合奉存候、此段何分奉願候、以上、

申五月　　田村元雄

戸川山城守

田村元雄様

先刻植村左源次ニ申談候趣ニ付、書付一通御指越
願置申候、以上、　五月三日

戸川山城守

植村左源次（政辰）様

以手紙致啓上候、不勝之天氣御座候得共、彌無御
障御勤被成、珍重奉存候、然ハ、此間御談申候趣
ニ付、卽日元雄方ゟ差出候書付致一覽候、少〻致
附紙、右書面致返却候間、元雄方ニ被遣可被下候、
此書付ハ、近日相支配之者元雄宅ニ指遣候節、諸

書付と一所ニ指出候様存候、尤、相支配參候ハヽ、
前日ニ右之者ゟ可致案内候、
一、相支配之者指遣候節ハ、元長幷親類中立合候儀ニ
御座候、若親類少ニも御座候ハヽ、御自分様御立
合も可被成候哉、御多用ニも有之難□　□由緒之
方成共立合□　□右等之趣乍御世話宜様元雄方
ニ被仰□　□以上、　五月□
□　　□元長ニハ當時看病ニ而引居被申□様
ニ□　□拙者儀□伯父不幸ニ而來ル十三日迄忌
中罷在候、何分忌明之上之儀□相支配ハ二三日
中ニも遣可申候得共、左様も有之候而ハ、元長看
病引ニても被致指支候之儀ハ無御座候哉、是等之
義、御手前様迄御內〻御聞合申候儀ニ御座候、御
報被仰聞可被下候、以上、

植村左源次

戸川山城守様

御紙上拜見仕候、如貴命不勝之天氣相御座候得共、
益御安泰被成御座候由、珍重之御儀奉存候、然
ハ、此間御談被成候趣ニ付、卽日田村元雄方ゟ指
出候書付御一覽被下、少〻御附紙被成下候間、元

*植村政辰宛支配頭書狀

願書等のこと元雄方へ傳ふ

*元雄重病居を出すべし

*相支配の病體見屆あり立合のことも傳ふ

*元長御目見の年月日等の書付を提出せしむべし

元長看病引けのことなきに付支障なし

*支配頭宛植村政辰書狀

雄方に遣可申由、右書付ハ近日相支配中元雄宅に御指遣被成候節、諸書付と一所ニ差出候様可仕旨、尤、相支配中被參候前日ニ、右之方ゟ案内可有之旨承知仕候、其段元雄方に申達置候様可仕候、

一、右相支配中被指遣候節、元長幷親類立合之儀ニ御座候由、若親類少ニも御座候ハヽ、私立合も可仕候哉、多用ニ而難相成候ハヽ、由緒之方成共立合候様可仕旨、右之趣も元雄方に申談置候様可仕旨、奉承知候、右爲貴答如此御座候、以上、　五月七日

猶〻、元長ニハ、當時看病ニて引居候哉、左様ニも無御座候哉、貴前様ニも御實父様方御伯父様御不幸ニて、來十三日迄御忌中ニ被成御座候旨、何分御忌明之上之儀ニ御座候由、相支配中ハ二三日中ニも可被遣候得共、左様も有之候而ハ、元長看病引ニても仕、差支候儀ハ無御座候哉、是等之儀、私迄御内〻御問合被成候旨奉承知候、此節元長儀、看病引ハ不仕候間、右之節差支候義無御座候間、此段左様被爲思召可被下候、以上、

安永五年五月

植村左源次様　　戸川山城守

以手紙致啓上候、追而向暑ニ罷成候得共、彌無御障御勤被成、珍重奉存候、然ハ、田村元雄病氣指重居之儀ハ、來ル十三日・十四日比、組頭筧彌左〔正休〕衛門方に相居候様可被成候、□□二三日之中相支配兩人罷越元雄病躰見居、諸書付□□之上、猶又元雄方に組頭ゟ内意申達□病死居□段申上候□□間違不申□□内意被仰達置可被下候、右可得御意□□如此御座候、以上、　五月十一日

猶以、元雄悴、願之通先達而　御目見被　仰付候段、年號月日、尤誰殿被仰渡、御藥獻上ハ無之候哉、委細書付、是又諸書付差出候節、一緒相支配に相渡候之様御達置可被下候、將亦拙者儀、此節伯父之忌中罷在、十四日・十五日ニハ兩日共登城可致候間、其節御登　城被成候ハヽ、御直段〔談〕委細可得貴意候、以上、

戸川山城守様　　植村左源次

御紙上拝見仕候、如貴命向暑罷成候、益御安泰被

重*態届
重態届
脚*氣
浮*腫
病體見届
多*紀安元等の藥を服用
諸書付指出
本*復なり難し

元*雄届書

元*長御目見につき届く

誰*の仰渡されか知らず
支*配頭達書寫を添ふ

安永五年五月

成御座候旨、珍重之御儀奉存候、然ㇵ、田村元雄病氣指重り、御居之儀ㇵ來ル十三日・十四日比、組頭衆寛(正休)彌左衞門殿方に御届申候様可仕旨、右御届之上二三日中相支配中兩人罷越、元雄病躰見届、諸書付被受取、貴前様得と御一覽之上、猶又元雄方に組頭衆ゟ内意被申達、其上病死届有之、其段被仰上候事ニ御座候間、間違不申様内意可申達旨御紙上之趣、委細承知仕、得と内意申達置候様可仕候、右爲御答如此御座候、以上、　五月十三日

猶〻、元雄悴、願之通先達而　御目見被　仰付候段、年號月日、尤誰殿被仰渡、御藥獻上ㇵ無之候哉、委細書付、是又諸書付差出候節、一緒ニ相支配中に相渡候様内意可申達置旨、將又貴前様此節御伯父様之御忌中ニ付、十四日・十五日ニㇵ兩日共御登　城被成候間、其節私罷出候ハヽ、御直段(談)之上委細被爲仰聞可被下由、御紙上之趣承知仕候、以上、

申五月十三日、組頭寛(正休)彌左衞門に使者を以出ス、

上包之上書御届 本紙西ノ内半切 上包美濃折かけ包　田村元雄

私儀、去ル未閏十二月上旬ゟ脚氣相煩罷在候處、當三月中旬ゟ氣力勞シ浮腫仕、此節別而不相勝候ニ付、御醫師河野仙壽院・橘隆庵・多紀安元藥相用養生仕候得共、段〻差重り、本復可仕躰ニ無御座候□　□上候、以上、申五月十三日

申五月十三日、元雄病氣指重候届、使者を組頭寛彌左衞門□
□元長先達而御目見相濟候書付、早〻指出候様、使者へ同□
□即日指出し候、

上包之上書書付 本紙西ノ内半切 上包美濃折掛包　田村元雄

田村元雄惣領　田村元長 申歳三拾八

右元長儀、
御目見願、私儀、長谷川久三郎(正脩)支配之節、明和九辰年六月十日、願書指出候處、同年七月朔日、被爲　召、於御納戸構　御目見被　仰付候、其節御藥獻上等ㇵ不仕候、被爲　召候前日、久三郎殿ゟ以御切紙被仰下候ニ付、誰殿被仰渡候と申儀ㇵ相知不申候、則久三郎殿御切紙寫指上申候、以上、

申五月十三日　田村元雄

相*支配宛元雄病氣容體届書

組頭宛元長書狀

御目見の節の書付を指上ぐ

重*態にて本復の見込なし

元長宛組頭書狀

醫*師書付

河*野仙壽院

明日相支配の者参るべし

橘*隆庵

多*紀安元

田村元雄殿寫　　長谷川久三郎

御自分子息田村元長儀、明朔日御序有之　御目見被　仰付候、依之、明朔日六半時、染帷子十德着之、登　城有之候様可被致候、以上、　六月廿九日

猶以、爲御請、今晩中自分宅ニ可被罷出候、以上、

寛彌(正休)左衛門様　　田村元長

以手紙啓上仕候、然ハ私儀、先年　御目見仕候節之書付指上候、御落手可被成下候、以上、

五月十三日　尚〻、先刻ハ使者之者ニ御逢被成下、段〻御懇意被仰下候趣、忝仕合奉存候、此上何分宜様御取計被成下候様、偏奉願候、以上、

田村元長様　　寛彌(正休)左衛門

御手紙致拜見候、然ハ、貴様先年　御目見相濟候御書付被遣、致落手候、控貳通り共明日被遣候様可被成候、以上、　五月十三日　尚以、御端書之趣、被入御念候御事、致承知候、明日彌相支配中被相越候様申達候間、御一類方御立合候様可被

安永五年五月

成候、以上、

申五月十四日、此兩人元雄宅へ罷越候節、三通相渡候、

上包之上書

竹村權(嘉品)左衛門殿

能瀬(頼廉)又十郎殿　本紙西ノ内半切　上包美濃折掛包　田村元雄

覺

私儀、去ル未閏十二月中ゟ脚氣相煩、當三月中旬ゟ氣力勞シ浮腫仕□御醫師河野仙壽院・橘隆庵・多紀安元藥服用仕養生仕候得共、此節□臥强本復可仕躰ニ無御座候、各様今日御出、病氣容躰御覽之通御座候、以上、

申五月十四日　　竹村權左衛門殿　　田村元雄

能勢又十郎殿

申五月十四日、此書付、竹村權(嘉品)左衛門・能勢(頼廉)又十郎へ元雄宅ニおゐて三通相渡ス、

上包上書醫師書付　本紙西ノ内半切　上包美濃折掛包　田村元雄

覺

奥御醫師　河野仙壽院

同斷　橘隆庵

同斷　多紀安元

元長御目見願書写*
親類立合書
叔父
元雄宛組頭書状*
元雄願書
元長元東の年齢を書出すべし*
快氣の見込なし
人參御用を元長に仰付られたし
組頭宛元雄書状*

安永五年五月

右薬服用仕候、以上、

申五月十四日　田村元雄

申五月十四日、竹村權左衛門(嘉品)・能勢又十郎(頼廉)に、於元雄宅相渡ス三通、

上包上書親類立合書付 本紙西ノ内半切 上包美濃折掛包 田村元雄

覺

叔父　土井能登守(利貞、越前大野城主)家來 小田部彌次右衛門

右之通立合申候、以上、申五月十四日　田村元雄

申五月十四日、竹村權左衛門・能勢又十郎へ、元雄宅ニおゐて三通相渡ス、

上包上書　願書 本紙西ノ内半切 上包美濃折掛包　田村元雄

奉願候覺

私儀、去未閏十二月中ゟ脚氣ニ而相勝不申候ニ付、人參製法所御番御斷申上、引込色々養生仕候得共、快氣可仕躰ニ無御座候、依之奉願候ハ、悴元長儀、人參製法所ニも前々ゟ罷出、御用向も相辨來り、人參製法之仕方も、私同前ニ仕候儀ニも御座候間、何卒御憐愍を以、私取扱來候人參御用向、右元長ニ被　仰付被下置候ハヽ、冥加至極難有仕合奉存候、此段何分奉願候、以上、　申五月十四日　田村元雄印

申五月十四日□　□能勢又十郎(頼廉)ニ、元雄宅ニ於指出候□

□相願　御目見相濟□　□

□　願書寫壹通 本紙程村竪紙・上包美濃折掛包 田村元雄

□元長朝鮮種人參製法所助□　□御目見被　仰付□　□候様奉願候、以上、　明和九辰年十一月　田村元雄書判

長谷川久三郎(正脩、小普請組支配頭)殿

○コノ願書、明和九年七月朔日ノ條ニアリ、

書面之別紙ハ下書也、

田村元雄様　寛彌左衛門(正休)

以手紙致啓上候、然ハ、御同姓元長殿、同元東殿、御歳付ケ御書付被指出候様申來候、則別紙振合之趣ニ御書付可被遣候、元東殿何方ニも養子ニ被指遣候儀ハ無之と存候、夫共若養子ニ被遣候儀も候ハヽ、右之譯委細御書付、差急候間、此者ニ成共先一通被遣、控貳通ハ跡ゟ可被遣候、以上、　五月廿一日　田村元雄

寛彌左衛門様

元東を養子に遣せしことなし

*組頭宛元雄書状

御手紙拝見仕候、然者、悴元長、同元東、歳付指上候様被仰下、御下書被下奉承知、則先一通指上申候、尤、元東義、只今迄何方ニも養子ニ指遣不申候、右貴答可申上、如此御座候、以上、　五月廿一日

猶〻、御下書返上仕候、跡貮通者跡ゟ指上可申候、以上、

申五月廿一日、寛彌左衛門へ指出ス、但壹通者即答ニ遣ス、跡二通ハ跡ゟ爲持遣ス、

元長元東歳付書

覺（本紙西ノ内半切・上包美濃折掛包 上書 書付 田村元雄）

田村元長　申歳三拾八

田村元東　申歳十七　私手前ニ罷在候、

此外男子無御座候、

右之通ニ御座候、次男元東儀、只今迄何方ニ茂養子ニ指越候儀無御座候、以上、

申五月廿一日　田村元雄

*元長宛組頭書状

*元雄急變の節の届例書を送付

田村元雄様　寛彌左衛門

以手紙致啓「　」様御病氣ニ付先達而戸川山城守（逵和）殿ニ差出被置候書付、御請取「　」山城守殿ゟ申來「　」此段得「　」無油斷御養生「　」存候、以上、　五月廿二日

元雄宛組頭書状

安永五年五月

寛彌左衛門様　田村元雄

御手紙拝見仕候、然者、私病氣ニ付、先達而戸川山城守殿ニ差出置候書付、御請取被成候由、只今山城守殿ゟ申參候條被仰下、承知仕候、右爲貴答如此御座候、以上、　五月廿二日

*組頭宛元長書状

田村元長様　寛彌左衛門

以手紙致啓上候、然者、御同苗元雄殿御病氣ニ付、先達而戸川山城守殿ニ御指出被置候御書付御請取候旨、山城守殿ゟ申參候ニ付、右之段得御意候、萬一御急變之儀も候ハヽ、今夕貴様ゟ御届被成候様ニと存候、則、前〻届之例格書狀一通、懸御目申候、尤、追而御返可被成候、以上、　五月廿二日

指出の書付受領のこと

寛彌左衛門様　田村元長

御手紙拝見仕候、然者、同苗元雄義病氣ニ付、先達而戸川山城守殿ニ差出置候書付、御受取被成候

*病死届並に元雄願書を老中に進達す

段被仰下、承知仕候、萬一急變之儀も御座候ハヽ、

急變の節の例書を返却

今夕私ゟ御届可申上候段被仰下、承知仕候、則前ゝ御届之例格書狀一通爲御見被下、忝次第奉存候、右書狀返上仕候、以上、　五月廿二日

支配頭宛届書

安永五申年五月廿二日、支配頭戸川山城守(逵和)、組頭筧彌左衛門(正休)・伊丹權太夫(康命)ニ銘ゝ使者を以指出ス、

上包之上書御届書本紙奉書裏白・上包美濃折掛包田村元長

*服忌は定例の通り

*忌明の節は届くべし

元雄病死す

今夕七時

一筆啓上仕候、然も、私父田村元雄儀、病氣養生不相叶、今夕七時病死仕候、依之御届申上候、恐惶謹言、

五月廿二日　戸山城守様　但組頭ニハ銘ゝ夫ゝ之當名

田村元長名乘書判

*組頭宛元長書状

藏宿宛達書

申五月廿六日、御藏前書替所ゟ藏宿を以尋ニ付、藏宿坂藏や(倉)治兵衛へ遣候書付、

覺

小普請組戸川山城守支配

田村元雄

右元雄儀、去ル廿二日夕七時、致病死□　□申

五月廿六日　田村元長

元長宛組頭書状

田村元長様　筧彌左衛門

以手紙致啓上候、然も、御同姓元雄殿、去ル廿二日、御病死ニ付、同廿三日、右御届幷御同人御願之趣、御用番松平右近將監殿(武元、老中)・水野出羽守殿(忠友、若年寄)ニ進達之處、無滞御請取被成候、右之段爲御心得御通達申候様、山城守殿ゟ申來候間、如此御座候、以上、

五月廿七日　猶以、御不幸誠絶言語、御愁傷之程察入候、御忌服之儀も、去ル廿二日ゟ定式之通御請被成、御忌明之節も、山城守殿幷拙者方ニも、御口上書を以御届可被成と存候、是又爲御心得申進候、以上、

田村元長

筧彌左衛門様

御手紙拜見仕候、然も、同姓元雄儀、去ル廿二日、病死仕候ニ付、同廿三日、右御届幷元雄願之趣、御用番松平右近將監殿・水野出羽守殿ニ御進達被成下候處、無滞御請取被成候ニ付、右之段爲心得被仰渡候様、山城守殿ゟ被仰遣候ニ付被仰下候條、御紙上之趣奉承知、難有仕合奉存候、右御請可申上、如此御座候、以上、

五月廿七日　尚以、不幸御悔被仰下、忝仕合奉存候、私忌服之儀も、去ル廿二日ゟ定式之通請可申旨、忌明之節も、山

＊忌中に付何らの仰渡されもなし

元長宛典薬頭書状

＊支配頭宛元長届書

家督役向を仰付けられし哉

＊忌明を届く

＊老中宅等を廻る

典薬頭宛元長書状

＊元長召出され三十人扶持を給はる

＊支配頭達書

＊十六日登城すべし

城守殿幷尊公様方江茂口上書を以御届可申上由、
是又爲心得被仰下候條、委細奉畏候、以上、

田村元長様　　　半井出雲守（成高、典薬頭）

以手紙致啓上候、然ハ、御同苗元雄老、先達而御
病死之段致承知候、右ハ御家督無相違被　仰付、
其節誰殿被仰渡、且、御支配之譯・年月日共、委
細御報可被仰遣候、　一、御亡父元雄老御勤之
通、御用向被　仰付候事ニ御座候哉、且又、其節
誰殿被仰渡候哉、兩様共年月日委細御別紙御認可
被遣候、承知いたし置度御座候、以上、　六月廿
六日

半井出雲守様（成高、典薬頭）　　田村元長

御切紙拜見仕候、然ハ、同苗元雄、先達而病死仕
候ニ付、家督無相違被　仰付候哉、其節誰殿被仰
渡、且、支配之譯・年月日共委細可申上旨、將又、
亡父元雄勤之通御用向被　仰付候哉、是又、誰殿
被仰渡候哉、兩様共年月日共委細別紙ニ相認指上
候様被仰下候通、奉畏候、然處私儀、いまた忌中

安永五年七月

ニ罷在、何之被仰渡茂是迄無御座候、忌明之節被
仰渡候儀茂御座候ハヽ、其節委細申上候様可仕候、
左様思召可被下候、右御請可申上、如此御座候、
以上、　六月廿六日

申七月十三日、忌明ニ付、戸川山城守殿（逵和）幷伊丹權太夫（康命）・寛彌（正休）左衞門へ銘々ニ持參指出ス、

口上

私儀、去ル五月廿二日ゟ亡父忌中ニ罷在候處、今
日忌明ニ付、此段御届申上度參上仕候、

七月十三日　　田村元長

右忌明ニ付、兼々致出入候間、殘暑見舞旁松平右近將監殿（武元、老中）・田沼主殿頭殿（意次、老中）・水野出羽守殿（忠友、若年寄）、御小納戸頭取水谷但馬守殿（勝富）・岡部河内守殿（一徳）へ、七月十三日、相廻り候、

安永五申年七月十六日、

一、田村元長被　召出、三拾人扶持被下置、

御自分事、明十六日四時、　御城江指出候様、松
平右近將監殿（武元、老中）御書付を以而被仰渡候、因茲申達候、
尤、爲御請今晩中自宅江可被相越候、以上、

七月十五日　　田村元長殿　戸川山城守（逵和、小普請組支配頭）

*植村政辰の世話を受く

*典藥頭宛屆書

*召出され等のことを屆く

召出され三十人扶持を給ふ人參製法御用を勤むべし

小普請組戸川逹和支配に屬す

*明細書

明細書の指出

*七月十六日召出さる

猶以、若病氣指合候ハヽ、以神文狀自宅ニ名代可
被指出候、以上、
右切紙到來之節、元長留守ニ付、家來ゟ請取書遣シ、即晩元
長儀、爲御請山城守殿宅ニ罷越候處、明日四時とも申儀ニ候
得共、五時比 御城ニ罷出候様可致旨、山城守殿被申聞候、
安永五年申七月十六日朝五時、元長登 城仕、
但、御玄關ゟ相上り、小普請支配之部屋ニ罷
出候旨相屆、蘇鐵之間ニ相控罷在、九時比、左
之通仰渡候、

田村元長

被 召出、一生之内三拾人扶持被下、人參製法等
之御用、父時之通可相勤旨、於躑躅之間若年寄侍
坐、御老中板倉佐渡守(勝清)殿被仰渡候、
小普請支配戸川山城守支配ニ入候段、右近將監(松平武元、老中)殿
御書付を以被仰渡候間、其通可相心得旨、小普請
支配戸川山城守、於 御城被申渡候、
右ニ付、明細書山城守ニ指出可申旨、文言も組頭
伊丹權太夫(康命)ニ可談旨、是又山城守被申渡候、
右ニ付、爲御禮 西丸ニ上り、於大廣間謁有之、夫ゟ 御本
丸西丸共御老中・若年寄衆不殘、御用御取次御側衆稲葉越中(正明)

守殿・横田筑後守(準松)殿、御小納戸頭取衆ニて水谷但馬守(勝富)殿・岡
部河内守(一德)殿、小普請支配戸川山城守殿・組頭兩人ニ相廻り候、
右元長、當日被 召候ニ付、掛合も致度候間、當日 御城ニ
罷出被呉候様、戸川山城守ゟ植村左源次(政辰)ニ昨夜以手紙申遣候
由、無左候而も罷出可申と存候處、旁以左源次義も 御城ニ
罷出、諸事掛合等色々世話致呉、元長儀不案内ニ付、西之
丸迄左源次致同道、謁相濟候而左源次歸宅いたし、夫ゟ元長
義、所々御禮廻りいたし候、
申七月廿三日、半井出雲守(成高、典藥頭)宅へ持參指出ス、
私儀、安永五申年七月十六日、被 召出、一生之
內三拾人扶持被下、人參製法等之御用父時之通可
相勤旨、於躑躅之間若年寄侍座、御老中板倉佐渡
守殿被仰渡、小普請組戸川山城守支配ニ罷成候、
此段奉申上候、以上、　申七月

田村元長

申七月廿一日、戸川山城守殿幷組頭伊丹權太夫・寛(正休)彌左衛門
へ銘々一通つヽ持參、都合三通、但、彌(八脱カ)左衛門ニハ彌左衛門
を前ニ認、權太夫連名當名、權太夫ニ權太夫を前ニ認、彌左
衛門連名充名、

明細書

小普請組戸川山城守支配
實子惣領
田村元長
申三拾八歳

高三拾人扶持 本國和泉 生國武藏
拜領屋敷無御座、
住宅神田紺屋町貳町目私母抱屋敷ニ罷在候、

當御代　私儀、明和九辰年七月朔日、 御目見仕候、安
永五申年五月廿二日、父元雄病死仕、同年七月

人參製法御用

十六日、私儀、被　召出、一生之内三拾人扶持
被下置、人參製法等之御用父時之通可相勤旨、
於躑躅之間若年寄衆侍座、御老中板倉佐渡守（勝清）殿
被仰渡、小普請組戸川山城守支配ニ罷成候、

＊人參製法所詰の日割を伺ふ

元雄

一、祖父　町醫師　田村宗宣
一、父　田村元雄

＊元雄同様になしたし

當御代　寶暦十三未年、町醫師ニ而罷在候處、新規被
召出、御醫師並被　仰付、一生之内御扶持方三
拾人扶持被下置候旨、於躑躅之間若年寄衆侍座、
御老中松平右近將監（武元）殿被仰渡、小普請組高力式（長昌）
部支配ニ罷成り、明和八卯年九月廿八日、長谷
川久三郎（正脩）支配ニ罷成り、安永三午年五月四日、
戸川山城守（逵和）支配ニ罷成、安永五申年五月廿二日、
病死仕候、

＊元長願書

倅

一、倅　實子惣領　田村安太郎

＊登城の節中の口より出入したし

安永五申年七月
戸川山城守殿　田村元長印書判

申七月十七日、奥向へ水谷但馬守（勝富）殿を以而上ル、
同日、表向松平右近將監殿・水野出羽守（忠友、若年寄）殿ニ伊藤百助（利恭、奥右筆）を以上ル、

元長上申書

朝鮮種人參製法所ニ相詰候日割之儀ニ付申上
候書付

安永五年七月

書面之通、表向へ可申上旨被仰渡、奉畏候、
申七月十七日　田村元長
私儀、今度被　召出、人參製法御用等、父元雄相
勤候節之通可相勤旨被　仰渡候、夫ニ付、飯田町
人參製法所ニ相詰候日割之儀、元雄相勤罷在候内、
植村左源次（政長）と代り合相詰候日割之通相詰候積り、
左源次ニ相談候間、此段奉申上候、以上、　申七
月　田村元長

申七月十九日、奥向ニ水谷但馬守（勝富、小納戸頭取）殿を以上ル、同廿一日、稲
葉越中守（正明、御用取次）殿ゟ加納遠江守（久堅、若年寄）殿ニ御進達、遠江守殿ゟ御目付衆ニ
被仰渡有之、御斷相濟候旨、水谷但馬守殿被仰渡候段、植村
左源次ゟ元長へ申達ス、

御門〻幷中之口迄御斷之儀奉願候書付
田村元長
私儀、人參御用其外御用ニ付不時ニ罷出候節も、
父元雄相勤候節之通、向後中之口ゟ罷出候様仕度
奉存候、夫ニ付、大手御門内櫻田御門ゟ中之口迄、
御門〻晝夜無滞罷通候様、定御斷被成下候様仕度〔下ヶ札〕
奉存候、以上、　申七月　田村元長

＊元長願書

元長届書
＊登城の節陰時計の間に出でたし
植村政辰出張留守中の製法所勤方に付

＊目付達書
＊願のこと許さる

＊元長請書

下ヶ札「父元雄書面之通ニ相認、安永三午年九月廿三日、差上候處、奥向ゟ石見守殿（酒井忠休、若年寄）に御進達被成下、本文之通御門〻幷中之口迄御斷相濟申候、」

申七月廿日、奥向へ但馬守殿（水谷勝富）を以而上ル、同日、右近將監殿・出羽守殿に伊藤百助を以而上ル、

植村左源次留守中人參製法所へ私勤方之儀奉申上置候書付　　田村元長

植村左源次野州・奥州筋其外に朝鮮種人參御用⊓⊔廿二日ゟ人參製法所に相詰不申候、就夫、左源次留守⊓⊔候得共、萬一急病用等有之節も、御用御取缺ヶ不申様手繰仕、尤、製法所御取〆り之儀も、取〆役幷「下ヶ札」頭取爲詰切置候様ニ仕、右病用相達候様仕度奉存候ニ付、此段奉申上置候、以上、

申七月廿日　　田村元長

下ヶ札「前〻左源次儀、人參御買上御用ニ付罷越候留守之内、父元雄義、急病用等ニ而罷出候節も、私代り人參製法所に相詰罷在候、此度も私壹人勤ニ罷成候ニ付、其儀無御座候ニ付、本文之通奉申上候、」

申七月十七日、奥向御側衆稲葉越中守殿（正明）に、水谷但馬守殿を以而上ル、

陰時計之間に罷出候様御斷之儀奉願候書付　　田村元長

書面奉願候通被仰渡、奉畏候、

申七月廿日

私儀、今度被　召出、人參製法御用等、父元雄相勤候節之通可相勤旨被仰渡候、元雄儀、御用之儀ニ付　御城に罷出候節も、陰時計之間迄罷出候様、明和五子年九月朔日、御斷相濟候、自今私儀も、御用之品ニ寄り、陰時計之間迄罷出候様仕度奉存候間、元雄通り御斷之儀奉願候、以上、　　申七月

田村元長

御自分被差上候願書之通被仰渡候間、此書付致承付、指上候様可申達之旨、遠江守殿（加納久堅、若年寄）被仰渡候、依之、書付壹通爲持指越候、被致承付可被指越候、以上、

七月廿日　　田村元長老　　當番御目付中

私指上候願書之通被仰渡候間、右書付ニ承付仕指上候様、遠江守殿被仰渡候旨、依之、書付壹通爲

承付
*小納戸頭取書状
*登城の節陰時計間に出づべし

御持被下候間、承付仕可指上旨被仰下候通奉承知
候、則右書付ニ承付仕指上申候、御落手可被成下
候、右貴答可申上如此御座候、以上、
七月廿日　當御番 御目付中　田村元長

目付問合書
承付の認め方異例
*元雄の節と同様

先刻遠江守殿御渡候別紙書付に、承附被指越候處、
他場所ニ無之認方候、右ハ先格之認方ニ候哉、委
細可被申越候、以上、　七月廿日　田村元
長老　當番 御目付中

元長挨拶書
從來よりの認め方なり
*小納戸頭取宛元長請書

先刻遠江守殿御渡被成候別紙書付、承付仕差上「
」之通承付相認指上申候處、他場所ニ
無之認方「　」可申上旨被仰下、承
知仕候、此儀ハ、製法所ニ而兼ゝ諸伺諸願□候
ニ付承附仕、御表向・御奥向に差上候節、右之振
合ニ相認來り申候間、此度も右之通相認差上申候、
若思召□御座候ハヽ、御差圖被成下候様奉願候、
早速相認直差上可申候、以上、　七月廿日
當御番 御目付中　田村元長

田村元長様　水谷（忠富）但馬守 岡部（一徳）河内守
以手紙申進候、然ハ、自今御用之儀ニ付　御城に
御出、拙者共に御談之筋有之節ハ、陰時計之間迄
御出、坊主衆を以拙者共に御申込可被成候、御屆
一通り位之儀ニ候ハヽ、御封し被指出候而も宜御
座候、書面類封不申、坊主衆に御渡之儀ハ御無用
ニ可被成候、御談筋有之節ハ、御面談被成度旨御
申込可被成候、諸事御同姓元雄老御勤之節之通ニ
御心得可有之候、右之段、越中守殿御申聞候付御
達申候、以上、　七月廿一日
猶、陰時計之間に御廻り之儀、貴様御不案内之儀
ニ候間、左源次（植村政辰）殿へ御談被成、御廻り被成候様ニ
と存候、以上、

水但馬守様 岡河内守様　田村元長
御紙上拜見仕候、然ハ私儀、自今御用之儀ニ付
御城に罷出、貴前様方に御談シ申上候筋有之節ハ、
陰時計之間迄罷出、坊主衆を以貴前様方迄申込候
様可仕旨、御屆一通り位之儀ニ御座候ハヽ、封し
差上候而も宜御座候旨、紙面類封し不申、坊主衆

*製法所詰日割を奥向表向共に指出す

に相達候儀ハ無用ニ可仕旨、御談申上候筋有之節ハ、御面談申上度旨申込候様ニ可仕旨、諸事同姓元雄相勤候節之通り相心得可申旨、右之段、越中(稲葉正明)守殿被爲仰渡候付御達被仰下候段、御紙上之通具奉承知、冥加至極難有仕合奉存候、右御請如此御座候、以上、　七月廿一日

猶々、陰時計之間に相廻り候儀、私儀不案内之儀ニ御座候間、左源次に談候而相廻候様ニ可仕旨被仰下、奉畏候、以上、

*支配頭宛元長届書

*陰時計間のこと許さる

申七月廿三日、戸川山城守(逵和)殿へ出ス、

*支配頭宛元長届書

*製法所出番陰時計間へ初て出る

製法所に出番并陰時計之間に□　□

私儀、七月十九日ゟ飯田町人参製法所迄出番仕候、同廿五日、陰時計之間に初而罷出候積ニ御座候、依之、此段御届申上置候、以上、　申七月廿三日

田村元長

申七月廿三日、戸川山城守殿へ出ス、但、此間奥并表向へ出シ候詰日割書付之寫相添出ス、

*支配頭宛元長届書

製法所に詰日割之書付ニ添書

私儀、飯田町人参製法所に相詰候日割之儀書付、七月十七日、越中守殿(稲葉正明)に水谷但馬守殿(忠富)を以差上候處、同日、書面之通表向に可申上旨、御同人ゟ被仰渡候ニ付、同日右近將監殿(松平武元)・出羽守殿(水野忠友)に伊藤百助(利恭)を以指上候、尤、右ハ植村左源次相頼指出候、依之、右書付之寫相添、此段御届申上候、以上、

申七月　田村元長

申七月廿三日、戸川山城守殿に出ス、但、陰時計之間に出候願書之寫相添出ス、

陰時計之間に罷出候様御斷之儀願書ニ添書

私儀、陰時計之間に罷出候様御斷之儀願書、七月十七日、植村左源次相頼、水谷但馬守殿を以稲葉越中守殿に差上候處、同廿日、願書之通被　仰付候旨、加納(カノウ)遠江守殿被仰渡候段、御目付中ゟ被申越候、依之、右願書之寫相添、此段御届申上候、以上、

申七月廿三日　田村元長

申七月廿三日、戸川山城守殿に出ス、但、御門御斷書付之寫相添出ス、

御門ゝ中之口迄御斷之儀ニ付添書

中の口出入のこと許さる

私儀、御門ゝ中之口迄御斷之儀願書、七月十九日、植村左源次相賴、水谷但馬守殿を以稻葉越中守殿に指上候處、越中守殿ゟ遠江守殿に御進達、遠江守殿ゟ御目付衆に被仰渡有之、御斷相濟候由、但馬守殿ゟ左源次方に申來り候旨、左源次ゟ申聞候、依之、右願書之寫相添、此段御屆申上候、以上、

申七月　　　田村元長

*月次御禮等に出でたし

*支配頭達書

*支配頭申渡書

申七月廿三日、戸川山城守（逵和）殿へ出ス、此勤方右近將監（松平武元）殿・出羽守（水野忠友）殿に上候書付之寫相添出ス、

支配頭宛元長屆書

左源次留守中勤方之儀ニ付添書

*月次御禮等許さる

植村政辰留守中の勤め方

植村左源次儀、此節人參御買上御用被　仰付、在勤［　　］書付右近將監殿・出羽守殿に伊藤百助を以指上候、尤［　］植村左源次相賴指上候、依之、右書付之寫相添、此段御屆申上候、以上、　　申七月廿三日　　田村元長

申七月廿六日、戸川山城守殿に元長持參、壹通出ス、貳通伊丹權太夫（康命）に持參、出ス、

支配頭宛元長願書

奉願候覺

安永五年七月

私儀、此度被　召出、人參製法等之御用父時之通可相勤旨被仰渡候、依之、父時之通、五節句・月次御禮罷出申度奉願候、以上、　　安永五申年七月

田村元長書判

戸川山城守殿

田村元長殿　　　戸川山城守

申渡候儀有之候間、只今自宅に可被相越候、若病氣指合候ハゝ、名代可被差出候、以上、　　七月晦日

右ニ付、七月晦日、元長儀、山城守殿宅に罷出候處、左之通被申渡候、

御自分五節句・月次御禮願書、御用番松平右京大夫（輝高、老中）殿に指上候處、可爲願之通旨、御附札を以田沼主殿頭（意次、老中）殿被仰渡候段、戸川山城守於宅山城守申渡候、御禮廻之義、右京大夫殿・主殿頭殿に今晩夜ニ入候間、明朝早ゝ可被相廻候旨、是又山城守申渡候、○右ニ付、山城守ゟ之伺書寫、此歲之末御藥種拜領之筆末ニ記シ置、

申七月廿日、奥向稻葉越中守（正明）殿に水谷但馬守（勝富）殿を以上ル、同日、表向右近將監（松平武元）殿・出羽守（水野忠友）殿に伊藤百助（利恭）を以而上ル、

植村政辰願書

安永五年七月

田村元長儀諸入用金被下置候様奉願候書付

書面之通表向に可申上旨被仰渡、奉畏候、

申七月廿日　植村左源次

申渡書*

*諸入用金月に三兩下さる

元長に諸入用金を下されたし

田村元雄儀、人參製法御用等相勤候ニ付、寶暦十三未年十二月ゟ爲諸入用、壹ヶ月金三兩宛被下置候、此度元雄悴元長儀被　召出、元雄相勤候通人參製法御用等可相勤旨被仰渡候、依之、元雄に被下置候通、元長に諸入用金被下置候様仕度奉願候、以上、

申七月　植村左源次

支配頭達書

田村元長殿　戸川山城守

請取手形案*

申渡候儀有之候間、明朝五半時、自宅に可被相越候、若病氣指合候ハヽ、名代可被差出候、以上、

八月十二日

元長請書

戸川山城守様　田村元長

御切紙拝見仕候、然ハ、被仰渡候御儀有之候由ニ付、明朝五半時、御宅に參上可仕旨被仰下、奉畏候、右御請爲可申上、如此御座候、以上、　八月十二日

右ニ付、申八月十三日朝五半時、元長儀、山城守殿宅に出候處、左之通被仰渡候、

(松平武元)右近將監殿ゟ(戸川逵和)山城守殿へ以御書付被仰渡候寫

戸川山城守支配

諸入用金一ヶ月三兩　田村元長

右朝鮮種人參爲御用、製法場に詰切相勤候ニ付被下候間、其段可被申渡候、尤、御勘定奉行可被談候、

右書面之通、右近將監殿御書付を以被仰渡候旨、戸川山城守申渡候、

右ニ付、御禮廻り御老中・若年寄衆西丸共不殘、御用掛御側衆稲葉越中守殿(正明)・横田筑後守殿(準松)、御小納戸頭取衆ニて水谷但馬守殿(勝富)・岡部河内守殿(一德)、支配頭戸川山城守殿、組頭寛彌左衛門(正休)・伊丹權太夫(康命)、奥御祐筆伊藤百助に相廻り候、

右ニ付、諸入用金請取方手形等之儀、御勘定組頭土山甚十郎(紀時)に相談、御金請取候手形案左之通、

請取申金子之事

合金六兩者、是ハ、壹ヶ月三兩、當申八月・九月兩月分、

右ハ、朝鮮種人參製法御用相勤候ニ付諸入用金、書面之通請取申所、仍如件、

安永五申年八月　小普請組戸川山城守支配　田村元長印

栢植又左衛門殿(永隨、御金奉行)

横瀬源左衛門殿(貞能、同右)

猪俣庄右衛門殿(範英、同右)

支配頭達書

田村元長殿　　　戸川山城守

申渡候儀有之候間、今日中自宅に可被相越候、若
病氣指合候ハヽ、名代可被差出候、以上、　八月
廿九日

元長請書

戸川山城守様　　　田村元長

御切紙拝見仕候、然ㇾ、被仰渡候御儀有之候ニ付、

*組頭達書

今日中御宅に参上可仕旨被仰下、奉畏候「

*扶持米請取證文に付

」

右ニ付「
罷出「　　」八月廿九日　　」

支配頭申渡書

小普請金を免さる

人參御用相勤候内ㇾ、小普請御役金差出ニ不

及旨、右近將監(松平武元)殿被仰渡候間、此段申渡旨、

*支配頭裏印濟み藏宿へ渡付

戸川山城守於宅被申渡候、

右小普請金御免之儀ニ付山城守ゟ伺書之寫、左之通、
申七月廿七日、右京太夫殿に上ル、同八月廿九日、右近將監
殿御渡、

*扶持米請取證文

支配頭伺書

田村元長小普請御役金之儀奉伺候書付

戸川山城守

戸川山城守支配
田村元長

元長小普請金に付

右元長儀、人參製法御用等父時之通相勤候付、小

御付札

普請御役金相納候儀奉窺候、以上、　申七月廿七
日　戸川山城守

御付札［御用相勤候内ㇾ御役金差出ニ不及旨可被申
渡候、］

右ニ付御禮廻り、右近將監殿・右京太夫殿・戸山城守殿・
組頭兩人に相廻り候、

田村元長様　　　伊丹權太夫(康命)

貴様御證文相濟候由、戸川山城守殿ゟ被仰聞候、
依之、書替所に御扶持方御證文下書御申請、下書
之通御認、下書御添(相カ)、以使者山城守殿に可被差出
候、以上、　八月五日

藏宿を以而、書替所に御扶持(チ)方證文下書之事、書替所に承合
候處、下書差越候間、下書之通相認、下書相添、戸川山城守
殿へ指出し、山城守裏印相濟、下書と一同藏宿へ相渡、御扶
持方受取候證文左之通、

請取申御扶持方之事

米合拾三石三斗五升者　但、京升也、

右是ㇾ、拙者儀、今度被　召出、御證文之通新規
御扶持方三拾人扶持、當七月分ゟ一生之内被下、
小普請組戸川山城守支配に入候間、當申七月朔日

*年始御禮を許さる

*元長伺書

支配頭宛元長願書

*年始登城に付扶持米請取を元雄並に

*元長伺書

*年始御禮の節の獻上に付切支丹改證文を指出す

*元長願書

ゟ同九月晦日迄、日數合八十九日分三拾人扶持之積、請取申所實正也、仍而如件、

安永五申年八月　小普請組戸川山城守支配　田村元長印

柘植又左衞門殿

横瀨源左衞門殿

猪俣庄右衞門殿

「　」

奉願候覺「　」

私儀、此度新規被　召出、人參御用相勤候ニ付、御扶持方請取、父勤仕並被仰付被下置候樣仕度、奉願候、以上、　安永五申年九月　田村元長書判

戸川山城守殿

申八月廿九日、

一、切支丹改證文、支配頭に指出ス、

申八月廿九日、使者を以戸川山城守に出ス、(逵和、小普請組支配頭)

切支丹宗門前〻ゟ無懈怠、今以相改申候、先年被仰出候御法度書之趣、家來下〻至迄遂穿鑿候處、不審成者無御座候、依之、家來譜代之者ㇾ、寺請狀手前に取置申候、其外召抱候者ㇾ、請人方ゟ寺

請狀取置申候段、請狀ニ爲書入申候、若疑敷者於有之ㇾ、早速可申上候、爲其仍如件、

安永五丙申年八月　戸川山城守殿　田村元長印書判

申十二月廿八日、

一、元長(田村)儀、年始御禮被　仰付、并其節枳朮丸獻上被仰付、

奉伺候覺　本紙半切・上包美濃折掛、申十一月晦日、使者を以而筧彌左衞門(正休、小普請組支配組頭)に指出ス、但三通、

私儀、爲冥加來酉正月三日、年始御禮登　城仕度、願書指上申度奉存候、依之、此段奉伺候、以上、

申十一月　田村元長

奉伺候覺　同前同前

私儀、年始御禮之儀奉願候、願之通被　仰付候ハヽ、枳朮丸獻上仕度旨、願書指上申度奉存候、依之此段奉伺候、以上、　申十一月　田村元長

右ニ付「　」

相支配「　」

本紙程村竪紙・上包美濃折掛包、上書「　」

奉願候覺

小普請組戸川山城守(逵和)支配

年始御禮に枳朮丸を獻上したし*

月次御禮等許さる

支配頭達書*

年始登城も許されたし

支配頭申渡書*

年始御禮を許さる*

支配頭伺書*

元長出願に付伺ふ*

元長願書

私儀、部屋住ニ而罷在候節、父元雄奉願、明和九辰年七月朔日、　御目見仕候、元雄儀、安永五申年五月廿二日、病死仕、私儀、同年七月十六日、被　召出御扶持方三十人扶持被下置、人參製法等之御用被　仰付候、依之、如父時五節句・月次御禮罷出申度奉願候處、願之通登　城可仕旨、七月晦日、田沼主殿頭（意次、老中）殿被仰渡候旨、戸川山城守申渡候、

高三拾人扶持　實子物領　田村元長

私儀、爲冥加來酉年正月三日、年始御禮登　城仕度奉願候、以上、

安永五申年十二月六日　田村元長書判

戸川山城守殿

御藥獻上願書下書寛彌左衛門ゟ來り、下書之通認、申十二月六日、相支配竹村權左衛門（嘉品）・栗林平五郎（友多）を以而戸川山城守へ出ス、組頭ニ貳通以使者寛彌左衛門へ出ス、

本紙程村竪紙・上包美濃折掛包、上書　御藥獻上願書　田村元長

奉願候覺

安永五年十二月

枳朮丸　一包

私儀、年始御禮奉願候ニ付、願之通被　仰付候ハ、先規ゟ右御藥差上來候間、前〻之通獻上仕度、此段奉願候、以上、　安永五申年十二月六日　田村元長書判

戸川山城守殿

田村元長殿、　戸川山城守

申渡候儀有之候間、今廿八日八時、自宅ニ可被相越候、若病氣指合候ハヽ、名代可被差出候、以上、

十二月廿八日

申十二月廿八日、戸川山城守宅ニ罷出候處、左之通

來酉正月

山城守於宅被申渡候、

右ニ付戸川山城守殿ゟ之伺書寫左之通、

他人姓名數人連名
田村元長

［御付札］右之者共、來酉正月三日、年始御禮罷出度旨奉願候付、奉伺候、以上、

申十二月十八日　［伺之通可被差出候］御付札

小普請支配

同斷連名

戸川山城守支配
田村元長

支配頭伺書

元長出願に付伺ふ

右四人、來酉正月三日年始御禮之儀奉願候、願之

*御禮廻りに付典薬頭に問合す

［御付札］通被　仰付候ハヽ、御藥從先規銘〻獻上仕來候間、

前〻之通獻上仕度旨奉願候付、奉伺候、以上、

申十二月十八日　　　戸川山城守

［伺之通獻上候樣可被申渡候］御付札

申十二月十六日、

薬種拝領

一、御藥種拜領、

田村元長殿　　　戸川山城守（逵和、小普請組支配頭）

申渡候儀有之候間、今晩中自宅に可被相越候、若

病氣指合等候ハヽ、名代可被差出候、以上、　十

二月十六日　　右ニ付、申十二月十六日、山城守宅に罷越候

處、左之通被仰渡候、

御藥種被下候、半井出雲守（成高、典藥頭）方ニ而可相渡候間可

請取旨、加納遠江守（久堅、若年寄）殿被仰渡候段、戸川山城守

殿、於宅被申渡候、

右ニ付山城守殿に渡り候御書付寫、左之通、

加納遠江守殿被成御渡候由、本目隼人（親英、目付）被相渡候御書付、

小普請支配に　　戸川山城守支配

田村元長

御藥種被下候、半井出雲守方ニ而可相渡候間可請

取旨、可被申渡候、

右御藥種被下候ニ付、御禮廻り之義、外〻之例承合候樣山城

守被申聞候付、卽日半井出雲守に承合候處、明朝　御城に罷

出御禮申上、夫ゟ初而御藥種拜領之儀ニ付、御月番御老中壹

人、御本丸若年寄計不殘、羽織にて可相廻旨、□出雲守（半井成高）申

聞候、依之、十七日　御城へ罷出候之處、當日　御成ニ付御

禮延引ニ相成申候、〔　　〕十八日朝可罷出旨出雲守申聞候、

依之、十八日朝六半時登　城〔　　〕

〔　　〕

若年寄衆に申上候節、〔　　〕用仕、其外□十德

着用不致、羽織ニて御禮申上候、〔　　〕寄合醫〔　　〕

時も何も拜□面〻不殘十德着用仕候事ニ成候、超而當十

八日、拜領之面〻不殘十德着用御禮申上候、御禮廻り之節も、

何も羽織にて相廻り申候、

薬種添書

拜領御藥種、來廿一日可相渡旨、半井出雲守殿ゟ以廻狀被申

聞候付、申十二月廿二日、以使者出雲守殿宅ニおゐて請取候、

御藥種添書左之通、

*七十五味

御藥種都合七拾五味　　田村元長

此目拾壹貫九百三拾九匁四分

袋數七拾八　但紫蘇・香薷・荊芥二袋物

戸川山城守殿ゟ御老中方に被出候伺書寫、是も前〻認殘候付、

此處ニ記し置、

支配頭伺書

*年始登城

元長月次御禮等の出願に付

*人參買上御用

*支配頭奉書

*登城すべし

*元長請書

申七月晦日、伺之通被仰渡候、

○田村元長五節句月並御禮願之儀申上候書付　七月廿七日　戸川山城守

小普請組戸川山城守支配
田村元長

右元長儀、五節句・月次御禮罷出申度(タク)奉願候、元長願之通被　仰付被下候様仕度奉存候、以上、

申七月廿七日　戸川山城守

[御付札]

［可爲願之通候］御付札

安永六酉年正月三日、

一、元長(田村)登　城、年始御禮、枳朮丸獻上、　西御丸同斷、

右枳朮丸製作、諸事元雄時之通、委細此帳之初ニ記置候通也、

酉七月十日、

一、朝鮮種人參御買上御用被　仰付、金貳枚拜領之、

御自分事、御用之儀有之候間、明十日四時、可被致登　城候、已上、

七月九日　戸川山城守(逵和、小普請組支配頭)

田村元長殿

猶以、右爲御請、今晩中自宅ニ可被相越候、以上、

御紙上拜見仕候、然ハ私儀、御用之儀有之候間、明十日四時、登　城可仕旨被仰下奉畏候、以上、

七月九日　戸川山城守様　田村元長

猶以、右爲御請、今晩中御宅ニ參上可仕旨被仰下、是又奉畏候、以上、

右ニ付、七月九日夜、山城守殿宅ニ御請ニ罷越候、

申(酉)七月十日四時前、登　城、左之通被仰渡、

朝鮮種人參御買上爲御用、野州・奥州筋其外

御暇拝領物あり

*支配頭宛届書

御禮廻り

*出立日限を届く

御禮廻り手札

*支配頭達書

*日光拝禮を許さる

支配頭宛願書

日光東照宮拝禮を願ふ

*元長請書

安永六年七月

に罷越候ニ付、御暇拝領物被　仰付候旨、於
御祐筆部屋御縁側、若年寄酒井石見守(忠休)殿侍座、
御老中松平右近將監(武元)殿被　仰渡、金貳枚拝領
仕候、

右之通被仰渡相濟、奥向に水谷但馬守(勝富、小納戸頭取)殿を以御禮申上、夫ゟ西丸に上り御禮申上、御目付衆謁有之、夫ゟ御老中・若年寄衆西丸共不殘、御側御用人水野出羽守(忠友)殿、御用掛り御側衆稻葉越中守(正明)殿・横田筑後守(準松)殿、御用御取次手傳稻葉主計頭(正存)殿、御小納戸頭取ニて水谷但馬守(勝富)殿・岡部河内守(一徳)殿、奥御祐筆ニ而伊藤百助(利恭)、小普請支配戸川山城守、同組頭伊丹權太夫(康命)・寛彌左衞門(正休)に御禮ニ相廻り候、

朝鮮種人參御買上爲御用 野州・奥州筋其外に罷越候ニ付　田村元長 御暇拝領物被　仰付候御禮

右御禮廻り手札、西丸に上り候節も此手札を以御坊主を頼、申込ム、

酉七月十日、戸川山城守殿に宅に壹通持參、指出ス、組頭兩名當貳通、月番伊丹權太夫宅に持參出ス、但、下書相認、今朝御城ニ而伊丹權太夫に及對談候處、則權太夫指圖ニ付、右之通夫々持參指出ス、(衍)

奉願候覺　本紙程村竪紙・上包美濃折掛包　表書　願書　田村元長

私儀、此度朝鮮種人參御買上爲御用、日光　御山内に茂罷越候ニ付、　御宮　御靈屋拝禮(ハイレイ)仕度奉願候、以上、

安永六酉年七月　　田村元長書判

戸川山城守殿

酉七月十日、戸川山城守殿へ壹通、月番組頭伊丹權太夫に貳通、何も元長持參出ス、但、本紙半切・上包折掛、表書　御屆　田村元長

私儀、朝鮮種人參御買上爲御用、野州・奥州筋其外に江戸出立日限、來ル十八日明ヶ六時ニ相極候間、此段御屆申上候、尤、當朝又ゝ御屆可申上候、以上、　七月十日　　田村元長

田村元長殿　　戸川山城守

御自分儀、朝鮮種人參御買上就御用、日光御山内に茂被相越候ニ付、　御宮　御靈屋拝禮被致度願之趣、板倉佐渡守(勝清)殿へ相伺候處、願之通拝禮仕候樣可仰渡旨、御同人御附札を以被仰渡候ニ付、此段申達候、被得其意、御禮廻り之儀、今明日中先例之通可被相越候、以上、　七月十二日

戸川山城守様　　田村元長

御紙上拝見仕候、然ば私儀、朝鮮種人參御買上御

用ニ付、日光　御山内江も罷越候間、　御宮　御靈屋拝禮仕度願之趣、板倉佐渡守(勝清)殿江御伺被成下候處、願之通拝禮可仕旨、御同人御附札を以被仰渡候段、難有仕合奉存候、爲御禮今明日中例之通可越旨被仰下、奉畏候、右御請申上度如此御座候、以上、　七月十二日

*痔疾に依り穢あるに付拝禮を断る

御禮廻り

右ニ付、七月十三日、左之通御禮廻仕候、御老中方不殘、若年寄衆江も御掛且御用番ニ付酒井石見守(忠休)殿、御用掛御側衆稲葉越中守(正明)殿・横田筑後守(準松)殿、御小納戸頭取水谷但馬守(勝富)殿・岡部河内守(一徳)殿、支配頭戸川山城守殿、組頭寛彌左衞門(正休)・伊丹權太夫、奥御祐筆伊藤百助(利恭)江相廻り候、

*大樂院宛届

江戸出立届書

申(酉)七月十八日、元長江戸出立ニ付、當日早朝、製法所手傳人福地藤八郎を以、戸川山城守殿并組頭兩人江銘々届出ス、本紙半切・上包折掛　表書　御届　田村元長

私儀、此度野州・奥州筋朝鮮種人參御買上御用ニ付、今十八日明六時、江戸出立仕候、依之御届申上候、以上、　七月十八日　田村元長

日光奉行宛届書

日光山内に著

*龍光院照尊院日光目代にも届く

日光奉行天野山城守(康幸)宅江罷越口上届　申(酉)八月七日

私儀、朝鮮種人參御買上爲御用、今日當御山内江罷越候間、此段御届申上候、

安永六年七月

天野山城守江八月七日口上届

私儀、此度人參御用ニ付、日光　御山内江罷越候ニ付、　御宮　御靈屋拝禮之儀、於江戸表奉願候處、願之通被　仰付難有奉存候、然處、道中ゟ痔疾指起り、日々下血仕り、其上此節別而不相勝方ニ而膿血滴り、身ニ穢御座候ニ付、此度拝禮之儀、御斷申上候旨、於山城守宅同人江以口上申達候、

御宮之方

大樂院江罷越、以取次口上届、八月七日

私儀、此度朝鮮種人參御買上爲御用、當御山内江今日罷越候、右ニ付、　御宮　御靈屋拝禮之儀、於江戸表達而奉願候處、願之通被　仰付難有奉存候、然處、道中ゟ痔疾指起り、日々下血仕、其上此節別而不相勝方ニ而膿血滴り候ニ付、身ニ穢御座候間、此度拝禮之儀御斷申上候、右御届旁申上候旨、口上ニて相届候、

御靈屋之方龍光院江同月同日

右同斷口上届

御本坊照尊院江同月同日

右同斷口上届

*拜禮御斷のこと届く
八月八日日光出立
九月六日歸府
*人參今市町より江戸廻送
歸府屆
*今市町覺左衛門
*五百二十二根あり
*製法所見習の者に付屆出
支配頭宛屆書
*植村政辰男政養製法所見習を許さる

日光
御目代山口忠兵衛に同月同日

右同斷口上屆

日光奉行天野山城守（康幸）并日光御目代山口忠兵衛に、八月八日、屆、

今八月八日、日光表御用相濟出立仕候旨、自分相廻り口上屆、

（酉）申九月六日、江戸入、直ニ支配頭戸川山城守殿并組頭兩人に相廻り、銘々屆、本紙半切・上包折掛　表書　御屆　田村元長

私儀、當七月十八日、江戸出立仕、野州・奥州筋其外に朝鮮種人參御買上爲御用罷越候處、右御用相濟、今六日、江戸歸着仕候、依之申上候、以上、

九月六日　田村元長

（酉）申九月六日、月番ニ付組頭寛彌左衛門（正休）に三通共出ス、本紙半切・上包折掛　表書　御屆　田村元長

今般私儀、朝鮮種人參御買上爲御用、日光　御山內に茂罷越候ニ付、　御宮　御靈屋拜禮仕度旨、先達而江戸出立前奉願候處、願之通被　仰付難有奉存候、然處、道中ゟ痔疾相煩難儀仕候得共、御用向も押而相勤申候處、日光　御山內に罷越候砌も、右痔疾別而相勝不申方ニ而日々下血仕、其上時々膿水流、穢有之候ニ付、　御宮　御靈屋拜禮不仕候、尤右之趣、日光奉行天野山城守にも申達候、依之、此段御屆申上候、以上、　九月六日

田村元長

酉八月十一日、

一、今市町覺左衛門方に先元雄時ゟ預ヶ置候朝鮮種人參、江戸表に相廻ス、

先元雄、自分所持之人參先達而ゟ今市町覺左衛門に預、作り置候人參、當夏芽出、改高五百貳拾貳根有之候處、此度元長、江戸出立前植替願等仕候者と一同奥向に伺之上、酉八月十一日、堀（掘）立候處、左之通江戸表へ相廻り候、

卯年□　□□　□殘皆腐根ニ相成候、

一、□製法所に新規見習之者出來ニ付、被仰渡并詰番之儀屆出ス、

表之妻書　田村元長に

酉八月四日、若年寄酒井石見守（忠休）殿良阿彌を以御渡シ被成候御書付

是ゟ本文
左源次惣領
植村左平太（政養）

右朝鮮種人參製法所御用向見習被　仰付候間、可被得其意候、

*元長植村父子交替に製法所へ詰む

右之御書付、石見守殿（酒井忠休、若年寄）以良阿彌御渡被成候、尤、御手前様江右書付御渡可被成之處、此節人參御買上御用御越御留守之段、申上候ニ付、則拙者ゟ御手前様江相達候様可仕旨、良阿彌伺之上申聞候間、則右書付寫掛御目申候、本紙ハ御歸府之節、直ニ御渡可申候、左様ニ御心得可被下候、以上、　八月四日

田村元長様　　植村左源次（政辰）

右書面左源次ゟ指越、八月八日、野州今市町ニ而拜見、奉畏候趣、御請書左之通相認、左源次方江返答と一同、八月十三日、今市町ゟ指越候付、同八月十七日、左源次ゟ伊藤百助（利恭、奥右筆）を以石見守殿江上ル、

*元長請書

*元長の分

左源次惣領
植村左平太

右當月四日、朝鮮種人參製法所御用向見習被　仰付候ニ付、其段私儀、可奉得其意以御書付被仰渡、右御書付左源次方ゟ野州邊人參根御買上御用先江相達、慥受取、御書付之趣奉畏候、以上、　酉八月

田村元長

*支配頭宛届書

*元長等届書

酉九月十八日、奥向稲葉越中守殿（正明、御用取次）江（勝富、小納戸頭取）水谷但馬守殿を以上ル、

表妻書
植村左源次
植村左平太
田村元長

先達而田村元長、野州・奥州筋其外江朝鮮種人參

安永六年八月

御買上爲御用罷越候ニ付、人參製法所江晝夜共左源次父子ニ而替ル〻相勤申候處、此節元長儀歸府仕候ニ付、三人ニて製法所明キ不申候様相勤申候間、此段奉申上置候、以上、　酉九月

植村左源次
植村左平太
田村元長

*製法所詰日割

酉九月十八日御小納戸頭取衆江計製法所勤日割書付指上置候

書付

朔日・四日・五日・八日・九日・十二日・十三日・十六日・十七日・廿日・廿一日・廿四日・廿五日・廿八日

右之通、毎月十四日つゝ左源次父子ニ而相勤候、

二日・三日・六日・七日・十日・十一日・十四日・十五日・十八日・十九日・廿二日・廿三日・廿六日・廿七日・廿九日・晦日

右之通毎月十六日つゝ元長相勤候、

□　□支配頭戸川山城守（逵和）□　□

植村左源次悴植村左平太儀、去ル八月四日、朝鮮種人參製法所御用向見習被　仰付候ニ付、左之通御書付、良阿彌を以石見守殿私江被成御渡候、

政養見習を命ぜらる

左源次惣領
植村左平太

右朝鮮種人參製法所御用向見習被　仰付候間、
可被得其意候、

右之節、私儀人參御買上御用ニ付遠國ニ罷越留守ニ御座候段、左源次申上候處、其段良阿彌伺之上、左源次ゟ元長ニ相達候樣可仕旨、左源次ニ申聞候條、左源次ゟ以書中御買上御用先ニ申越候、依之、左之通御請書石見守殿ニ差上候、

左源次惣領
植村左平太

右當月四日、朝鮮種人參製法所御用向見習被
仰付候ニ付、其段私儀可奉得其意旨、以御書付被仰渡、右御書付、左源次ゟ野州邊人參根御買上御用先ニ相達、慥受取、御書付之趣奉畏候、　酉八月　田村元長

右之通御請書、以書中左源次方ニ賴遣候處、八月十七日、奥御祐筆伊藤百助(利恭)をもつて石見守殿ニ差上候、

製法所詰のこと

一、右之通ニ付、此節ゟ朝鮮種人參御用向、植村左源次・同左平太・私三人ニ而、替〻製法所明不申候樣相勤申候ニ付、此段申上置候、以上、　酉十月

田村元長

申(酉)九月十五日、

*歸府御目見

一、歸府之　御目見被　仰付、

*御目見願書

本紙程村竪紙・上包美濃折掛包

奉願候覺　戸川山城守殿(逵和、小普請組支配頭)ニ壹通、組頭ニ貳通、都合三通指出ス、

私儀、當月六日、野州表ゟ歸府仕候ニ付、御序之節歸府之　御目見被　仰付被下候樣奉願候、以上、

安永六酉年九月　戸川山城守殿　田村元長書判

御自分事、明十五日、　御目見之御序有之候間、六半時登　城可有之候、若病氣差合等候ハヽ、自宅ニ名代を以可被申聞候、以上、　九月十四日

田村元長殿　戸川山城守

猶以、右爲御請、今晩中自宅ニ可被相越候、以上、

*羽目の間にて御目見

酉九月十五日、登　城「　」於羽目之間、歸府之　御目見被　仰付候、

右爲御禮西之丸ニ上り候處、謁有之、夫ゟ御老中・若年寄衆西丸共不殘、御側御用人(水野忠友)・御用掛御側衆、御小納戸頭取(一徳)ニ而水谷但馬守殿(勝富)・岡部河内守殿、御用御取次手傳稲葉主計頭殿(正存)、

支配頭戸川山城守殿・組頭兩人・奥御祐筆伊藤百助(利恭)殿に御禮ニ相廻り候、

*代金二分人參生根を町醫師櫻井春濤より讓請く

〔酉〕
申九月十一日、

一、朝鮮種人參生根千三百九拾貳根、町醫櫻井春濤ゟ讓請候、

櫻井春濤願書

本紙酉内竪紙
乍恐書付を以奉願上候

人參成長せず

一、私所持仕作り立候朝鮮種人參、土地不相應ニ御座候哉、增長不仕、年々根腐・立枯等多ク罷成候ニ付、何卒當年御取拂被下置候樣奉願上候、若萬一

讓渡したし

讓請望候者茂有之候ハヽ、宜樣ニ御指圖被成下候樣是又奉願上候、右願之通被　仰付被下置候ハヽ、難有仕合奉存候、〔如脱〕仍件、

安永六酉年四月　谷中感應寺中門前　作り人　櫻井春濤印

朝鮮種人參御掛り
御役人中樣

*人參買上御用に付賜物あり

*支配頭奉書

右ニ付人參讓渡筋之儀、一同ニ奥向稲葉越中守(正明、御用取次)殿に、植村左(政辰)源次・田村元長ゟ伺書、水谷但馬守(勝富、小納戸頭取)殿を以指上候處、酉七月五日、伺之通可仕旨、御同人を以被仰渡、右伺書に承付指上ル、

櫻井春濤請取證文

本紙酉ノ内竪紙
覺

安永六年十一月

一、朝鮮種人參千三百九拾貳根
　百三拾貳根　巳年生　中劣七根
内　六百根　未年生　但　小貳拾根
　六百六拾根　申年生　腐五百七拾匁
　此代金貳分也、
右ハ、私所持仕候人參數年來出精作立候處、近年根腐多ク相成難儀仕候ニ付、此度御取拂奉願候處、右人參貴殿御望被成候ニ付讓渡申候、則書面之代金被遣之、慥請取申候、爲念如此御座候、以上、
安永六酉年九月十一日　谷中感應寺門前　櫻井春濤印
田村元長殿

酉十一月廿六日、

一、當秋朝鮮種人參御買上御用相勤候ニ付、拜領物被仰付、
御自分事御用之儀有之候間、明廿六日四時、可被致登　城候、以上、
十一月廿五日　田村元長殿　戸川山城守(逵和、小普請組支配頭)
猶以、右爲御請、今晩中自宅に可被相越候、已上、
酉十一月廿六日、登　城仕候處、被　仰渡左之通、

当秋、野州・奥州筋其外に朝鮮種人參御買上

*元長上申書
銀七枚拝領
*名代のことにつき答ふ

當秋、野州・奥州筋其外に朝鮮種人參御買上爲御用罷越、骨折相勤候ニ付、拝領物被　仰付候旨、於御祐筆部屋御緣側、酒井石見守(忠休、若年寄)殿侍座、松平右近將監(武元、老中)殿被仰渡、銀七枚拝領仕候、

右爲御禮、西丸に上り候處、謁有之、夫ゟ御老中・若年寄衆西丸共不殘、御側御用人・御用御取次手傳衆、御小納戸頭取ニ而水谷但馬守(勝富)殿・岡部河内守(一德)殿、支配頭・組頭兩人幷伊藤百助(利恭、奥右筆)に相廻り候、御用掛御側衆にも相廻り候、

精勤に付拝領物あり
支配頭奉書

酉十二月廿日、

一、製法所相勤候ニ付、拝領物被　仰付、

御自分事御用之儀有之候間、明廿日四時、可被致登　城候、以上、

十二月十九日　戸川山城守(逵和、小普請組支配頭)

田村元長殿

*御禮廻り

猶以、右爲御請、今晩自宅に可被相越候、以上、

元長請書

御切紙拝見仕候、然ㇵ、御用之儀御座候間、明廿日四ッ時、登　城可仕旨被仰下、奉畏候、以上、

十二月九日　田村元長

戸川山城守様

猶以、右爲御請、今晩御宅に罷出候様被仰下、是又奉畏候、以上、

戸川山城守ゟ尋ニ付、左源次(植村政辰)對談之上山城守に、酉十二月十九日、指出候書付、

私儀、被爲　召候節、病氣ニ而名代相頼候儀も有之節ㇵ、植村左源次・左平太(政養)之内相頼可申奉存候、右名代相頼候節ㇵ、名代之者ゟも御届申上ケ、貴前様よりも御届被仰上振合之由ニ相聞候、以上、

十二月　田村元長

右ニ付、酉十二月廿日、登　城仕候處、左之通被仰渡、

朝鮮種人參□　□骨折相勤候ニ付、拝領物被　仰付旨、於御祐筆部屋御緣側、若年寄衆侍座、松平右近將監(武元、老中)殿被仰渡、□　□拝領仕候、

右御禮、　西丸に上り候處、謁有之、夫ゟ御老中・若年寄衆・御側御用人衆・御用掛御側衆兩人・御用御取次手傳方、御小納戸頭取衆ニ而水谷但馬守(勝富)殿・岡部河内守(一德)殿、支配頭・組頭兩人幷伊藤百助(利恭、奥右筆)へ相廻り候、尤、西丸御老中・若年寄衆へも相廻り候、

年始御禮
*高祖父宗利
*豊臣秀吉に仕へ戦功あり
献上につき坊主衆に頼む
*和泉に蟄居
先祖書等を指出す
*曾祖父政清
*江戸に出で町醫師となる
*祖父倆豊
*町醫師
先祖書
*父元雄の履歴

安永七戌年正月三日、

一、元長（田村）登　城、年始御禮枳朮丸献上、　西御丸同断、

此献上御丸薬製法幷包形共先例之通、御本丸之分壹包ハ、御本丸御防（坊）主瀬能宗務ニ、去酉十二月廿八日、頼遣置候、是ハ先例ニ付丸薬臺無之、宗務方ニ而宜取計呉候事、西丸之分一包ハ、西丸御防（坊）主佐藤道嘉ニ、臺付ニ而頼遣候、右御防（坊）主両人ニ歳暮金百疋つゝ遣ス、

安永七戌年五月

一、先祖書・親類書・遠類書、支配頭ニ指出候、

本紙程村竪紙帳・上包程村袋三通り共、相支配世話役亀田峯（三興）之助ニ渡ス、

上袋上書

先祖書 親類書 遠類書　小普請組 戸川山城守支配 田村元長

此通り三通り、
但、支配頭幷組頭両人分也、

竪帳表題

先祖書　小普請組 戸川山城守支配 田村元長

高三拾人扶持　本國和泉
生國武藏　小普請組戸川山（達和）城守支配
田村元長善之

安永七年正月・五月

坂上性　家之紋左巴

先祖書

一、高祖父　本國和泉
生國和泉　田村太郎兵衛宗利

坂上田村麻呂七代之後胤望城十六代之孫田村太郎兵衛宗利、文録（禄）年中太閤秀吉（豊臣）ニ仕、数度戦場ニ罷出候、其砌或人秀吉へ願之上、為運送河内國ニ新川を堀（掘）候節、田村太郎兵衛儀、秀吉之命を蒙り右新川之普請奉行相勤、秀吉死去之後泉州へ蟄居仕、寛文五巳年九月廿八日、病死仕、同國南溟寺ニ葬候、

一、曾祖父　本國和泉
生國和泉　田村正玄政清

田村太郎兵衛宗利悴田村正玄政清、父太郎兵衛病死後、泉州ゟ江戸表ニ罷越、町醫師ニ相成、元録（禄）十四午年十一月四日、病死仕、江戸淺草眞龍寺ニ葬候、

一、祖父　本國和泉
生國武藏　田村宗宣倆豊

田村正玄政清悴田村宗宣、父之醫業相續仕、町醫ニ而罷在、寛延元辰年十月十九日、病死仕、江戸淺草眞龍寺ニ葬候、

一、父　本國和泉
生國武藏　田村元雄登

*毎月諸入用金を下さる
寶暦十三年六月召出さる

人參御用を勤む

七月御目見枳朮丸獻上
同月人參買上御用を命ぜらる

*同十四年六月火浣布獻上

小普請金を免さる

田村宗宣倅豊悴田村元雄、父之醫業相續仕、町醫ニ而罷在候處、寶暦十三未年六月廿四日、新規被　召出、御醫師並被　仰付、一生之内御扶持方三拾人扶持被下置候旨、於躑躅之間若年寄衆侍座、御老中松平右近將監(武元)殿被仰渡、和產藥種致出精候ニ付朝鮮種人參御用被　仰付候旨、於燒火之間、御目付衆侍座、若年寄松平攝津守(忠恒)殿被仰渡、小普請組高力式部(長昌)支配ニ罷成候、同年七月廿八日、於帝鑑之間御廊下、初而　御目見被　仰付、枳朮丸獻上仕候、同七月廿九日、被爲　召、朝鮮種人參御買上爲御用野州・奥州筋に罷越候ニ付、御暇拜領物被　仰付候旨、於御祐筆部屋御緣側、若年寄衆侍座、御老中松平右近將監殿被仰渡、金貳枚拜領仕、同八月十一日、江戸出立仕、右人參御用相勤、同八月廿九日、歸府仕、同十一月朔日、被爲　召、於帝鑑之間御廊下、歸府之　御目見被　仰付候、同十一月十七日、人參御用相勤候内も、小普請御役金指出ニ不及旨、支配頭高力式部申渡候、同十二月十五日、朝鮮種人參仕上爲手入製法所に詰切相勤候ニ付、諸入用金一ヶ月三兩つゝ被下置候旨、御老中松平右近將監殿被仰渡候段、支配頭高力式部申渡候、同十二月廿三日、御藥種被下置候旨、若年寄松平攝津守殿被仰渡候旨、支配頭高力式部申渡候、同十二月廿八日、五節句・月並御禮罷出候樣御老中松平右近將監殿被仰渡候旨、支配頭高力式部申渡候、同十二月晦日、來正月三日年始御禮罷出候樣、其節御藥種可指上旨、御老中松平右近將監殿被仰渡候段、支配頭高力式部申渡候、寶暦十四申年三月十六日、被爲　召、去秋野州・奥州筋朝鮮種人參御買上御用骨折相勤候付、拜領物被　仰付候旨、若年寄衆侍座、松平右近將監殿被仰渡、銀七枚拜領仕候、同六月、火浣布香敷貳ツ、御勘定奉行一色安藝守(政沆)殿を以獻上仕候處、珍敷品を指上御滿悅被爲　遊候旨、同人を以被仰渡候、明和元申年九月廿五日、神田紺屋町三町目明地爲藥草置場拜借被　仰付候旨、松平右近將監殿被　仰渡候段、御勘定奉行一色安藝守殿被申渡候、同閏十二月、藥草生根六拾四種、御側衆田沼主殿頭(意次)

殿・御小納戸頭取白須甲斐守(政賢)殿を以而献上仕候、明和二酉年八月二日、朝鮮種人參三兩拜領被仰付候旨、且又、此已後御用之儀ニ付伺等之節ハ、奥向ニも罷出候様、御側衆田沼主殿頭殿被仰渡候旨、於新部屋、御小納戸頭取白須甲斐守殿・松下隠岐守(昭永)殿列座ニ而、白須甲斐守殿被申渡候、同八月四日、人參御買上爲御用、野州・奥州筋ニ罷越候付、御暇拜領物被　仰付候旨、松平右近將監殿被仰渡、金貳枚拜領仕、且願之上、日光　御宮　御靈屋拜禮仕、同十月十五日、於羽目之間、歸府之　御目見被　仰付候、同十一月、牡丹花百品、御小納戸頭取白須甲斐守殿を以獻上仕候、同十二月十二日、當秋人參御買上御用相勤候付拜領物被　仰付候旨、松平右近將監殿被仰渡、銀七枚拜領仕候、同十二月十三日、被爲　召、先達而藥草幷牡丹花指上候付、拜領物被　仰付候旨、於御祐筆部屋御緣側、若年寄衆侍座松平右近將監殿被仰渡、銀三拾枚拜領仕候、明和三戌年六月十六日、遼東種人參生根三根御預被　仰付候旨、田沼主殿頭殿被仰渡

候段、御勘定奉行伊奈備前守(忠宥)殿被申渡候、同十二月廿二日、御藥種被下置候旨、松平攝津守殿被仰渡候旨、高力式部申渡候、明和四亥年正月十一日、朝鮮種人參生根八拾九根御預被　仰付候旨、田沼主殿頭殿被仰渡候旨、御勘定奉行伊奈備前守殿被申渡候、同九月十六日、人參御買上爲御用、野州・奥州筋ニ罷越候付、御暇拜領物被　仰付候旨、松平右近將監殿被仰渡、金貳枚拜領仕、且、願之上右御用序ニ富士山其外採藥仕、同十一月十五日、歸府之　御目見被　仰付、同十二月廿四日、當秋人參御買上御用相勤候付、拜領物被　仰付候付、銀七枚被下之、人參製法所出精相勤候付拜領物被　仰付候付、銀五枚被下之旨、松平右近將監殿被仰渡候、明和六丑年八月八日、人參爲御買上御用、野州・奥州筋ニ罷越候付、御暇拜領物被　仰付候旨、松平右近將監殿被仰渡、金貳枚拜領仕、同十一月朔日、歸府之　御目見被　仰付候、同十二月十九日、御藥被下置候旨、水野壹岐守(忠見、若年寄)殿被仰渡候旨、高力式部申渡候、同十二月廿九日、當秋人

＊安永元年十二月豪猪下さる

＊同三年九月御用の節中の口迄出ることを許さる

參御買上御用相勤候付拜領物被　仰付候付、銀七枚被下之、人參製法所出精相勤候付拜領物被　仰付候付、銀五枚被下之旨、松平右近將監殿被仰渡候、明和七寅年十二月十九日、人參製法所出精相勤候付拜領物被　仰付候旨、松平右近將監殿被仰渡、銀五枚拜領仕候、明和八卯年五月十七日、御側衆白須甲斐守殿・御小納戸頭取水谷但馬守（勝富）殿を以、龍尾車一具獻上仕候、同八月三日、人參御買上爲御用野州・奧州筋に罷越候付、御暇拜領物被　仰付候旨、松平右近將監殿被仰渡、金貳枚拜領仕候、同九月十六日、長谷川久三郎（正脩）支配罷成候、同十一月朔日、歸府之　御目見被　仰付、同十二月二日、當秋人參御買上御用相勤候付拜領物被　仰付候付、銀七枚被下之、人參製法所出精相勤候付拜領物被　仰付候付、銀五枚被下之旨、松平右近將監殿被仰渡候、安永元辰年十二月十四日、人參製法所出精相勤候付拜領物被　仰付候旨、松平右近將監殿被仰渡、銀五枚拜領仕候、同十二月十九日、御藥種被下置候旨、水野壹岐守殿被仰渡候旨、長谷川久三郎申渡候、同十二月廿七日、豪猪壹疋被下置候旨、御側衆白須甲斐守殿被仰渡候旨、御小納戸頭取水谷但馬守殿被申渡候、安永二巳年六月廿七日、藥草拾三種御小納戸頭取水谷但馬守殿を以獻上仕候、同八月廿四日、人參御買上爲御用野州・奧州筋に罷越候付、御暇拜領物被　仰付候旨、松平右近將監殿被仰渡、金貳枚拜領仕、同十一月十五日、歸府之　御目見被　仰付、同十二月十八日、當秋人參御買上御用相勤候付拜領物被　仰付候旨、松平右近將監殿被仰渡、銀七枚拜領仕候、同十二月廿六日、人參製法所出精相勤候付拜領物被　仰付候旨、松平右近將監殿被仰渡、銀五枚拜領仕候、安永三午年五月四日、戸川山城守支配ニ罷成候、同九月廿六日、人參御用其外御用ニ付罷出候節、向後中之口ゟ可罷出候、就夫、大手御門内櫻田御門ゟ中之口迄、御門〻晝夜無滯罷通候様御斷相濟候間、可得其意旨、御側衆稲葉越中守（正明）殿被仰渡候旨、御小納戸頭取水谷但馬守殿被申渡候、同十二月十六日、人參製法所出精相勤候付拜領物

同五年五月病死

親類書

*毎月諸入用金を下さる

元長の履歴

明和九年七月御目見

*小普請金を免さる

安永五年七月召出さる

人參製法御用

被　仰付候旨、松平右近將監殿被仰渡、銀五枚拜領仕候、安永四未年閏十二月十四日、人參製法所出精相勤候付拜領物被　仰付候旨、松平右近將監殿被仰渡、銀五枚拜領仕候、同十八日、御藥種被下置候旨、松平伊賀守（忠順、若年寄）殿被仰渡候旨、戸川山城守申渡候、安永五申年五月廿二日、病死仕、江戸淺草眞龍寺ニ葬候、

安永七戌年五月　　田村元長印書判

戸川山城守殿但組頭兩人ニも何れも組頭連名當名

竪帳表題

親類書
小普請組
戸川山城守支配
田村元長

小普請組戸川山城守支配
實子惣領
田村元長
戌ニ四拾歳

高三拾人扶持　本國和泉
生國武藏

拜領屋敷無御座候、
住宅、神田紺屋町貳町目私母抱屋敷ニ罷在候、

私儀、部屋住之内明和九辰年七月朔日、於御納戸構初而　御目見被　仰付候、安永五申年五月廿二日、父元雄病死仕、同年七月十六日、被召出一生之内御扶持方三拾人扶持被下置、人參製法御用等父時之通可相勤旨、於躑躅之間若年寄衆侍座、御老中板倉佐渡守（勝清）殿被仰渡、小普請組戸川山城守（逵和）支配ニ罷成候、同七月廿日、自今御用之義ニ付　御城ニ罷出候節、陰時計之間迄罷出候樣、御目付衆を以若年寄加納遠江守（久堅）殿被仰渡候、同七月廿一日、人參御用其外御用ニ付罷出候節、向後中之口ゟ可罷出候、夫ニ付、大手御門内櫻田御門ゟ中之口迄、御門ヽ□晝夜無滯罷通候樣定御斷相濟候間、可得其意旨、御小納戸頭取水谷但馬守（勝富）殿を以御側衆稻葉越中守（正明）殿被仰渡候、同七月晦日、五節句・月並御禮罷出候樣、御老中田沼主殿頭（意次）殿被仰渡候旨、支配頭戸川山城守申渡候、同八月十三日、朝鮮種人參製法場ニ詰切相勤候付、諸入用金一ヶ月三兩被下候旨、御老中松平右近將監殿被仰渡候段、支配頭戸川山城守申渡候、同八月廿九日、人參御用相勤候内ハ、小普請御役金差出ニ不及旨、御老中松平右近將監殿被仰渡候段、支配頭戸川山城守申渡候、同十二月十六日、御藥種拜領被　仰付候旨、若年寄加納遠江守殿被仰渡候段、支配頭戸川山城守申渡シ、同十二月十八日、於燒火

*親類
*父方

*父元雄
*小普請方棟梁大谷出雲次男
*町醫師田村宗宣の養子となる

安永七年五月
之間、御老中方・若年寄衆江右御薬種拝領之御禮申上候、同十二月廿八日、來酉正月三日年始御禮罷出候様、其節御薬種獻上可仕旨、御老中松平右近將監殿被仰渡候旨、支配頭戸川山城守申渡候、安永六酉年七月十日、被爲　召、朝鮮種人參御買上爲御用、野州・奥州筋其外江罷越候ニ付、御暇拝領物被　仰付候旨、於御祐筆部屋御縁側、若年寄衆侍座、御老中松平右近將監殿被仰渡、金貳枚拝領仕、右御用付、此度日光御山内江茂罷越候付、　御宮　御靈屋拝禮仕度旨奉願候處、願之通被　仰付候旨、御老中板倉佐渡守殿被仰渡候段、同七月十二日、支配頭戸川山城守申渡シ、同七月十八日、江戸出立仕、右人參御買上御用相勤、同九月六日、歸府仕、同九月十五日、於羽目之間、歸府之　御目見被
　仰付、同十一月廿六日、被爲　召、野州・奥州筋其外朝鮮種人參御買上御用骨折相勤候付、拝領物被　仰付候旨、若年寄衆侍座、御老中松平右近將監殿被仰渡、銀七枚拝領仕候、同十二月廿日、被爲　召、朝鮮種人參製法所骨折相勤

候ニ付、拝領物被　仰付候旨、於御祐筆部屋御縁側、若年寄衆侍座、御老中松平右近將監殿被仰渡、銀五枚拝領仕候、

親類書

父方

父田村正玄病死仕、父之醫業相續仕、町醫ニ而罷在、寛延元辰年十月十九日、病死仕候、

一、祖父　私曾祖父田村正玄死惣領　田村宗宣死

一、祖母　堀長門守家來　櫻井佐五右衛門死娘死

元小普請方棟梁大谷出雲次男元雄、醫業相心掛候ニ付、元文五申年十一月十五日、町醫師田村宗宣方江養子ニ罷越、養父宗宣病死後醫業相續仕、町醫師ニ而罷在候處、寳暦十三未年六月廿四日、新規被　召出、御醫師並被　仰付、一生之内御扶持方三拾人扶持被下置候旨、於躑躅之間若年寄衆侍座、御老中松平右近將監殿被仰渡、和產之薬種致出精候ニ付、朝鮮種人參御用被
仰付候旨、於焼火之間、御目付衆侍座、若年寄松平攝津守(忠恒)殿被仰渡、小普請組高力式部(正倚)支配ニ罷成、明和八卯年九月十六日、長谷川久三郎支

配ニ罷成、安永三午年五月四日、戸川山城守支配ニ罷成、安永五申年五月廿二日、病死仕候、

一、父　私祖父田村宗宣養子　田村元雄死

一、母　元町醫師　私祖父　田村宗宣死娘

一、妻　榊原式部太輔醫師　蟹江杏庵死娘

一、實子物領　田村安太郎

一、次男　榊原式部太輔家來　蟹江與左衛門養子　蟹江豐次郎

一、娘　壹人　私手前（ニ脱カ）罷在候、

一、弟　私父田村元雄次男　田村元東　私手前ニ罷在候、

母方

一、叔母　先達而紀州殿醫師河毛松貞方に遣候處、其後不縁ニ而罷歸候、私祖父田村宗宣娘　壹人　私手前（ニ脱カ）罷在候、

父之實方

一、祖父　元小普請方棟梁　大谷出雲死

一、祖母　元御作事方棟梁　甲良豐前死娘死

一、從弟　一橋奥詰小十人格　私伯父之續大谷立佐死物領　大谷十郎右衛門

緣者

一、舅　榊原式部太輔醫師　蟹江杏庵死

一、姑　浪人　近藤治太夫死娘

一、小舅　榊原式部太輔家來　私舅之續蟹江杏庵物領　蟹江與左衛門

一、小舅　榊原式部太輔家來　私舅之續蟹江杏庵次男　新規被呼出候、脇屋志广（マヽ）助

安永七年五月

右之外、近キ親類無御座候、以上、

安永七戌年五月　田村元長印書判

戸川山城守殿

竪帳表題

遠類書 小普請組 戸川山城守支配 田村元長

小普請組戸川山城守支配
實子物領
田村元長

遠類書

母方

一、大叔父　土井能登守家來　養父小田部直兵衛、私續無御座候、實父櫻井左五右衛門、私續無御座候、次男　小田部彌次右衛門　下ケ札

下ケ札
〔小田部彌次右衛門、養父も元より私續無御座候、實父櫻井左五右衛門儀も私續無之候得共、此左五右衛門娘儀、私父方之祖父田村宗宣妻ニ相成、宗宣妻と小田部彌次右衛門も兄弟ニ御座候間、彌次右衛門儀も、私大叔父之續ニ御座候、〕

一、從弟違　堀淡路守家來　私叔父之續櫻井九郎兵衛死物領　櫻井九郎兵衛

父之實方

一、從弟違　小普請方棟梁　私從弟之續大谷大和死物領　大谷善次郎

右之外、遠類無御座候、以上、

安永七戌年五月　田村元長印書判

安永七年十二月
戸川山城守殿

人參御用精勤に付褒美銀

戌十二月廿一日、
一、朝鮮種人參御用相勤候ニ付、御褒美銀五枚拜領、
御自分事、御用之儀有之候間、明廿一日四時、可
被致登　城候、以上、
十二月廿日　田村元長殿　戸川山城守（逵和、小普請組支配頭）　猶以、爲
御請、今晩自宅ニ可被相越候、以上、

元長届書*

右ニ付、十二月廿一日、登　城候處、左之通被仰渡、
朝鮮種人參御用向出精骨折相勤候ニ付、御褒美
被下之旨、於御祐筆部屋御縁頬、若年寄衆侍座、
御老中松平右京太夫殿（輝高）被仰渡候、
右御禮、西丸ニ上り、夫ゟ先例之通、即日相廻る、

弟元東を養子に遣すに付弟元東栗本瑞見養子となり元格と改名す*

安永七戌年、
一、元長弟元東儀、栗本瑞見（昌友）養子ニ遣ス、元格と致改名
候、

元長上申書

戌二月三日、組頭筧彌左衛門（正休）ニ三通出ス、
私弟田村元東儀、奥御醫師栗本瑞見方ニ養子ニ可
指遣積内談仕置候、彌熟談仕候ハヽ、瑞見方ゟ願
書指出可申候間、其節御届可申上候得共、先ゝ此
段申上置候、以上、　戌二月　田村元長

瑞見より養子願書指出す
支配頭達書*

戌二月十五日、栗本瑞見ゟ養子願書、若年寄松平伊賀守殿（忠順）ニ指
出候ニ付、同日支配頭戸川山城守（逵和）幷組頭兩人分共届書三通、筧
彌左衛門ニ出ス、
本紙程村竪紙・上包美濃折掛　〔上包〕弟養子ニ指遣候御届　田村元長

覺

高三百石　奥御醫師　栗本瑞見

高三拾人扶持　小普請組戸川山城守支配　田村元長弟　父田村元雄死次男　田村元東　戌歳貳拾　私手前ニ罷在候、

右私弟田村元東儀、此度奥御醫師栗本瑞見續無御
座候得共、養子ニ仕度旨申聞候間、私幷親類共熟
談之上、元東儀、瑞見方ニ養子ニ指遣申候、依之、
御届申上候、以上、
安永七戌年二月十五日　田村元長書判
戸川山城守殿　組頭ニも兩名當例之通壹通つゝ、

田村元長殿　戸川山城守

元長元東醫術
流儀に付
*結納目録
*衣類
元長請書

元長上申書
*夜具
元雄今大路道
三に入門
道三流
*道具

元東養子に付
御禮廻り

十一月養子
卽日瑞見娘と
婚禮
持參金二百五
十兩

御自分幷御舍弟元東醫術流儀之儀書付、今明日中
御申越可有之候、以上、　三月九日
　　戸山城守様　　　　　田村元長
御切紙拜見仕候、然ㇾ、私幷舍弟元東醫術流儀之
儀、書付指上候様被仰下、奉畏候、則別紙書付指
上申候、右御請可申上、如此御座候、以上、
　　三月十日　［　　］紙［　　］出郎［　　］上今日［　　］
三月十日、戸川山城守殿［　　］
私幷舍弟元東醫術之流儀御尋ニ御座候、亡父元雄儀、
先今大［　　］門人ニ而、道三流ニ御座候、私幷元
東共亡父元雄醫術流儀相續仕罷在候間、私幷元東
醫術之儀、道三流ニ御座候、以上、三月十日
田村元長

戍（マヽ）　栗本瑞見養子願之儀、願之通可仕旨、（マヽ）　被仰渡候、依之
田村元長儀、戸川山城守幷組頭兩人ニ右瑞見願之通被仰渡候旨、
居旁御禮ニ相廻る、河野仙壽院（通頼、奥醫師）ニも御禮ニ罷越候、尤、御老中
方等ニㇾ御禮ニ廻り候ニ不及旨、緒（諸）向ニ而申事付御禮ニ不相廻候、
同戍年十一月（マヽ）　元東儀、栗本瑞見宅ニ指遣候、卽日瑞見娘と
婚禮相調候、
右元東儀養子ニ指遣候ニ付、持參金貳百五拾兩差添遣候、
　　右ニ付大小幷小袖等之品
安永七年十二月

　　差添遣候分左之通
小袖下着共　内熨斗目貳ッ
袷　　　　内熨斗目壹ッ
羽織　　　　　　　　戍
十德　　　　　　　　月　日
　　　　　　　　　結納目録
袷羽織一重羽織共
一重物
帷子下着共
薄羽織　　帶　　火事裝束　但、夏冬之分共壹通りつヽ、
夜具、但、夫婦之分幷客夜具・次夜具貳通り、都合五通り、
合羽貳ッ
右之外、しゆむん或かごかんむん等品ヽ、
大小貳通り、外ニ脇指一腰・長刀一振、書物五箱・藥箱・挾箱・
小袖簞笥貳ッ、内重たんす一ッ・長持・夫婦之膳椀等遣し候、
外ニ罷越候當日、家内家來迄、少ヽ之品不殘手土産遣し候、

安永八亥年正月三日、

年始登城

一、元長(田村)登　城、年始御禮、枳朮丸獻上、西御丸同斷、
諸事先例之通、

同亥七月十七日、

人參買上御用

一、野州・奥州筋其外朝鮮種人參御買上御用ニ付、御暇
被　仰付、金貳枚拜領仕候、

支配頭奉書

田村元長殿　戸川山城守(逵和、小普請組支配頭)

御自分事、御用之儀有之候間、明十七日四時、可
被致登　城候、已上、
七月十六日　猶以、右爲御請、今晩中自宅
ニ可被相越候、已上、

右ニ付、七月十七日、登　城候處、左之通被仰渡候、

野州・奥州筋其外ニ朝鮮種人參御買上爲御用罷
越候ニ付、御暇拜領物被　仰付候旨、於御祐筆
部屋御椽側、右京大夫殿(松平輝高、老中)被仰渡、石見守殿(酒井忠休、若年寄)侍座、

右ニ付爲御禮御老中・御側御用人・若年寄衆・御用御取次御
側衆、御小納戸頭取衆ニ而岡部河內守殿(一徳)・萩原越前守殿(雄安)、支
配頭戸川山城守殿・組頭兩人幷伊藤百助(利恭、奥右筆)ニ相廻り候、
亥七月十七日、戸川山城守殿ニ壹通自分持參指出ス、控貳通覧
彌左衛門(正休、小普請組支配組頭)ニ出ス、

本紙程村竪紙・上包美濃折掛包

日光拝禮願*

奉願候覺
私儀、此度朝鮮種人參御買上爲御用、日光　御
山內ニ茂罷越候ニ付、御宮　拜禮仕度奉願候、
以上、
安永八亥年七月　田村元長書判
戸川山城守殿　組頭ニも例之通兩名當、都合三通、

支配頭達書*

田村元長殿　戸川山城守
申渡候儀有之候間、今日中自宅ニ可被相越候、
若病氣差合等候ハヽ、名代可差出候、已上、
七月十九日

右之通山城守殿ゟ手紙指越被申候間、即刻御同人御宅ニ罷出候
處、左之通書付田沼主殿頭殿(意次、老中)ニ指出候處、願之通拜禮可仕旨可
申渡段、御同人御附札を以被仰渡候間、申渡候條、山城守殿於
御宅御同人被申渡候、御禮廻り、先例之通御役人中皆勤、

支配頭伺書*

窺書　戸川山城守
小普請組
戸川山城守支配
田村元長

元長の日光拝禮願に付*

右元長儀、朝鮮種人參御買上就御用、日光御山
內ニ茂罷越候間、御宮拜禮仕度旨元長奉願候、

依之奉窺候、以上、

亥七月十九日　　戸川山城守

御附札

願之通拜禮仕候
様可被申渡候、

歸府御目見*

戸川山城守殿ニ壹通、月番組頭寛彌左衛門へ貳通、何も自分持參指出ス、本紙半切・上包折掛　表書　御届　田村元長

出立日限届

私儀、朝鮮種人參御買上爲御用、野州・奥州筋其外ニ江戸出立日限、來ル廿六日明ケ六時相極候間、此段御届申上候、尤、當朝又ゝ御届可申上候、以上、

歸府御目見願*

亥七月　　田村元長

亥七月廿六日朝六時過、

本紙半切・上包折掛　表書　御届　田村元長

江戸出立届

私儀、此度野州・奥州筋其外ニ朝鮮種人參御買上御用付、今廿六日明ケ六時、江戸出立仕候、依之御届申上候、以上、　七月廿六日　田村元長

亥九月九日、江戸歸府、卽戸川山城守殿并組頭兩人ニ銘持參出ス、

歸府届

私儀、當七月廿六日、江戸出立仕、野州・奥州筋其外ニ朝鮮種人參御買上爲御用罷越候處、右

安永八年九月

御用相濟、今九日、江戸歸着仕候、依之御届申上候、以上、

九月九日　　田村元長

亥九月十五日、

一、歸府之　御目見被　仰付候、

本紙程村竪紙・上包美濃折掛包、戸川山城守殿(遠和、小普請組支配頭)ニ壹通、組頭兩人ニ壹通つゝ、貳通寛彌左衛門(正休)ニ出ス、亥九月九日、歸府届之節一所ニ出ス、

奉願候覺

私儀、當月九日、野州表ゟ歸府仕候ニ付、御序之節歸府之　御目見被　仰付被下候様奉願候、以上、　安永八亥九月　戸川山城守殿　田村元長書判

田村元長殿　　戸川山城守

御自分事、明十五日、　御目見之御序有之候間、六半時、可被致登　城候、若病氣差合等候ハゝ、自宅ニ以名代可被申聞候、已上、

九月十四日　猶以、右爲御請、今晩中自宅ニ可被相越候、以上、

*産穢伺書

安永八年十月

右御禮廻り、先例之通權門方不殘皆勤、尤西之丸にハ不罷出候、

宗旨證文提出
*産穢を伺ふ
證文の文言改まる

安永八亥八月、

一、宗旨證文、支配頭に例年之通指出候、

宗旨證文之儀、例年之通相認、人參御買上御用出立前支配頭に指出置候處、當年ゟ文言少々改候間、案詞之通認［ ］可申候旨、小普請世話役龜田峯之助（三興）・鈴木喜左衞門（房昌）申聞候間、則左之通相認、鈴木喜左衞門に指出し候、

*産穢中は製法所に出ず
證文

本紙程村・上包美濃折掛　上包上書　切支丹宗門改□　田村元長

切支丹宗門前々ゟ無懈怠今以相改申候、［ ］仰出候御法度［ ］趣、家來下々ニ至迄遂穿鑿［ ］不審［ ］依之、家來［ ］者も、寺請狀手前に取置申候、其外召抱候者共請人方ゟ寺請狀取置申候段、請狀ニ爲書入申候、若疑敷者於有之も、早束（マヽ）可申上候、爲其仍如件、

安永八巳（亥）年八月　田村元長印書判

戸川山城守殿

*産穢中の缺勤につき老中等へ届く

安永八亥十月十七日、

*男子出生
平四郎
産穢七日

一、元長妻歌出産、男子出生、平四郎と名付候、

組頭寛彌左衞門（正休）に使者を以申遣候、半切口上覺壹枚、

田村元長妻、今十七日曉七時、出産、男子出生仕候、産穢之儀奉伺度候、尤、産穢中人參製法所御番御斷申上候儀ニ御座候、

田村元長使　神保右内

結狀本紙糊入竪紙壹通

一筆啓上仕候、然も、私妻今曉七時、出産、男子出生仕候、依之、産穢之儀被仰聞可被下候、恐惶謹言、

十月十七日　善之書判

寛彌左衞門様　善之　裏ニ田村元長

組頭寛彌左衞門に使者を以指出候、本紙半切三通、

私妻今曉七時、出産仕候、依之、産穢中人參製法所御番御斷奉申上候、以上、

十月十七日　田村元長

右書付ニ指添寛彌左衞門へ遣候口上書壹通

御內意申上候書付　田村元長

人參製法所ゟ茂、人參御用掛御老中・若年寄衆迄、私産穢中人參製法所に相詰不申旨、今日御屆申上候積ニ御座候、此段も、御內々奉申上置候、以上、

十月十七日　田村元長

田村元長様　寛彌左衞門

御狀致拜見候、然も、御內方様今曉七時御男子御

出生之由、御届致承知候、御産穢七日ニ而御座候、御届□早速戸川山城守殿（逵和、小普請組支配頭）に申達候、御穢明之節□御出生之御┌　　┘以上、┌　┘

＊支配頭宛植村政辰書状

亥十月十七日、奥向┌　┘岡部河内守殿（一徳、小納戸頭）┌　┘製法所御用見習植村左平太（政養）上ル、表向御老中松平右京太夫殿（輝高）・若年寄酒井石見守殿（忠休）に、御用部屋防（坊）主清喜を以而植村左平太上ル、

老中等宛届書

見出し
産穢御届申上候書付　　田村元長

今暁私妻男子出生仕候、依之、別紙産穢之書付奉指上候通、人參製法所に相詰不申候ニ付、此段奉申上候、以上、

十月十七日　　田村元長

右同断、

私妻男子出生、　産穢　十月十七日ゟ廿三日迄　田村元長　見出し性名計

右之通御座候、以上、

十月十七日　田村元長

戸川山城守

植村左源次（政辰）様

植村政辰宛支配頭書状

＊産穢等にて製法所缺勤の節従來より届く支配頭よりの産穢届に付政辰届書の文言を質す

以手紙致啓上候、寒冷之砌彌御障も無御座被成御勤、珍重存候、然ハ、田村元長産穢御届被仰上候由、拙者ゟ茂御届申上候哉之趣、詰番同役に御同朋頭尋候由御座候、貴様ゟ之御届ハ如何御申上被成候哉、拙者ゟも御届可申上段、御文談ニ御書加被成候哉承度候、只今迄産穢之儀無之、其外元雄病氣等之節も、拙者ゟ御届ハ不申上候、若前々御振合等も有之儀ニ候哉、委細御報被仰聞可被下候、已上、

十月十七日　植村左源次（政辰）

戸川山城守様

御切紙拜見仕候、如貴命寒冷之節、彌御安泰被成御勤仕被成、珍重御儀奉存候、然ハ、田村元長産穢御届申上候、夫ニ付、貴前様ゟも御届被仰上候哉之趣、御詰番御同役様に御同朋頭尋候由、元長ゟ之御届ハ如何申上候哉、貴前様ゟ茂御届可被仰上段文談ニ書加へ候哉之旨、御問合ニ御座候、只今迄産穢之儀無之、其外元雄病氣等之節も、貴前様ゟ御届ハ不被仰上候旨、若前々振合等茂有之候哉、貴報ニ可申上候段、承知仕候、則左ニ申上候、前々ゟ元雄・元長共、病氣或ハ産穢等ニ而人參製法所に相詰不申候得ハ、其段御届申上來候、

一、明和三戌年十一月晦日、元雄妻出産仕候節、伊奈備前守（忠有、勘定奉行）人參御用元掛り被相勤候付┌　┐┌　　┘に御届書指出┌　┐然處、當┌┘人參御用元┌　┘御座候付、病氣・産穢其外

*駿河臺鈴木町へ轉居
産穢明けを届く
*伺書
*家作大破
*小性組鈴木自信拝領地の内を借りたし
命名届書
平四郎
産穢明け届書
*十月二十四日願書指出

指合ニ付人參製法所に相詰候儀無御座候節も、右京大夫殿・石見守殿、且奥向人參掛り御小納戸頭取衆に御届書等指出申來候間、此度元長産穢ニ付、人參製法所に相詰不申候間、御届申上候、則今日差上候書面寫、掛御目申候、右爲貴答如此御座候、以上、

十月十七日

支配頭戸川山城守殿并組頭兩人に、今日産穢明ニ付銘〻罷越相届、且、左之書付壹通戸川山城守殿に指出し、貳通ハ月番組頭寛彌左衛門に指出ス、尤、自身不罷越候得も、産穢明ヶ之届書付も入り候趣、自身罷越候付、其届書も不入趣、世話役申聞候、

覺

一、三男　田村平四郎

右此度出生之男子名付候付、御届申上候、以上、

十月廿四日　田村元長

奥向人參御用掛り御側衆稲葉越中守(正明)殿に、人參御用掛り御小納戸頭取岡部河内守(一徳)殿を以元長上ル、表向人參御用掛御老中松平右京大夫(輝高)殿・同斷御用掛若年寄酒井石見守殿に、御用部屋防(坊)主道伯を以元長上ル、

御届　田村元長

私儀、去ル十七日ゟ昨廿三日迄七日之内産穢ニ御座候處、右相濟今日ゟ出勤仕候ニ付、此段御届申上候、以上、

十月廿四日　田村元長

亥十二月五日、

一、駿河臺鈴木町に致轉宅候、

組頭寛(正休)彌左衛門に亥十月、三通指出ス、本紙半切・上包折掛

上書　伺書　田村元長

覺

私儀、只今迄神田紺屋町貳町目私母抱町屋敷ニ住宅仕候處、家作大破ニ付、御小性組酒井紀伊守(忠聽)組鈴木十兵衛(自信)、母方由緒も有之候間、右十兵衛拜領地駿河臺鈴木町屋敷内貳百七拾坪借地仕住居仕度旨、願書指出申度奉存候付、此段奉伺度候、以上、

亥十月　田村元長

右伺書指出置候處、願書案差添、戸川山城守殿(逵和、小普請組支配頭)□相對日相支配兩人を以、願書戸川山城守殿に指出可申旨、寛彌左衛門ゟ申越候ニ付、亥十月廿四日、戸川山城守殿に元長持參、相支配兩人を以而出ス、

亥十月廿四日、相支配鈴木喜左衛門(房昌)・栗林平五郎(友多)□　□人を以戸川山城守殿に出候處、被請取候、控貳通寛彌左衛門に元長持參□　□壹通つゝ遣ス、

本紙程村竪紙□　□

借地願書

*轉宅屆

母方遠由緒あり

*十二月五日引移る

許さる

*側衆宛轉宅屆

元長請書

*精勤に付褒美銀

借地奉願候覺

私儀、拜領屋敷無御座、只今迄神田紺屋町貳町目私母抱屋敷ニ住宅仕候處、家作及大破住居難仕候付、駿河臺鈴木町御小性組酒井紀伊守組鈴木十兵衞拜領屋敷六百三拾坪之內、貳百七拾坪借地仕度奉存候、尤、右十兵衞儀、私母方遠由緒茂御座候間、右地面借地仕、當分住宅仕度奉願候、以上、

安永八亥年十月　戸川山城守殿　但組頭ニも例之通連名、相
支配ニも山城守殿當名　田村元長書判

田村元長殿　戸川山城守

御自分借地願之儀承屆候、勝手次第可被致候、以上、　十一月六日

此切紙、十一月七日來ル、卽日十德着用、山城守殿幷組頭兩人ニ禮ニ廻る、

戸山城守様　田村元長

御紙上拜見仕候、然ハ、私借地願之儀御聞屆被遊候ニ付、勝手次第可仕旨被仰渡、難有仕合奉存候、右爲御請、如此御座候、以上、　十一月七日

亥十二月五日、支配頭戸川山城守幷組頭兩人ニ、使者を以銘々出ス、外ニ世話役兩人龜田峯之助(三興)・鈴木喜左衞門ニ寫壹通つゝ、以書中指遣ス、尤、世話役ニも、山城守殿幷組頭兩人ニ銘々以使者屆候之寫之旨、申遣ス、

上包折掛・本紙半切紙
表書　轉宅御屆　田村元長

駿河臺鈴木町
御小性組
酒井紀伊守組
鈴木十兵衞拜領屋敷內
田村元長

右鈴木十兵衞駿河臺拜領屋敷內私儀借地仕、住居仕度旨、先達而奉願候處、願之通被仰渡候ニ付、右場所ニ私儀今日引移申候、依之、此段御屆奉申上候、以上、　十二月五日　田村元長

亥十二月七日、御側衆稻葉越中守(正明)殿ニ、人參御用掛御小納戸頭取岡部河內(一德)殿退出ニ付、萩原越前守(雄安、小納戸頭取)殿を以上ル、

田村元長

私儀、只今迄神田紺屋町貳町目ニ住宅仕罷在候處、此度駿河臺鈴木町御小性組酒井紀伊守組鈴木十兵衞拜領屋敷內借地仕、引移候ニ付、此段御屆申上候、以上、□　□

亥十二月十四日、

一、朝鮮種人參御用相勤候ニ付、御褒美銀五枚拜領、

*薬種添書
*七十八味

銀五枚
*人參買上御用出精に付褒美銀

薬種拜領

安永八年十二月

御自分事、御用之儀有之候之間、明十四日四時、
可被致登　城候、以上、

十二月十三日　　戸川山城守

田村元長殿

尚以、右爲御請、今晩中自宅ニ可被相越候、以
上、

右切紙到來之節留守ニ付、歸宅後早々、山城守殿御宅ニ御請ニ
罷越候、

右ニ付、亥十二月十四日、登　城候處、左之通被仰渡候、

朝鮮種人參御用骨折相勤候ニ付、御褒美被下
候、

右於御祐筆部屋御縁頬、周防守（松平康福）殿被仰渡、若年寄
衆侍座、銀五枚拜領仕候、

御禮廻り、先例之通り卽日相廻り候、

亥十二月廿二日、

一、御薬種拜領仕候、

田村元長殿　　戸川山城守（逵和、小普請組支配頭）

申渡候儀有之候間、今晩中自宅ニ可被相越候、以
上、　十二月廿二日

右ニ付、卽刻山城守殿御宅ニ罷出候處、以書付左之通被申渡候、

一九四

表書
酒井石見守（忠休、若年寄）殿御渡候御書付寫　戸川山城守支配　田村元長

御薬種被下候、半井大炊頭（成高、典薬頭）方ニ而可相渡候間、
可請取可被申渡候、

右之通、以書付於山城守殿宅被申渡候、

右御禮も、例之通翌廿三日、於燒火（タキビ）之間、御老中幷若年寄ニ
御禮申上候、

別ニ半井大炊頭宅ニも御禮ニ罷越候、

半井大炊頭ゟ受取候御薬種添書付

御薬種都合七拾八味　　田村元長

總目拾貫三百貳拾六匁

袋數八拾壹　但、紫蘇・香薷・荊芥外袋物

亥十二月廿四日、

一、當秋朝鮮種人參御買上御用相勤候ニ付、爲御褒美銀
七枚拜領仕候、

御自分事、御用之儀有之候間、明廿四日四時、可
被致登　城候、以上、

十二月廿三日　田村元長殿　　戸川山城守（逵和、小普請組支配頭）

猶以、右爲御請、今日中自宅ニ可被相越候、以上、

右ニ付、十二月廿四日、登　城候處、左之通被仰渡候、

當秋野州・奥州筋其外朝鮮種人參御買上御用骨

折相勤候ニ付、拝領物被　仰付候、

右於御祐筆部屋御縁頬、御老中松平右京太夫殿（輝高）被

仰付、若年寄酒井石見守殿（忠休）侍座、銀七枚拝領仕候、

右御禮廻り、例之通御老中・若年寄衆不殘、御用掛御側衆稲葉越中守（正明）殿・横田筑後守（準松）殿、御側御用人水野出羽守（忠友）殿・御用御取次手傳・支配頭・組頭并人參御用掛り頭取岡部河内守（一德、小納戸頭取）殿、御用掛りニも無之候得共、萩原越前守（雄安、小納戸頭取）殿、御祐筆伊藤百助（利恭）へ相廻り候、

*年始登城

銀七枚

*小普請組頭代るに付明細書を出す

*明細書

安永九子年正月三日、

一、田村元長登　城、年始御禮、枳朮丸獻上、

諸事先例之通、但、西丸にも獻上不仕候、

同正月五日、

一、小普請組頭代り候ニ付、明細書神谷與一郎（久武）に出候、

明細書　子正月五日、元長儀、神谷與一郎宅に持參指出ス、

小普請組戸川山城守支配
實子惣領
田村元長
子四拾貳歳

高三拾人扶持　本國和泉
生國武藏

拝領屋敷無御座候、住宅駿河臺鈴木町御小性組鈴木十兵衛（自信）拝領屋敷内借地仕罷在候、

私儀、明和九辰年七月朔日、御目見仕候、安永五申年五月廿二日、父元雄病死仕、同年七月十六日、私儀被　召出、一生之内三拾人扶持被下置、人參製法等之御用父時之通可相勤旨、於躑躅之間若年寄衆侍座、御老中板倉佐渡守（勝清）殿被仰渡、小普請組戸川山城守（逵和）支配ニ罷成［　］

一、祖父　町醫師　田村宗宣倩豐

一、父　御醫師並　田村元雄登

寶暦十三未年、町醫師ニ而罷在候處、新規被召出、御醫師並被　仰付、一生之内御扶持方三

拾人扶持被下置候旨、於躑躅之間、若年寄衆侍座、御老中松平右近（武元）將監殿被仰渡、小普請組高力式部（長昌）支配ニ罷成候、明和八卯年九月廿八日、長谷川久三郎（正脩）支配ニ罷成り、安永三午年正月四日、戸川山城守支配ニ罷成り、安永五申年五月廿二日、病死仕候、

*拝借地抱屋敷書付

一、悴　　實子惣領　田村元慶

安永九子年正月　　田村元長　印 書判

神谷與一郎殿

寛（正休）彌左衛門殿

*拝借地等に町人住居なし

住居書付等を指出す

子二月十三日、

一、支配頭戸川山城守（逵和）ゟ尋ニ付、住居書付・拝借地抱屋敷書付指出ス、

子二月十三日、戸川山城守殿江相支配市岡大藏（正弘）を以而出ス、

住居書付

覺

私儀、拝領屋敷無御座候ニ付、御小性組酒井紀伊（忠聴）守組駿河臺鈴木町鈴木十兵衛（自信）屋敷内借地住宅仕候、家來下〻迄吟味仕候處、町人躰之者長屋内ニも同居等無御座候、依之、以書付申上候、以上、　子

住居内に町人等の同居なし

*眞三稜獻上

二月　田村元長

右同斷、

覺

神田紺屋町三町目

一、拝借地　　六百貳坪餘

是ハ、藥草爲置場父元雄時ゟ拝借仕候、時〻私并家來共見廻り、別段ニ定置候屋敷守無御座候、

東叡山御領豐嶋郡下田端村

一、年貢畑屋敷　御水帳之面貳石貳斗八升五合

但、百姓三右衛門江預置候、

右貳ヶ所地面之内、町人躰之者同居無御座候、

神田紺屋町貳町目

一、私母抱屋敷□

右私母抱屋敷□　□儀□　　□

右之外拝領屋敷・抱屋敷無御座候、□　□月

田村元長

子五月廿二日、

一、眞三稜三株獻上、

子五月十八日、御城江罷出候樣、御小納戸頭取岡部河内守（一徳）殿以書

眞の三稜に付尋ねらる

眞三稜を添へ答ふ

中被仰聞候ニ付、罷出候之處、サキノシリサシノ三稜之葉を河内守殿被見セ候而、是ハ眞之三稜ニ候哉否之旨被相尋候、眞三稜ハ外ニ有之旨及返答候處、左候ハヽ、其譯相認出し候樣ニと御同人被爲仰聞候ニ付、眞三稜大カヤツリ之莖葉相添、同五月十九日、河内守殿ニ指出候書付、

田村元長

黑三稜

三稜之儀、昨日拜見仕候品ハ俗ニ黑三稜と相唱へ申候、尤、三稜ハ根を用候品ニ御座候處、此黑三稜ハ根も至極小ク薬用ニ成兼申候間、下品ニ御座候、

小石川薬園の三稜本草に合はざる所あり

一、小石川御薬園ニ有之候三稜ハ、本草ニ少々合兼候處有之候得共、根ハ大振ニ而、薬用ニ仕候處大概功能有之候、當時薬店ニ通用仕候三稜、多クハ此品ニ御座候、此三稜ハ前書之通、根ハ大振ニ而、見付キハ至極宜御座候間、當時薬店ニ多通用仕候得共、形狀本草ニ少々合兼候處有之、功能も勝候方ニハ無之候間、是ハ中品ニ御座候、

*眞三稜三株の獻上を命ぜらる

*眞三稜おおかやつり三株を獻上

眞の三稜本所邊川端に澤山あり

*吹上奉行宛元長書狀

莖葉を指上ぐ

一、眞三稜上品之物ハ、本所筋之川端ニ澤山ニ有之候、其形狀本草之説と少しも相違無之、功能も至極宜御座候、則此品莖葉少々奉入御覽候、若此三稜御植付ニも相成可申候ハヾ、生草指上申度奉存候、尤、是ハ水草ニ御座候、植付場之儀ハ、鹽入之場所ニ而も、眞水之池ニ而も、水邊ニさへ有之候得ハ宜候、植立候ニも何之手入も無御座、繁茂仕易草ニ御座候、

安永九年五月

右三品之三稜、何れも生葉有之節ハ、根之玉無之樣相見ニ申候、秋ニ□葉枯候節ハ、根之玉之形聢と相分り申候事御座候、以上、

子五月　田村元長

子五月廿□、元長「　」御城ニ可罷出旨、河内守殿「　」廿一日、御城へ罷出候處、左之通被仰渡候、

眞三稜貳三株指上可申候、尤、直ニ吹上御役所ニ可相廻旨、於陰時計之間、岡部河内守（一徳）殿を以、御用御取次御側衆稻葉越中守（正明）殿被仰渡候、尤、直ニ吹上御役所ニ可相廻旨、岡部河内守殿被仰渡候、

子五月廿二日、眞三稜ヲ、カヤツリ三株、但、壹株つゝ鉢植ニ付、三鉢吹上御役所ニ相廻し候、

以手紙啓上仕候、向暑之節彌御安泰御勤被成、珍重御事奉存候、然ハ、岡部河内守殿被仰聞候ニ付、眞三稜三株爲持、其御役所ニ相廻し申候、御請取

植付の方法

御祝儀能拝見組頭書状*

規式の節の御能拝見の有無吹上奉行書状*

三稜を受領

安永九年九月

可被下候、尤、貴公様方ニも、定而御同人ゟ右之趣御談有之候儀と奉存候、此草ハ水草ニ而御座候付、御植付被成候ハヽ、水之深サ四五寸位ゟ壹尺内外之水中ニ御植付被成宜御座候、尤、當時莖立高く罷成居候間、御植付被成候上、風負仕候儀も可有之哉ニ奉存候、左様御座候ハヽ、御切詰被成候事宜御座候、能根付候得ハ、莖立高く相成候而も風負も不仕候得共、此節新規ニ御植付被成候ハヽ、風負仕候儀も可有之哉と奉存候、此段申上候、右可得貴意、如此御座候、以上、

五月廿二日　田村元長

右切封し上書

河合幸右衛門様（邑昌、吹上奉行）

金子彦八郎様（眹富、同右）

明樂忠藏様（允武、同右）

河合幸右衛門

金子彦八郎

明樂忠藏

田村元長様

御手紙拝見仕候、如仰向暑之節、彌御安泰被成御勤、珍重奉存候、然ハ、岡部河内守殿ゟ御掛合有之候眞之三稜三株御廻被成、請取申候、此御事河内守殿ゟ御掛合有之候間、兼而承知罷在候、且、右三稜水草ニ有之候付、水深サ四五寸位ゟ壹尺内外之水中ニ植付候様、尤、莖立高ク有之候ニ付、風負之程も難計御座冂　凵候ハヽ切詰候冂

凵根冂

凵可得御意、如此御座候、以上、

右三稜之義、幾日比吹上ニ相廻し候哉之旨冂　凵日河内守殿ゟ以書冂　凵相廻し候段、返書ニ申進候事、

子九月十五日、

一、御轉任御祝儀之御能、拝見被　仰付候、

田村元長様　神谷與一郎（久武、小普請支配組頭）

以手紙致啓達候、然ハ貴様儀、此度之様成御規式之節、御祝儀幷御能拝見ニも罷出候事ニ候哉否、書付被致今日中ニ御指出可有之候、右可得御意如此御座候、以上、

九月五日

子九月五日、當番ニ付、使を以而神谷與一郎ニ三通出ス、本紙半切・上包美濃折掛

表書

書付　田村元長

私儀、此度之様成御規式之節、御祝儀幷御能拝見

元雄の時より拝見す

ニも罷出候事ニ候哉否、御尋ニ御座候、先達而亡
父元雄時、安永五申年五月十九日、日光　御社參
相濟候爲御祝儀御能有之候節、拜見被　仰付候、
其外御能之節も亡父時ゟ拜見ニ罷出來り候、恐悅
幷御機嫌伺等惣出仕之節も、亡父元雄時ゟ罷出來
り候、尤、惣出仕等之節も、御製法所御用向取込

*料理頂戴

候砌ゟ、不罷出儀も御座候、御尋ニ付此段奉申上
候、以上、

九月五日　　　　田村元長

田村元長殿　　　　戸川山城守(逵和、小普請組支配頭)

御轉任御祝儀能
*御轉任御祝儀惣出仕

今度　御轉任之爲御祝儀、明十五日・明後十六日、
御能有之、見物被　仰付候、依之御自分儀、明十
五日、御能爲拜見、五時登　城可被致候、以上、

九月十四日

猶以、右御禮之儀ゟ、來十八日、御老中方・水野
出羽守殿(忠友、側用人)、若年寄鳥居丹波守殿(忠孝)・酒井飛驒守殿(忠香)江
可被相廻候、

*精勤に付褒美銀

戸川山城守様　　　　田村元長

元長請書

御切紙拜見仕候、然ゟ、今度御轉任之爲御祝儀、

安永九年十二月

明十五日・明後十六日御能有之、見物被　仰付候
ニ付、私儀、明十五日、御能爲拜見五時登　城可
仕旨、奉畏候、難有仕合奉存候、右爲御請、如是
御座候、以上、　九月十四日

猶以、右御禮之儀ゟ、來十八日、御老中方・水
野出羽守殿、若年寄衆鳥居丹波守殿・酒井飛驒
守殿江參上可仕旨、奉畏候、以上、

右ニ付、九月十五日、御能拜見仕、御料理頂戴仕候、同月十八日、
前書之通御禮ニ相廻る、夫ゟ支配頭幷組頭兩人江も相廻り候事、

子九月十三日、

一、御轉任御祝儀ニ付惣出仕ニ付、出仕候事、
前晩、戸川山城守殿(逵和)ゟ今日惣出仕之儀、逵書來ル、

子十二月十四日、

一、朝鮮種人參御用相勤候ニ付、爲御褒美銀五枚拜領仕
候、

御自分事、御用之儀有之候間、明十四日四時、登
城可被致候、以上、

十二月十三日　田村元長殿　　戸川山城守(逵和、小普請組支配頭)

年*始登城

短*尺書付親類増減書付指出

短*尺書付

親*類増減書付

元*東養子

安永十年正月・三月

子十二月十四日五時比、登　城、

朝鮮種人參御用骨折相勤候ニ付、御褒美被
下之旨、於御祐筆部屋御縁側、若年寄衆侍
座、御老中松平右京太夫殿（輝高）被仰渡、銀五枚
拝領仕候、

右ニ付御禮廻り、例之通り、

安永十丑年正月三日、

一、田村元長登　城、年始御禮、枳朮丸獻上、

諸事先格之通、

丑三月十五日、

一、支配頭戸川山城守（逵和）江、短尺書付并親類増減書付指出
候、

子三月十五日、相支配使を以亀田峯之助（三興）方へ遣ス、

本紙程村
大サ如此、

上包美濃折掛

上包
表書

短尺書付　　田村元長

但、此短尺書付も壹枚也、

ヤ

拝領屋敷無之、
家紋左巴、

町醫師　祖父田村宗宣　當時駿河臺鈴木町鈴木
御醫師並　父田村元雄　十兵衛方借地住宅仕候、

高三拾人扶持

本國和泉
生國武藏

實子惣領
田村元長

坂上性
善之印
丑歳四拾

實子惣領田村元慶

安永五申年七月十六日被
之間若年寄

人參用

組戸川

本紙半切・上包折掛
三通

表書
親類遠類増減書付　　田村元長

覺

私父田村元雄次男
田村元東事（昌藏）
栗本元格

平四郎出生

右安永七戌年二月十五日、御奥醫師栗本瑞見(昌友)方に養子ニ指遣候、則、右當日書付を以而御居申候、

田村元長三男
田村平四郎

右安永八亥年十月十七日、出生仕候、則、右當日書付を以御屆申上候、

右增減、書面之通ニ御座候、其外も先達而指出置候親類書・遠類書之通、增減無御座候、以上、

丑(三)二月　田村元長

人參買上御用

丑七月十日、

一、野州・奥州・信州筋其外朝鮮種人參御買上御用ニ付、御暇被　仰付、金貳枚拜領仕候、

奉書來る

丑七月九日、使ニ而來ル、

御自分事、御用之儀有之候間、明十日四時、可被致登　城候、以上、

七月九日　田村元長殿　戸川山城守(逵和、小普請組支配頭)

猶以、右爲御請、今晩自宅に可被相越候、已上、

右奉書到來之節、元長留守ニ付、家來ゟ請取書遣之、即今晩元長義、御請ニ罷越候、

天明元年七月

丑七月十日、登　城候處、左之通被仰渡候、

朝鮮種人參御買上御用ニ付、野州・奥州・信州筋其外に罷越候ニ付、御暇拜領物被　仰付□　□御祐筆部屋御緣□　□若年寄石見守(酒井忠休)侍座、□　□拜領仕候、

右ニ付爲御禮、西丸に上り謁有之、□(一德)□西丸共不殘御用掛御小納戸頭取衆ニ而岡部河内守殿・萩原越前守殿(雄安)、支配頭幷組頭兩人に相廻り候、

右當日、御製法所當番ニ付、同役植村左平太(政養)賴合、御禮廻り□　□直ニ御役所へ出番致し候、

*元長願書

七月十日、元長儀、戸川山城守殿御宅に持參候而、願書指出し候處、御同人被請取候間、寫貳通組頭寛(正休)彌左衛門に持參指出し候、

本紙程村竪紙
上包美濃折掛包

願書　田村元長
上包表書

*日光拜禮願

奉願候覺

私儀、此度朝鮮種人參御買上爲御用、日光　御山内に茂罷越候ニ付、　御宮　御靈屋拜禮仕度奉願候、以上、

天明元丑年七月　田村元長書判

戸川山城守殿　組頭にも組頭兩名當、認方例之通、

江戸出立日限之義、丑七月十日、元長持參、戸川山城守殿に壹通、

天明元年七月

出立日限届

組頭に貳通共覧彌左衞門に持參指出ス、

本紙半切・上包美濃折掛包　表書　御屆　田村元長

私儀、此度野州・奥州筋其外に朝鮮種人參御買上御用ニ付、江戸出立日限、來ル十七日明六時ニ相極候間、此段御屆申上候、尤、當朝又ヾ御屆可申上候、以上、　七月十日　田村元長

*元長請書

道中諸入用金手形、丑七月十日、御勘定所へ指出し、裏印濟、同七月十二日、御金藏ゟ御金請取候、

道中入用金請取手形
*日光拝禮許さる

請取申金子之事

合金六拾兩ハ、　内貳拾兩歩判

右ハ、朝鮮種人參根御買上御用ニ付、野州・奥州筋其外に罷越候ニ付、爲諸入用請取申所、仍如件、

天明元丑年七月　小普請組戸川山城守支配　田村元長印

栢植又左衞門殿（永隨、御金奉行）

横瀨源左衞門殿（貞能、同右）

猪俣庄右衞門殿（範英、同右）

右御金請取方之儀ハ御⌈　⌋

支配頭達書

田村元長殿　戸川山城守

申渡候儀有之候間、明十四日⌈　⌋可被相越候、

以上、　七月十三日

戸山城守様　田村元長

御剪紙拝見仕候、然ハ、被仰渡候御儀有之候間、明十四日晝時、尊宅に參上可仕旨、被仰下候通奉畏候、爲御請、如此御座候、以上、

七月十三日

丑七月十四日、戸川山城守殿御宅ニおゐて左之通被仰渡候、

御自分事、此度御用ニ付日光　御山内にも罷越候付、　御宮　御靈屋拜禮願之趣、御用番右京大夫（松平輝高、老中）殿に相伺候處、御附札を以、伺之通御同人被仰渡候、依之申渡候、御禮廻り、先格之通可被相心得候、

右之通戸川山城守殿被仰渡候而、御禮廻り先例ニまかせ、左之通相廻り候、

御禮廻り、戸川山城守殿にハ立歸り御禮、夫ゟ御本丸御老中不殘、若年寄衆にも、御用番且人參御掛りニ付石見守殿（酒井忠休）に計罷越候、夫ゟ御用掛御側衆・御側御用人并岡部河内守殿（一德、小納戸頭取）・萩原越前守殿（雄安、同上）・組頭兩人に相廻り候、

出立延引届

川支に付

丑七月十七日、使者を以、戸川山城守殿并組頭寛彌左衞門に出ス、

朝鮮種人參御買上御用ニ付、明十七日、江戸出立仕候旨、此間御屆申上置候處、此節千住道中筋川支ニ付、明日出立之儀延引仕候、依之此段奉申上候、以上、

七月十六日　田村元長

出立届

丑七月十七日、書付を以而戸川山城守殿并組頭寛彌左衞門に、明十八日晝時、江戸出立仕候旨、使者ニ而屆申候、

丑七月十八日、使者を以屆書戸川山城殿并「　」

私儀、此度野州・奥州「　」晝時江戸出立仕候、依之、「　」田村元長

先觸*

道中供人數竝に道具目録

此度道中供人數并諸道具左之通

士兩人　内　石井丹司　是ハ用人兼帶、
　麻羽織壹ツ、股引壹ツ、
　木綿一重物壹ツ、外ニ有合黑ちりめん、一重羽織、三尺手拭、
金貳分
　栗原周藏
　麻羽織一ツ、股引一ツ、
金貳分

中間壹人　金貳分

長刀持雇壹人金壹兩　かし羽織

駕籠舁四人　千住迄　千住ゟ人足四人掛り、

藥箱持壹人　千住迄　日光ニ而拜禮之節雇中間ニ而用ゆ、

天明元年七月

挾箱持壹人　同斷　尤、其外道中ハ、兩かけ分持ニいたし、人足壹人持、

合羽籠持貳人同斷

長持壹棹　千住ゟ人足貳人掛り

本馬壹疋　但、傳馬所へ之馬觸ハ御役所ゟ出ス、

丑七月十七日、千住宿問屋に爲持遣ス、

御用
先觸　田村元長内
石井丹司

武州千住宿ゟ宇都宮通り
野州河内郡中里村迄
右宿々村々問屋
名主中
年寄

覺　田村元長

一、賃傳馬壹疋

一、賃人足七人　但、駕籠人足・長持人足共、

右ハ、田村元長儀、此度朝鮮種人參御買上爲御用、野州河内郡中里村迄罷越候ニ付、明十八日晝時、江戸出立被致候間、書面之人馬無滯可被差出候、尤、川之渡船場等有之候ハヽ、猶又差支無之樣可被致候、此先觸無遲滯繼送り、留りゟ田村元長旅宿に可被相返候、以上、

丑七月十七日　田村元長

「　」

泊付

天明元年七月
泊付
七月十八日　粕壁（武藏南埼玉郡）
同十九日　古河（下野西葛飾郡）
同廿日　宇都宮（同右河内郡）
同廿一日　中里村（同右河内郡）
右泊り付之通り、上下六人、御定之木錢米代相拂
止宿被致候間、旅宿壹軒可被申付候、以上、

歸府届

丑九月廿九日、戸川山城守殿并組頭兩人ニ銘々元長持參指出ス、
本紙半切・上包美濃折掛
表書
御届　田村元長
私儀、當七月十八日、江戸出立仕、野州・奥州筋
其外ニ朝鮮種人參御買上爲御用罷越候處、右御用
相濟、今廿九日、江戸歸府仕候、依之御届申上候、
以上、　九月廿九日　田村元長

九月二十九日
著

組頭代るに付
明細書指出す

丑七月十五日、
一、小普請組組頭森川七郎右衛門（扶勝）ニ明細書指出シ候、
組頭代り候ニ付、丑七月十五日、森川七郎右衛門ニ使者を以指出ス、

明細書

二〇四
小普請組戸川山城守支配
實子惣領
田村元長
丑四十三歳

高三拾人扶持　本國和泉　生國武藏
拝領屋敷無御座候、
住宅駿河臺鈴木町小普請組嶋田彈正（政彌）支配鈴木
岩五郎（自受）拝領屋敷内借地仕罷在候、
私儀、明和（九脱カ）辰年七月朔日、　御目見仕候、安永
五申年五月廿二日、元雄病死仕、同年七月十六
日、私儀被　召出、一生之内三拾人扶持被下之、
人參製法等之御用、父時之通可相勤旨、於躑躅
之間若年寄衆侍座、御老中板倉佐渡守（勝清）殿被仰渡、
小普請組戸川山城守（逵和）支配ニ罷成候、
一、祖父　元町醫師　田村宗宣倩豐
一、父　田村元雄登
寶暦十三未年、町醫師ニ而罷在候處、新規被召
出、御醫師並被仰付、一生之内御扶持方三拾人
扶持被下置候旨、於躑躅之間、若年寄衆侍座、
御老中松平右近將監（武元）殿被仰渡、小普請組高力式
部（長昌）支配ニ罷成、明和八卯年九月廿八日、長谷川久
三郎（正脩）支配ニ罷成り、安永三午年正月四日、戸川
山城守支配ニ罷成り、安永五申年五月廿二日、
病死仕候、

一、悴

天明元丑年七月

森川七郎右衛門殿（快勝）

寛　彌左衛門殿（正休）

實子惣領　田村元慶

田村元長印 書判

*支配頭逢對日歸府御目見

丑十月十五日、

一、歸府　御目見被　仰付候、

*年三回逢對日

丑九月廿九日、組頭寛彌左衛門（正休）江三通共ニ出ス、

本紙程村竪・上包美濃（紙脱カ）折掛

表書
願書　田村元長

歸府御目見願

奉願候覺

私儀、當月廿九日、野州筋ゟ歸府仕候ニ付、御序之節歸府之　御目見被　仰付被下候樣奉願候、以上、

*當番に付逢對日に出られず

天明元丑年九月　田村元長書判

戸川山城守殿（逵和、小普請組支配頭）　外貳通も組頭兩名當都合三通、

奉書

御自分事、明十五日、　御目見之御序有之候間、六半時、可被致登　城候、若病氣指合等候ハヽ、自宅に以名代可被申聞候、以上、　十月十四日

*親類增減書付

田村元長殿　戸川山城守

天明元年十月・十二月

猶以、右爲御請、今日中自宅に可被相越候、以上、

丑十月十五日、登　城候處、於羽目之間□　□

御目見被　仰付候、爲御禮□　□

御取次御側衆・御小納戸□　□

丑十二月六日、

一、支配頭逢對ニ付可罷出候處、當□　□書付を以□

此已後、二月六日・七月六日・十二月六日、戸川山城守殿（逵和、小普請組支配頭）御相對日ニ付可罷出候、若指合等候ハヽ、其段右當日以書付、戸川山城守殿に可相届旨、相支配世話役龜田峯之助（三興）申聞候ニ付、丑十二月六日、戸川山城守殿に書付を以而使者ニ而指出ス、同日、月番組頭森川七郎右衛門（快勝）に壹通指出ス、

覺

今六日、納御逢對日ニ付罷出可申候處、當番ニ御座候ニ付、罷出不申候、依之以書付申上候、

以上、

十二月六日　田村元長

丑十二月六日、

一、親類增減之儀、書付指出ス、

三通共月番組頭森川七郎右衛門（快勝）へ、使者を以指出ス、

借地主病死に付届く*

覺

私親類・遠類之儀、先達而申上置候通増減無御
座候、以上、　丑十二月　田村元長

精勤に付褒美銀

丑十二月十四日、
一、朝鮮種人參御用相勤候ニ付、御褒美銀五枚拜領仕候、
御自分事、御用之儀有之候間、明十四日四時、登
城可被致候、以上、
十二月十三日　田村元長殿　戸川山城守
猶以、右爲御請、今晩中自宅江可被相越候、以上、
右剪紙到來之節、元長留守ニ付、家來ゟ請取書指出し、夫ゟ
元長義、爲御請山城守殿江罷越候、

人參買上竝に増買上御用に付褒美銀*

丑十二月十四日、元長登　城候處、被仰渡左之通、
朝鮮種人參御用骨折相勤候ニ付、御褒美被下候
之旨、於御祐筆部屋御緣側、若年寄衆侍座、御
老中松平周防守(康福)殿被仰渡、銀五枚拜領仕候、□

銀五枚拜領

□濟候而□　　□

奉書*

丑十二月廿日、

一、當時住宅地主病死□　　□候ニ付、其□
□屆書付出し候、
丑十二月廿日、支配頭戸川山城守殿(逵和)江屆書三通共、月番組頭森
川七郎右衛門(快勝)江、使者を以而指出し候、
表書　御屆　　田村元長
當時私住宅借地主駿河臺鈴木町御小性組鈴木十兵(自信)
衛儀、當五月三日、病死仕、右十兵衛養子岩五郎(自受)
儀、當七月八日、家督被　仰付、小普請組嶋田彈(政彌)
正支配江入申候、依之當時私住宅之儀、右小普請
組嶋田彈正支配鈴木岩五郎地面ニ御座候間、此段
御屆奉申上候、以上、
十二月廿日　　田村元長

丑十二月廿二日、
一、當秋朝鮮種人參御買上御用相勤候ニ付、御褒美銀七
枚拜領、幷同斷增御買上相勤候ニ付、御褒美銀貳枚
拜領仕候、
丑十二月廿一日、元長儀御製法所當番之節、(戸川逵和、小普請組支配頭)山城守殿ゟ之使、
御製法所江來ル、
御自分儀、御用之儀有之候間、明廿二日四時、

*臨時増買上御用に付銀二枚拜領

元長請書

銀七枚拜領

登　城可被致候、以上、
十二月廿一日　　田村元長殿　戸川山城守
猶以、右爲御請、今日中自宅に可被相越候、已上、
御剪紙拜見仕候、然ハ私儀、御用之儀御座候間、
明廿二日四時、登　城可仕旨、奉畏候、以上、
「　　」
猶以、右爲御請、今晩御宅に罷出候樣被仰下、
是又奉畏候、以上、
丑十二月廿二日、登「　　」
朝鮮種人參御買上爲御用、野州・奥州・信州「
」骨折候付、御褒美被下之旨、於御
祐筆部屋御緣頬、石見守殿(酒井忠休、若年寄)侍座、御老中格加判
之列御勝手掛水野出羽守(忠友)殿被仰渡、銀七枚拜領
仕候、
同斷增御買上御用相勤候ニ付、別段ニ拜領物
被　仰付候旨、

同斷臨時增御買上御用骨折候ニ付、別段御褒美
被下之旨、於御祐筆部屋御緣頬、若年寄酒井石
見守殿侍座、水野出羽守殿被仰渡、銀貳枚拜領
仕候、

右ニ付、西丸に御禮ニ上り候處、謁有之、夫ゟ御老中・若
年寄衆西丸共不殘、御用御取次御側衆、御小納戸頭取衆ニ
而岡部河内守(一德)殿・萩原越前守(雄安)殿、支配頭・組頭兩人に相廻
る、尤、右被仰渡兩ニ付、御老中方其外共立返りニ□兩度
ニ御禮申置候事、但、西丸謁ハ、常之通一度ニて相濟候、

年始御禮*

支配頭初逢對御扶持方請取手形書式*

當番に付断る*

御禮物出仕*

老中書付*

天明四甲辰歳正月（マヽ）
天明九己酉歳二月三日改元寛政

万年帳　巻三

表書　御扶持方請取手形　田村元長

請取申御扶持方之事

（朱線）米合四石三斗五升者、但三拾人扶持也、

右是者、當午十一月小之分請取申所實正也、仍如件、

天明六午年閏十月　人参御用相勤候ニ付勤仕並 小普請組 中坊金藏支配 田村元長

伊庭惠兵衞殿
中根權六郎殿
榊原小兵衞殿

表書　御扶持方手形請取　田村元長

覺

一、御扶持方手形　壹通

右者、御裏印相濟奉請取候、以上、

午閏十月　田村元長印

天明貳壬寅年正月三日、

一、元長善之登　城、年始御禮、枳朮丸獻上、西　御丸同斷、

寅二月六日、

一、支配頭初逢對之斷書指出、

寅二月六日、使者を以而、小普請組支配頭戸川山城守（逵和）江壹通、月番組頭寛彌左衞門（正休）江壹通出ス、

本紙半切・上包折掛

覺

今六日初御逢對ニ付罷出可申候處、當番ニ御座候ニ付罷出不申候、依之以書付申上候、以上、

二月六日　田村元長

寅三月十五日、

一、若君様（徳川家齊）御元服・御官位相濟、御禮物出仕之節罷出候事、

松平周防守（康福、老中）（行）殿被成御渡被成候御書付寫、組頭森川七郎右衞門（快勝）ゟ來る、

徳川家齊元服官位濟む

*製法所御用に付西丸へ廻らず

御禮惣出仕

西丸へも出仕

病*氣

病*氣届

腫*物

快*氣届

惣出仕日限

若君様御元服・御官位相濟、御禮被爲　請候間、
万石以上之面々、父子共無官ニ而も年始登　城
之分幷三千石以上之面々、
(徳川家治)公方様　若君様に以御太刀目錄御禮可申上候、
此外、年始・八朔ニ御禮ニ出候分可罷出候、尤
熨斗目給長袴可爲着用候、但、諸番方ハ一組ゟ壹兩人つゝ可罷出候、
一、右之節登　城之面々、御禮廻爲御祝儀西丸に出
仕、夫ゟ老中丹波守(鳥居忠孝)・出羽守(水野忠友)、御本丸・西丸若年寄
に可相廻候、且病氣幼少隱居之面々も、月番之
老中丹波守に使者可指越候、但、御番方も頭之宅に可相越候、
右之通可被相觸候、日限之儀も、追而可相達候、
三月

田村元長殿　戸川山城守(逵和、小普請組支配頭)

被仰出候御書付寫壹通相達候、右ニ付登　城之儀
も先格之通可被相心得候、以上、四月十四日　猶
以、先達而出候御書付も、組頭衆ゟ被相達候と存
候、以上、　此御請返書、山城守殿に進る、

松平周防守(康福、老中)殿御渡候御書付寫
御元服　御官位相濟候付而御禮　四月十五日
天明二年四月

一、表向五半時揃　右之通可被相觸候、
右ニ付、寅四月十五日、登　城仕、
公方様　大納言(徳川家齊)様に　御目見仕候、夫ゟ西丸に上り、且廻勤可仕
處、御製法所御用向有之候ニ付、御本丸御禮相濟候上、直ニ退出
仕、御製法所に罷出候、

寅四月十六日、

一、元長病氣届之事、
寅四月十六日、(以カ)□使組頭森川七郎右衞門(快勝)に壹通指出候、七郎右
衞門指圖ニ付、以使戸川山城守殿(逵和、小普請組支配頭)に壹通指出し候、當時組頭壹人
ニ付、右貳通ニ而相濟候、

御届　田村元長

私儀、腫物ニ而寒熱强相煩候ニ付、御製法所詰番
御斷申上引込申候、依之御届申上候、以上、四
月十六日　田村元長
右引込御届書之儀、奥向にも岡部河内守(一徳、小納戸頭取)殿を以而、同役植村
左平太(政養)上ル、表向出羽守(水野忠友、老中)殿・石見守(酒井忠休、若年寄)殿にも、御用部屋伊覺を
以而左平太上ル、

御届　田村元長

私儀、病氣快氣仕、今日ゟ出勤仕候間、此段奉申
上候、以上、五月四日　田村元長
右出勤御届、戸川山城守殿幷組頭森川七郎右衞門・能勢又十(頼廉)

明細書提出
組頭代るに付
倅*
藥品會*
小納戸頭取へ届く*
躋壽館藥品會主品目次*
祖父
父元雄

天明二年五月

郎ニ銘壹通つゝ、元長持參指出ス、奥向へ河内守殿を以而元長上ル、石見守殿ニ御用部屋坊主三折を以而上ル、出羽守殿ニも指上候ニ不及候、已後共左様ニ相心得候様、三折申聞ル、

寅五月四日、

一、小普請組組頭ニ明細書指出候、

組頭代り候ニ付、此度之組頭能勢又十郎(頼廉)ニ元長持參、指出候、

明細書

小普請組戸川山城守(逵和)支配
實子惣領
田村元長
寅四拾四歳

高三拾人扶持 本國和泉 生國武藏

拝領屋敷無御座候、

住宅駿河臺鈴木町小普請組嶋田彈正(政彌)支配鈴木岩五郎(自受)拝領屋敷内借地仕罷在候、

私儀、明和九辰年七月朔日 御目見仕候、安永五申年五月廿二日、父元雄病死仕、同年七月十六日、私儀、被 召出、一生之内三拾人扶持被下置、人參製法等之御用父時之通可相勤旨、於躑躅之間若年寄衆侍座、御老中板倉佐渡守(勝清)殿被仰渡、小普請組戸川山城守支配ニ罷成候、

一、祖父 元町醫師 田村宗宣 死

一、父 田村元雄 死

寶暦十三未年、町醫師ニ而罷在候處、新規被召出、御醫師並被 仰付、一生之内御扶持方三拾人扶持被下置候旨、於躑躅之間若年寄衆侍座、御老中松平右近將監(武元)殿被仰渡、小普請組高力式部(長昌)支配ニ罷成、明和八卯年九月廿八日、長谷川久三郎(正脩)支配ニ罷成、安永三午年五月四日、戸川山城守(逵和)支配ニ罷成、安永五申年五月廿二日、病死仕候、

一、悴 實子惣領 田村元慶

天明二寅年五月 田村元長 印 書判

能勢又十郎殿

森川七郎右衛門(快勝)殿

寅五月四日、

一、藥品會之儀、御小納戸頭取衆相達候、

寅五月四日、於 御城、御小納戸頭取岡部河内守(一德)ニ元長出ス、

本紙半切紙、

寅五月九日、躋壽館藥品會 主品目次

無名異和漢二種 爐耳石和産 芒消和産 凝水石

薰陸卽乳香 琥珀二種 肉蓯蓉和漢二種 細辛二種

杜衡二種 防風二種 珊瑚菜 地黄二種

元長出品

*主品百種その外客品あり

*醫學館に於て催す

*諸書類を組頭へ提出

木香　眞三稜　黑三稜　芫花
鼠麴草　蕘花　麻黄　接續草
使君子　木通　百部二種　土茯苓漢種
山豆根　薏苡　粳糯　秦椒
蜀椒　木瓜　眞枸杞　枸棘
柏　叢柏　楓　雷丸和漢二種
眞珠四種各附其珠母　羚羊角　右五十種　醫員田村元長
阿膠　沈香　右二種　醫官栗本元格
肥皀夾〔莢〕　猪牙皀莢　右二種　醫官岡　了節
龍虱　疎節竹　砂挼子　甘草紅毛産　右四種　中川淳庵
土茯苓和産　鐵樹　右二種　井上貞才
番紅花　南五味子　北五味子　楓香脂　檀樹
右五種　桐山正哲
白微　白前和漢三種　酸筝　右五種　須河東伯
漏盧　鼠尾草　右二種　岡西養亭
大青　風鳥　右二種　大八木伯元
威靈仙蔓生特生二種　右二種　五味元潤
溲疏二種　都夷香　右三種　白井貞庵
石綠　扁青　木香花　右三種　高井東雲
木蘭　玉蘭　右二種　田中順貞

天明二年六月

蜘蛛香　蠶繭草　梹榔木　右三種　服部玄忠
六一泥　梹榔子　大腹子　右三種　大澤宗哲
胡盧巴　王不留行　右二種　市井元珉
方竹　劉寄奴草　右二種　堀越元碩
石韋　右一種　澁江元庵
貝母　右一種　藍川通青
杜松　右一種　原　仲熊
茉利　蔄茹　萬年青　右三種　藤澤壽三

通計百種爲主品、當日諸子所携來者爲客品、
右ハ去夏中薬品會仕候振合之通、當五月九日、於醫學館藥品會仕候付、此段御兩所様迄申上置候、以上、

寅四月　田村元長

岡部河内守様
萩原越前守様（雄安、小納戸頭取）

寅六月七日、
一、組頭能勢又十郎（頼廉）江諸書出候、
寅六月七日、小普請組頭能勢又十郎江左之通書付出ス、但、四月之月附ニ而世話役龜田峯之助（三興）方江使を以遣ス、

親類書*

父方*
先祖書

天明二年六月

先祖書　屋敷書付　亡父ゟ以來御咎無之書付
親類書　諸願無之書付　拜借金無之書付　印
遠類書　鑑

寅六月組頭能勢又十郎へ出シ候（先祖）親類書

高三拾人扶持　本國和泉　生國武藏　小普請組戸川山城守支配　田村元長善之

坂上性　家紋左巴

先祖書

一、高祖父　本國和泉　生國和泉　田村太郎兵衛宗利

譯書ハ、安永七戌年五月、戸川山城守殿江出候先祖書之通、

一、曾祖父　本國和泉　生國和泉　田村正玄政淸

譯書右同斷、

一、祖父　本國和泉　生國武藏　田村宗宣倆豐

譯書右同斷、

一、父　本國和泉　生國武藏　田村元雄登

譯書右同斷、

天明二寅年四月　田村元長印 書判

能勢又十郎殿（頼廉、小普請組頭）

森川七郎右衛門殿（快勝、同右）

寅六月組頭能勢又十郎江出候親類書

高三拾人扶持　本國和泉　生國武藏　小普請組戸川山城守支配　實子惣領　田村元長　寅四拾四歳

拜領屋敷無御座候、

住宅駿河臺鈴木町小普請組嶋田彈正（政彌）支配鈴木岩五郎（自受）拜領屋敷内借地住宅仕候、

譯書ハ、安永七戌年五月、戸川山城守殿江出し候親類書之通、

親類書

父方

一、祖父　父田村正玄病死仕、父之醫業相續仕町醫ニ而罷在、寛延元辰年十月十九日、病死仕候、　私曾祖父田村正玄死惣領　田村宗宣死

一、祖母　堀長門守家來　櫻井佐五右衛門死娘死

譯書ハ、戌五月、山城守殿江出し候通、

一、父　私祖父田村宗宣死養子　田村元雄死

一、母　元町醫師　私祖父　田村宗宣死娘

一、妻　榊原式部太輔醫師　蟹江杏庵死娘

一、實子惣領　田村元慶

一、次男　榊原式部太輔家來　蟹江元右衛門養子　蟹江吉之丞

一、三男　田村平四郎　私手前ニ罷在候、

一、娘　壹人　私手前ニ罷在候、

一、弟　奥御醫師栗本瑞見（昌友）養子　栗本元格（昌臧）

遠類書*

一、甥　私弟栗本元格惣領（昌大）　栗本亥之吉

一、甥　私弟栗本元格次男　栗本八十九郎

母方

一、叔母　先達而紀州殿醫師河毛松貞方江遣候處、其後不縁ニ而罷歸り候、　私祖父田村宗宣死娘　壹人　私手前ニ罷在候、

父實方

父之實方

一、祖父　元小普請方棟梁　大谷出雲死

一、祖母　元御作事方棟梁　甲良豊前死娘死

一、從弟　一橋奥詰小十人格　私伯父之續大谷立佐死惣領　大谷十郎右衛門

縁者

縁者

一、舅　榊原式部太輔醫師　蟹江杏庵死

一、姑　浪人　近藤治太夫死娘

一、小舅　榊原式部太輔家來　私舅之續蟹江杏庵死惣領　蟹江元右衛門

右之外近キ親類無御座候、以上、

天明二寅年四月　田村元長印書判

能勢又十郎殿

森川七郎右衛門殿

寅六月組頭能勢又十郎江出し候遠類書

天明二年六月

小普請組戸川山城守支配
實子惣領田村元長

遠類書

母方

一、大叔父　土井能登守家來　養父小田部直兵衛死私續無御座候、實父櫻井佐五右衛門死私續無御座候次男　小田部彌次右衛門

［下札安永七戌五月戸川山城守殿江出候通］

一、從弟違　堀淡路守家來　私大叔父之續櫻井九郎兵衛死惣領　櫻井九郎兵衛

父之實方

一、從弟違　小普請方棟梁　私從弟之續大谷大和死惣領　大谷善次郎

右之外遠類無御座候、以上、

天明二寅年四月　田村元長印書判

能勢又十郎殿

森川七郎右衛門殿

屋敷書付*

寅六月、組頭能勢又十郎江出ス、
本紙程村竪紙・上包美濃折掛包　表書　屋敷書付　田村元長

覺

一、私儀、拜領屋敷無之候、

拜借地*

一、神田紺屋町三町目南側六百貳坪餘之拜借地壹ヶ所

此拜借地壹ヶ所、藥草置場ニ御座候、

畑屋敷*

一、東叡山御領下田端村名主忠兵衛支配之内御水帳

天明二年六月

之面高貳石貳斗八升四合之年貢畑屋敷壹ヶ所

此畑屋敷壹ヶ所、藥園ニ仕置候、

町屋敷

一、神田紺屋町貳町目北側西角ゟ五軒目表間口拾壹

間四尺・裏行町並貳拾間之町屋敷壹ヶ所

此町屋敷壹ヶ所、私母抱屋敷ニ御座候、

町屋敷

一、神田紺屋町三町目西角ゟ三軒目表間口四間貳尺

*拜借金無之書付

三寸七分五厘・裏行町並貳拾間之町屋敷壹ヶ所

此町屋敷壹ヶ所、私悴田村元慶抱屋敷ニ御

座候、

住宅

一、當時私住宅之儀ハ、駿河臺鈴木町小普請組嶋田

彈正（政彌）支配鈴木岩五郎（自受）拜領屋敷内借地住宅仕候、

右拜借地・抱屋敷・借地、書面之通御座候、其外

*諸願無之書付

家來ニ至迄所持之屋敷等無御座候、

天明二寅年四月　　　田村元長 印書判

能勢又十郎殿

森川七郎右衛門殿

*印鑑

給無之書付

寅六月、組頭能勢又十郎に出ス、本紙程村竪紙・上包折掛

表書　御給無之書付　　田村元長

覺

一、私父田村元雄、新規被　召出候後、父私遠慮・

逼塞・閉門其外御咎之儀無御座候、以上、天明

二寅年四月　　田村元長書判

能勢又十郎殿

森川七郎右衛門殿

寅六月、組頭能勢又十郎に出ス、本紙程村半切・上包折掛ヶ

表書　拜借金無之書付　　田村元長

覺

一、私儀、諸拜借金仕候儀無御座候、以上、

四月　　田村元長

寅六月、組頭能勢又十郎に出ス、本紙半切程村・上包折掛

表書　諸願無之書付　　田村元長

覺

一、私儀、諸願書申上置候儀無御座候、以上、

四月　　田村元長

寅六月、組頭能勢又十郎に出ス、本紙程村（マヽ）　本紙程村かねざし

横貳寸

印鑑○　　田村元長

竪九寸

上包掛折

表書　印鑑　田村元長

支配頭代る

明細書出す

寅十月廿三日、

一、支配頭代り候ニ付、神尾内記殿(元雅)ニ明細書出シ候、

明細書文言先例之通、但、寅十月廿日、神尾内記
支配ニ罷成候、

但、月付ヶ寅十月、當名神尾内記殿、手前名之肩書神尾内記
支配、

支配頭逢對日

寅十月廿八日・同十一月六日、

一、支配頭神尾内記殿(元雅)逢對日、御斷申候事、

當廿八日、内記殿御逢被成候間、朝五時十徳着用御宅ニ罷出候
様、組頭森川七郎右衛門(快勝)・能勢又十郎(頼廉)ゟ以廻狀申越候ニ付、十
月廿八日早朝、使を以而内記殿并森川七郎右衛門(ニ脱カ)指出ス、

製法所當番に付斷る

今廿八日御逢被成候ニ付、罷出可申處、人參御
製法所當番ニ御座候ニ付、罷出不申候、依之以
書付奉申上候、以上、　十月廿八日　田村
元長

同十一月六日、初逢對ニ付、早朝使を以而指出候、

今六日初御逢對ニ付罷出可申候處、人參御製法
所當番ニ御座候ニ付、罷出不申候、依之以書付
奉申上候、以上、　十一月六日　田村元長

*支配頭へ先祖書等を提出

寅十一月廿九日、

一、支配頭神尾内記殿(元雅)ニ諸書付指出シ候、

寅十一月廿九日、神尾内記殿御宅ニ元長持參、指出候書付左之
通八品、

先祖書　屋敷書付　拝借金無之書付
親類書　御給無之書付　印鑑
遠類書　諸願無之書付

〆八品之書付、當寅六月、組頭能勢又十郎(頼廉)ニ出し候と文言
同斷、尤、月付ヶも十一月、當名も神尾内記殿、自分姓名
之肩書も神尾内記支配と認候事、

*銀三枚拝領

寅十二月七日、

一、人參御用相勤候ニ付拝領物被　仰付候旨、於奥新部
屋御側衆被仰渡、銀三枚拝領仕候、

寅十二月六日、於陰時計之間、御小納戸頭取岡部河内守殿(一徳)被仰
聞候、

越中守殿(稲葉正明、御側御用取次)御通御用有之候間、明七日朝五半時、
十徳着用登　城可被致候、但シ、是も御用向有之不時
ニ陰時計之間罷出、河内守殿ニ御談申候ニ付、河内守殿被仰

*御禮手札

人參製法骨折に付

*銀五枚拝領

*人參御用に付御用取次より仰せ渡さる

*支配頭奉書

*神文状

御禮廻り

*奉書請取

天明二年十二月

聞む、只今以書中可申進と存候處ニ御座候、右御用向ニ付、
明日罷出候様ニと御同人口上ニて被仰聞候也、

組頭月番森川七郎右衛門(快勝)に、使を以而三通出ス、

私儀、御用掛り御側衆御通御用有之候間、明七
日五半時、十徳着用　御城に可罷出旨、御小納戸
頭取岡部河内守今日被申聞候、依之此段御届奉
申上候、以上、　十二月六日　田村元長

寅十二月六日朝五時過、登　城いたし候、則罷出候旨、河内守
殿・越前守殿(萩原雄安、小納戸頭取)に御防(坊)主衆を以而申込候處、河内守殿御逢被成候上
暫指控罷在候後、新部屋へ罷出候様御防主衆を以而河内守殿被
仰聞候付、新部屋へ罷出候處、左之通被仰渡候、

去年已來人參御製法數多骨折相勤候ニ付、拝領
物被　仰付候旨、於奥新部屋御用御取次御側衆
稲葉越中守(正明)殿被仰渡、銀三枚拝領仕候、但、新部屋む奥口ニ壹ツ、奥ニ壹ツ、都合貳ツ有之候、今日拝領物仕候む、奥之新部屋ニ候、今日初而此新部屋へ出候事、

御禮廻り左之通、但、玄關ニ而申置候分、手札文言、
人參御用相勤候ニ付　拝領物被　仰付候御禮　田村元長

○御老中ニ而奥向御用被相兼候田沼主殿頭殿(意次)玄關ニ而申置候、　○御老中御勝手掛奥御用も被相兼候
水野出羽守殿(忠友)玄關ニ而申置候、
○御用御取次御側衆稲葉越中守殿(正明)座敷に通り用人ニ逢候而、御禮申述候、尤、今日被仰渡之御當人也、

○同断、　横田筑後守殿(準松)玄關ニ而申置候、　○御用御取次御側衆本郷伊
勢守殿(泰行)玄關ニ而申置候、
○御小納戸頭取人參御用掛岡部河内守殿(一徳)通り候て用人ニ申達候、　○御小納戸頭取
人參御用掛り萩原越前守殿(雄安)通り候て用人ニ申達候、

右之通御禮ニ相廻り候、此外支配頭・組頭兩人にも相廻り候、
支配頭神尾内記殿(元雅)・組頭兩人に手札文言左之通、

人參御用相勤候ニ付、拝領物被　仰付候旨、於奥
新部屋稲葉越中守殿被仰渡、銀三枚拝領仕、難有
仕合奉存候、右御禮奉申上候、　田村元長

寅十二月十四日、

一、朝鮮種人參御用相勤候ニ付、拝領物被　仰付候旨、
於御祐筆部屋御縁側御老中被仰渡、銀五枚拝領仕候、

寅十二月十三日、支配頭(神尾元雅)ゟ剪紙、

御自分事御用之儀候間、明十四日五時、十徳着
之登　城可有之候、已上、　十二月十三日　田
村元長殿　神尾内記
猶以、病氣指合等候ハヽ、神文状を以早々御申
聞可有之候、以上、

覺

一、御奉書　壹通

御禮*

右之通奉請取候、元長罷出候間、早〻勤先に相
達可申候、以上、
十二月十三日　田村元長内
清宮千藏
御使中

典薬頭書状*

寅十二月十四日、登　城候處、左之通被仰渡候、
朝鮮種人參御用骨折相勤候ニ付、拜領物被　仰付

長持を用意されたし
老中より仰せ渡さる*

旨、於御右筆部屋御縁側、若年寄衆侍座、御老中
田沼主殿頭殿（意次）被仰渡、銀五枚拜領仕候、

御禮廻り

奥向へ相廻り、右拜領物之義、御小納戸頭取衆に申達し、夫ゟ西丸に御禮として上り、御奏者衆謁有之、夫ゟ御老中・若年寄衆西丸共不殘、且、御用御取次御側衆三ヶ所、幷人參御用掛御小納戸頭取衆兩人、且又、支配頭・組頭兩人に相廻る、

典薬頭宛書状*

寅十二月廿九日、
一、御藥種拜領仕候、

薬種拜領

寅十二月廿九日、支配頭ゟ剪紙、
御自分に御藥種被下候之間、今大路式部太輔（正福、典藥頭）方

請書*

ニ而可被請取候、右之趣、酒井石見守殿（忠休、若年寄）被仰渡
候、尤、御禮之儀先格之通可被相心得候、以上、
十二月廿九日、　神尾内記（元雅、小普請組支配頭）
田村元長殿
猶以、右爲御請、今晩中自宅に可被相越候、以上、
天明二年十二月

右ニ付、卽晩内記殿に十德着用御請ニ罷越候、翌晦日、登　城、例之通於焚火之間、御老中・若年寄衆御禮申上候、外ニ御禮廻りも無之候、組頭に茂不罷越候事、

翌卯正月五日來ル手紙
半井大炊頭（成高、典藥頭）
今大路式部太輔
田村元長様
御拜領之御藥種、來ル八日朝六時ゟ四時迄之内
御渡申候間、式部太輔方に取ニ可被遣候、尤長
持可被成御越候、以上、　正月五日
追啓、御藥種御渡申候後、早速御届申候間、右
刻限之内御人可被遣候、以上、

卯正月六日、式部太輔宅へ遣ス、
半大炊頭様
今式部太輔様
田村元長
御剪紙拜見仕候、然ハ、拜領之御藥種、來ル八日
朝六時ゟ四時迄之内御渡被成候ニ付、式部太輔様
に請取ニ長持爲持差出可申旨、被仰下候通奉承知
候、右爲御請如是御座候、以上、　正月六日
追啓、御藥種御渡被成候後、早速御届被成候間、
右刻限之内請取ニ可指上旨被仰下、是又奉承知候、
昨日當番ニ付御請延引仕候、以上、

天明三年正月・四月

卯正月八日朝、今大路式部太輔ゟ御藥種請取候、同日、使者江式部太輔宅ニ而相渡候書付左之通、

田村元長

御藥種都合七拾八味

惣目九貫三百拾三匁

袋數八拾壹　但、紫蘇・香薷・芍藥二袋物

年*始登城

七十八味

支*配頭代る明*細書を指出す

天明三癸卯年正月三日、

一、元長善之登　城、年始御禮、枳朮丸獻上、西　御丸

同斷、

卯四月朔日、

一、支配頭代り候ニ付、中坊金藏殿(秀看)江明細書并屋敷書付

出ス、

卯四月朔日、中坊金藏殿御宅江元長持參、指出候、本紙程村竪

紙・上包美濃折掛包

明細書

小普請組中坊金藏支配

實子惣領

田村元長

卯四拾五歲

高三拾人扶持　本國和泉　生國武藏

拜領屋敷無御座候、

住宅駿河臺鈴木町小普請組嶋田彈正(政彌)支配鈴木岩五郎(自受)拜領屋

敷內借地仕罷在候、

私儀、明和九辰年七月朔日、　御目見仕候、安永五申年五月廿二日、父元雄病死仕、同年七月十六日、私儀、被　召出、一生之內三拾人扶持被下置、人參製法等之御用、父時之通可相勤旨、於躑躅之間、若年寄衆侍座、御老中板倉佐渡守(勝清)殿被仰渡、小普請組戸川山城守(逵和)支配罷成、天明

拝借地*　祖父　父　畑屋敷*　町屋敷*　町屋敷*　倅　借地*　屋敷書付を指出す

二寅年十月廿日、神尾内記(元雅)支配ニ罷成、同三卯
年三月廿八日、中坊金藏支配罷成候、

一、祖父　元町醫師　田村宗宣死

一、父　田村元雄死

寶暦十三未年、町醫師ニ而罷在候處、新規被
召出、御醫師並被　仰付、一生之内御扶持方三
拾人扶持被下置候旨、於躑躅之間、若年寄衆侍
座、御老中松平右近將監(武元)殿被仰渡、小普請組高
力式部(長昌)支配ニ罷成、明和四卯年九月廿八日、長
谷川久三郎(正脩)支配ニ罷成、安永三午年五月四日、
戸川山城守支配ニ罷成、安永五申年五月廿二日、
病死仕候、

一、悴　實子惣領　田村元慶

天明三卯年三月　田村元長印書判

中坊金藏殿

卯四月朔日、中坊金藏殿御宅ニ元長持參、指出ス、本紙程村竪
紙・上包美濃折掛包

表書　屋敷書付　田村元長

覺

天明三年四月

一、私儀、拝領屋敷無之候、

一、神田紺屋町三町目南側六百貳坪餘之拝借地壹ヶ
所、
此拝借地壹ヶ所、薬草置場ニ御座候、

一、東叡山御領地下田端村名主忠兵衞支配之内、御
水帳之面高貳石貳斗八升四合之年貢畑屋敷壹ヶ
所、
此畑屋敷壹ヶ所、薬園ニ仕置候、

一、神田紺屋町貳町目北側西角ゟ五軒目、表間口拾
壹間四尺・裏行町並貳拾間之町屋敷壹ヶ所、
此町屋敷壹ヶ所、私母抱屋敷ニ御座候、

一、神田紺屋町三町目西角ゟ三軒目、表間口四間貳
尺三寸七分五厘・裏行町並貳拾間之町屋敷壹ヶ所、
此町屋敷壹ヶ所、私悴田村元慶抱屋敷ニ御座候、

一、當時私住宅之儀ハ、駿河臺鈴木町小普請組嶋田
彈正(政彌)支配鈴木岩五郎(自受)拝領屋敷内借地住宅仕候、
右拝借地・抱屋敷・借地、書面之通御座候、其外
家來ニ至迄所持之屋敷等無御座候、以上、

天明三卯年三月　田村元長書判

中坊金藏殿

*再び願書を指出す

夏中の足袋著用を許さる

卯五月三日、
一、夏中足袋願、願之通被　仰付候、

*相支配世話役に相談す

足袋願書

卯三月五日、小普請組組頭月番能勢又十郎(頼廉)宅江元長持參、三通
指出候、
本紙程村竪紙・上包美濃折掛ヶ
表書　足袋願書　田村元長

足痛

奉願候覺
私儀、足痛所御座候而、不出來之節ハ足冷難儀
仕候、依之、足冷申候節ハ、夏中も足袋相用申
度奉願候、以上、
天明三卯年三月　田村元長書判
神尾内記殿　外貳通ハ組頭兩名當、都合三通也、

支配頭病死

右之通足袋願書指出置候處、當卯三月廿二日、神尾内記(元雅)殿、病
死被致、同三月廿八日、中坊金藏(秀看)殿支配ニ相成候間、右之願書
不用ニ相成候ニ付、左之通又々願書指出候事、

*支配頭達書

卯四月廿日、月番組頭森川七郎右衞門(快勝)宅江元長持參、三通指出
候、但、本紙壹通、組頭衆控貳通也、
本紙程村竪紙・上包美濃折掛ヶ
表書　足袋願書　田村元長

奉願候覺
私儀、足痛所御座候而、不出來之節ハ足冷難儀
仕候、依之、足冷申候節ハ、夏中も足袋相用申
度奉願候、以上、
天明三卯年四月　田村元長書判
中坊金藏殿　外貳通ハ、組頭兩名當也、

右足袋願書指出候事、先達而龜田峯之助(三興)ニも相談候間、寫壹通
同人方江、卯四月廿日、使を以而指遣候、峯之助ハ相支配世話
役也、
右足袋願書、森川七郎右衞門江指出候節、七郎右衞門申聞候ハ、
押刻金藏殿江此願書指出候間、後刻御同人御宅江願書御請取被
成下候御禮ニ可參旨、七郎右衞門申聞候ニ付、今日私義當番只
今出掛ニ御座候、今日・明日・明後日共當番ニ御座候間、明番
之節御禮ニ可參旨及返答候得ハ、左候ハヽ其旨金藏殿江申達可
置旨、七郎右衞門申聞候間、同廿三日、明番之節金藏殿江罷越、
願書御請取被下候御禮申達候、

中坊金藏
田村元長殿
申渡候儀有之候間、服紗袷十徳着、只今自宅江
可被相越候、若病氣指合等候ハヽ、名代可被差
出候、以上、五月三日

右剪紙到來之節留守ニ付、受取書指進候、同日、中坊金藏殿御

支配頭伺書

宅ニ罷出候處、左之通書付寫、金藏殿被相渡候、

扉書　支配足袋願　中坊金藏

中坊金藏支配田村元長

元長の夏足袋に付

右元長、足痛所御座候而下冷難儀仕、不出來
之節も夏中も足袋相用申度旨、元長奉願候間、
奉窺候、以上、

卯五月三日　中坊金藏

添*書付

御付札　足袋用候樣可被申渡候、

借*地住宅

付札許さる

右ハ付爲御禮、久世(廣明、老中)大和守殿ニ計可參旨、金藏殿被申渡候間、則大和守殿ニ御禮ハ罷越、夫ゟ組頭兩人ニも御禮ニ參候、金藏殿ハ立歸り御禮申述候事、翌五月四日、龜田峯之助ニ參り、御禮申述候、

先*祖書等を指出す

姓名短冊書付を指出す

卯五月廿九日、

一、姓名短冊書付并添書付、支配頭ニ出候、

卯五月廿九日、使を以而相支配世話役龜田(三興)峯之助方ニ爲持遣候

短冊書付、

本紙程村、金さし竪九寸・横貳寸、

先*祖書

姓名短冊書付

拜領屋敷無之　町醫師祖父田村宗宣　當時、駿河臺鈴木町鈴木
家紋左巴　御醫師並父田村元雄　岩五郎方借地住宅仕候、

高三拾人扶持　本國和泉　生國武藏　實子惣領　田村元長　坂上性　善之　卯四拾五

實子惣領田村元慶

天明三年六月

安永五申年七月十六日、被　召出、三拾人扶持被下置、人參御用等父時之通可相勤旨、於躑躅之間、若年寄衆侍座、御老中板倉佐渡守殿被仰渡、小普請組戸川山城守支配ニ入、天明二寅年十月廿日、神尾內記支配罷成、同三卯年三月廿八日、中坊金藏支配ニ罷成候、

本紙半切紙

覺

私儀、安永八亥年十一月七日、小普請組戸川山(逵和)城守支配之節奉願、駿河臺鈴木町小普請組嶋田(政彌)彈正支配鈴木(自受)岩五郎拜領屋敷內貳百七拾坪借地住宅仕候、以上、

卯五月　田村元長

卯六月十九日、

一、先祖書・親類書・遠類書、支配頭中坊金藏(秀看)殿ニ出シ候、

卯六月十九日、中坊金藏殿御宅ニ元長持參指出候、程村竪帳、

表書　先祖書　小普請組　中坊金藏支配　田村元長

先祖書

高三拾人扶持　本國和泉　生國武藏　坂上性　小普請組中坊金藏支配　家之紋左巴　田村元長善之

一、高祖父　本國和泉　生國和泉　田村太郎兵衞宗利

天明三年六月

譯書、安永七戌年五月、戸川山城守殿に出し候先祖書之通、

一、曾祖父　本國和泉 生國和泉　田村正玄政清

譯書右同斷、

一、祖父　本國和泉 生國武藏　田村宗宣倆豐

譯書右同斷、

一、父　本國和泉 生國武藏　田村元雄登

譯書右同斷、

天明三卯年六月　田村元長 印書判

中坊金藏殿

卯六月十九日、中坊金藏殿御宅に元長持參指出候、

小普請組 中坊金藏支配 田村元長

表書　親類書　小普請組中坊金藏支配 實子惣領 田村元長 卯四拾五歳

高三拾人扶持　本國和泉 生國武藏

拜領屋敷無御座候、
住宅駿河臺鈴木町小普請組嶋田彈正(政彌)支配鈴木岩五郎(自受)拜領屋敷
內借地住宅仕候、

私儀、部屋住之內明和九辰年七月朔日、於御納戸構初而　御目見被　仰付、安永五申年五月廿二日、父元雄病死仕、同年七月十六日、被　召出、一生之內御扶持方三拾人扶持被下置、人參製法御用等父時之通可相勤旨、於躑躅之間、若年寄衆侍座、御老中板倉佐渡守(勝清)殿被仰渡、小普請組戸川山城守(逵和)支配ニ罷成候、同七月廿日、自今御用之儀ニ付御城に罷出候節、陰時計之間迄可罷出旨、御目付衆を以而若年寄加納遠江守(久堅)殿被仰渡候、同七月廿一日、人參御用其外御用ニ付罷出候節、向後中之口ゟ可罷出候、夫ニ付大手御門內櫻田御門ゟ中之口迄御門〻〻晝夜無滯罷通候樣、定御斷相濟候間、可得其意旨、御小納戸頭取水谷但馬守(勝富)殿を以而御側衆稻葉越中守(正明)殿被仰渡候、同七月晦日、五節句・月次御禮罷出候樣、御老中田沼主殿頭(意次)殿被仰渡候旨、支配頭戸川山城守申渡候、同八月十三日、朝鮮種人參製法場に詰切相勤候ニ付、諸入用金一ヶ月金三兩被下候旨、御老中松平右近將監(武元)殿被仰渡候段、支配頭戸川山城守申渡、同八月廿九日、人參御用相勤候內も小普請御役金指出ニ不及旨、御老中松平右近將監殿被仰渡候段、支配頭戸川山城守申渡候、同十二月十六日、御藥種拜領被　仰付候旨、若年寄加納遠江守殿被仰渡候段、支配頭戸川山城守申渡、同十二月十八日、於焚火之間、御

*中の口出入を許さる

*五節句月次出仕を命ぜらる

親類書

*諸入用金を下さる

*小普請金を免さる

初御目見

*藥種拜領

召出さる

年始登城藥種獻上を命ぜらる

老中方・若年寄衆に右御藥種拜領之御禮申上候、
同十二月廿八日、來酉正月三日年始御禮罷出候樣、
其節御藥種獻上可仕旨、御老中松平右近將監殿被
仰渡候旨、支配頭戸川山城守申渡候、安永六酉年

人參買上御用

七月、被爲　召、朝鮮種人參御買上爲御用、野州・
奥州筋其外に罷越候ニ付、御暇拜領物被　仰付候
旨、於御祐筆部屋御緣側、若年寄衆侍座、御老中
松平右近將監殿被仰渡、金貳枚拜領仕、右御用ニ

日光拜禮

付此度日光御山内にも罷越候ニ付、　御宮　御靈
屋拜禮仕度旨、奉願候處、願之通被　仰付候旨、
御老中板倉佐渡守殿被仰渡候段、同七月十二日、
支配頭戸川山城守申渡、同七月十八日、江戸出立
仕、右人參御買上御用相勤、同九月六日、歸府仕、

歸府御目見

同九月十五日、於羽目之間、歸府之　御目見被
仰付、同十一月廿六日、被爲　召、野州・奥州筋

買上御用出精に付拜領物

其外朝鮮種人參御買上御用骨折相勤候ニ付、拜領
物被　仰付候旨、若年寄衆侍座、御老中松平右近
將監殿被仰渡、銀七枚拜領仕候、同十二月廿日、

精勤に付拜領物

被爲　召、朝鮮種人參製法所相勤候ニ付、拜領物
被　仰付候旨、於御祐筆部屋御緣側、若年寄衆侍
座、御老中松平右近將監殿被仰渡、銀五枚拜領仕
候、安永七戌年十二月廿二日、被爲　召、人參製
法所相勤候ニ付、拜領物被　仰付候旨、松平右京(輝高、老中)
太夫殿被仰渡、銀五枚拜領仕候、安永八亥年七月
十七日、被爲　召、人參御買上爲御用、野州・奥
州筋其外に罷越候ニ付、御暇拜領物被　仰付候旨、
松平右京太夫殿被仰渡、金貳枚拜領仕、且、願之
上日光　御宮拜禮仕、同九月十五日、歸府之　御
目見被　仰付候、同十二月十四日、被爲　召、人
參製法所相勤候ニ付、拜領物被　仰付候旨、松平
周防守(康福、老中)殿被仰渡、銀五枚拜領仕候、同十二月廿二
日、御藥種被下置候旨、酒井石見守(忠休、若年寄)殿被仰渡候段、
戸川山城守申渡候、同十二月廿四日、被爲　召、
當秋人參之御買上御用相勤候ニ付、拜領物被　仰
付候旨、松平右京太夫殿被仰渡、銀七枚拜領仕候、
安永九子年十二月十四日、被爲　召、人參製法所
相勤候ニ付、拜領物被　仰付候旨、松平右京太夫
殿被仰渡、銀五枚拜領仕候、天明元丑年七月十日、
被爲　召、人參御買上御用ニ付、野州・奥州筋其
外に罷越候ニ付、御暇拜領物被　仰付候旨、松平

右京太夫殿被仰渡、金貳枚拜領仕、且、願之上日
光　御宮　御靈屋拜禮仕、同十月十五日、歸府之
御目見被　仰付候、同十二月十四日、被爲　召、
人參製法所相勤候ニ付、拜領物被　仰付候旨、松
平周防守殿被仰渡、銀五枚拜領仕候、同十二月廿
二日、被爲　召、當秋人參御買上御用相勤候ニ付、
拜領物被　仰付候旨、水野出羽守（忠友、老中）殿被仰渡、銀七
枚拜領仕、且又、右同斷增御買上御用相勤候ニ付、
別段ニ拜領物被　仰付候旨、是又、水野出羽守殿
被仰渡、銀貳枚拜領仕候、天明二寅年十月廿日、神
尾內記（元雅）支配ニ罷成、同三卯年三月廿八日、中坊金
藏（秀看）支配ニ罷成候、

增買上御用に付別段拜領物

親類書

父方

親類書

父方

父田村正玄病死仕、父之醫業相續仕町醫ニ而罷
在、寛延元辰年十月十九日、病死仕候、

一、祖父　私曾祖父田村正玄死惣領　田村宗宣死

一、祖母　堀長門守家來　櫻井佐五右衛門死娘死

父元雄

元小普請方棟梁大谷出雲次男元雄、醫業相心掛
候ニ付、元文五申年十一月十五日、町醫師田村

宗宣方ニ養子ニ罷越、養父宗宣病死後醫業相續
仕、町醫師ニ而罷在候處、寶曆十三未年六月廿
四日、新規被　召出、御醫師並被　仰付、一生
之內御扶持方三拾人扶持被下置候旨、於躑躅之
間若年寄衆侍座、御老中松平右近將監（武元）殿被仰渡、
和產之藥種致出精候ニ付、朝鮮種人參御用被
仰付候旨、於焚火之間、御目付衆侍座、若年寄
松平攝津守（忠恒）殿被仰渡、小普請組高力式部（長昌）支配ニ
罷成、明和八卯年九月十六日、長谷川久三郎（正脩）支
配ニ罷成、安永三午年五月四日、戸川山城守（逵和）支
配ニ罷成、安永五申年五月廿二日、病死仕候、

一、父　私祖父田村宗宣死養子　田村元雄死

一、母　元町醫師　私祖父　田村宗宣死娘

一、妻　榊原式部太輔醫師　蟹江杏庵死娘

一、實子惣領　田村元慶

一、次男　榊原式部太輔家來蟹江元右衛門養子　蟹江吉之丞

一、三男　田村平四郎　私手前ニ罷在候、

一、娘　壹人　私手前ニ罷在候、

一、弟　奥御醫師栗本瑞見（昌友）養子　栗本元格（昌臧）

一、甥　私弟栗本元格惣領　栗本玄之吉（昌大）

母方

一、甥　私弟栗本元格次男　栗本八十九郎
先達而紀州殿醫師河毛松貞方に遣候處、其後不縁ニ而罷歸候、

母方

一、叔母　私祖父田村宗宣死娘　壹人
私手前罷在候、

父實方

父之實方

一、祖父　元小普請方棟梁　大谷出雲死

一、祖母　元御作事方棟梁　甲良豊前死娘死

一、従弟　一橋奥詰小十人格　私伯父之續大谷立佐死惣領　大谷十郎右衛門

縁者

縁者

一、舅　榊原式部太輔醫師　蟹江杏庵死

一、姑　浪人　近藤治太夫死娘

一、小舅　榊原式部太輔家來　私舅之續蟹江杏庵死惣領　蟹江元右衛門

右之外近キ親類無御座候、以上、

天明三卯年六月　田村元長印(花押影)

中坊金藏殿

*組頭へ親類書等を指出す

卯六月十九日、中坊金藏殿御宅に元長持參、指出候遠類書、

表書　遠類書　小普請組　中坊金藏支配　田村元長

遠類書

天明三年六月　小普請組中坊金藏支配　實子惣領　田村元長

遠類書

母方

一、大叔父　土井能登守家來　實父小田部直之丞死私續無御座候、實父櫻井佐五右衛門死私續無御座候次男　小田部彌次右衛門［下ヶ札］

下ヶ札

> 小田部彌次右衛門養父ハ、元より私續無御座候、實父櫻井佐五右衛門儀も私續無之候得共、此佐五右衛門娘儀、私父方之祖父田村宗宣妻ニ相成、宗宣妻と小田部彌次右衛門ハ兄弟ニ御座候間、彌次右衛門儀ハ大叔父之續ニ御座候、

一、従弟違　堀淡路守家來　私大叔父之續櫻井九郎兵衛死惣領　櫻井九郎兵衛

父之實方

一、従弟違　小普請方棟梁　私従弟之續大谷大和死惣領　大谷長門

右之外遠類無御座候、以上、

天明三卯年六月　田村元長印書判

中坊金藏殿

卯六月、

一、組頭森川七郎右衛門(快勝)に親類書其外諸書付出候、

卯六月十二日、森川七郎右衛門宅へ元長持參、指出候諸書付左之通八品、

先祖書　當卯六月十九日、支配頭中坊金藏(秀看)殿に出し候通、但、當名ハ森川七郎右衛門・能勢又十郎(頼廉、小普請組頭)兩名當、月付ヶハ卯六月、

親類書　右同斷、

遠類書　右同斷、

御給無之書付　去寅六月、組頭能勢又十郎に出し候通、

拜借金無之書付　右同斷、

印鑑　右同斷、

諸願無之書付　右同斷、

屋敷書付　當卯三月、中坊金藏殿に出し候通、當名も組頭両名當、

右之通八品指出候、尤、是も先達而可指出處遅レニ相成、此節指出候事、

卯六月十三日、

*惣出仕

一、惣出仕ニ付罷出候事、

*徳川家重二十三回忌濟む惣出仕のこと支配頭より觸なし

卯六月十三日、惇信院様（徳川家重）二十三廻御忌御法事濟ニ付、當十三日惣出仕之旨及承候處、支配頭ゟ不申來候間、組頭森川七郎（快勝）右衛門宅へ罷越、同人相尋候も、私儀先ゝゟ惣出仕有之候節も、其旨御支配ゟ被仰下、是迄罷出來り候處、先日も惣出仕有之候趣及承候得共、當御支配ゟ不被仰下候間、罷出不申候、依之御問合申候、惣出（仕）來之節、御支配ゟ不被仰下候而も罷出候而不苦候哉、只今迄出テ來り候儀ニ付、罷出候樣仕度間、此段御問合申候

*月次出仕に付惣出仕も苦しからず

段、森川七郎右衛門に申達候處、月次出仕候ニ付、惣出仕之節罷出候而不苦候旨、卯六月十二日、森川七郎右衛門申聞候、尤、此義金藏殿（中坊秀看、小普請組支配頭）にも咄置申、參り候樣可致旨、是又七郎右衛門申聞候、依之、當六月十三日、惇信院様二十三廻御忌御法濟（事脱カ）惣出仕之節罷出候、

卯六月廿一日、

*徳川吉宗三十三回忌濟む惣出仕

一、惣出仕ニ付罷出候事、

有徳院様（徳川吉宗）御法事濟（三十三回忌）ニ付、卯六月廿一日、惣出仕ニ付罷出候、

六月十九日、外用事有之、中坊金藏殿（秀看、小普請組支配頭）御宅に罷越候處、用人申聞候も、爲持指遣し可申處、御出被成候間、直ニ御渡申候

〔　〕書付相渡候間、受取之、

御法事相濟候ニ付、來ル廿一日、惣出仕有之候、

六月十九日

卯六月廿四日、

*西丸惣出仕

*徳川家齊謄中に付

一、西丸に惣出仕ニ付罷出候事、

大納言様（徳川家齊）御謄中ニ付、惣出仕有之候、

中坊金藏（秀看、小普請組支配頭）

田村元長殿

明廿四日、爲伺御機嫌、西丸に惣出仕有之候間、
可被得其意候、尤平服ニ候、以上、

六月廿三日　　　田村元長

中金藏様

御剪紙奉拜見候、然ハ明廿四日、爲伺御機嫌西丸
に惣出仕有之候旨(ムネ)、奉得其意候、右御請可申上、
如此御座候、以上、六月廿三日

中坊金藏

田村元長殿

*惣出仕の書付

別紙惣出仕之書付相達申候、以上、六月廿五日

廿七日　西丸に惣出仕、
七月二日　西丸に惣出仕、

中金藏様　　　田村元長

御剪紙奉拜見候、然ハ、御別紙惣出仕之儀、御書
付之通奉得其意候、爲御請如此御座候、以上、六
月廿五日

中坊金藏

田村元長殿

*老中書付
家齊忌明に付
出仕に及ばず

松平周防守(康福、老中)殿被成御渡候御書付寫、別紙差進候、
可被得其意候、尤、御自分、明廿七日不及出仕候、
以上、　六月廿六日

大納言様御忌并御精進をも被爲解候之様、
公方様(徳川家治)ゟ被仰進候ニ付、先達而相觸候、

天明三年六月

大納言様御朦中伺御機嫌登　城、且、未獻上物
等無之分ハ、最早不及其儀候、

*溜詰等西丸へ
出仕すべし

一、右ニ付、明廿七日、溜詰・高家・鴈之間詰・御
奏者番・布衣以上之御役人、西丸に可有出仕候、

右之通可被相觸候、　六月廿六日

卯六月廿四日、

*峯岡より廻る
薬草生根の鑑
定を命ぜらる

一、峯岡(安房安房郡)ゟ相廻り候薬草生根、奥向ゟ拜見被　仰付、委
細以書付申上候、

奥向ゟ御小納戸頭取岡部河内守(一徳)殿・萩原越前守(雄安)殿を以而、峯
岡ゟ相廻り候薬草生根拜見被　仰付、善惡之義可申上旨、右
御兩所被　仰聞候ニ付、左之通書付指出候、尤、右御兩所を
以而奥向へ上ル、卯六月廿四日

扉田村元長

一、木通　　是ハ、至極宜御座候、

一、威靈仙　是ハ、葉を拜見不仕候而ハ、相分り兼申候、

一、獨活　　是ハ八丈草之根ニも御座候哉、葉を拜見不仕候而ハ、得と相分り兼候、

一、葛根　　是ハ、宜御座候、

一、山薬　　是ハ、宜御座候、

一、沙參　　是ハ、宜御座候、

一、升麻　　是ハ、二品ニ御座候、壹品ハ赤升麻と申候、壹品ハ粟穗升麻と申候、粟穗升麻ハ隨分宜御座候、赤升麻も功能ハ宜御座候得共、當時薬種屋通用不仕候、

天明三年六月

一、柴胡　是ハ、宜御座候、

一、桑白皮　是ハ、宜御座候、

一、縮砂　是ハ、眞之縮砂ニハ無之候、俗此實を伊豆宿砂と申候、此根を良姜と申候、良姜ハ常用之藥種ニ御座候、此品隨分宜御座候、

一、前胡　是ハ、宜御座候、

一、胡黃連　是ハ、眞ノ胡黃連ニハ無之候、俗ニ胡黃連共當藥共申候而、俗通用多御座候、此品隨分宜御座候、

一、烏頭　是ハ、眞之烏頭ニハ無之候、草烏頭ニ而御座候、草烏頭を用候處、用候得ハ、隨分此品宜御座候、

一、茯苓　是ハ、隨分宜御座候、

一、山歸來　是ハ、眞ノ山歸來ニ而ハ無之候、俗名山歸來と申候、本名菝葜と申候、是ハ、當時多くハ用不申候品ニ御座候、

右之通ニ御座候、以上、　卯六月　田村元長

薬草生根製法に付答ふ

卯六月峯岡ゟ相廻り候藥草生根之儀、岡部河内守殿・萩原越前守殿を以而、奥向より製法御尋ニ付、卽右御兩所を以而奥向へ上ル、

扉　田村元長

一、木通　是ハ、俗名トキワアケヒと申候、一名ムベ共申候、當時藥店ニ而薩摩手木通と相唱へ通用仕候、八・九月比莖并根共堀〔掘〕取、四五寸つゝニ切り洗候而、干上ヶ申候、

一、威靈仙　威靈仙ハ、八・九月比根を取て洗、其儘干上申候、

一、獨活　獨活ハ、八・九月比根を堀取、洗候而其儘干上申候、

一、葛根　是ハ、八・九月比根を堀取、洗候而干上申候、尤、俗ニハ石灰水ニひたし候上干上候ニ付、色白罷成候得共、左樣仕候而ハ功能不宜候間、只水ニ而洗候上、四・五寸つゝニ切り、夫を二つ三つニ割、干上候方宜御座候、

一、山藥　是ハ、八・九月比根を堀取、洗候而貳・三寸程つゝニ切り、夫を二つ三つニ割、干上申候、天氣相惡敷節ハ焙爐ニ而あふり、干上申候、是も俗ニハ石灰水ニひたし候上、米之粉をぬり干上候ニ付、色甚白ク罷成候得共、左樣仕候而ハ功能不宜候間、前書之通干上候方宜御座候、

一、沙參　是ハ、八・九月比根を取、洗干上申候、

一、升麻　是ハ、八・九月比根を取、洗干上申候、

一、柴胡　是ハ、八・九月比根を取、洗干上申候、

一、桑白皮　是ハ、八・九月比根の皮をむき、干上ヶ申候、尤根之心ハ用不申候、

一、良姜　是ハ、峯岡ゟ宿砂と申參候品ニ御座候、根を良姜と申候、實を俗ニ伊豆宿砂と申候、實ハ能實入候節取候て、其儘日ニ干上申候、根ハ八・九月比堀取、洗候而其儘干上申候、

一、前胡　是ハ、花咲不申品を八・九月比根を堀取、洗候而其儘干上申候、花咲候品ハ、根之怔〔性〕合惡敷御座候、夫故、春二・三月比堀取候而も不苦候、

一、天南星　是ハ、八・九月頃根を取、洗干上申候、

一、胡黃連　是ハ、俗名ニ而御座候、□□〔一名カ〕當藥と申候、六月比花咲候節ニ莖葉を取、其儘ニ而干上申候、根ハ用不申候、尤、唐之胡黃連とハ違申候、

一、草烏頭　是ハ、峯岡ゟ烏頭と申參候品ニ御座候、八月比根を取、洗候て干上申候、

一、茯苓　是ハ、八・九月比堀取皮附き候儘輪切ニいたし、干上申候、或ハ皮を去り薄くへき、或四角ニ刻ミ干上申候、薄くへき并四角ニ刻ミ候ニハ、殊之外久敷水ニひたし置候上刻候ニ付、功能不宜候間、前書之通皮付候儘輪切ニいたし、干上候方宜御座候、

一、菝葜　是ハ、俗名山歸來と申候、唐之山歸來とハ違申候、八・九月比根を堀取、其儘ニて干上申候、

右之通御座候、以上、　卯六月　田村元長

薬草三品の鑑定を命ぜらる

獨活・夏枯草・威靈仙三品、生草根葉共峯岡ゟ相廻り候ニ付、越前守殿ゟ被遣之候、御製法所ニ留置、得と相糺、委細之儀可申上旨、越前守殿被　仰聞候ニ付、右三品之生草御預り申置、左之書付、卯七月十四日、奥向へ河内守殿を以而上ル、

覺

一、獨活　此度峯岡ゟ相廻り候獨活、莖・葉共拜見仕候處、常之ウドニ而御座候、此品上品之獨活ニも無御座候得共、藥用ニ仕候而不苦品ニ御座候、

一、夏枯草　此度峯岡ゟ相廻り候夏枯草、莖・葉共ニ拜見仕候處、和名ウツボグサと申候品ニ御座候、此品眞物ニも無之旨、古人申候者も有之候得共、藥用ニ仕候而害も無之候、當時藥店通用之夏枯草、皆此ものニ御座候、

一、威靈仙　此度峯岡ゟ威靈仙と申候而相廻り候品、莖・葉・根共拜見仕候處、威靈仙ニてハ無之候、是ハ別之蔓草ニ而、和名仙人草、一名ハハコボレ共申候、毒氣有之品ニ御座候、

右三品峯岡ゟ相廻り候、生草莖・葉・根共得と拜見仕候處、書面之通御座候、以上、

卯七月　田村元長

御＊禮廻り

右ニ付、卽刻金藏殿御宅へ御請ニ罷越候、卯七月十三日、登　城、左之通被仰渡、

朝鮮種人參御買上爲御用、野州・奥州・上州筋其外に罷越候ニ付、御暇拜領物被　仰付候、

右之通、於御祐筆部屋御緣側、水野出羽守殿被仰（忠友、老中）渡、酒井石見守殿侍座、（忠休、若年寄）金貳枚拜領仕候、

右御禮、西丸に上り御目付衆謁有之、夫ゟ御本丸西丸共御老中・若年寄衆不殘、御用御取次御側衆三ヶ所、人參御用掛御小納戸頭取衆二ヶ所、支配頭・組頭兩人へ相廻り候、

卯七月十三日、中坊金藏殿御宅に本紙壹通元長持參指出候、寫貳通、月番組頭能勢又十郎（賴廉）に元長持參指出ス、

日＊光拜禮願書

本紙程村上包美濃折掛　表書　願書　田村元長

奉願候覺

私儀、此度朝鮮種人參御買上爲御用、日光　御山内にも罷越候ニ付、御宮　御靈屋拜禮仕度奉願候、以上、

天明三卯年七月　田村元長書判

中坊金藏殿

寫貳通ハ組頭兩名當

卯七月十三日、中坊金藏殿御宅に元長持參指出ス、外ニ貳通、能勢又十郎宅へ元長持參指出ス、

人參買上御用に付拜領金二枚

一、人參御買上御用ニ付、御暇金貳枚拜領仕候、

卯七月十三日、

御自分事、御用之儀有之候間、明十三日四時、可被致登　城候、以上、

七月十二日　田村元長殿　中坊金藏（秀看、小普請組支配頭）

出＊立日限屆

天明三年七月

本紙半切上包折掛　表書　御屆　田村元長

私儀、此度武州・野州・奥州筋其外に朝鮮（種脱カ）人參御

出立届*

買上御用ニ付、江戸出立日限來ル廿八日朝六時ニ
相極候間、此段御届申上候、尤、當朝又〻御届可
申上候、以上、
七月十三日　　田村元長

歸府届*

田村元長殿　　中坊金藏
申渡候儀有之候之間、染帷子十德着、只今自宅に
可被相越候、若病氣指合候ハヽ、名代可被差出候、
以上、　七月十六日

日光拜禮を許さる

右ニ付、卯七月十六日、金藏殿御宅へ罷出候處、左之通御同人
以書付被申渡候、
御自分儀、日光　御宮　御靈屋拜禮願、田沼主(意次、老中)
殿頭殿に相伺候處、可爲伺之通旨御附札被仰渡
候、依之申達候、以上、　七月十六日
右御禮之義、支配頭ハ立歸り御禮、其外翌十七日、御本丸御老
中方不殘、水野出羽守殿幷若年寄御用番米倉丹後守(昌晴)殿・人參御
用掛り酒井石見守(忠休)殿、御用御取次御側衆三ヶ所、人參掛御小納
戸頭取衆貳ヶ所、組頭兩人へ相廻り候、

道中供連*

卯七月廿八日明ヶ六時、使者を以而中坊金藏殿、組頭森川七郎(快勝)
右衞門・能勢又十郎へ銘〻届書出ス、

本紙半切
上包折掛　表書　御届　　田村元長
私儀、此度武州・野州・奥州筋其外朝鮮人(種脱カ)參御買
上御用ニ付、今廿八日明六ッ時、江戸出立仕候、
依之御届申上候、以上、七月廿八日　　田村元長
卯九月廿八日夕、元長歸府、道中ゟ直ニ中坊金藏殿御宅に届書持
參指出候、森川七郎右衞門・能勢又十郎へも銘〻元長持參指出ス、
本紙半切
上包折掛　表書　御届　　田村元長
私儀、當七月廿八日、江戸出立仕、武州・野州・
奥州筋其外へ朝鮮種人參御買上爲御用罷越候處、
右御用相濟、今廿八日、江戸歸着仕候、依之御
届申上候、以上、　九月廿八日　　田村元長
右此度道中供人數等左之通、
侍三人
清宮千藏　用人兼帶　麻一重羽織壹つ、股引壹つ、木綿一重物壹つ、金貳分
渡邊幸七　麻羽織壹つ、股引壹つ、木綿一重物壹つ、金貳分
河野三七郎　無充飼
中間草履取壹人　金貳分
長刀持雇壹人　金三分、借し羽織

*人参買上出精に付褒美銀

帰府御目見

銀*七枚

羽目の間にて御目見

駕籠人四人　品川迄、品川ゟ人足四人掛り
藥箱持壹人　品川迄、（日光ニ而拜禮之節雇中間ニ而、用向其外道中も兩かけ分持人足壹人持、
挾箱持壹人　同斷、
合羽籠持貳人　同斷、品川ゟ人足壹人掛り
長持壹棹持人三人　同斷、品川ゟ人足貳人掛り
本馬壹疋　但、傳馬所へ之馬觸、御製法所ゟ遣ス、
〆

卯十月十五日、
一、歸府之　御目見被　仰付候、
卯十月十四日、支配頭ゟ剪紙來ル、
御自分事、明十五日、　御目見之御序有之候間、六半時、　御城に可被罷出候、以上、
十月十四日
田村元長殿　中坊金藏（秀看、小普請組支配頭）
右ニ付、即刻金藏殿御宅に御請ニ罷越候、翌十五日朝六ッ半時、登　城いたし、罷出候段小普請支配部屋に申込、夫ゟ奥へ廻り候而、今日歸府之　御目見被　仰付候旨、岡部河内守殿（一徳、小納戸頭取）に御達申候、
卯十月十五日、於羽目之間、歸府之　御目見被　仰付候、
右爲御禮、奥向へ河内守殿を以而申上ケ、西丸に上り候處、御奏者番謁有之、夫ゟ御老中・若年寄衆西丸共不殘、御用掛り御側衆三ヶ所、河内守殿（岡部一徳）・越前守殿（荻原雄安）、支配頭・組頭兩人へ相廻る、

卯十一月十三日、
一、當秋人參御買上御用相勤候ニ付、御褒美銀七枚拜領仕候、
卯十一月十二日、支配頭ゟ剪紙來ル、
御自分事、明十三日五時、　御城に可被罷出候、以上、
十一月十二日
田村元長殿　中坊金藏（秀看、小普請組支配頭）
即刻金藏殿に御請ニ罷越候、
卯十一月十三日、左之通被仰渡候、
當秋朝鮮人參（種脱カ）御買上爲御用、野州・奥州筋其外に罷越、骨折相勤候ニ付、拜領物被　仰付候、
右於御祐筆部屋御縁側、石見守殿（酒井忠休、若年寄）侍座、御老中出羽守殿（水野忠友）被仰渡候而、銀七枚拜領仕候、
右御禮、奥向へ頭取衆を以而申上、西丸に上り御目付衆謁有之、夫ゟ御老中・若年寄衆不殘西丸共相廻り、御用御取次御側衆三ヶ所、人參掛り頭取衆（小納戸）兩所、支配頭・組頭兩人へ相廻る、
卯十一月晦日、

人參御用精勤に付銀子拝領小納戸頭取書状

*近年捌方買上も増進す

*銀三枚拝領

登城すべし

製法所へ來状

*御禮手札

右に付小普請方へ届く

*御禮として鹽引鮭を贈る

*人參拝領

*下の中人參半斤

一、人參御用相勤候ニ付、於奥向銀三枚拝領被　仰付候、
　　植村左平太様(政養)　　岡部河内守(一德、小納戸頭取)
　　田村元長様　　萩原越前守(雄安、同右)
以手紙申進候、然ㇵ明晦日、越中守殿(稲葉正明、御用取次)御通之義有之候間、四時前、　御城ゟ御出可被成候、依之得御意候、以上、十一月廿九日　　尚〻、左平太殿廂上下、元長殿十德着用可被成候、以上、
右之手紙、　御城ゟ御製法所へ來り、御製法所ゟ御請相濟候、元長儀非番ニ付、左平太ゟ申越、承知之旨左平太へ返書遣ス、右ニ付、小普請組頭月番能勢又十郎(頼廉)届書三通、使を以遣ス、又十郎、届書請取候旨返書指越候、

稲葉越中守殿御通之儀有之候間、明晦日四時前、私義、　御城ゟ罷出候様、岡部河内守・萩原越前守ゟ以書中被申聞候、依之御屆申上候、以上、
　　十一月廿九日　　田村元長
　　田村元長様　　能勢又十郎
貴様、明晦日、御登　城候様頭取衆ゟ申來候ニ付、御屆書三通被指越、致落手候、以上、　十一月晦日

卯十一月晦日、　御城へ罷出、其節岡部河内守殿へ御達し申候上、左之通被仰渡候、
朝鮮種人參、近年捌方多御買上等も例年ゟ相增、出精致御製法差上候ニ付、拝領物被　仰付候、
右於奥新部屋、御側衆稲葉越中守殿被仰渡、銀三枚拝領仕候、
御禮廻り、先例之通田沼主殿頭殿(意次、老中)玄關ニ而申置・水野出羽守殿(忠友、同上)玄關ニ而申置・稲葉越中守殿(正明、御用取次)座敷へ通り用人ニ申達・横田筑後守殿(準松、同上)玄關申置・本郷伊勢守殿(泰行、同上)玄關申置、河内守殿(岡部一德、小納戸頭取)・越前守殿(萩原雄安、同上)此二ヶ所座敷へ通り、用人ニ申達　支配頭・組頭兩人此三ヶ所玄關申置
主殿頭殿・出羽守殿・筑後守殿・伊勢守殿に手札
人參御用相勤候ニ付拝領物被仰付候御禮　田村元長

支配頭・組頭兩人に手札
人參御用相勤候ニ付拝領物被　仰付候旨、於奥向稲葉越中守殿被仰渡、難有仕合奉存候、右御禮奉申上候、　田村元長

右爲御禮、河内守殿・越前守殿に鹽引鮭貳尺つゝ以書中進之候、

卯十一月晦日、
一、下之中人參半斤拝領仕候、
卯十一月晦日、左之通被仰渡候、
　　下之中人參半斤被下之、
右於奥新部屋、岡部河内守(一德、小納戸頭取)・萩原越前守殿(雄安、同上)を以而

年*始登城

人參御用精勤に付銀拜領

屋*敷坪數等を書上ぐ

支*配頭より質さる

銀五枚

屋*敷書付

拜*領屋敷なし

拜*借地

稲葉越中守殿被仰渡候、
（正明、御用取次）
右御禮之義ハ、於殿中序之節、越中守殿江計御直ニ申上候事、
尤□□陰時計之間申上候、

卯十二月十四日、

一、人參御用相勤候ニ付、於表銀五枚拜領仕候、
御自分事、御用之儀有之候間、明十四日四時、服〔紗〕
沙小袖十徳着、　御城へ可被罷出候、以上、　十
二月十三日　　田村元長殿　　中坊金藏（秀看、小普請組支配頭）

即刻金藏殿御宅へ御請ニ罷越候、
卯十二月十四日、登　城、左之通被仰渡、

朝鮮種人參御用出精相勤候ニ付、拜領物被　仰
付候、

右於御祐筆部屋御縁側、石見守殿（酒井忠休、若年寄）侍座、御老中水
野出羽守殿（忠友）被仰渡、銀五枚拜領仕候、
奥向へ頭取衆を以而御禮申上、西丸へ上り御目付衆謁相濟、夫
ゟ御老中・若年寄西丸共不殘、御用御取次御側衆三ヶ所、人參
掛頭取衆二ヶ所、支配頭・組頭へ廻る、

天明四甲辰年正月三日、

一、元長善之登　城、年始御禮、枳朮丸獻上、西　御丸
同斷、

辰閏正月廿四日、

一、屋鋪坪數等支配頭ゟ尋ニ付、書付指出候、
辰閏正月廿三日、支配頭中坊金藏殿（秀看）ゟ尋書付左之通、
下田端村　坪數何程ニ候哉、　紺屋町貳町目　右
同斷、　同三町目　右同斷、　南油町北側抱屋敷・
堀留町貳町目北側抱屋敷　右貳ヶ所抱屋敷、當時
何者所持候哉、
右ハ當廿三日、家來壹人金藏殿御宅へ出候様御同人ゟ廻状ニ付、
家來安田久米右衛門指出候處、金藏殿用人相渡候書付、前書之
通久米右衛門受取來り候、
辰閏正月廿四日、使者を以而中坊金藏殿江出し候屋敷書付左之通、
本紙程村竪紙・上包美濃折掛包
表書　屋敷書付　　田村元長

覺

一、私儀、拜領屋敷無之候、
一、神田紺屋町三町目南側六百貳坪餘之拜借地壹ヶ
所、

抱屋敷
下田端村
*町屋敷所持人を書上ぐ
*油町町屋敷
神田紺屋町
*堀留町町屋敷
*下田端村畑屋敷同村百姓に遣す
住宅

天明四年三月

此拜借地壹ヶ所、薬草置場ニ御座候、

一、東叡山御領地下田端村名主忠兵衛支配之内御水帳之面高貳石貳斗八升四合之年貢畑屋敷、此坪數千七拾壹坪、

此畑屋敷壹ヶ所、薬園ニ仕置候、

一、神田紺屋町貳町目北側西角ゟ五軒目、表間口拾壹間四尺・裏行町並貳拾間之町屋敷、此坪數貳百三拾三坪、

此町屋敷壹ヶ所、私母抱屋敷ニ御座候、

一、神田紺屋町三町目西角ゟ三軒目、表間口四間貳尺三寸七分五厘・裏行町並貳拾間之町屋敷、此坪數八拾七坪、

此町屋敷壹ヶ所、私悴田村元慶抱屋敷ニ御座候、

一、當時私住宅之儀ハ、駿河臺鈴木町小普請組嶋田（政彌）彈正支配鈴木岩五郎（自受）拜領屋敷内借地住宅仕候、右拜借地・抱屋敷、書面之通御座候、其外家來ニ至迄所持之屋敷等無御座候、以上、

天明四辰閏正月　田村元長書判

中坊金藏殿

辰閏正月廿三日、中坊金藏殿江使者を以而出ス、

本紙半切・上包折掛　表書　書付　田村元長

覺

一、南油町北側西木戸ゟ貳軒目町屋敷、當時ハ町人本町四町目七右衛門所持仕罷在候、

一、堀留町貳町目北側東角ゟ五軒目町屋敷、當時ハ町人堀留町壹町目八兵衛所持仕罷在候、

右貳ヶ所町屋敷、當時所持人書面之通御座候、以上、

辰閏正月　田村元長

中坊金藏殿用人石崎安左衛門江元長家來安田久米右衛門ゟ指遣候手紙

卯閏正月廿四日　石崎安左衛門様　田村元長内 安田久米右衛門

以手紙啓上仕候、然ハ、只今御尋被成候先年元長所持被致候下田端村名主忠兵衛支配之内御水帳之面高貳斗貳升八合此坪數百拾四坪之年貢畑屋敷之儀、相糺候處、八ヶ年已前酉年（安永六年）、右同村百姓與右衛門と申者江指遣シ申候義ニ御座候、此段可申上、如此御座候、以上、閏正月廿四日

辰三月廿三日、

夏足袋を許さる

足袋願書

足痛に付

*抱屋敷に付小普請組世話役へ書上ぐ

*南油町抱屋敷

*町人へ譲渡す

*堀留町抱屋敷

一、夏中足袋願、願之通被　仰付候、

辰三月、小普請組與頭月番森川七郎右衛門(快勝)殿宅に、三通共元長持參指出ス、尤、此願書近々金藏殿に(中坊秀看、小普請組支配頭)可指出候、此節挨拶ニ金藏殿に罷越候ニ不及候、願相濟候上ハ、先格之通御禮廻り可仕旨、七郎右衛門殿被仰聞候、

本紙程村・上包美濃折掛包
表書　足袋願書　田村元長

奉願候覺

私儀、足痛所御座候而、不出來之節ハ足冷難儀仕候、足冷申候節ハ、夏中も足袋相用申度奉願候、

以上、

天明四辰年三月　田村元長書判

中坊金藏殿

外貳通組頭連名當名

田村元長殿　中坊金藏

申達候儀有之候之間、只今自宅に御越可有之候、

以上、

三月廿三日　元長留守ニて請取遣ス、

辰三月廿三日、於金藏御宅、左之通書付之寫を以金藏殿被仰渡候、

見出シ　足袋願　支配　中坊金藏

天明四年三月

中坊金藏支配
田村元長

右元長足痛所御座候而下冷難儀仕、不出來之節ハ、夏中も足袋相用申度旨、元長奉願候間奉伺候、以上、

御附札
足袋用候様可被申渡候

辰三月廿二日　中坊金藏

右ニ付御禮廻り、左之通、
田沼主殿頭殿(意次、老中)(マヽ)
中坊金藏殿・森川七郎右衛門殿(快勝、小普請組頭)・能勢又十郎殿(頼廉、同上)に相廻る、

辰三月廿□日、

一、先達而所持之抱屋敷之儀尋ニ付、書付小普請組世話役に出ス、

覺　世話役龜田峯之助(三興)ゟ尋ニ、同人に使者を以而出ス、

一、南油町北側西木戸ゟ貳軒目、表間口五間・裏行町並貳拾間、此坪數百坪、私母抱町屋敷壹ヶ所、本町四町目町人七右衛門に讓渡申候、依之御届申上候、以上、　辰三月　田村元長

覺　右同斷、

一、堀留町貳町目北側東角ゟ五軒目、表間口五間半・裏行町並貳拾間、此坪數百拾坪、私母抱町屋敷

町人へ譲渡す

*住居書付を出す

下田端村畑屋敷

*安永八年小性組士拝領屋敷の内を借地

同村百姓へ遣す

町人等へ譲渡の年月を届く

*病氣引込

*引込届

天明四年四月・六月

壹ヶ所、堀留町壹町目町人八兵衛江譲渡申候、
依之御届申上候、以上、　辰三月　田村元長

覺　右同斷、

一、東叡山御領地豊嶋郡下田端村名主忠兵衛支配之内御水帳之面貳斗貳升八合、此坪數百拾四坪之年貢畑屋敷壹ヶ所、右同村百姓與右衛門と申者江指遣申候、依之御届申上候、以上、　辰三月　田村元長

覺　世話役龜田峯之助ゟ尋ニ付出ス、

一、田端村百拾四坪之年貢畑屋敷之儀ハ、安永六酉年八月、右同村百性與右衛門江指遣候、

一、南油町百坪之私母抱町屋敷ハ、安永四未年九月、本町四町目町人七右衛門江譲渡申候、

一、堀留町貳町目百拾坪之私母抱町屋敷ハ、安永六酉年十二月、堀留町壹丁目町人八兵衛江譲渡申候、

右之通御座候、以上、

辰三月　田村元長

辰四月十一日、

一、住居書付、小普請組世話役江出ス、

辰四月十一日、尋ニ付、世話役龜田峯之助（三興）江三通出ス、

覺

私儀、安永八亥年十一月七日、小普請戸川山城守（逵和）殿御支配之節、奉願駿河臺鈴木町御小性組酒井紀伊守（忠聽）組鈴木十兵衛（自信）拝領屋敷内貳百七拾坪借地住宅仕候、右十兵衛儀、安永十丑年病死仕、十兵衛養子鈴木岩五郎（自受）儀、小普請組御支配江入申候、右十兵衛時ゟ打續當時小普請組天野山城守（康幸）殿御支配鈴木岩五郎拝領屋敷内貳百七拾坪借地住宅仕候、以上、　辰四月　田村元長

辰六月十七日、

一、元長病氣ニ付引込、

辰六月十七日、御用部屋文碩を以而、石見守（酒井忠休、若年寄）殿江左平太上ル、奥向江河内守（岡部一德、小納戸頭取）殿・豊後守（荻原雄安、同上）殿を以而、左平太（植村政養）上ル、

私儀、寒熱强相煩候ニ付、御製法所御番御斷申上候、以上、

六月十七日　田村元長

辰六月十七日、支配中坊金藏（秀看）殿江壹通、組頭兩人江壹通つゝ、銘ゝ使者を以而出ス、

私儀、寒熱强相煩候ニ付、御製法所御番御斷申上引込申候、依之、御届申上候、以上、　六月十七日　田村元長

願を聴さる*

辰六月廿五日、石見守殿ニ御用部屋久與を以而上ル、奥向へ河内守殿を以而上ル、中坊金藏殿幷組頭兩人ニ、銘々元長持參指出ス、
（岡部一德、小納戸頭取）

快氣届

見出し御届　田村元長

私儀、病氣快氣仕、今日ゟ出勤仕候間、此段奉申上候、以上、

辰六月廿五日　田村元長

稲葉正明宛御禮手札*

辰八月二日、

酒井忠休宛御禮手札* 元慶人參製法手傳を仰付けらる

一、元慶儀、人參御製法手傳被　仰付候、

田村元慶儀、植村左平太奉申上候通、人參御製法手傳被仰付候旨、左平太在勤ニ付、私共ニ被仰渡候旨奉畏候、
（政養）
（朕富、吹上添奉行）金子彥八郎
（允武、同上）明樂忠藏

願書 元慶十七歳

奉願候書付　植村左平太

奉願候覺　元長悴　田村元慶　當辰拾七歳

支配頭へ届く* 手傳を願ふ

右元慶儀、當年拾七歳ニ罷成候間、何卒可相成儀ニ御座候ハゝ、人參御製法手傳被　仰付被下置候様、偏奉願上候、以上、

天明四年八月

辰六月　植村左平太

萩原豐後守殿ゟ被仰達候義有之候間、只今元長儀、御城へ罷出候様、辰八月二日、以書中被仰越候付、罷出候處、左之通御同人被　仰渡候、

元慶事、人參製法手傳被　仰付被下置候様、植村左平太願之通被　仰付候旨、於陰時計之間、萩原豐後守殿を以而稲葉越前守殿被仰渡候、
（雄安、小納戸頭取）（正明、御用取次）

右ニ付稲葉越前守ニ御禮罷越候手札

私悴元慶儀、人參製法手傳被　仰付被下置候様、植村左平太奉願候處、願之通被仰渡難有仕合奉存候、　田村元長

（忠休、若年寄）
酒井石見守殿ニ手札

私悴元慶儀、人參製法手傳被　仰付被下置候様、植村左平太奉願候處、願之通稲葉越前守殿被仰通、難有仕合奉存候、依之參上仕候、　田村元長

（岡部一德、小納戸頭取）
河内守殿・豐後守殿ニ、元長儀元慶召連罷越、御禮申達候、金子彥八郎・明樂忠藏ニも、元慶召連罷越、御禮申述候、中坊金藏殿幷組頭兩人ニ銘々持參届

私同役植村左平太願之上私悴元慶儀、人參製法手傳被　仰付候旨、稲葉越前守殿仰通候、依之御届奉申上候、以上、

辰八月二日　　　田村元長

宗旨證文指出す

辰八月、
一、切支丹宗文（門）改證文、支配頭に出ス、
本紙程村竪紙・上包美濃折掛包、中坊金藏殿（秀看、小普請組支配頭）に使者を以而出ス、

證文

表書　切支丹宗門改證文　　　田村元長

切支丹宗門、従前ゝ無懈怠今以相改申候。先年被仰出候御法度書之趣、家來下ゝニ。至迄遂穿鑿候處、不審成者無御座候、依之。家來譜代之者も、寺證文手前に取置之。年季一季居之者も、請人方に寺證文。取置申候段、請狀ニ爲書入召抱申候、若シ。此已後疑敷者於有之も、早速可申上候。爲其仍如件、

天明四甲辰年八月　　　田村元長印書判

中坊金藏殿

右年貢（ママ）も本文ゟ一字下り、宛名も本文ゟ三字下り、

親類増減書付指出す

辰八月、
一、親類増減書付
月番組頭能勢又十郎殿（頼亷）に三通出ス、

姪一人増す

覺

一、姪　　私弟栗本元格（昌臧）娘壹人

右私姪壹人、當辰八月出生仕、相増申候、其外親・遠類之義、先達而申上置候通、増減無御座候、以上、

辰八月　　田村元長

人參御用精勤に付銀拜領

辰十一月晦日、
一、朝鮮種人參御用相勤候ニ付、拜領物於奥向被　仰付候、銀三枚拜領、
金子彦八郎様（朕富、吹上添奉行）　明樂忠藏様（允武、同上）　岡部河内守（一德、小納戸頭取）
植村左平太様（政養）　田村元長様　萩原豐後守（雄安、小納戸頭取）

登城を命ぜらる

以手紙申達候、然も、明六日、越前守殿（稲葉正明、御用取次）御通之御用有之候間、明朝五半時、御四人共　御城に□候、以上、　十一月廿九日承知之旨返書進る、

月番組頭森川七郎右衛門（快勝）に、使者以而□通出ス、
私儀、明晦日五半時、稲葉越前守殿御通御用有之候ニ付、　御城に可罷出旨、御小納戸頭取岡部河内守・萩原豐後守ゟ被申聞候、依之御届奉申上候、以上、　辰十一月廿九日　　田村元長

人參の捌方宜く益もあり

銀三枚拝領

御禮廻り

*療治帳指出さざる旨の書付出す

*人參御用繁多に付療治せず

支配頭等宛御禮手札

*人參御用精勤に付銀拝領

親類増減書付指出す

*登城を命ぜらる

辰十一月晦日、登　城候處、左之通被仰渡候、

朝鮮種人參御用骨折相勤、當年別而捌方も宜御益も有之候ニ付、拝領物被　仰付候、

右之通於奥新部屋、稲葉越前守殿被仰渡、銀三枚拝領仕候、

右ニ付御禮左之通、

稲葉越前守殿　横田筑後守殿（準松、御用取次）　本郷伊勢守殿（泰行、同上）

田沼主殿頭殿（意次、老中）　水野出羽守殿（忠友、同上）　岡部河内守殿

萩原豊後守殿　支配頭・組頭に相廻り候、

但、支配頭・組頭両人共三人に手札　朝鮮種人參御用相勤候ニ付、拝領物被　仰付候旨、於奥向稲葉越前守殿被　仰渡、銀三枚拝領仕、難有仕合ニ奉存候、田村元長

辰十二月四日、

一、親類増減書付、

辰十二月四日、能勢又十郎殿（頼廉、小普請組頭）に三通出ス、

表書　親類増減無之書付　田村元長

覺

私親類・遠類之儀、先達而申上置通、増減無御座候、以上、

天明四年十二月

辰十二月　田村元長

辰十二月四日、

一、療治帳不指出候付書付、

辰十二月四日、能勢又十郎殿（頼廉、小普請組頭）に三通出ス、

表書　療治帳不指上候ニ付書付　田村元長

私儀、人參御用多ニ相勤候ニ付、療治不仕候、依之、療治帳指上不申候、以上、

辰十二月　田村元長

辰十二月九日、

一、朝鮮種人參御用相勤候ニ付、銀五枚拝領、

田村元長殿　中坊金藏（秀看、小普請組支配頭）

御自分事、御用之儀有之候間、明九日五時、服沙〔紗〕小袖十徳着、御城に可被罷出候、尤爲御請、只今自宅に御越可有之候、以上、十二月八日

右ニ付卽刻金藏殿御宅に罷越、用人ニ逢御請申上候、

辰十二月九日、登　城、

朝鮮種人參御用向骨折相勤候ニ付、拝領物被　仰

付、

右之通於御祐筆部屋御緣側、若年寄衆侍座、御老中田沼主殿頭（意次）殿被仰渡、銀五枚拜領仕候、

右ニ付、爲御禮西丸に上り、御奏者番衆謁有之、夫ゟ御大老（井伊直幸）・御老中水野出羽守（忠友）殿・若年寄衆西丸共不殘、御用掛御側衆御三人・岡部河内守（一德、小納戸頭取）殿・萩原豐後守（雄安、同上）殿に相廻る、尤、支配頭・組頭にも相廻り候、

但、當日中坊金藏殿、御殿に不被罷出候ニ付、小普請支配酒井因幡守（忠敬）殿指添ニ被出候、先例ニ付指添因幡守殿にハ御禮ニ不相廻候、先例も、天明二年寅年十二月十四日、被爲　召拜領物被　仰付候節、神尾內記（元雅）殿御支配ニ御座候處、長谷川利十郎（勝富、小普請組支配頭）殿指添ニ被出候間、其節組頭七郎右衛門（森川快勝）殿に承合候處、利十郎殿に御禮ニ罷越候ニ不及旨、七郎右衛門殿被申聞候付、不罷越候事、

辰十一月、

一、下之中朝鮮種人參半斤拜領、

於陰時計之間、稲葉越前守（正明、御用取次）殿に御禮申上候、

*年始登城
銀五枚

*病氣缺勤
支配頭に代り外組支配頭差添ふ
右の場合御禮に及ばず

*寒熱

*快氣屆

人參拜領
下の中人參半斤

同斷、

天明五乙巳年正月三日、

一、元長善之登　城、年始御禮、枳朮丸獻上、西　御丸

巳正月十日、

一、病氣ニ付、御番御斷、

巳正月十日、月番組頭能勢又十郎（賴廉）殿に、使を以而三通出ス、

私儀、寒熱强相煩候ニ付、御製法所御番御斷申上候、此段御屆申上候、以上、

正月十日　　田村元長

巳正月十一日、石見守（酒井忠休、若年寄）殿に御用部屋（マヽ）を以而上ケ、奥向へ河內守（岡部一德、小納戸頭取）殿を以而左平太（植村政養）上ル、

私儀、寒熱强相煩候ニ付、御製法所御番御斷申上候、以上、　正月十一日　田村元長

巳正月十四日、支配頭・組頭兩人に銘々元長持參屆、

私儀、病氣快氣仕候付、明十五日ゟ出勤仕候、依之此段御屆申上候、以上、

正月十四日　　田村元長

巳正月十五日、石見守殿に御用部屋長佐を以而上ル、奥向に萩原豐後守（雄安、小納戸頭取）殿を以而上ル、

表書　御屆　　田村元長

私儀、病氣快氣仕候ニ付、今日ゟ出勤仕候間、此

段奉申上候、以上、

巳正月十五日　　田村元長

夏足袋を許さる

巳三月廿四日、

一、夏中足袋願、願之通被　仰付候、

巳三月八日、月番組頭森川七郎右衛門殿(扶勝)に元長持参、三通共出ス、本紙程村竪紙・上包美濃折掛

支配頭宛願書

表書　足袋願書　　田村元長

奉願候覺

私儀、足痛所御座候而、不出來之節も足冷難儀仕
候、足冷申候節も、夏中も足袋相用申度奉願候、
以上、

天明五巳年三月　　田村元長書判

中坊金藏殿(秀看、小普請組支配頭)

支配頭達書

田村元長殿　　中坊金藏

御自分に申渡候儀有之候間、今日中服紗小袖十徳
着用、自宅に御越可有之候、若病氣指合等候ハヽ、
名代可被指出候、以上、三月廿四日

右ニ付元長義、金藏殿御宅へ罷越候處、左之通被申渡候、

支配頭申渡書

田村元長

右夏足袋之儀、田沼主殿頭殿(意次、老中)に相伺候處、伺之
通相用候様可申渡旨、御同人被仰渡候、依之申
渡候、三月廿四日

右爲御禮、三月廿五日、田沼主殿頭殿・中坊金藏殿・組頭兩所へ相廻り候、

*所持町屋敷に付届く

巳五月、

一、先達而所持町屋敷之尋ニ付、世話役に出ス、

覺

一、田端村百拾四坪之年貢畑屋敷之儀も、安永六酉
年八月、右同村百姓與右衛門に指遣申候、
一、南油町百坪之私母抱屋敷も、安永四未年九月、
本町四町目町人七右衛門に讓渡申候、
一、堀留町貳町目百拾坪之私母抱屋敷も、安永六酉
年十二月、堀留町壹町目町人八兵衛に讓渡申候、

*讓渡の節の届書控なく讓渡の事情不詳

右之通、去辰三月中御尋ニ付、以書付申上候、尤
右讓渡候も、戸川山城守殿(逵和)御支配之節ニ御座候、
其節ゝ御届之義も控無之、樣子相分り不申候、以
上、

巳五月　　田村元長

人參買上御用に付金拜領

巳七月十九日、
一、朝鮮種人參御買上御用ニ付、御暇金貳枚拜領、

奉書

上包折角
表書田村元長殿　中坊金藏(秀看、小普請組支配頭)

登城を命ぜらる

御自分事、御用之儀有之候間、明十九日四時、
御城ニ可被罷出候、爲御請、今日中自宅ニ御越可
有之候、以上、　七月十八日　中坊金藏
田村元長殿

覺
一、御奉書　壹通
右慥奉請取候、元長罷出候間、勤先ニ早ゝ相達
可申候、以上、
七月十八日　田村元長内
小野直八
御使衆中

巳七月十九日、元長儀　御城ニ罷出、今日被爲　召候段、岡部河内守殿(一德、小納戸頭取)ニ口上ニて御届申上候、
田村元長罷出居候段、小普請支配之部屋ニ申込置候、

支配頭に伺ふ

仰渡されの節の足袋著用

一、足袋之儀、小普請組頭東條權太夫殿(季勝)　御城へ出、被致世話候付、左之趣口上ニ而同人ニ申達候、私儀、足ニ痛所有之夏足袋相願候て用候、此節痛所不出來ニ付、膏藥張置候間、被仰渡之節も足袋其儘相用候而も苦ヶ間敷候哉、奉伺候、且又、御用向被仰渡候ハヽ、例之通日光　御宮　御靈屋拜禮願書、中坊金藏殿御宅

日光拜禮

ニ持參仕度奉存候、此段も奉伺候、
右兩樣共金藏殿御承知之旨、足袋其儘相用可申段、金藏殿御直ニ御申聞被成候、

*御暇拜領物

朝鮮種人參御買上御用ニ付、野州・奥州・常州・上州筋其外ニ罷越候ニ付、御暇拜領物被　仰付候、
右之通於御祐筆部屋御緣側、水野出羽守殿(忠友、老中)被仰渡、酒井石見守殿(忠休、若年寄)侍座、金貳枚拜領仕候、

*御禮廻り

右之通御暇拜領物被　仰付候段、河内守殿へ御禮申達、御用掛御側衆ニも、御禮之義可然被仰上被下候樣、河内守殿へ御賴申置候、
爲御禮西丸へ上り、御目付衆謁有之、夫ゟ御大老(井伊直幸)、御老中・若年寄衆西丸共不殘、御用掛御側衆三人・河内守殿・豐後守殿(萩原雄安・小納戸頭取)・支配頭・組頭兩人ニ相廻り候、今日世話被致候組頭東條權太夫ニも、先格ニ付御禮ニ不罷越候、

*出立日限届

七月十九日、中坊金藏殿ニ壹通、組頭月番森川七郎右衞門殿(快勝)へ貳通、元長持參出ス、
私儀、此度野州・奥州筋其外ニ朝鮮種人參御買
上御用ニ付、江戸出立日限、來ル廿七日明六時
ニ相極候間、此段御屆申上候、尤、當朝又ゝ御
屆可申上候、以上、
七月十九日　田村元長
七月十九日、中坊金藏殿ニ元長持參、用人ニ相渡し、壹通指出ス、

江戸出立届*
日光拜禮願書
宗旨證文指出す*
支配頭達書
神田紺屋町抱屋敷家守更迭*
日光拜禮を許さる
家風に合はず*
家守廣め*
大老には御禮に及ばず

外ニ貳通、森川七郎右衛門殿に持參指出ス、
表書　願書　　　　田村元長
奉願候覺
私儀、此度朝鮮種人參御買上爲御〔用脱カ〕、日光御山内
にも罷越候ニ付、　御宮　御靈屋拜禮仕度奉願
候、以上、
天明五巳年七月　　　　田村元長書判
中坊金藏殿
申渡候儀有之候間、染帷子十徳着、只今自宅に可
被相越候、若病氣指合等候ハヽ、名代可被差出候、
以上、　七月廿一日　田村元長殿　中坊金藏
右ニ付金藏殿御宅に元長罷越候處、左之通以書付被申渡候、
田村元長
右も、今度日光　御宮　御靈屋拜禮願之義、可
爲願之通旨、今日田沼主殿頭殿被仰渡候、依之
申渡候、七月廿一日
右ニ付御禮廻り之儀も、先格之通相廻り候様、尤、御大老井伊掃部頭〔直幸〕
殿にも罷越ニ不及候旨、金藏殿御申聞被成候、依之御禮廻り左之通、
御本丸御老中方不殘、水野出羽守殿、月番若年寄衆壹人、人
參御掛りニ付酒井石見守殿、御用掛御側衆三人、岡部河内守
殿・萩原豐後守殿、支配頭・組頭兩人に相廻り候、

七月廿七日、支配頭・組頭兩人に銘々使者を以而屆る、
表書　御屆　田村元長
私儀、此度野州・奥州筋其外朝鮮種人參御買上
御用ニ付、今廿七日明六ッ時、江戸出立仕候、依
之御屆申上候、以上、巳七月廿七日　田村元長
巳七月十九日、
一、切支丹宗門改證文指出候、
此切支丹宗門改證文、來八月可指出處、近々遠國御用ニ付江戸
出立仕候間、來月□月付ケニ致し、組頭能勢又十郎に相賴指出
置候事、文言去卯年之通、
巳七月、
一、神田紺屋町三町目元慶抱屋敷家主儀八儀、退役申渡、
跡役庄八召抱候、
儀八に退役申渡し、即刻紺屋町三町目名主橋本彌左衛門に以使、
儀八義家風ニ逢不申候間、退役申渡候旨申屆る、
庄八家守廣メ入用、此方ゟ致し遣ス、入用左之通、
金百疋　外ニ貳百文扇子代　　名主に
錢三百銅　　名主手代に
銀貳兩つヽ　此銀三拾四匁五分　五人組四人
錢貳百銅つヽ　此錢六貫四百文　家主三拾貳人
錢六百文　　書役貳人

錢三百文　番人三人

金壹分貳朱　紙水引臺のし、其外共入用、

合金貳兩壹分貳朱ト錢三百文　紺屋町三町目月行事に渡ス、

歸府屆

病氣に付名代を以て屆く

巳十月十日、

一、元長歸府、

巳十月十日、元長儀道中ゟ病氣ニ付、名代元慶を以而、中坊金藏殿(秀看、小普請組支配頭)幷組頭兩人に銘々指出ス、表書　御屆　田村元長

私儀、當七月廿七日、江戸出立仕、野州・奥州筋其外に朝鮮種人參御買上爲御用罷越候處、右御用相濟、今十月十日、江戸歸着仕候、依之御屆申上候、以上、

巳十月十日　田村元長

但し、御城御屆も植村左平太(政養)相賴指出候、

*田端村抱屋敷に付書上ぐ

病氣缺勤屆

*元雄代に藥園とし屆く

巳十月十一日、

一、病氣ニ付御番御斷、

水野出羽守殿(忠友、老中)・酒井石見守殿(忠休、若年寄)に御用部屋圓久を以而上ル、奥向に萩原豐後守殿(雄安、小納戸頭取)を以而、左平太(植村政養)上ル、

病氣ニ付御番御斷申上候書付　田村元長

人參買上道中より痔疾

*以後代々の支配頭に屆く

私儀、人參御買上御用相仕廻罷歸候道中ゟ痔疾相

煩、痛強近々出勤可仕躰ニ無御座候、依之、御製法御番御斷奉申上候、以上、　十月十一日　田村元長

支配頭・組頭に、銘々以使者指出ス、

私儀、人參御買上御用相仕廻罷歸候道中ゟ痔疾相煩、痛強近々出勤可仕躰無御座候ニ付、御製法所御番御斷申上候、依之、御屆奉申上候、以上、

十月十一日　田村元長

巳十一月六日、

一、田端村抱屋敷之儀、先達而支配頭(中坊秀看)等に屆置候儀書付、

巳十一月六日、田村權右衞門ゟ尋ニ付、田端村名主忠兵衞ゟ書付出シ候旨ニ付、田端村三右衞門ゟ承合候間、三右衞門に渡候書付控、

東叡山御領豐嶋郡田端村名主忠兵衞支配之內、

御水帳之面高貳石貳斗貳升四合之年貢畑屋敷壹ヶ所、

一、田村元雄時、右抱屋敷藥園ニ仕置候旨、寶曆十三未年八月、小普請組支配頭高力式部(長昌)に元雄ゟ書付を以而屆る、

一、田村元雄時、明和八卯年十月、小普請組長谷川

書付の指出*
親類増減書付*
療治帳指出さざる旨の書付*
安永二年屋敷改へも届く
千七十一坪
元*慶製法所助勤仰付けらる
辨*當代金月三分下さる

(正脩)久三郎支配ニ罷成候ニ付、右同様書付を以而久三郎に元雄ゟ届る、
一、田村元雄時、安永三午年五月、小普請組戸川山城守(逵和)支配ニ罷成候ニ付、右同様書付を以而山城守に元雄ゟ届る、
一、田村元長時、天明二寅年十月、小普請組神尾内記(元雅)支配ニ罷成候ニ付、右同様書付を以而、同十一月、内記に元長ゟ届る、
一、田村元長時、天明三卯年三月、小普請組中坊金蔵(秀看)支配ニ罷成候ニ付、右同様書付を以而、同四月、金蔵に元長ゟ届る、
一、田村元雄義、長谷川久三郎支配之節、安永二巳年三月、屋敷改眞野庄左衛門(正敏)・宇賀多宮(正明)・永井傳右衛門(元平)・渡部忠四郎(富榮)ゟ右之屋敷坪數之儀尋ニ付、此坪數千七拾壹坪有之旨、書付を以右屋敷改に元雄ゟ指出候、尤、其節支配頭長谷川久三郎にも此旨届る、
一、田村元長時、天明四辰年正月、小普請組中坊金蔵ゟ右之屋敷坪數尋ニ付、右同様千七拾壹坪有之旨、書付金蔵に元長ゟ指出候、
天明五年十一月

右之通ニ御座候、以上、　巳十一月

巳十二月六日、
一、親類増減無之書付幷療治帳不指出候付書付指出ス、
組頭月番能勢又十郎(頼廉)に三通指出ス、
本紙半切・美濃折掛包

表書　親類増減無之書付　田村元長

覺

私親類・遠類之儀、先達而申上置候通、増減無御座候、以上、巳十二月　田村元長

組頭月番能勢又十郎に三通出ス、
本紙半切・美濃折掛包
表書療治帳不指上候付書付　田村元長

私儀、人參御用多ニ相勤候ニ付、療治不仕候、依之、療治帳指上不申候、以上、

巳十二月　田村元長

巳十一月廿三日、
一、元慶儀、人參御製法所助勤被　仰付、一ヶ月辨當代金三分被下候、
巳十月廿七日、奥向に萩原豊後守殿(雄安、小納戸頭取)を以上ル、
書面願之通被仰渡候間、奉附可指出旨、石見守殿(酒井忠休、若年寄)被仰渡候旨、
十一月廿三日、當番御目付中ゟ爲持指越候ニ付、奉り附、翌廿四日、御目付に指出之、尤、右奉附寫一通奥向豊後守殿に出之、

植村政養願書

*名代御禮手札元長大病に付出勤できず

吹上添奉行の評議

*支配頭へ届く

元慶の助勤と辨當代支給を願ふ

*製法所番泊番を勤む

御禮廻り

*伺書

天明五年十一月

田村元長悴元慶儀御製法所助勤奉願候書付

書面願之通被　仰渡奉畏候、　植村左平太(政養)

巳十一月廿三日

田村元長儀、人參御買上御用先ゟ大病相煩歸府仕候處、段々養生仕、追而快方ニ罷成候得共、大病之儀ニ御座候間、當分出勤可仕躰ニ無御座候、就夫、金子彦八郎(胤富、吹上添奉行)・明樂忠藏(允武、同上)・金子軍次郎(正修、同上見習)一同評議之上、奉願上候も、元長悴元慶儀、去秋中ゟ御製法手傳被　仰付、日々御製法所に相詰、御用向も見馴れ相勤候儀ニ付、何卒御番・泊助勤被　仰付被下置候樣、奉願上候、可相成儀ニ御座候ハヽ、何卒壹ヶ月金三分宛辨當料被下置候樣仕度、是又偏以奉願上候、以上、

巳十月　植村左平太

此節元長儀、病氣ニ付引込罷在候ニ付、左平太儀、元長宅に罷越申聞候樣、豐後守殿御指圖ニ付、左平太儀、元長宅へ罷越、元長幷元慶に右之趣申聞候、

右ニ付左平太御禮之儀も、於笹之間、越前守殿・筑後守殿に御直ニ左平太申上ル、

元長御禮之義、此節病氣ニ付、爲名代左平太可相廻旨、豐後守殿御申聞被成候付、則十一月廿五日、左之通相廻り候、

田沼主殿頭(意次、老中)殿・水野出羽守(忠友、同上)殿・稻葉越前守(正明、御用取次)

殿・横田筑後守(準松、同上)殿・本郷伊勢守(泰行、同上)殿幷掛りニ付松平織部正(乘尹、同上)殿・萩原豐後守(雄安、同上)殿に相廻る、

悴元慶儀、人參御製法所助勤被　仰付御金
手札　被下置、難有仕合奉存候、病氣ニ付名代を
以而御禮申上候、　田村元長
名代植村左平太

元慶儀、松平織部正殿・萩原豐後守殿に御禮[　　]

巳十一月廿四日、使者を以而支配頭中坊金藏(秀看)殿幷組頭兩人□銘々届る、

私悴田村元慶儀、朝鮮種人參御製法所助勤被　仰付被下候樣、植村左平太ゟ奥向に奉願候處、右願之通助勤被　仰付、爲辨當代一ヶ月金三分つゝ被下置候旨、酒井石見守殿ゟ昨廿三日、植村左平太に被　仰渡候段、左平太申聞候、依之、是より元慶儀、御製法所御番幷泊り番共相勤候ニ付、此段御屆申上候、以上、

十一月廿四日　田村元長

巳十一月廿六日、奥向に萩原豐後守殿を以而左平太上ル、即日、奥向伺之通相濟候間、表向に御屆可申上旨、同人被申聞候、

人參御製法所御番之儀ニ付奉伺候書付　植村左平太　田村元長

田村元慶、此度人參御製法所御番・泊助被　仰付候ニ付、此巳後私共元慶申合、御番・泊共相勤申候、然

病氣等の節の勤務に付伺ふ

處、病氣差合等之節も、其度〻御屆不申上、是迄之振合を以、明樂忠藏・金子軍次郎・私共申合、御番・泊共相勤候樣可仕哉、此度元慶御番助被　仰付候ニ付、元窺仕置度奉存候ニ付、此段奉伺候、以上、

巳十一月　　植村左平太
　　　　　　田村元長

*支配頭宛届書

巳十一月廿七日、出羽守殿・石見守殿ニ御用部屋宗哲を以而上ル、寫し一通豊後守殿ニ上ル、

*元慶の出入門に付届く

届書

御屆　　植村左平太
　　　　田村元長

病氣等の節の勤務に付届く

田村元慶、此度人參御製法所御番・泊り助被　仰付候ニ付、此已後私共元慶申合御番・泊共相勤申候、然處、只今迄病氣指合等之節も、其度〻御屆申上候得共、是迄之振合を以而明樂忠藏・金子軍次郎・私共申合、御番・泊共相勤候樣可仕候、此度元慶御番・泊助被　仰付候付、書面之趣奥ニ而伺相濟候間、此段御屆申上置候、以上、　巳十一月　植村左平太
　　　　　　田村元長

*金子請取證文

*元慶辨當料

巳十一月廿七日、奥向ニ萩原豊後守殿を以而左平太上ル、則、夫〻御門斷相濟候旨、御同人御申聞被成候、

願書

元慶登城の節の出入門に付

悴元慶儀、此度人參御製法所助勤被　仰付ニ付、人參御用其外御用ニ而不時ニ罷出候節共、私通向後中之口ゟ罷出候樣仕度奉存候、夫ニ付、大手御門內櫻田御門ゟ中之口迄御門〻、晝夜共無滯罷通

天明五年十一月

候樣定御斷被成下候樣仕度奉存候、以上、巳十一月　田村元長

巳十一月廿九日、月番組頭森川七郎右衞門(快勝)殿ニ、使者を以而三通出ス、

私悴元慶儀、此度人參御製法所助勤被　仰付候付、人參御用其外御用ニ而罷出候節共、私通り向後中之口ゟ罷出度奉存候、夫ニ付、大手御門內櫻田御門ゟ中之口迄御門〻、晝夜共無滯罷通候樣定御斷被成下度旨書付、當十一月廿七日、私病氣ニ付植村左平太を以而申上候、依之、此段御屆奉申上候、以上、　十一月廿九日　田村元長

請取申金子之事

合金壹兩貳分　但、壹ヶ月金三分宛之積り

右も、朝鮮種人參御製法所助勤、當巳十一月、被　仰付、辨當料被下置候ニ付、當十一月・十二月分、書面之通請取申所、仍如件、

天明五巳年十二月　　田村元慶印

横瀬源左衞門(貞能、御金奉行)殿
小栗伊左衞門(滿辰、同右)殿
上野善右衞門(寛定、同右)殿

*支配頭へ届く

天明五年十二月

請取申金子之事

金三分

右ハ、朝鮮種人參御製法所助勤相勤候ニ付、來午正月分辨當料、書面之通請取申所、（マヽ）仍如件、

天明五巳年十二月

横瀨源左衞門殿

小栗伊左衞門殿

上野善右衞門殿

右手形貳通之御金、巳十二月十日、御金藏□□請取之候、

人參買上御用に付増手當

巳十一月廿五日、

一、當秋御買上人參根數多、日數も餘計相掛り候付、奥向ゟ金五兩被下之、

金五兩　　田村元長

*元長快氣

右ハ、當秋御買上人參根數多、日數も餘計相掛り候ニ付、御金被下候旨、稻葉越前守（正明、御用取次）殿被仰聞候旨、於奥新部屋、元長病氣付名代左平太に織部正（植村政養）（松平乗尹、小納戸頭取）殿・豐後守（萩原雄安、同上）殿被申渡候、

金五兩人參根數多く日數掛るに付手當を増す

右ハ、當秋別而人參根數多、日數も餘計相掛候ニ付、元長に増御入用被下候樣ニ、左平太ゟ奥向に願書指上置候處、前書之通御金被下候事、

*快氣屆

右御禮ニも相廻るニ不及候、御取次衆御三人に御直ニ御禮可申上旨、左平太に織部正殿・豐後守殿御申聞被成候ニ付、於笹之間稻葉越前守殿・横田筑後守（準松、御用取次）殿・本鄕伊勢守（泰行、同上）殿に左平太ゟ御禮申上候、

巳十一月廿九日、月番組頭森川七郎右衞門（快勝）に使者を以而三通出ス、

私儀、當秋人參御買上御用、人參根數多、日數も餘計相勤候ニ付、金五兩被下候之旨、當十一月廿五日、於奥向稻葉越前守殿被仰渡候、尤、私病氣ニ付、爲名代植村左平太承之、左平太ゟ申聞候間、此段御屆奉申上候、以上、

巳十一月　　田村元長

巳十二月六日、

一、元長病氣平癒、出勤、

巳十二月六日、奥向に織部正（松平乗尹、小納戸頭取）殿を以而上ル、出羽守（水野忠友、老中）殿・石見守（酒井忠休、若年寄）殿に御用部屋長意を以而上ル、支配頭・組頭に銘々元長持參指出ス、

私儀、病氣快氣仕、今日ゟ出勤仕候間、此段奉申上候、以上、

巳十二月六日　　田村元長

巳十二月六日、

人參御用精勤に付銀子拜領名代の登城を命ぜらる

一、朝鮮種人參御用相勤候ニ付、銀五枚被下之、

御用之儀候間、明六日五時、服沙(紗)小袖十德着、御城に名代可被指出候、爲御請、自宅に今晩中名代可被指出候、其節明日名代罷出候性名書可被指越候、以上、十二月五日　田村元長殿　(秀看、小普請組支配頭)中坊金藏

人參御用出精に付奥向より銀子拜領*

支配頭宛元長書狀

御剪紙拜見仕候、然ㇾ、御用之儀御座候間、明六日五時、服沙(紗)小袖十德着、御城に名代可差出旨、爲御請尊宅に今晩中名代可指出由、其節明日名代罷出候性名書可指上條、被　仰下候通奉畏候、然處、私病氣快方ニ御座候間、出勤仕、明日五時、

登城を命ぜらる*

病氣快方に付元長登城の積り

私儀　御城に可罷出候、依之、今晩中爲御請、尊宅に私罷出可申候、右尊答可申上、如此御座候、以上、

十二月五日　中金藏様　田村元長

支配頭へ届く*

巳十二月六日、御城へ罷出、今日被爲　召候旨、(松平乘尹、小納戸頭取)織部正殿に申達置候、被仰渡左之通、

朝鮮種人參御用骨折相勤候ニ付、拜領物被仰付、

銀五枚拜領

右御右筆部屋御普請有之候於焚火之間、若年寄衆侍座、御老中(忠友)水野出羽守殿被仰渡、銀五枚拜領仕候、

天明五年十二月

右爲御禮西丸に上り、御奏者番衆謁有之、夫ゟ(井伊直幸)御大老、御老中・若年寄衆西丸共不殘、御用掛御側衆御三人、(雄安、小納戸頭取)松平織部正殿・萩原豐後守殿・支配頭・組頭兩人に相廻る、

巳十二月八日、

一、朝鮮種人參御用相勤候付、於奥向拜領物被仰渡、銀三枚被下之、

此手紙　御城ゟ御製法所に來り、御製法所ゟ直ニ御請之返書進る、

(政養)植村左平太様　(乘尹、小納戸頭取)松平織部正

田村元長様　(雄安、同右)萩原豐後守

以手紙申達候、然ㇾ、明八日、(稻葉正明、御用取次)越前守殿御通之御用有之候間、明朝四時前、不遲　御城に御出可被成候、以上、　十二月七日

右承知之旨、卽刻返書進る、

巳十二月七日、支配頭・組頭に銘々使者を以而屆る、尤、銘々可屆旨、月番組頭能勢又十郎(賴廉)［　］ニ候、

稻葉越前守殿御通被成候御用有之候ニ付、明八日、御城に可罷出旨、松平織部正・萩原豐後守ゟ以書中被申聞候、依之、此段御屆奉申上候、以上、

十二月七日　田村元長

銀三枚拜領
*田端藥園に就きて質しあり
*屋敷改用人に掛合ふ
御禮手札
*藥園に付支障なしとの回答
人參拜領
下の中人參半斤
田端村藥園に付屋敷改と掛合ふ
百姓名にて內々抱屋敷所持の面々の吟味

天明五年十二月
巳十二月八日、被仰渡左之通、
朝鮮種人參御用骨折相勤、捌方も宜候ニ付、拜領物被　仰付、
右於奧新部屋、稲葉越前守殿被仰渡、銀三枚拜領仕候、
右爲御禮、田沼主殿頭殿（意次、老中）・水野出羽守殿（忠友、老中）・稲葉越前守殿・横田筑後守殿（準松、御用取次）・本郷伊勢守殿（泰行、同上）・松平織部正殿・萩原豐後守殿ニ相廻る、支配頭・組頭ニも相廻る、
支配頭・組頭兩人ニ　朝鮮種人參御用相勤候ニ付、於奧向拜領物被　仰付候旨、稲葉越前守殿被仰渡、銀三枚被下置、難有仕合奉存候、　田村元長
手札

巳十二月九日、
一、朝鮮種下之中人參半斤拜領、
巳十二月朔日、下之中人參半斤被下候旨、松平織部正殿（乘尹、小納戸頭取）・萩原豐後守殿（雄安、同上）を以而、稲葉越前守殿（正明、御用取次）被仰渡、拜領仕候、爲御禮御宅ニも不相廻、於　殿中翌十日、陰時計之間ニて越前守殿ニ御直ニ御禮申上候、御小納戸頭取衆へも御禮申述候、

巳十二月、
一、田端藥園之儀ニ付、屋敷改永井傳右衛門（元平）用人ニ掛合候事、
當秋中ゟ、御場內百姓名前ニ而內々抱屋敷所持之

面々御吟味有之候付、手前藥園ニいたし置候東叡山御領下田端村名主忠兵衛支配之內、御水帳之面高貳石貳斗貳升四合之年貢畑屋敷之儀、屋敷改ゟ尋有之候間、繪圖面等指出候樣可致旨、田村權右衛門ゟ右名主忠兵衛ニ申渡候旨、忠兵衛ゟ申聞候ニ付、屋敷改永井傳右衛門用人ニ家來安田久米右衛門を以掛合せ候處、相糺候上沙汰可致旨、右用人申聞、其後沙汰無之候ニ付、又〻掛合せ候處、相糺候得ㇳ先達而御居有之候御藥園之儀ニ付、此度繪圖面等指出ニ不及、諸事是迄之通取計可申旨、
巳十二月八日、右永井傳右衛門用人河合左仲義、安田久米右衛門ニ申聞候、依之翌九日、久米右衛門ゟ田端村名主忠兵衛ニ左之通口上覺書指遣し候、
屋敷御改永井傳右衛門樣御役所拙者罷出、御用人河合左仲殿呼出、田端藥園之儀御吟味被下候哉、致承知度段申候處、左仲殿被申聞候ㇳ、右御藥園之儀、御支配樣其外御存知ニも前〻ゟ御居被成候御藥園ニ御座候間、繪圖面・書付等名主方ゟ此度指出ニ不及候、先達而御居有之候御藥園故、諸事唯今迄之通取計可申旨、左仲殿被

七*十六味

申聞候、以上、

十二月九日　　安田久米右衛門

右屋敷改用人迄掛合、書付等も不出候得とも、不表立儀ニ付、此度
右之段支配頭ニも不届候、

歸府御目見

巳十二月十五日、

一、歸府之　御目見被　仰付候、

藥種拜領

巳十二月廿七日、

一、御藥種拜領仕候、

田村元長殿　　中坊金藏（秀看、小普請組支配頭）

御自分事、御用之儀有之候間、今日、自宅ニ可被
相越候、以上、

十二月廿七日

金藏殿於御宅被仰渡御書付、左之通、　　田村元長

御藥種被下候、半井大和守（成高、典藥頭）方ニ而可相渡候間、
請取候様可申渡旨、太田備後守（資愛、若年寄）殿被仰渡候、依
之申渡候、十二月廿七日

翌廿八日、登　城、於焚火之間御老中・若年寄衆ニ御禮申上候、
尤、組頭衆へも御禮ニ不相廻候、支配ニも、昨廿七日、立歸り御
禮申置候事、

天明五年十二月

半井大和守宅ニ而請取候御藥種書付

御藥種都合七拾六味　惣目八貫四百三拾五匁
袋數七拾七　　田村元長

天明六丙午年正月三日、

年始登城

一、元長登　城、枳朮丸獻上、

午正月廿五日、

抱町屋敷類焼

類焼届

一、抱町屋敷類焼ニ付、支配に届書出ス、
午正月廿五日、使者を以支配頭・組頭に銘〻出ス、
御届　　　田村元長

二十二日類焼

私拝借地幷私母抱屋敷・悴元慶抱屋敷、當正月廿二日、左之通類焼仕候、

拝借地

一、神田紺屋町三町目南側六百貳坪餘之拝借地壹ヶ所

神田紺屋町母抱屋敷

一、神田紺屋町貳町目北側西角ゟ五軒目、表間口拾壹間四尺・裏行町並貳拾間、私母抱屋敷壹ヶ所

同町元慶抱屋敷

一、神田紺屋町三町目西角ゟ三軒目、表間口四間貳尺三寸七分五厘・裏行町並貳拾間、悴元慶抱屋敷壹ヶ所

右之通類焼仕候、此段御届奉申上候、以上、

午正月　　　田村元長

午四月六日、

願書

夏足袋許さる

一、夏中足袋、願之通被　仰付候、

午三月七日、月番組頭森川七郎右衞門(快勝)殿に、元慶を以而三通共出ス、本紙程村竪紙・上包美濃折掛包

表書　足袋願書　　　田村元長

奉願候覺

私儀足痛所御座候而、不出來之節も足冷難儀仕候、足冷申候節も、夏中も足袋相用申度奉願候、以上、

天明六午年三月　　　田村元長書判

中坊金藏(秀看、小普請組支配頭)殿　外兩通組頭名當、例之通、

田村元長殿　　　中坊金藏

申渡候儀有之候間、服沙(紗)袷十德着、唯今自宅に御越可有之候、若病氣指合候ハヽ、名代可被指出候、以上、　　四月六日

右ニ付金藏殿御宅に罷出候處、夏中足袋願、願之通被仰渡候、依之爲御禮、月番御老中水野出羽守(忠友)殿に罷越候、支配頭にハ立歸り御禮、組頭兩人にも御禮ニ罷越候、

午七月廿一日、

親類増減書

一、親類相増候書付、支配(中坊秀看)に出ス、
午七月廿一日、森川七郎右衞門(快勝)殿に、三通共使者を以て出ス、本紙半切・上包折掛ヶ、

組*頭返書状

姪一人増す

七*歳未満に付一日の遠慮

弟栗本元格次男病死

吹*上添奉行宛書状

組頭宛届

甥*病死に付奥向への届を頼む

七歳未満に付服忌は無きか

吹*上添奉行返書状

表書　親類相増候書付　田村元長

覺

一、姪　私弟（昌臧）栗本元格娘壹人

右私姪壹人、當午正月、出生仕相増申候、其外親・遠類之儀、先達而申上置候通増減無御座候、以上、

午七月　田村元長

午七月廿九日、

一、栗本八十九郎病死、

本紙竪紙結ひ状（快勝、小普請組頭）森川七郎右衛門様　田村元長

一筆啓上仕候、然ハ、私弟栗本元格（昌臧）次男栗本八十九郎儀、久々病氣之處養生不相叶、今曉七時、病死仕候、依之御届申上候、尤右八十九郎儀、七歳未満ニ御座候、忌服ハ無御座候哉、被仰聞可被下候、恐惶謹言、

七月廿九日　善之花押

追啓、本紙申上候栗本八十九郎病死仕候處、七歳未満付、私悴田村元慶儀も忌服無之候哉、被仰聞可被下候、以上、

田村元長様　森川七郎右衛門

御状致拜見候、然ハ、貴様甥子栗本八十九郎殿、今曉七時、御病死之旨被仰聞、御笑止千萬奉存候、七歳未満ニ付、御父子様共、今日一日之御遠慮可被成候、右御報如此御座候、以上、

七月廿九日

同役植村左平太（政養）江、此節遠國人參御買上御用ニ付、忠藏・軍次郎江手紙遣ス、

明樂忠藏様（允武、吹上添奉行）

金子軍次郎様（正修、同右）　田村元長

以手紙啓上仕候、然ハ、私弟栗本元格次男栗本八十九郎儀、今曉七時、病死仕候、尤、右八十九郎七歳未満ニ付、忌服ハ無之候得共、奥向幷石見守（酒井忠休、若年寄）殿江御届之儀、何分宜御取計被成下候様、偏奉願候、以上、

七月廿九日

田村元長様　明樂忠藏

田村元慶様　金子軍次郎

以手紙啓上仕候、然ハ、八十九郎殿御病死之旨、

届書*
寒熱*
實方甥従弟は御番遠慮に及ばずとの沙汰

御番御遠慮御届書相認、御城江軍次郎持參、御右筆山本文左衛門(時房、奥右筆)江得と承糺候處、惣而實方甥忌服ハ勿論、御番遠慮御届申上候ニハ及不申候、且、従弟も實方ハ御番遠慮ニハ不及候由御座候、此段織部正殿(松平乗尹、小納戸頭取)江も掛り御目、申達候處、右同様之御挨拶御座候、右ニ付乍御太儀、御兩所様之内御出勤被成候様奉存候、此段申上度、早々申上候、以上、

出勤すべし

七月廿九日

右之通ニ付、今日元慶儀當番ニ付、御役所江相詰申候、

快氣届*
宗旨證文指出

午八月十九日、

一、宗旨證文壹通、支配中坊金藏殿(秀看)江出ス、

宗旨證文文言先格之通相認、使者を以中坊金藏殿江出ス、

病氣引込

午八月廿六日、

一、元長病氣ニ付引込、

午八月廿六日、以使月番組頭能勢又十郎(頼廉)江三通出ス、
本紙半切・上包折掛ケ

御届　田村元長

私儀、寒熱強相煩候ニ付、御製法所御番御斷申上候、依之、此段御届奉申上候、以上、　八月十六日　田村元長

病氣付御製法所御番御斷奉申上候書付

奥向江織部正殿(松平乗尹、小納戸頭取)を以て明樂忠藏(允武、吹上添奉行)江上ル、
石見守殿(酒井忠休、若年寄)江、御用部屋元順を以て上ル、

田村元長

私義、寒熱強相煩候ニ付、御製法所御番御斷奉申上候、以上、　田村元長

午八月廿六日

午九月六日、

一、元長病氣快氣、出勤仕候、

御届　田村元長

私儀、病氣快氣仕、今日ゟ出勤仕候間、此段奉申上候、以上、

午九月六日　田村元長

右御届書付、奥向江松平織部正殿(乗尹、小納戸頭取)を以て上ル、
若年寄酒井石見守殿(忠休)江、御用部屋春宅を以て上ル、
中坊金藏殿(秀看、小普請組支配頭)并組頭兩人江、銘々元長持參指出ス、

*代替御目見の節の小普請醫師藥獻上の先例
將軍中陰に付月代の事
*岡了伯の例
老中書付
小普請等は九日より月代剃ること
組頭書狀
勤仕並も同様
*枳朮丸獻上
代替御目見丸藥獻上
*親類增減書指出

午九月、

一、公方様御中陰ニ付、月代之事、
午十月九日、小普請支配中坊金藏（秀看）殿ゟ以廻狀到來、
水野出羽守（忠友、老中）殿御渡被成候御書付寫
國持衆・外様万石以上・表高家・寄合幷小普請之面〻ハ、明後九日ゟ月代剃可申候、御普代衆詰衆並諸番頭・諸物頭・諸役人御番衆月代剃候儀ハ可有延引候、右之通可被相觸候、十月七日
元長儀ハ勤仕並ニ付、月代之義疑敷、小普請組頭能勢又十郎（賴廉）江承合候處、左之通申來候、
田村元長様　能勢又十郎
以手紙得御意候、然ハ、貴様御月代之義、小普請一統御觸通ニ而宜候旨、金藏殿被申越候、此段得御意候、以上、十月十一日
卽日元長・元慶共月代いたし候事、

午十一月四日、

一、御代替　御目見仕、御丸藥獻上仕候、
小普請組頭森川七郎（快勝）右衛門ゟ差圖ニ付、承合候趣書付、午閏十月廿七日、支配中坊金藏（秀看）殿江使者を以而出ス、七郎右衛門江も壹通出ス、

御代替り　御目見之節、小普請醫師御藥獻上之儀、先年之振合承合候處、先年　御代替　御目見之節、岡了伯、小普請之年始之通り御藥獻上仕候旨、同人申聞候、尤、右了伯儀、當時ハ御番醫師相勤罷在候得共、右之節ハ小普請ニ而、前書之通御藥獻上仕候旨ニ御座候、依之、此段奉申上候、以上、午閏十月　田村元長

中坊金藏殿ゟ廻狀
來月四日、御代替御禮被罷出候節、是迄年〻年始御禮獻上物致被來候衆、此度も可被致獻上物候、廻狀無滯順達、留りゟ可被相返候、以上、閏十月廿九日　中坊金藏

午十一月四日、御代替　御目見、元長登　城、
枳朮丸獻上、
但、御丸藥臺付キ、年始之通熨斗目十德着用、

午十二月三日、

一、親類增減書付、支配江出ス、
午十二月三日、使者を以て森川七郎右衛門（快勝、小普請組頭）江二通出ス、本紙半切・上包折掛

銀*五枚

天明六年十二月

上書　親類増減無之書付　田村元長

覚

私親類・遠類之儀、先達而申上置候通、増減無御座候、以上、

午十二月　田村元長

療治帳指上ざる旨の書付

午十二月三日、

一、療治帳之儀ニ付、書付支配に出ス、

午十二月三日、使者を以て森川七郎右衛門に三通出ス、本紙半切・上包折掛

上書　療治帳不指上候ニ付書付　田村元長

人*參御用精勤に付奥向より銀子拝領
人參御用繁多に付療治せず

私儀、人參御用多ニ相勤候ニ付、療治不仕候、依之、療治帳指上不申候、以上、午十二月　田村元長

元*長二枚元慶一枚

人參御用出精に付銀子拝領

午十二月十六日、

一、朝鮮種人參御用相勤候付、銀五枚拝領、

御用之儀有之候間、明十六日四時、服紗小袖十徳着、　御城に可被罷出候、尤爲御請、今日中自宅に可被相越候、以上、

十二月十五日　中坊金蔵（秀看、小普請組支配頭）

田村元長殿

午十二月十六日、　御城に罷出候處、左之通被仰渡、

朝鮮種人參御用骨折相勤候ニ付、拝領物被　仰付候旨、於御祐筆部屋御縁側、若年寄衆侍座、御老中松平周防守（康福）殿被仰渡、銀五枚拝領仕候、

御禮廻り、大老・老中・若年寄衆不殘、御用掛り御側衆并御小納戸頭取人參御用掛り之衆兩人、支配頭・組頭兩人にも相廻り候、

午十二月晦日、

一、朝鮮種人參御用相勤候ニ付、元長・元慶兩人共於奥向拝領物被　仰付候、尤、元長儀銀貳枚、元慶儀銀壹枚拝領仕候、

午十二月晦日、　御城に罷出候處、朝鮮種人參御用相勤候ニ付、例年御用掛り御側衆御通御用之振合を以、元長に銀貳枚、元慶に銀壹枚被下置候旨、御小納戸頭取森川甲斐守（俊顕）殿御申聞、則、御側横田筑後守（準松）殿被仰渡候振合ニ相心得可申候、御禮之義ハ、明春年始御禮ニ罷越候節、一所ニ可申上旨、甲斐守殿被仰聞候事、

人参拝領
肉折人参半斤づゝ

*年始登城

*駄鳥剝製拝領

*吹上の駄鳥

*吹上奉行より伺出で許さる

午十二月晦日、
一、肉折人参半斤つゝ、元長・元慶両人共拝領、
午十二月晦日、例年之通人参被下之旨、森川甲斐守殿を以て横田筑後守殿被仰渡、両人共拝領仕候、尤、今日差掛り候義ニ付、元長壹人ニて左平太(植村政養)・元慶名代共〻、筑後守殿ニ御禮　御城ニて申上候、

天明七丁未正月三日、
一、元長登　城、年始御禮、枳朮丸獻上、
未正月十四日、
一、駄鳥一羽拝領、
此駄鳥之儀、是迄吹上ニ有之候處、去暮御取拂被仰渡候上死去候を、形取立有之候ニ付、田村元長ニ可被下置哉之由、吹上奉行金子彦八郎(胅富)より御小納戸頭取高井大隅守(實員)殿ニ口上ニ而相伺候處、御用掛御側横田筑後守(準松)殿ニ伺相濟、右駄鳥元長ニ被下置候段、於御製法所、未正月十四日、金子彦八郎申聞候間、則同日、吹上ニ請取人指出、受取申候、翌十五日、於　殿中大隅守殿ニ元長右駄鳥拝領難有旨御禮申達シ、且又、御用掛り衆ニも御禮被仰上被下度旨、大隅守殿ニ元長申達候、未正月十五日、於　殿中小普請組頭能勢又十郎(頼廉)ニ逢候ニ付、右駄鳥拝領仕候段咄シ之御届申候ニも及間敷哉之旨、同人ニ問合候處、御届ニも及不申旨、又十郎申聞候事、

未三月廿六日、
一、夏足袋、願之通相用候様被　仰付候、
未三月七日、月番組頭森川七郎右衛門(快勝)に、元慶を以而三通共出ス、
本紙程村竪紙・上包美濃折掛ケ
表書　足袋願書　田村元長
奉願候覺
私儀、足痛所御座候而、不出來之節も足冷難儀
仕候、足冷申候節も、夏中も足袋相用申度奉願
候、以上、
天明七未年三月　田村元長書判
中坊金藏殿(秀看、小普請組支配頭)　外貳通ハ組頭両名當、先例之通、

田村元長殿　中坊金藏
申渡候儀有之候間、服紗小袖十徳着、今夕七ツ時、
自宅に御越可有之候、若病氣指合等候ハヽ、名代
可被差出候、以上、三月廿六日
未三月廿六日七時、中坊金藏殿御宅に元長罷出候處、左之通書
付を以而、金藏殿病氣ニ付組頭森川七郎右衛門申渡候、
田村元長
右夏足袋之儀、鳥居丹波守殿(忠孝、老中)に相伺候處、相用
候様被仰渡候、依之申渡候、三月廿六日

御禮廻り、鳥居丹波守殿に計罷越候様、是又七郎右衛門申
渡候、
未四月廿三日、
一、將軍　宣下相濟候ニ付、爲恐悦登　城、枳朮丸獻上、
但、熨斗目十徳着用登　城、　御目見仕、枳朮丸
獻上仕候、夫ゟ大老・老中・若年寄衆共不殘幷支
配頭に爲恐悦相廻り候、組頭にハ不相廻候、以
上、
未四月廿七日、
一、將軍　宣下相濟候ニ付、御祝儀之御能拜見被　仰付
候、
將軍　宣下相濟候爲御祝儀、御能有之候ニ付、三
度目御能之節拜見被　仰付候旨、支配中坊金藏殿(秀看)
ゟ以廻状被申聞候上、左之通剪紙致到來候、
田村元長殿　中坊金藏
明廿七日、御能有之、五半時、揃候間、登　城
拜見可被有之候、以上、
四月廿六日
未四月廿七日、登　城、御能拜見仕、御料理頂戴、

夏足袋許さる
*將軍宣下濟むに付登城
*枳朮丸獻上
願書
*恐悦廻り
*御祝儀能拜見
*御祝儀能三度目を拜見
支配頭病氣に付組頭より申渡さる
*御料理頂戴

元慶も拝見し御料理頂戴す

仕候、但、熨斗目十德着用、尤、悴元慶儀も、右
御能之節召連、罷出拝見可爲仕旨、當四月廿三日、
於殿中組頭森川七郎右衛門申聞候ニ付、今廿七日、
元慶儀も召連罷出、御能拝見爲仕、御料理も頂戴
爲仕候、

田村元長殿　　中坊金藏

御能見物御禮

*本草修業等に付申立つ

*武藝學文出精の者申立つべき旨觸あり

去月廿七日、御能見物被　仰付候爲御禮、明六
日、井伊掃部頭（直幸、大老）殿・老中・若年寄中ゟ可被相廻
候、尤、自宅江も可被相越候、以上、

五月五日

将軍袖留に付恐悦登城

*元長申立書

未五月三日、

一、公方様（徳川家齊）御袖留被　遊候付、爲恐悦登　城、

公方様御袖留被　遊候ニ付、爲恐悦今日登　城候
様、昨二日、中坊金藏（秀看、小普請組支配頭）殿ゟ以廻狀申來候付、今日
登　城、恐悦申上候、老中謁、

*本草修業

*自宅にて本草會讀し門人を教育す

未七月、

親類増減書指出す

一、親類増減書付、支配江出ス、

本紙半切紙・上包美濃折掛包、三通共能勢又十郎（頼廉、小普請組頭）江、使者を以て出ス、

天明七年五月・七月・八月

表書　親遠類増減無之書付　田村元長

私親類・遠類之儀、先達而申上置候通、増減無御
座候、以上、

七月　　田村元長

未八月朔日、

一、元長儀、本草修行・會讀等仕候儀、書付支配江出ス、

此度武藝・學文等出精仕候者申立候様、一統御觸
之義及承候間、當御支配よりも御觸有之哉之旨、
組頭森川七郎右衛門（快勝、小普請組頭）江承合候處、御支配ゟ御觸も
無之候得共、學文躰認出候様同人申聞候間、左之通
書付、未八月朔日、使を以て森川七郎右衛門江出ス、

田村元長

右元長父元雄儀、和産之薬物出精仕候趣達
上聞、新規被　召出候ゟ相續キ、元長儀本草修
行仕、年來於宅本草會讀仕、和産之薬物幷漢渡
之薬種共眞僞を辨へ、氣味功能之善惡等相正シ、
門人教育之儀、常々相勵罷在候、

未八月九日、植村左平太（政養）相頼、奥向江御小納戸頭取森川甲斐守（俊顕）殿を以而上ル、

右觸に付小普請よりも元長のこと書上ぐ
*盗難届
*侍部屋に盗賊侵入す
*紛失物品覺書
*刀
支配頭宅にて本草綱目の内を講釋す
宗門改證文を指出す
*脇指

天明七年八月

學文并武藝等別而當時出精、師範も仕候者、此度支配ゟ名前書出候ニ付、私名前も書出可申趣、小普請組頭森川七郎右衛門申聞候間、左之通書付、右七郎右衛門に差出申候、

田村元長

右元長父元雄儀、和產之藥物出精仕候趣達上聞、新規被　召出候ゟ相續キ、元長儀本草修行仕、年來於宅本草會讀仕、和產之藥物并漢渡之藥種共眞僞を辨へ、功能之善惡等相正シ、門人教育之儀、常ゝ相勵罷在候、

右之通書付小普請組組頭に指出候間、此段申上置候、以上、

未八月　田村元長

未八月、(マヽ)支配ゟ指圖ニ付、則支配中坊金藏(秀看)殿御宅ニ於て、本草綱目之内雨水之一條講釋仕候、金藏殿并組頭兩人共列坐ニ而講釋之事、

未八月二日、

一、切支丹宗門改證文、支配に指出ス、但支配中坊金藏(秀看)殿御宅に使者を以て出ス、

○日付竝ニ綱文ヲ缺ク、

未八月□日、月番組頭能勢又十郎(賴廉)に、使を以て三通出ス、
本紙半切・上包美濃折掛ケ

表書　御届書付　田村元長

當八月二日晝九時過比、客來有之侍共罷出相働罷在候內、〆置候侍部屋入口之唐紙、何者共不知明ケ離し有之、侍部屋ニ指置候大小・衣類等相見に不申、盗賊入候様子ニ御座候付、家來共不殘吟味仕口書取之、疑敷儀無御座候、別紙書付之通紛失仕候、依之、此段御居申上候、以上、　未八月

田村元長

未八月五日、又十郎に三通出ス、
本紙半切・上包美濃折掛ケ

表書　御届書付　田村元長

紛失物品覺

田村元長家來
侍　鈴木喜內

一、刀　銘覺不申候、　壹腰
但、柄 黑糸、縁 赤銅花菱ニ菊、頭ラ 角頭黑塗、目貫 赤銅離レ駒、鮫 白鮫、鞘 花塗、鍔 鐵丸鍔、切羽・鎺共金燒付ケ、下ケ紐 黑色、

一、脇指　無銘　壹腰
小柄共
但、柄 黑糸、縁 赤銅無地横鑢子、頭ラ 角頭

黒塗、目貫 小瓜リ、鮫 摺鮫、鞘 花塗、鍔
鐵之丸鍔、切羽・鎺共銀焼付、下ケ紐ヲ 黒色、
小柄 表赤銅裏金着セ、

帷子

一、空色晒帷子　壹ツ、
但、紋所劔梅鉢五ツ所紋

羽織

一、秩父絹一重羽織　壹ツ、
但、黒小紋、紋所鬼蔦一ツ紋

錢

一、錢三百文餘

僅の品に付町觸は願はず

右之通紛失仕候、尤、聊成品ニ付町觸も相願申間敷候得共、紛失物之儀ニ付、此段御届申上候、以上、
未八月　　田村元長

未九月十日、

支配頭代るに付明細書等を指出す

一、前田(矩貫)安房守支配ニ罷成候ニ付、明細書并屋敷書付出ス、

*父元雄
前田矩貫

去(二十六日)(ママ)八月、中坊(秀看)金藏殿(小性組番頭)轉役被致、當九月十日、前田安房守殿事、金藏殿跡御役小普請支配被　仰付候付、安房守殿ニ明細書・屋敷書付、翌十一日、元長持參指出ス、

本紙程村竪紙・上包美濃折掛包
表書　明細書　　田村元長

明細書

天明七年九月

明細書

小普請組前田安房守支配
實子惣領

高三拾人扶持　本國和泉　生國武藏　田村元長　未四拾九歳

拝領屋敷無御座候、
住宅、駿河臺鈴木町小普請組天野山城守支配鈴木龜五郎(自明)拝領屋敷内借地仕罷在候、

私儀、明和九辰年七月朔日、御目見仕候、安永五申年五月廿二日、父元雄病死仕、同年七月十六日、私儀被　召出、一生之内三拾人扶持被下置、人參製法等之御用、父時之通可相勤旨、於躑躅之間、若年寄衆侍座、御老中板倉佐渡守(勝清)殿被　仰渡、小普請組戸川山城守(逵和)支配ニ罷成、天明二寅年十月廿日、神尾内記(元雅)支配ニ罷成、同三卯年三月廿八日、中坊金藏(秀看)支配ニ罷成、同七未年九月十日、前田安房守支配ニ罷成候、

一、祖父　元町醫師　田村宗宣　死

一、父　田村元雄　死
寶暦十三未年、町醫師ニ而罷在候處、新規被　召出、御醫師並被　仰付、一生之内御扶持方三拾人扶持被下置候旨、於躑躅之間、若年寄衆侍座、御老中松平右近將監(武元)殿被仰渡、小普請組高

屋敷書付
*支配頭へ諸書付を指出す
中坊秀看宛と異なる箇所
住宅
家督相續に付地主名變更す
*宗門改證文

天明七年九月
力式部（長昌）支配ニ罷成、明和八卯年九月廿八日、長谷川久三郎（正脩）支配ニ罷成、安永三午年五月四日、戸川山城守支配ニ罷成、安永五申年五月廿二日、病死仕候、

一、悴　　實子惣領　田村元慶

天明七未年九月　　田村元長印書判

前田安房守殿

當未九月十一日、前田安房守殿に指出候屋敷書付之儀、去ル（天明三年）卯年四月朔日、中坊金藏殿に指出候書付と同様、但、左之文言計此度相改候事、

一、當時住宅之儀ハ、駿河臺鈴木町天野山城守支配（康幸、小普請組支配頭）鈴木龜五郎拜領屋敷內借地住宅仕候、

天明七未年九月　　田村元長書判

前田安房守殿

未九月、小普請組頭能勢又十郎（頼廉）に、使者を以て貳通出ス、
本紙半切・上包折掛ヶ
表書　書付　　田村元長

私住宅之儀、先達而ゟ小普請組嶋田彈正（政彌）支配駿河臺鈴木町鈴木岩五郎（自受）拜領屋敷內借地住宅仕罷在候處、右岩五郎儀病死仕（天明六年九月二日）、同人養子龜五郎家督相續仕、當時小普請組天野山城守支配鈴木龜五郎屋敷內、先達而之儘借地住宅仕罷在候、尤、此度前田安房守殿に指出候屋敷書付ニも、右鈴木龜五郎屋敷內借地住宅仕候段、申上候間、此段共申上置候、以上、

未九月　　田村元長

未九月廿五日、

一、支配前田安房守（矩貫）殿に諸書付出ス、
未九月廿三日、相支配世話役加藤政五郎（正福）に爲見、加筆を受ヶ又認直し、未九月廿五日、前田安房守殿に、使を以て出ス、書付左之通、

一、先祖書　　壹冊　別ニ□有之候、尤印・書判、

一、親類書　　壹冊　別□いたし□尤印・書判、

一、遠類書　　壹冊　同斷、

一、切支丹宗門改證文壹通　先例之通、尤印・書判、但、文言末ニ記、

一、御給有無書付　　壹通　文言末ニ記、

一、諸拜借有無書付　　壹通　同斷、

一、諸願有無書付　　壹通　同斷、

一、印鑑　　壹枚　同斷、

右三冊と四通、外ニ印鑑壹枚、都合八品、

未九月廿五日、安房守殿に指出ス、
本紙程村竪紙・上包美濃折掛ヶ　但、本紙程村壹枚紙、
表書　切支丹宗門改證文　　田村元長

*諸拝借無之書付

*印鑑

御給無之書付

*支配頭初相對

*支配頭へ申達

諸願無之書付

*惣出仕に登城

*人參御用繁多に付相對は年初と年末のみ

切支丹宗門、従前ゝ今以相改申候。先年被　仰出候御法度書之趣、家來下ゝ迄。至迄遂穿鑿候處、不審成者無御座候、依之。家來譜代之者ゟ、寺證文手前ニ取置之。年季・一季居之者ゟ、請人方ニ寺證文。取置申候段、請狀ニ爲書入召抱申候、若シ。此以後疑敷者於有之ゟ、早速可申上候。

爲其仍如件、

天明五丁未年九月　　田村元長 印 書判

前田安房守殿

未九月廿五日、安房守殿ニ指出ス、
本紙程村竪半枚紙・上包美濃折掛ケ
表書　御給無之書付　　田村元長

覺

一、私父田村元雄親〔新〕規被　召出候後、父幷私共遠慮・逼塞・閉門其外御給之儀、無御座候、以上、

天明七未年九月　　田村元長 印 書判

前田安房守殿

未九月廿五日、安房守殿ニ出ス、但無判、
本紙南目半切・上包美濃折掛ケ
表書　諸願無之書付　　田村元長

覺

天明七年九月

一、私儀、諸願申上置候儀、無御座候、以上、

九月　　田村元長

未九月廿五日、安房守殿ニ出ス、但無判、
本紙半切南目・上包美濃折掛ケ
表書　諸拝借無之書付　　田村元長

覺

一、私儀、諸拝借無御座候、以上、

九月　　田村元長

未九月廿五日、安房守殿ニ指出候印鑑、左之通、
本紙程村竪紙・上包美濃折掛ケ
表書　印鑑　　田村元長

横貳寸　竪九寸

印鑑〇　田村元長

未九月廿七日、

一、支配前田安房守殿〔矩貫〕初相對ニ付、罷出面談候事、

未九月廿七日、安房守殿ニ初而致面談候、同日、御同人御宅ニおゐて、相支配世話役亀田峯之助〔三興〕を以而、左之通安房守殿ニ申達候處、御同人御承知之旨、卽日、峯之助申聞候、

一、田村元長儀、前ゝゟ惣出仕之節罷出來り候、

一、田村元長儀、人參御用多ニ相勤候間、毎年初

*來年五十歲なれど乘物を願はず

*來年五十歲の者乘物を願ふが定例

支配頭相對定日

*元長口上書

抱地内に浪人を指置かず

*惣醫師並に城中下乘迄乘物を用ゐ來る

*條目にも醫師は制外とあるに付乘物を願はず

御相對之節幷終御相對之節計罷出候、若其節指合等有之候得ハ、御斷書指出申候、其外御相對之節ハ、不罷出候而も御斷も不申上候、只今迄右之振合ニ付、此已後も右之通相心得申度候事、

右之通二ヶ條共安房守殿江申達候處、御同人御承知之旨、未九月廿七日、安房守殿於御宅龜田峯之助申聞候、

未九月廿九日、

一、支配相對定日之儀、支配(前田矩貫)より申來ル、

相對日　毎月　六日　十九日　廿四日　右面談之事

未十一月廿二日、

一、御拳場之内抱地内等浪人不指置旨、書付支配江出ス、

支配より尋之旨、世話役より指圖ニ付、未十一月廿二日、世話役加藤(正嗣)政五郎江貳通使を以て出ス、

本紙半切・上包折掛ヶ

表書　書付　田村元長

私儀、拜領屋敷無之候、尤、御拳場之内下田端村ニ私抱地有之候、右抱地之内幷拜借地之内共、浪人指置不申候、依之、以書付申上候、以上、

十一月　田村元長

未十一月、

一、元長儀、來申歲五拾歲罷成候處、乘物願不仕候事、

來申歲五拾歲ニ罷成候面々、乘物願可指出候間、問合候樣世話役より以廻狀申聞候之上、未十一月廿二日、世話役江外書付使を以出し候序ニ、世話役加藤政(政嗣)五郎より左之通口上書、使之者江指越候、

口上書　當年ハ乘物御願可被成歟と奉存候、左候ハヽ、御伺書之義御問合可被成候、

未十一月廿三日、加藤政五郎江使を以て遣候口上書、左之通、

口上書

私儀、當年ハ乘物可奉願哉と思召候由、左候ハヽ、伺書之儀、御問合申上候樣被仰下、忝奉存候、然處、私ハ醫者ニ御座候間、乘物之儀ハ、先年亡父初而被　召出候已來私ニ至迄、惣御醫師並之通是迄　御城中下乘迄乘物相用來り候、尤、亡父五拾歲之節も乘物願ハ不仕、且又、先達而被　仰出候御條目ニも、醫者ハ制外之趣相

*人參御用出精に付銀子拝領
*支配頭奉書

*登城不能の節名代に神文状を持たすべし

親類增減書等指出

*支配頭申渡書

人參御用繁多に付療治せず

心得罷在候間、私儀も乗物相願候ニも及間敷哉
と奉存候ニ付、此間中ゟ御問合も不申上候、夫
共奉願候筋ニ御座候ハヽ、何分宜御指圖被成下
候様奉願候、以上、

十一月　　田村元長

右之後、世話役ゟ何之沙汰も無之候事、

未十二月五日、

一、親類增減書付幷療治帳不出候ニ付、書付支配に出候、

未十二月五日、月番組頭森川七郎右衛門（快勝）に、使者を以て三通出ス、
本紙半切・上包折掛ケ

表書　親類增減無之書付　田村元長

覺

私親類・遠類之儀、先達而申上置候通、增減無之候、以上、

未十二月　　田村元長

未十二月五日、月番組頭森川七郎右衛門に、使者を以三通出ス、
本紙半切・上包折掛ケ

表書　療治帳不指上候ニ付書付　田村元長

私儀、人參御用多ニ相勤候ニ付、療治不仕候、依之、療治帳指上不申候、以上、

未十二月　　田村元長

天明七年十二月

未十二月七日、

一、朝鮮種人參御用相勤候ニ付、銀五枚拝領、

田村元長殿　　前田安房守（矩貫、小普請組支配頭）

御自分事、御用之儀有之候間、明七日四時、服紗
小袖十徳着之、可被致登　城候、若病氣差合等候
ハヾ、神文狀を以て自宅に名代可被差出候、以上、

十二月六日

猶以、爲御請、今晩中自宅に可被相越候、以上、

右ニ付、昨晩、安房守殿に元長爲御請罷出候處、安房守殿［　］
被相渡候書付、左之通貳通、

㊥一、御書付四時と有之候得共、五時前　御城に可
被罷出候、

一、指掛若病氣候ハヽ、以神文狀名代御斷可被申
聞候、當朝病氣候ハヽ、是又名代ニ而神文狀
可被差出候、以上、

十二月

別段安房守殿被相渡候書付、左之通、
田村元長

㊦右明七日四時、御城に可指出旨、阿部伊勢
守（正倫、老中）殿以御書付被　仰渡候、依之申渡候、

十二月六日

天明七年十二月

未十二月七日、元長登　城候處、被仰渡左之通、

朝鮮種人參御用骨折相勤候ニ付、拝領物被

仰付候、

銀五枚拝領
*支配頭宛届書

右之通於御祐筆部屋御緣側、若年寄衆侍座、御老中

阿部伊勢守殿被　仰渡、銀五枚拝領仕候、（御禮廻り、御老中・若年寄衆不殘、御用掛り御側衆御兩人、人參掛御小納戸頭取衆兩人、支配頭・組頭兩人にも相廻り候、）

但、當七日、　御城に罷出候節、即刻小普請支配之部屋に罷出候段、口上ニて申込、則支配安房守殿被致面談候、夫ゟ奥向に御屆、左之通相認封し候而、御坊主を以て頭取衆へ出ス、

奥向屆書

私儀、今七日、御用之儀有之候ニ付、四時、登城可仕旨、支配前田安房守申聞候ニ付、罷出候、依之此段申上候、以上、　十二月七日　田村元長

封し候而上書　平塚伊賀守様（爲喜、小納戸頭取）　森川甲斐守様（俊顯、同右）　田村元長

*當年人參拂ひはなけれど手入出精に付

拝領物相濟候上、奥向へ相廻り、平塚伊賀守殿に掛り御目、拝領物仕難有旨御禮申候事、夫ゟ退出、所〻に御禮ニ廻る、

人參御用精勤に付奥向より銀子拝領

未十二月十六日、

一、朝鮮種人參御用相勤候ニ付、於奥向元長儀銀貳枚、元慶儀銀壹枚拝領仕候、

小納戸頭取達書

*御禮廻り

田村元長殿　小野備後守（則武、小納戸頭取）〔前〕

田村元慶殿　平塚伊賀守（爲喜、同右）

以手紙申達候、然ハ明十六日、例年之通若狭守殿（小笠原信喜、御用取次）御通御用有之候間、四時不遲樣御出可被成候、依之申達候、以上、　十二月十五日

未十二月十五日、月番組頭森川七郎右衞門（快勝）に、使を以三通出ス、本紙半切・上包折掛ケ　表書　御屆書　田村元長

明十六日、小笠原若狭守殿御通御用有之候付、四時、私幷悴元慶共　御城に可罷出旨、御小納戸頭取小野備前守・平塚伊賀守ゟ以書中申聞候間、此段御屆奉申上候、以上、　十二月十五日　田村元長

未十二月十五日、元長・元慶兩人共　御城に罷出、其段頭取衆に申込候處、森川甲斐守殿被逢候事、夫ゟ被　仰渡左之通、（俊顯、小納戸頭取）

朝鮮種人參御用骨折相勤候ニ付、拝領物被　仰付候旨、尤、是迄人參捌方多骨折相勤候ニ付、年〻拝領物被　仰付來り候、當年ハ人參御拂無之候得共、多之人參御手入等骨折相勤候處ハ同樣ニ付、被下之、

右於奥新部屋、御用掛御側小笠原若狭守殿被仰渡、元長儀ハ銀貳枚、元慶儀ハ銀壹枚拝領仕候、

御禮廻り左之通り、

支配頭等宛御禮手札
水野出羽守殿（忠友、老中）　小笠原若狭守殿（信喜、御用取次）
加納遠江守殿（久周、御用取次）　平塚伊賀守殿（爲喜、小納戸頭取）
森川甲斐守殿（俊顯、小納戸頭取）
右五ヶ所に御禮ニ相廻り、夫ゟ支配并組頭兩人に、
左之通手札を以而相廻る、
前田安房守殿（矩貫、小普請組支配頭）　森川七郎右衛門殿（快勝、小普請組頭）
能勢又十郎殿（頼廉、小普請組頭）に、

元長手札

私并倅元慶共、朝鮮種人參御用相勤候ニ付、拜領物被
仰付候旨、於奥向小笠原若狭守殿被仰渡、私儀銀貳枚、
元慶儀銀壹枚拜領仕、難有仕合奉存候、右御禮奉申上候、
田村元長

元慶手札

朝鮮種人參御用相勤候ニ付於奥向拜領物被　仰付候御禮
元長倅
田村元慶

未十二月十六日、

人參拜領

一、朝鮮種中之中人參半斤・肉折半斤合壹斤宛、元長・
元慶共於奥向拜領仕候、

中の中肉折人參半斤づゝ

未十二月十六日、例年之通御取拂人參被下之旨、
小笠原若狭守殿（信喜、御用取次）被仰渡候旨、於新部屋森川甲斐守（俊顯、小納戸頭取）
殿被申渡、本文之人參合壹斤つゝ、元長・元慶兩
人共拜領仕候、尤、當日御製法所□之者并植村
左平太（政養）にも、一同ニ同樣人參被下置候付、森川甲
斐守殿に元長御問合申候上、御同人御指圖を以て、
明樂嘉太夫（允武、吹上奉行）・金子軍次郎（正修、吹上添奉行）・明樂鐵之丞（政恒、同上）・植村左平
太一同、元長・元慶兩人共、笹之間於御廊下、若
狹守殿に御禮申上候、

*廣東人參とは三七草ではなく人參三七乃至廣三七のことか

廣東人參功能に付上申す松平定信より質さる

*功能

廣東人參は三七根なりやまたその功能は

*血熱を解すこと第一の功能

*廣東人參と零餘子人參酷似し或は同一か

三七の品種多數あり

天明八戊申年正月元日、

一、廣東人參功能等之儀御尋ニ付、書付を以申上候、

去未年十二月晦日、御小納戸頭取森川甲斐守殿(俊顕)を以而、御老中松平越中守殿(定信)御尋ニ付、申正月元日、甲斐守殿を以上ル、

田村元長

廣東人參之儀、人參ニ而ハ無之、三七根と申候(心)當り御座候哉、且三七根と申物、功能如何様成品ニ御座候哉、或又廣東人參之儀、三七根ニ而ハ無之、外ニ何と申心當り御座候哉之段、御尋ニ付左ニ奉申上候、

一、廣東人參と申品人參ニ而ハ無之、三七根ニ而御座候と申儀ハ、先年長崎唐通詞官梅三十郎儀、其節長崎表江罷越候唐人ニ承糺候旨、傳承仕候、然處、三七と申品種〻有之、羊腸三七・竹節三七此貳品を水三七と申候、人參三七・蘿蔔三七此貳品を廣三七と申候、此段采藥錄抄と申書ニ相見へ申候、依之相考候得ハ、人參三七一名ハ廣三七、則廣東人參此品ニ奉存候、尤本草ニも廣西等ゟ出候三七根氣味人參ニ似寄り通用有之候、三七草とハ違候趣相見へ候間、廣東人參ハ、

當時世上ニ植置候三七草とハ違ひ、其根之形人參ニ似寄候ニ付、人參三七共申之、廣西・廣東等ゟ出候ニ付、廣三七共申候儀と奉存候、

一、三七功能之儀ハ、第一血症ニ宜、金瘡・癰疔・産後血運等を治シ候事、本草ニ相見へ申候、先年廣東人參私共用覺候功能も、右之振合ニ而、血熱を解シ候事第一ニ覺申候、

一、享保年中江戸表町人丸屋治兵衛と申者、奉願候上零餘子(ムカゴ)人參之根を製法仕、暫之內買賣仕候旨及承申候、右治兵衛製法之零餘子人參を、先達而私も一見仕候處、其形狀・氣味共至極廣東人參ニ似寄、若其名も不承候ハヽ、見違可申程ニ御座候間、若萬〻一廣東人參ハ則此零餘子人參と同物ニも御座候半哉と奉存候、乍去、是ハいまだ證據も見出し不申候間、申上候儀如何敷御座候得共、心當り之程も申上候様ニと之御事ニ付、此段共奉申上候、以上、

申正月　田村元長

申正月三日、

年始登城
夏足袋を許さる
願書
宗門改證文指出す
遠國御用道中供連に付達書
雇の人數を減らすべし
雇人の取締り

一、元長登　城、年始御禮、枳朮丸獻上、

申三月廿七日、

一、夏中足袋、願之通用候樣被　仰付候、

申三月七日、月番組頭森川七郎右衛門殿（快勝）へ三通、元慶持參指出ス、本紙程村竪紙・上包美濃折掛包

上包表書足袋願書　　田村元長

奉願候覺

私儀、足痛所御座候間、不出來之節も足冷難儀仕候、足冷申候節も、夏中も足袋相用申度奉願候、以上、

天明八申年三月　　田村元長書判

前田安房守殿（矩貫、小普請組支配頭）

田村元長殿　　前田安房守

申渡候儀有之候間、明廿七日五時過、自宅に可被罷出候、以上、

三月廿六日

申三月廿七日、前田安房殿於御宅、御同人書付を以被申渡候、

田村元長

右願之通足袋用候樣可申渡旨、松平周防守殿（康福、老中）被
仰渡候、依之申渡候、

三月廿七日

右ニ付周防守殿に御禮ニ罷越、支配幷ニ組頭へも相廻候、

申八月十六日、

一、切支丹宗門改證文指出ス、支配前田安房守殿（矩貫）に計使者を以而指出ス、

申九月二日、

一、遠國御用道中供人之儀、御書付之事、

申九月二日、支配前田安房守殿（矩貫）於御宅被相渡候、
上書　九月二日御目付曲淵勝次郎（景露）被相渡候書付寫

田村元長殿

爲遠國御用罷越候節、雇之もの人數成丈少く相成候樣可被致勘辨事ニ候、若右雇之もの雇中も手人之儀ニ付、少しも不埒有之、申付等不相用義有之候ハヽ、勿論之儀なから家來同樣ニ仕置被申付、幷外引合も候ハヽ、早〻頭支配に申立吟味請候樣ニ可被致候、遠國奉行役所向寄ニ候ハヽ、直ニ其地之奉行に申達、吟味之儀被申出、追而頭支配にも可被申達候、尤、町奉行ゟも宿屋等にも急度申渡

事ニ候間、其趣可被相心得候、
右之趣を以其向〻に寄〻達可被申候事、
八月

*玉蜀黍に就きての俗説

*茎を煎立てし品病人等には害あらん

玉蜀黍汁煎膏の性合に付答ふ

申十一月、
一、玉蜀黍茎汁煎膏性合御尋ニ付、以書付申上候、
とうもろこし之茎汁を以而煎し候品、奥向ゟ拝見被　仰付候間、
性合之義申上候様、御小納戸頭取森川甲斐守(俊顕)殿被　仰聞候付、
申十一月、御同人を以而上ル、

玉蜀黍の茎を煎立てたる黒砂糖類似の品菓子等に用ゐ害なきかの旨質さる

とうもろこし之茎を煎立候由、黒沙餹ニ似寄候品拝見被　仰付、下賤之菓子等ニ用候而も害も有之間敷哉、性合如何様成品ニ候段御尋ニ付、左ニ奉申上候、

玉蜀黍の實多く食すれば害あり

とうもろこし、漢名ハ玉蜀黍と申候、此實ハ少〻相用候得ハ、胃氣を助ケ候功能有之候、乍去多く用候而ハ、不宜品ニ御座候、尤、當世食用ニ仕來候處、下賤之生レ付丈夫成者共給候而ハ、害も相見へ不申候得共、虚弱之人幷病人・小児等多く給候得ハ、或ハ積氣指起り、或ハ眼病相煩、或ハ吐氣を催し、或ハ疳ノ蟲を生シ候類之事共有之候、

且、俗説ニ、是を給候得ハ三年之古疵も發り候由、申ならわし、又此實と甘草とハ指合ニ而、若一所ニ給合セ候得ハ、死シ候旨申傳へ候、茎も右ニ準シ候得ハ、此茎を煎し立候品沙餹之代りニ用候ハゝ、世上之虚人・病人・小児等之害ニ可相成哉ニ奉存候間、此段奉申上候、以上、
申十一月　田村元長

*人參御用出精に付銀子拝領

*登城を命ぜらる

申十二月七日、
一、朝鮮種人參御用相勤候ニ付、御褒美銀五枚拝領仕候、
御自分事、御用之儀有之候間、明七日四時、御城に可差出旨、松平伊豆守(信明、老中)殿以御書付被仰渡候、右ニ付明朝六半時、服紗小袖十徳着之、可被致登城候、若病氣差合等候ハゝ、早〻神文状を自宅に名代可被差出候、以上、
十二月六日　前田安房守(矩貫、小普請組支配頭)
田村元長殿
猶以、右爲御請、只今自宅に可被相越候、以上、
銀五枚　田村元長
朝鮮種人參御用骨折相勤候ニ付、御褒美被

銀五枚拝領
*典薬頭今大路正福より受領

下之、
右之通於御祐筆部屋御縁側、御老中松平伊豆守殿被仰渡、若年寄衆侍座、銀五枚拝領仕候、申十二月七日
御禮廻り先格之通、御老中・御側御用人・若年寄衆不殘、御用掛り御側衆・御小納戸頭取兩人・支配頭并組頭兩人共相廻り候、

療治帳指出す

申十二月七日、
一、療治帳小普請支配に出ス、但、組頭衆控共三册、月番組頭森川七郎右衛門殿（快勝）へ元長持參指出ス、文面別帳に印し置、

*人參拝領
薬種拝領

申十二月十六日、
一、御藥種拝領仕候、

田村元長殿　前田安房守（矩貫、小普請組支配頭）
御用申渡候儀有之候間、唯今自宅に可被罷出候、若病氣候ハヽ、名代可被差出候、以上、
十二月十六日

支配頭申渡書

田村元長
御藥種被下候、今大路式部大輔（正福、典藥頭）方にて可相渡候間請取候様、青山大膳亮（幸完、若年寄）殿以御書付被仰渡候、依之申渡候、
天明八年十二月
十二月十六日

右御禮先格之通、（當十七日、紅葉山御成に付、御老中方熨斗目に候得共、服紗小袖十德にて御禮申上候、）十二月十七日、於焚火之間、御老中方へ申上候、同十二月廿一日、今大路式部太輔方にて御藥種請取之、

式部太輔ゟ使之者へ相渡候書付　田村元長
御藥種都合七拾四味
惣目□貫六百六拾六匁　袋□七拾□　但
紫蘇 香薷 貳袋物

申十二月廿七日、
一、元長・元慶共、朝鮮種人參中製半斤・肉折半斤つゝ拝領仕候、
申十二月廿七日、書面之人參奥向にて被下候旨、森川甲斐守（俊顯、小納戸頭取）殿を以御用掛り御側小笠原若狭守（信喜、御用取次）殿被仰渡、拝領仕候、
御禮も、同十二月廿八日、於陰時計之間、元長・元慶共若狭守殿に御禮申上ヶ候、其段龜井與十郎（清容、小納戸頭取）殿に申達し候事、

年始登城

天明九己酉年正月三日、

一、元長登　城、年始御禮、枳朮丸獻上、

寛政と改元

天明九己酉歳二月三日、改元寛政、

夏足袋許さる

寛政元酉歳三月廿六日、

一、夏中足袋願、先例之通相濟候、

元慶初御目見

寛政元酉年四月十五日、

一、元慶儀、初而　御目見被　仰付候、

*内願濟み表向出願の差圖を請く

植村政養内願書

酉二月十九日、奥向ニ亀井駿河守殿（清容、小納戸頭取）を以上ル、

奉願候書付　植村左平太（政養）

小普請組（矩貫）前田安房守支配

元長倅　田村元慶　酉貳拾貳歳

元慶元長と同様勤務す

右元慶儀、五ヶ年已前巳年十一月中、御製法所助勤被　仰付、元長・私同様泊御番も相勤、御用有之砌も　御城にも罷出候間、爲冥加　御目見奉願度旨、父子共申聞候、依之、先私ゟ御内ゝ奉願候間、何卒御序之節　御目見被　仰付被下置候様、偏ニ奉願候、以上、

酉二月　植村左平太

*例書

*元長初御目見の先例

酉二月十九日、別紙願書と一同亀井駿河守殿（清容、小納戸頭取）へ出ス、

例書　植村左平太

田村元長

右元長儀、植村左源次（政長）・田村元雄替ゝ人參御買上爲御用在勤仕候留守中、御製法所助勤・泊も仕候ニ付、明和九辰年六月中　御目見奉願、翌七月朔日、初而　御目見被　仰付候、

但、初而助（勤脱カ）相勤候年ゟ九年目ニ、御目見奉願候、

右書面、元慶　御目見御内願相濟候間、表向ニ願書可指出旨、酉三月四日、御小納戸頭取被申聞候、尤、御側衆小笠原若狭守（信喜、御用取次）殿御取扱之由、駿河守殿被申聞候よし、若狭守殿ゟ若年寄衆ニ御掛合も相濟候段、御小納戸頭取森川甲斐守殿（俊顯）被申聞候よし、・三月四日、植村左平太申聞候、

*支配頭宛伺書

本紙半切紙・上包折掛ヶ　三通

表書　伺書　田村元長*御目見願書指出に付

酉三月六日、月番小普請與頭能勢又十郎（頼廉）ニ、左之伺書其之外（ホカ）共五ッ通り書付、都合拾壹通、元長持參指出ス、

御目見を願ふ

元長倅田村元慶　當酉貳拾貳歳

右私悴元慶儀、朝鮮種人參御製法所助勤も仕候間、何卒爲冥加　御目見被　仰付被下置候様奉

願度候ニ付、此段奉伺候、以上、

酉三月六日　　田村元長

支配頭宛伺書

酉三月六日、能勢又十郎殿へ指出ス、
本紙半切・上包折掛ケ　三通
表書 伺書　　田村元長

御目見の節の献上品に付

私悴元慶儀、　御目見願書指上候□　御目見之節枳朮丸献上仕度旨奉願度候旨、此段奉伺候、以上、

酉三月五日　　田村元長

支配頭宛口上書

酉三月六日、能勢又十郎殿ニ出ス、
本紙半切・上包折掛ケ　壹通
表書 口上書　　田村元長

*元長の節の御目見願書寫

私悴元慶儀、五ヶ年已前巳年十一月中、人參製法所助勤被　仰付、私同様泊御番相勤候ニ付、爲冥加　御目見奉願度旨、私同役植村左平太ゟ奥向ニ御内ゝ奉願候處、奥向相濟候間、表向ニ願書指出可申旨、奥向ゟ左平太ニ當三月四日、被仰渡候、尤、奥向ゟ若年寄衆ニ御掛合も相濟候由ニ付、元慶儀、　御目見願書奉指上度、別紙之通奉伺候、尤、私儀、先達而部屋住之節明和九辰年七月、初而　御目見被　仰付候節も、亡父同役植村左源次ゟ奥向ニ御内願相濟候上、御支配ニ願書奉指上候處、願之通　御目見被　仰付候、則、先年亡父ゟ指上候私儀　御目見願書寫并此節植村左平太ゟ奥向ニ御内ゝ奉願候書面寫共相添、伺書兩通奉指上候、何卒御精力之程奉願候、以上、

奥向内願濟む

表向に願書指出したし

*植村政養内願書寫

元長の例

寛政元年四月

酉三月六日　　田村元長

朱書
明和九辰年六月十日、相支配竹村權左衞門（嘉品）を以而、御支配長谷川久三郎（正脩）殿ニ上ル、
同七月朔日、　御目見被　仰付候、

御目見願書　寫貳通　　田村元雄

奉願候覺

私悴元長儀、朝鮮種人參製法所助勤も仕候間、何卒爲冥加　御目見被　仰付被下置候之樣奉願候、以上、

明和九辰年六月　　田村元雄書判

長谷川久三郎殿

寛政元酉二月十九日、奥向へ上ル、
同三月四日、奥向相濟候ニ付、表向ニ指上候樣奥向ゟ被仰渡候、

表書　奉願候書付　寫貳通　植村左平太

小普請組
前田安房守支配
元長悴田村元慶
酉ニ貳拾貳歳

右元慶儀、五ヶ年已前巳年十一月中、御製法所助

御目見願書*

寛政元年四月

勤被　仰付、元長・私同様泊御番も相勤、御用有
之砌ハ　御城江も罷出候間、爲冥加　御目見奉願
度旨、父子共申聞候、依之、先私ゟ御內〻奉願候
間、何卒御序之節　御目見被　仰付被下置候樣、
偏奉願候、以上、

酉二月　　植村左平太

組頭書状

田村元長樣　　能勢又十郎（頼廉、小普請組頭）

以手紙得御意候、然ハ、貴樣御子息　御目見願書

願書案文を送る
逢對日に相支配を以て指出すべし

案文并御藥獻上願書案文差遣候間、來ル十九日、
（前田矩貫、小普請組支配頭）安房守殿逢對之節、御相支配を以而可被差出候、
以上、

三月十七日

御藥獻上願書*

能勢又十郎樣　　田村元長

御剪紙拜見仕候、然ハ、私悴元慶儀　御目見願書
御案文并御藥獻上願書御案文被下、來ル十九日、

元長初御目見の節の獻上品に付質さる*

安房守殿御逢對之節相支配を以而可指出旨、被仰
下候通奉畏候、以上、

三月十七日

酉三月十九日、小普請支配前田安房守殿江、世話役龜田三郎右衛（三興）門・佐藤政之丞（信順）を以上ル、
本紙程村竪紙・上包美濃折掛ケ
上書　御目見願書　　田村元長

奉願候覺

私悴元慶儀、朝鮮種人參製法所助勤も仕候間、
何卒爲冥加　御目見被　仰付被下置候樣奉願候、
以上、

寛政元酉年三月十九日　　田村元長書判

前田安房守殿

外貳通組頭當名、都合三通也、組頭當名之分ハ、
月番組頭能勢又十郎殿江出ス、

右同斷
右同斷
上書　御藥獻上願書　　田村元長

奉願候覺

私悴元慶儀　御目見之節、枳朮丸獻上爲仕度、
此段奉願候、以上、寛政元酉年三月十九日　田
村元長書判

前田安房守殿　外貳通組頭當名、都合三通也、同斷、

酉三月廿一日、前田安房殿ゟ、元長初而　御目見之節、獻上物
仕候哉之旨尋ニ出ス、但安房守殿江計壹通出ス、
田村元長

私儀、先年部屋住之內初而　御目見仕候節ハ、

前日願ふに付間に合はず

前廣ニ獻上物奉願候儀不心付、其前日ニ指掛り心付（コヽロツキ）承合候得共、間ニ合不申候ニ付、初而　御目見仕候節も獻上物不仕候、其後被　召出候上、

初の年始御禮の節より年々枳朮丸獻上す

*年始御禮獻上等に付

初而年始御禮之節奉願、枳朮丸獻上仕候、夫ゟ毎年年始御禮之節〻枳朮丸獻上仕來り候、以上、

酉三月廿一日　　田村元長

支配頭の質問に答ふ

元長初御目見の年號等に付

酉四月七日、前田安房守殿ゟ尋ニ付出ス、
本紙半切紙・上包折掛壹通
上書　書付　　田村元長

一、私儀、部屋住之内願之上初而　御目見被　仰付候節之年號月日等、左之通御座候、

明和九辰年七月朔日、於御納戸構御支配長谷川久三郎殿御指添、御目付立會、御奏者名披露、　御目見仕候、

但、當日御納戸構にて之　御目見も、私壹人ニ御座候、

召出されの年號等に付

一、私亡父病死後忌明之節、被　召出候年號月日等、左之通御座候、

安永五申年七月十六日、被　召出、一生之内三拾人扶持被下、人參製法等之御用、父時之通可相勤旨、於躑躅之間、若年寄衆侍座、御老中板倉佐渡守（勝清）殿被仰渡候、

*支配頭達書

右同日、小普請支配戸川山城守（逵和）支配ニ入候段、松平右近將監（武元、老中）殿御書付を以被仰渡候間、其通可相心得旨、戸川山城守殿於　御城被仰渡候、

一、私儀、年始御禮願之通被　仰付、并其節御丸藥獻上願之通被　仰付候年號月日等、左之通御座候、

來酉正月三日年始御禮願并其節御藥獻上願共、願之通被　仰付候旨、松平右近將監殿御附札を以被仰渡候段、御支配戸川山城守殿於御宅、安永五申年十二月廿八日、山城守殿被仰渡候、則翌酉正月三日、初而年始御禮申上、其節枳朮丸獻上仕候、

右之通御座候、以上、

酉四月七日　　田村元長

田村元長殿　　前田安房守

*元慶登城を命ぜらる

御自分悴元慶、明十五日、　御目見之御序有之候間、五時、　御城に可指出旨、松平伊豆守（信明、老中）殿以御書付被仰渡候、且、　御目見之節不及獻上物旨、御同人、伺書に御附札を以被仰渡候ニ付、

*獻上物は不要

*白書院納戸構にて御目見

*熨斗目十徳著用

*奏者番名披露

支配頭申渡書

*療治帳指出す

*老中松平定信醫術出精を命ず

元慶御目見に付奥向へ届く

*療治帳を指出さしむ

此段申達候、右爲御請、自宅ニ可被罷出候、

四月十四日

尚以、爲御請御入來候ハヽ、七半時頃、御出可有之候、其節面談可申達候、以上、

右ニ付、卽日夕方七半時頃、安房守殿御宅へ、元長計爲御請罷出候處、左之通、安房守殿以書付被申渡候、

元長悴 田村元慶

右明十五日、御目見之御序有之候間、五時、御城ニ可差出旨、松平伊豆守殿被仰渡候、依之申渡候、

四月十四日

御藥獻上不及旨、松平伊豆守殿以御附札被仰渡候、依之申渡候、四月十四日、

酉四月十五日、元長儀、元慶召連登 城、前田安房守殿ニ、罷出候段御達申候、且又、御小納戸頭取森川甲斐守殿(俊顯)・龜井駿河守殿(淸容)ニ左之書付出ス、

私悴元慶儀、今十五日、御序有之候付 御目見被 仰付候旨、支配前田安房守ゟ昨夕申渡候、依之、元慶同道仕罷出候間、此段申上置候、尚又後刻可申上候、以上、

酉四月十五日　　田村元長

田村元慶

右元慶儀、酉四月十五日、於御白書院之御納戸構ニ、初而 御目見仕候、尤、獻上藥無之候、服も熨斗目十徳着用、支配前田安房守指添、御目付立會、御奏者名披露ニて 御目見仕候、

右御目見相濟候□奥ニ廻る、森川甲斐守殿ニ御禮□　□夫ゟ御禮廻り、御老中・若年寄衆不殘、御側御用人幷御用掛り御側衆御兩人・人參御掛り御小納戸頭取衆兩人、御支配幷與頭兩人ニ相廻る、

但、當日御納戸構ニて之 御目見も、御代官壹人幷元慶兩人計ニ候、

酉五月七日、

一、療治覺帳指出候、

酉五月三日、小普請支配前田安房守殿(矩貫)於御宅、松平越中守殿(定信、老中)御渡被成候醫術出精可仕旨御書付を以、安房守殿被申渡、且、當正月ゟ之療治帳可指出旨、支配之醫師一統被申渡候、依之、今七日、療治帳半紙竪帳ニ認、月番組頭能勢又十郎殿(賴廉)ニ使を以出ス、但、與頭衆控共三册出し候事、

寒熱*
施薬届書指出す
奥向届書*
施薬届書
月三回小児の蟲氣治しの附薬を施薬す
施薬休むに付届く
快氣届*
病氣缺勤届
表向届書

酉六月二日、
一、施薬御届書指出ス、
酉六月二日、月番組頭森川七郎右衛門殿(快勝)ニ、元慶を以三通出ス、
本紙半切紙・上包折掛ケ
上書　施薬御届書　　田村元長
私儀、當分毎月二日・十二日・廿二日、小児之虫氣を治し候附薬、施薬仕候ニ付、此段御届奉申上置候、以上、
六月二日　　田村元長
酉八月十四日、月番組頭山中市郎右衛門殿(盛昭)ニ三通出ス、
私儀、毎月二日・十二日・廿二日、小児之虫氣を治し候附薬、施薬仕候段、先達而御届申上置候處、右施薬相休ミ候ニ付、此段奉申上候、以上、
八月十四日　　田村元長
酉六月廿三日、
一、元長病氣ニ付、御番断御届書出ス、
酉六月廿三日、月番組頭森川七郎右衛門殿(快勝)ニ、三通使者を以而出ス、
上書　病氣ニ付御届書付　　田村元長

私儀、寒熱強相煩候ニ付、御番御断申上候間、此段御届奉申上候、以上、
六月廿三日　　田村元長
酉六月廿三日、表向備後守殿(牧野貞長、老中)・備前守殿(京極高久、若年寄)ニ御用部屋文碩を以植村左平太(政養)上ル、
奥向ニ植村左平太持參、龜井駿河守殿(清容、小納戸頭取)を以而上ル、
病氣ニ付御番御断申上候書付
御届　　田村元長
私儀、寒熱強相煩候ニ付、御番御断奉申上候、以上、
六月廿三日　　田村元長
酉閏六月三日、
一、元長儀、病氣快(氣脱カ)候ニ付、出勤御届書出ス、
酉閏六月三日、御支配并組頭兩人ニ壹通つゝ、銘々元長持參指出ス、
表向備後守殿(牧野貞長、老中)・備前守殿(京極高久、若年寄)ニ御用部(屋脱カ)貞叔を以上ル、
奥向ヘ龜井駿河守(清容、小納戸頭取)を以上ル、
御届　　田村元長
私儀、病氣快氣仕候ニ付、今日ゟ出勤仕候、依之奉申上候、以上、
酉閏六月三日　　田村元長

組頭代る

*遼東人參に付質さる

右に付指出せし書付

*功能竝に朝鮮人參との優劣

*本草學より觀れば極上品にて朝鮮種に優れり

*拂底品に付用試のことなし

*元慶年始等御禮を許さる

酉七月

一、小普請与頭代り候ニ付、山中市郎右衛門（盛昭）殿江諸書付出ス、

明細書　壹通

酉七月八日、元長持參指出ス、

屋敷書付　壹通

同七月廿五日、使者を以出ス、

同　御咎無之書付　壹通

同　拜借金無之書付　壹通

同　印鑑　壹枚

同　親類書　壹冊

同　遠類書　壹冊

同　先祖書　壹冊

〆

酉七月、

一、遼東人參功能之儀、奥向ゟ御尋ニ付、書付指出し候、

御小納戸頭取森川甲斐守（快勝）殿を以、奥向ゟ御尋ニ付、御同人を以上ル、

田村元長

遼東人參功能幷遼東人參と朝鮮人參と之甲乙可申上旨、被仰渡奉畏候、遼東人參之儀、本草ニ而相考候得ハ、古ハ是ゟ宜人參も有之候得共、後世ハ所々ゟ出候人參之內、此遼東人參極上品ニ而、功能勝レ候旨相見へ申候、且又、享保（十一年）年中來り候兪枚吉と申唐人之申候も、凡人參ハ遼東之産を第一と仕、朝鮮之産ハ其次ニ御座候旨傳承仕候、左候得ハ、朝鮮人參ゟ遼東人參之方功能相勝候儀ニ奉存候、尤、遼東人參ハ拂底成品ニ付、私儀ハ是迄用試不仕候間、前書之通本草等相考候趣を以而、此段奉申上候、以上、

酉七月　田村元長

酉十二月十日、

一、元慶儀、年始・五節句・月次御禮罷出候様、被　仰

植村政養内願書

年始御禮等に付内々奥向へ願ふ

*元慶履歴

植村政養願書

元長履歴

*年始御禮等許されたし

*元長願書

付候、

酉八月廿三日、奥向に亀井駿河守(清容、小納戸頭取)殿を以上ル、

御内〻奉願候書付

書面元慶御禮願、奥向御評議(マヽ)相濟候間、表向に差上候様、酉十月十八日、被仰渡候、植村左平太

元長悴 田村元慶

右元慶儀、當四月中、初而 御目見被 仰付、難有仕合奉存候、就夫、御内〻奉願候ハ、年始・五節句・月次御禮罷出候様、奉願度旨、父子共相願罷在候ニ付、何卒可罷成儀ニ御座候ハヽ、被 仰付被下置候様、於私義偏ニ奉願候、依之、先ッ御内〻此段奉願上候、以上、

八月 植村左平太(政養)

酉八月廿三日、奥向へ亀井駿河守殿を以上ル、

別紙申上奉願候書付

書面元慶御禮願、奥向御評議(マヽ)相濟候間、表向へ差上候様、酉十月十八日、被仰渡候、植村左平太

田村元長、寶暦十三未年八月十七日、父元雄願之通、御製法手傳被 仰付候旨、人參元掛り御勘定奉行一色安藝守(政沆)申渡、明和元申年ゟ、植村左源次(政辰)・田村元雄年〻人參御買上爲御用、替〻遠國に罷越候留守中、御製法所に可爲相詰哉之旨、伺之通相濟、夫ゟ年〻泊り御番相勤申候、同九辰年七月朔日、初而 御目見被 仰付、安永五申年、父元雄病死、同年七月十六日、被 召出、一生之内三拾人扶持被下置、人參御製法等之御用、父時之通可相勤旨、於躑躅之間、板倉佐渡守(勝清、老中)殿被仰渡候、翌八月十三日、爲諸入用壹ヶ月金三兩宛被下候旨、松平右近將監(武元、老中)殿被仰渡候、右安永五申年七月中、被 召出候已前、前書之通手傳并左源次・元雄在勤留守中泊り御番助も相勤候得共、御城にて罷出不申、且、御手當等も不被下無足にて罷在候ニ付、初而 御目見被 仰付候以後も、年始・五節句・月次御禮願指上不申候、此度別紙奉願候悴元慶儀ハ、五ヶ年已前十一月中、御製法所助勤被仰付、元長・私同様泊り御番相勤、御手當も被下置、 御城にも罷出候ニ付、何卒可相成儀ニ御座候ハヽ、年始・五節句・月次御禮罷出候様、別紙奉願候通被 仰付被下置候様仕度、尚又、右之段奉申上、偏ニ奉願候、以上、

八月 植村左平太

酉十月十九日、小普請世話役亀田三郎右衛門(三興)に、手紙相添遣候書付、

元慶年始御禮等のこと奥向評議濟む

私悴元慶儀、當酉四月十五日、　御目見被　仰付候ニ付、爲冥加年始・五節句・月次御禮罷出候様奉願度奉存候旨、私同役植村左平太ゟ奥向に御内ゝ奉願候處、奥向御評儀（マヽ）相濟候間、表向

表向願出る様指圖を請く

に奉願候様奥向ゟ左平太に、當十月十八日、被仰渡候、依之、元慶義、年始・五節句・月次御禮奉願度旨、伺書指上申度候間、右伺書之御下書被下候様奉願候、以上、

伺書案を下付されたし

十月　　田村元長

*元長願書

酉十月廿一日、組頭能勢又十郎（頼廉）殿に三通、使者を以出ス、
本紙地南目半切・上包半紙折掛ケ

元長伺書

上書
悴年始五節句月次御禮伺書　田村元長

奉伺候覺

實子惣領　田村元慶

右元慶儀、當四月中　御目見被　仰付候ニ付、爲冥加年始・五節句・月次御禮罷出候様奉願度、此段奉伺候、以上、

酉十月廿一日　　田村元長

*支配頭申渡書

*年始御禮等のこと許さる

元長の節の願書寫を添ふ

右下書龜田三郎右衛門ゟ來候ニ付、相認出ス、尤、右伺書に植村左平太ゟ奥向に之願書寫相添、十月廿一日、能勢又十郎殿に出ス、翌廿二日、又十郎殿ゟ、元長部屋住之内元雄ゟ願書、元長

儀五節句・月並・年始御禮願書寫見申度旨、申來候間、當八月中、植村左平太ゟ奥向へ上候別紙願書寫、又十郎殿へ進候、

酉十月廿四日、世話役龜田三郎右衛門（三興）・楠寅五郎（正郷）兩人を以御支配前田安房守（矩貫）殿に出ス、

安房守殿御請取相濟候上、組頭衆御控貳通共、能勢又十郎（頼廉）殿に使者を以出ス、

本紙西之内竪紙・上包岩城紙折掛ケ

上書年始五節句月並御禮願書　田村元長

奉願候覺

小普請組前田安房守（矩貫）支配
田村元長

寛政元酉年四月十五日、初而
御目見仕候、　實子惣領
田村元慶

右元慶儀、爲冥加年始・五節句・月並御禮罷出候様ニ奉願候、以上、

寛政元酉年十月廿四日　　田村元長書判

前田安房守殿

外貳通、組頭能勢又十郎（頼廉）殿・山中市郎右衛門（盛昭）殿當名、
但、此願書下書、能勢又十郎殿ゟ來る、

酉十二月九日、前田安房守殿ゟ以剪紙、明十日朝六半時、自宅へ可罷出旨、被申越候付、同十日、安房守殿御宅へ罷出候處、左之通以書付、御同人被仰渡候、

田村元慶

右年始・五節句・月並御禮罷出候儀、可爲願之通

支配頭達書

旨、鳥居丹波守（忠孝、老中）殿以御附札被仰渡候、依之申渡、

十二月十日

田村元長殿　前田安房守　御自分へ御用申渡儀有之候間、明
十日朝六半時、服紗小袖十徳着之、自宅へ可被罷出候、以上、
十二月九日　○コノ達書、前ノ申渡書ノ上ニ記サル、

*支配頭申渡御禮廻り

右爲御禮、御老中・若年寄不殘、并御側御用人に元長計相廻り候、
尤安房守殿指圖ニ候、且又、支配頭・組頭兩人にも相廻る、且
又、御城へ元長・元慶共罷出、御小納戸頭取森川甲斐守（俊顯）殿へ

*枳朮丸献上を許さる

御禮申達し、且、御同人に御問合申候上、元長・元慶共御用掛
御側衆加納遠江守（久堅）殿・小笠原若狹守（信喜）殿、御小納戸頭取人參御用
掛り森川甲斐守殿・龜井駿河守（清容）殿へ御禮ニ廻る、

*願出指出の以前に許さる

酉十二月廿一日、

一、元慶儀、年始御禮申上候節、枳朮丸献上願濟、

元慶の年始御禮の節の献上品

酉十二月十三日、組頭能勢又十郎（頼廉）殿に三通、元慶持參指出ス、
本紙地南目半切・上包半紙折掛ケ

上書　悴儀御藥献上伺書　田村元長

元長伺書

奉伺候覺

枳朮丸　一包

*人參御用出精に付銀子拜領

私悴元慶儀、年始・五節句・月並御禮奉願候
處、願之通被　仰付候ニ付、年始御禮罷出候

*支配頭より登城を命ぜらる

節も、先規ゟ指上來候右御藥、悴元慶儀も献

元慶年始御禮の節枳朮丸を献上したし

上爲仕度、此段奉伺候、以上、

寛政元年十二月

酉十二月　田村元長

田村元長殿　前田安房守（矩貫、小普請組支配頭）

御用申渡儀有之間、服紗小袖十徳着用、只今自
宅に可被相越候、以上、　十二月廿一日

右ニ付卽刻元長儀、安房守殿御宅に罷出候處、左之通以書付御
同人被申渡候、

枳朮丸　田村元長悴　田村元慶

右元慶儀、年始御禮申上候節、御藥献上之儀相
伺候處、伺之通献上候樣可申渡旨、松平和泉守（乘完、老中）
殿以御附札被仰渡候、依之申渡、酉十二月廿一日

右御藥献上願之義も、伺書計ニ而本願書もいまた出し不申候處、
右之通、願之通献上候樣被仰渡候事、
但、爲御禮和泉守殿に計可罷越旨、安房守殿被申聞候、依之、
和泉守殿并安房守殿・組頭兩人に元長計御禮ニ相廻る、

酉十二月五日、

一、朝鮮種人參御用相勤候ニ付、御褒美銀五枚拜領仕候、

田村元長殿　前田安房守（矩貫、小普請組支配頭）

御自分事、御用之儀有之候間、明五日四時、御
城に差出可申旨、松平和泉守（乘完、老中）殿以御書付被仰渡候、
右ニ付、明六半時、服紗小袖十徳着之、登　城可

由*緒譯書

母*方曾祖母の甥の曾孫

銀五枚

養女を聴さる

養女伺書

母方由緒の女養女になしたし

養*女願書

寛政元年十二月

被致候、尤、右爲御請、只今自宅に可被相越候、

以上、　十二月四日

右ニ付、酉十二月五日、登　城仕候處、左之通被仰渡候、

銀五枚　　　田村元長

朝鮮種人參御用骨折相勤候ニ付、御褒美被下候旨、於御祐筆部屋御緣側、若年寄侍座、御老中松平和泉守殿被仰渡、銀五枚拜領仕候、

右御禮廻り、御老中・御側御用人・若年寄衆不殘、御用掛り御側衆御兩人、御小納戸頭取森川甲斐守(俊顯)殿・龜井駿河守(清容)殿、支配頭・組頭共相廻る、

酉十二月十五日、

一、養女、願之通被申渡候、

酉十一月廿八日、小普請與頭山中市郎右衛門(盛昭)に三通、使を以出ス、本紙地南目半切・上包折掛ヶ半紙包

上書　養女伺書　　　田村元長

養女奉伺候覺

御召鐵炮方(直溫)
田付四郎兵衛支配
磨組

一、母方由緒　清水久五郎娘

右清水久五郎娘儀、私母方由緒を以、此度私養女ニ仕度、此段奉伺候、以上、　酉十一月廿八日

田村元長

酉十一月廿八日、小普請組頭山中市郎右衛門(盛昭)に三通、使者を以出ス、本紙地南目半切紙・上包半紙折掛ヶ

上書　由緒譯書　　　田村元長

由緒譯書

私母方曾祖母之甥
品川宿名主
吉左衛門娘之曾孫

御召鐵炮方
田付四郎兵衛支配
磨組
清水久五郎娘

右清水久五郎娘儀私母方由緒、書面之通ニ御座候、以上、

酉十一月廿八日　　　田村元長

酉十二月十二日、元長儀、御用向有之候ニ付、名代元慶儀持參、相支配龜田三郎右衛門(三興)・楠寅五郎(正鄕)兩人を以、小普請支配前田安房守(矩貫)殿に出ス、寫貳通組頭御兩人分、山中市郎右衛門(盛昭)殿へ出ス、本紙西之内竪紙・上包岩城紙折掛ヶ、但、下書山中市郎右衛門殿ゟ來る、

上書　養女願書　　　田村元長

養女奉願候覺

御鐵炮方田付四郎兵衛支配

磨組
清水久五郎娘

右久五郎儀、私母方由緒御座候間、久五郎娘儀
私養女ニ仕度、此段奉願候、以上、

寛政元酉年十二月　田村元長書判

前田安房守殿

養女願聴さる

酉十二月十五日、與頭能勢又十郎(頼廉)殿於御宅、御同人左之通被申渡候、

御自分養女、願之通申渡候、

十二月十五日

右御禮廻り、今十五日、元長當番ニ付、名代元慶を以前田安房守殿并與頭御兩所へ廻る、

療治帳指出す

酉十二月十七日、

一、療治帳壹冊、支配に指出候、

外ニ組頭衆御控共都合三冊、月番組頭能勢又十郎(頼廉)殿に使を以出ス、
但、當酉五月ゟ之療治帳人數〆高、左之通、

療治分

都合七百九拾三人

施薬分

外、施薬遣候者武家・町方共、

合貳萬貳千四百拾六人

〆

---

*父子年始登城

寛政二庚戌年正月三日、

一、元長・元慶兩人共登　城、於帝鑑間御廊下、年始御
禮申上、銘々枳朮丸獻上、

*夏足袋願

戌三月七日、

一、夏中足袋願、

戌三月七日、與頭山中市郎右衛門(盛昭)殿に、三通共元慶を以出ス、
本紙程村竪紙・上包美濃折掛包

表書　足袋願書　田村元長

奉願候覺

私儀足痛所御座候間、不出來之節ハ足冷難儀仕候、
依之、足冷申候節ハ、夏中も足袋相用申度奉願候、
以上、

寛政二戌年三月　田村元長書判

前田安房守殿(矩貫、小普請組支配頭)

外貳通與頭當名、

田村元長殿　前田安房守

御自分夏足袋願書、松平和泉守(乗完、老中)殿に令進達候處、
夏中も足袋用候樣可申渡旨、御同人以御附札被仰
渡候、可被得其意候、右御禮之義、先格之通御心
得可有之候、以上、

三月廿六日

右御禮として、松平和泉守殿并前田安房守殿・組頭兩人に相廻る、

支配頭達書*

戌三月十二日、

養女の縁組を許さる

一、養女縁組、願之通被　仰付候、

戌正月廿四日、小普請組頭山中市郎右衛門殿(盛昭)に三通、使を以出ス、本紙地南目半切・上包半紙折掛ケ

養女縁組伺書

表書　養女縁組伺書　田村元長

縁組奉伺候覺

高三拾人扶持　小普請組前田安房守(矩貫)支配　初縁　田村元長養娘

元長養娘澁江長伯へ嫁す

高三百俵
拾人扶持　寄合醫師　再縁　澁江長伯(虬)に

右之通縁組奉願度、此段奉伺候、以上、

戌正月廿四日　田村元長

元長請書*

戌二月六日、小普請支配前田安房守殿に、相支配世話役兩人を以出ス、本紙程村竪紙・上包岩城紙折掛包

表書　縁組願書　田村元長

縁組願書

縁組許さる*

縁組奉願候覺

高三拾人扶持　小普請組前田安房守支配　初縁　田村元長養娘

高三百俵
拾人扶持　寄合御醫師　再縁　澁江長伯に

右之通縁組仕度、奉願候、以上、

寛政二戌年二月　田村元長書判

前田安房守殿　外貳通ハ組頭當名、

田村元長殿　前田安房守

御用申渡儀有之間、明十二日五時、服紗小袖十徳着用、自宅に可被罷出候、若病氣差合等候ハヽ、名代可被差出候、以上、

三月十一日

前安房守様　田村元長

御剪紙奉拝見候、然ハ、御用被仰渡候儀有之候間、明十二日五時、服紗小袖十徳着用、御宅に可罷出旨、被仰下候通奉畏候、右爲御請、如此御座候、以上、

三月十一日

戌年三月十二日、元長儀、安房守御宅ニ於而、左之通書付を以安房守殿被仰渡候、

田村元長養娘
寄合醫師　澁江長伯に

右之通縁組可致旨、昨十一日、鳥居丹波守殿(忠孝、老中)以御

*薬草木取扱の旨申立書

*薬草木功者は申立つべき旨の廻状

養娘婚姻に付届書

*功者にはなけれど取扱ふ

八月十五日に澁江長伯へ遣し婚姻整ふ

*薬園拝見を許さる

和産薬種に付上申す

*療治帳二年分指出す

*天明七年

書付被仰渡候、依之申渡、

三月十二日

右御禮廻り、御老中不殘、御側御用人・若年寄不殘可相廻旨、安房守殿申渡候間、右之通り、且、支配幷組頭兩人ニ相廻る、

戌八月十六日、與頭能勢又十郎（頼廉）殿へ三通共、使者を以出ス、本紙日向半切・上包美濃折掛ヶ包

表書　養娘婚姻相整候御届書　田村元長

覺

一、養娘　寄合御醫師　澁江長伯妻

右私養娘儀、當戌三月十一日、願之通縁組被仰付、昨十五日、長伯方ニ差遣、婚姻相整申候、依之御届申上候、以上、

戌八月十六日　田村元長

戌四月十二日、

一、和産薬種之儀、書付壹册奥向ニ指上申候、

寛政二戌四月十二日、御用掛御側加納遠江守（久周）殿ニ、御小納戸頭取森川甲斐守（俊顯）殿を以上ル、本紙美濃紙竪帳袋入、

表紙上書・袋上書共同斷、

和産薬種之儀御内ゝ存念之趣奉申上候書付

田村元長

戌四月十九日、

一、薬草木取扱候旨書付、支配ニ出ス、

薬草木功者ニ仕立候者有之候ハヽ、可申立旨、前田安房守（矩貫、小普請組支配頭）殿ゟ以廻狀爲申聞候付、戌四月十九日、左之通、書付安房守殿ニ出ス、

薬草木取扱仕候書付　田村元長

覺

田村元長

戌歳五拾貳

私儀、本草相心掛ヶ候ニ付、薬草木取扱も仕候、尤、功者ニ仕立候と申ニも無御座候得共、常ゝ心掛ヶ候儀ニ付、此段奉申上候、以上、

戌四月　田村元長

戌五月朔日、

一、御薬園拝見被　仰付候、

戌四月廿六日、森川甲斐守（俊顯、小納戸頭取）殿ニ口上ニて相願候も、何卒可相成儀ニ御座候ハヽ、江戸表御薬園何れも拝見仕度奉願候旨申達候處、同五月朔日、御用掛り御側衆へ申達候處、小石川兩御薬園・駒場御薬園共拝見可仕旨被仰渡候間、可得其意旨、森川甲斐守殿被仰聞候、依之、右三ヶ所御薬園追ゝ拝見仕候、

五月七日、

一、療治帳、去ゝ申年分・去酉年分共寫指出ス、

世話役龜田三郎右衛門（三興）ゟ申越候も、未・申・酉年三ヶ年療治帳指出候様、安房守殿被仰渡候間、早ゝ可認出旨ニ付、左之通指出候、

朱書　天明七未年十二月指上候書付寫

*吹上御庭の薬草拝見を命ぜらる
人參御用繁多に付療治せず
*吹上御庭薬草の善悪等書上ぐべき旨命ぜらる
天明八年
寛政元年
*田安外薬草場も拝見す
元長申立書
元慶助勤の後製法所詰日數減少す
*元慶縁組に付伺書
*紀伊徳川家醫師近藤良三惣領良純娘
右に付少々療治す

療治帳不指上候ニ付書付　田村元長

私儀、人參御用多ニ相勤候ニ付、療治不仕候、依之、療治帳指上不申候、以上、

未十二月　田村元長

天明八申年
療治覺帳　壹册
寛政元酉年正月ゟ五月迄
療治覺帳　壹册
同酉年五月ゟ十二月迄
療治覺帳　壹册

都合療治帳三册ニ書付壹通

戌五月十二日、小普請支配前田安房守殿江出ス、

書付　田村元長

私儀、人參御製法所詰日多相勤來り、療治相成兼候ニ付、去ル未年迄も療治帳指上不申候、然處、先達而私悴元慶儀、御製法所御番・泊り助勤被　仰付、追々御用向手馴相勤候間、前々ニくらべ候得ば私儀少々詰日相減、手透も有之かたニ付、去々申年已來少々つゝ療治も仕候故、右申年ゟ療治帳指上候儀ニ御座候、以上、

戌五月　田村元長

戌五月十四日、

一、吹上御庭之薬草拝見被　仰付候、

戌五月十四日、於奥新部屋、左之通被仰渡候、

吹上御庭ニ有之候薬草拝見仕、善悪之譯申上候様可仕旨、御小納戸頭取森川甲斐守(俊顯)殿を以而御用掛り御側加納遠江守(久周)殿被仰渡候、

但、吹上奉行江も其段、吹上掛りニ付亀井駿河守(清容、小納戸頭取)ゟ申通し有之候旨、尤、田安外御薬草場共拝見仕候様、森川甲斐守殿被申聞候、依之卽日、吹上御庭江罷出、明樂鐵之丞(政恆、吹上添奉行)立會拝見仕候、夫ゟ田安外御薬草場江罷出、是亦鐵之丞立會拝見仕候、

戌六月晦日、

一、近藤縁組願濟、

戌四月三日、小普請組頭能勢又十郎(頼廉)殿江、使を以三通出ス、
本紙地南目半切紙・上包半紙折掛ケ

上書　悴縁組願伺書　田村元長

縁組願奉伺候覺

高現米五拾石
四人扶持
紀伊宰相(徳川治寶)殿醫師
近藤良三惣領
初縁　近藤良純娘

高三拾人扶持
小普請組前田安房守(矩貫)支配
田村元長惣領
初縁　田村元慶江

右之通縁組奉願度、此段奉伺候、以上、

戌四月三日　田村元長

支配頭宛縁組願書
縁組許さる*
支配頭達書
娵引取届*
七月廿八日婚姻整ふ*
元長請書

戌四月十四日、相支配世話役薗田市藏(秀一)・竹村權左衛門(嘉品)兩人を以而、支配前田安房守殿(矩貫)に出ス、

組頭衆控貳通、元長義當番ニ付、名代元慶を以、貳通共能勢又十郎殿へ出ス、

本紙西之内竪紙・上包岩城紙折掛ケ

上書　縁組願書　　田村元長

縁組奉願候覺

高現米五拾石
四人扶持

紀伊宰相殿醫師
近藤良三惣領
初縁　近藤良純娘

高三拾人扶持

小普請組
前田安房守支配
田村元長惣領
初縁　田村元慶に

右之通縁組仕度、奉願候、以上、

寛政二戌年四月十四日　　田村元長書判

前田安房守殿　外貳通ハ組頭當名、

田村元長殿　　前田安房守

御用申渡義有之間、明朔日晝九時、染帷子十徳着用、自宅に可被罷出候、若病氣候ハヽ、名代可被差出候、以上、

六月晦日

前安房守様　　田村元長

御剪紙奉拜見候、然ハ、御用被仰渡候御儀御座候ニ付、明朔日晝九半時、染帷子十徳着用、御宅に可罷出旨、被仰下候通奉畏候、爲御請、如此御座候、以上、　六月晦日

寛政二年六月

右ニ付、七月朔日、元長儀、安房守御宅に罷出候處、御同人左之通被仰渡候、

紀伊殿醫師
良三悴
近藤良純娘
玄長(マヽ)惣領
田村元慶に

右願之通可致縁組旨、鳥居丹波守殿(忠孝、老中)、昨晦日、以御書付被仰渡候、依之申渡、　戌七月朔日

右御禮廻り、御老中不殘、御側御用人・若年寄衆不殘相廻り候樣、安房守被仰聞候、則、右之通御禮ニ相廻り、且、支配頭・組頭兩人に相廻り候、

戌七月廿九日、組頭能勢又十郎殿(頼廉)に、三通共使者を以出ス、

本紙日向半切・上包半紙折掛ケ

上書
娵引取御届書　　田村元長

覺

一娵
紀伊宰相殿醫師
近藤良三惣領
近藤良純娘

右良純娘私惣領元慶に縁組、願之通當戌六月晦日、被　仰渡、昨廿八日、私方に引取婚姻爲相整申候、依之御届申上候、以上、

戌七月廿九日　　田村元長

奥詰仰付らる支配頭達書
*若年寄支配御番醫師次席
登城を命ぜらる
*誓詞を指出す
*起請文前書
登城のこと奥向へ届く
奥詰のこと祐筆部屋緣頬にて申渡さる

戌九月廿日、
一、奥詰被　仰付候、
田村元長殿　前田安房守（矩貫、小普請組支配頭）
御自分事、御用之儀有之候間、明廿日四時、御
城に可差出旨、松平和泉守（乗完、老中）殿以御書付被仰渡候、
右ニ付、明朝六半時、服紗小袖十徳着用、登　城
可被致候、若病氣差合等候ハヽ、早〻神文狀以名
代自宅に可被差出候、以上、九月十九日
尚〻、右爲御請、只今自宅に可被罷出候、已上、
奥向に森川甲斐守（俊顯、小納戸頭取）殿・龜井駿河守（清容、同上）殿を以而上ル、
私儀、御用之儀有之候ニ付、今廿日四時、御城に
可罷出旨、松平和泉守殿被仰渡候段、支配前田安房
守昨夕申渡シ、今日罷出候間、此段奉申上候、以上、
九月廿日　田村元長
田村元長
奥詰被　仰付候旨、於御祐筆部屋御緣頬、御
老中御列座、御用番松平和泉守殿被仰渡、若
年寄衆侍座、
戌九月廿日、御月番
堀田攝津守（正敦、若年寄）殿、御書付仙阿彌を以御渡、

田村元長に
田村元長
若年寄支配ニ候、格式之儀も、御番醫師之次
席と可被心得候、
戌九月廿日、於新部屋、
松平和泉守（乗完、老中）殿御出座、堀田攝津守殿侍座、誓詞被
仰付候、

起請文前書

一、今度奥詰被　仰付候ニ付、彌以　御爲第一奉存、
聊以　御後闇儀毛頭仕間敷候事、
一、御隱密かましき儀も勿論、奥向之儀不依何事及見
及聞候とも、親・兄弟・妻子・親類緣者、如何様
之懇切之中といふとも、一切他言仕間敷候事、
一、諸傍輩之儀も不及申、御一門方始諸大名と奉對
御爲惡心を以申合、一味仕間敷候事、
一、從跡〻之御法度之趣堅相守、自今已後被　仰出候
御條目・壁書等、是又違背仕間敷候事、
一、以　御威光私之奢仕間敷候、猥之好色仕間敷候事、
右條〻、雖爲一事於致違犯者、

罰文

*本紙

*出入門奥詰先格の通り

人參製法所従來通り勤むべき旨申渡さる御禮廻り

*若年寄御斷濟む

小納戸頭へ明細書指出す

*裏通りの儀御斷濟む

上包

本紙

*元長願書

年號月日　　　　　　田村元長書判血判

松平和泉守殿

堀田攝津守殿

田村元長に

田村元長

人參製法所之儀ㇵ、只今迄之通相心得可被勤候、

戌九月廿日、
京極備前守殿（高久、若年寄）、於時計間御直渡、

右奥詰被　仰付候付、爲御禮於　御城御側御用人御部屋へ罷出、御用掛り御側衆御部屋に罷出、泊り方御側衆御部屋へ罷出、夫ゟ御老中方本多彈正大弼殿（忠籌）・戸田釆女正殿（氏教）、若年寄衆・御側衆不殘御宅廻りいたし候、且又、御用御取次手傳并頭取衆四人・頭取格之衆、小普請支配并組頭兩人に相廻る、

戌九月廿二日、御小納戸頭取森川甲斐守殿（俊顯）に貳通共出ス、但□
||　□

上包
美濃
折掛

明細書　　　　田村元長

本紙
程村
四ッ切

高三拾人扶持　　本國和泉
　　　　　　　　生國武藏
　　　　　　　　　　　奥詰
　　　　　　　　　　　田村元雄實子惣領
　　　　　　　　　　　田村元長
　　　　　　　　　　　戌五拾貳歳

明和九辰年七月朔日、初而　御目見仕、安永五申年七月十六日、被　召出、一生之内三拾人扶持被下置、人參御用父時之通被　仰付、小普請組前田安房守支配之節、寛政二戌年九月廿日、奥詰被　仰付、若年寄支配に罷成候、

寛政二年九月

同斷
但、壹通
ハ小書
なし

高三拾人扶持　　本國和泉
　　　　　　　　生國武藏
　　　　　　　　　　　奥詰
　　　　　　　　　　　田村元雄實子惣領
　　　　　　　　　　　田村元長
　　　　　　　　　　　戌五拾貳歳

戌九月廿日、
一、奥詰先格之通御門〻〻晝夜御斷濟候旨、御小納戸頭取龜井駿河守殿（清容、小納戸頭取）被仰聞候、

御玄關前御門　中ノ御門　百人組御門　大手御門　內櫻田御門　蓮池御門　坂下御門　紅葉山御門

右八ヶ所、九月廿日、若年寄堀田攝津守殿（正敦）御斷濟、

戌九月廿四日、
一、御裏通り之儀、龜井駿河守殿を以而、御用掛り御側加納遠江守殿（久周）に口上にて奉願候處、晝夜共御斷相濟候段、同九月廿四日、龜井駿河守殿を以、加納遠江守殿被仰渡候、

二丸銅御門　同中仕切御門　同喰違御門　鹽見坂御門　平川口御門　下梅林御門　上梅林御門　御切手御門

右八ヶ所御裏通り御斷相濟候、但、西之丸□□御門ㇵ不相濟候事、

戌九月廿五日、森川甲斐守殿を以、加納遠江守殿に上ル、同十月朔日、若年寄御附札、甲斐守殿を以遠江守殿御下ヶ、

*若年寄裏判手形にて渡すべし
亥猪等御祝儀に出でたし
附札
嘉祥亥猪は出るに及ばず
元長願書
御藏證文を願ふ
*元長伺書
小納戸頭取書狀
*年始御禮等の節の席に付
證文は書替所へ送付す
附*札
書替奉行宛若年寄達書
*年始は帝鑑間五節句等は羽目間

寛政二年九月
本紙奉書半切・上包美濃折掛ヶ
上書田村元長
私儀、奥詰被　仰付候ニ付、嘉祥・亥猪其
御附札
外御祝儀等之節罷出申度、奉願候、以上、
九月　田村元長

御附札

嘉祥・亥猪ニ罷出ニ不及候、其外御祝儀等之節も、
御番醫師之次ニ可被罷出候、

戌九月廿六日、森川甲斐守殿を以、加納遠江守殿ニ上ル、
本紙奉書半切・上包美濃折掛ヶ
上書 田村元長
私儀、此度奥詰被　仰付候ニ付、御藏御證
文奉願候、以上、
九月　田村元長

田村元長様　平塚伊賀守(爲喜、小納戸頭取)
以手紙申達候、然も、貴様御證文相濟候付、則書
替所ニ差遣候、依之、寫壹通爲持差進候、御落手
可被成候、以上、　十月十七日

覺

若年寄支配奥詰ニ成
元小普請組前田安房守支配
田村元長
右之通新規被　仰付候間、引付直之、彼御扶持

方有來通一生之内被下候間、向後連判之内以裏
判手形を可被相渡候、以上、
寛政二戌
九月
攝津印(堀田正敦、若年寄)
病氣付無印形(京極高久、同右)備前
兵部印(井伊直朗、同右)
大膳印(青山幸完、同右)
對馬印(安藤信明、同右)
伊庭惠兵衛殿(兼季、書替奉行)
榊原小兵衛殿(長義、同右)

戌九月晦日、御小納戸頭取森川甲斐守(俊顯)殿を以、御用掛り御側小
笠原若狭守(信喜)殿ニ上ル、
同日、御用番若年寄堀田攝津守(正敦)殿御附札、森川甲斐守殿を以御下ヶ、
本紙奉書半切紙・上包美濃折懸ヶ
上書　田村元長
私儀、此度奥詰被　仰付候、年始・月次・五
御附札
節句御禮之節罷出候席之儀、如何相心得可申
哉、奉伺候、以上、
九月　田村元長

御附札

年始御禮も帝鑑間、五節句・月次も羽目間ニ而、御
番醫師之次ニ罷出、御禮可被申上候、

薬草御用の爲伊豆諸嶋出張の內意を請く

町方故障起り延引す*

再度伺ふ様支配頭指圖あり*

戌九月廿三日、

一、伊豆國嶋〻薬草御用、御內意被仰渡候、

戌九月廿三日、於時計之間、若年寄京極備前守（高久）殿、御書付を以被仰渡候、尤、奥御祐筆に承合候上、平服羽織之儘時計之間へ罷出候事、

田村元長に

伊豆國嶋〻に薬草爲御用、來春被遣ニ而可有之候間、可致用意候、

田村元長

御禮廻り

町屋敷讓渡伺書*

右ニ付御禮、御用掛り御側衆に、於笹之間御禮申上、幷泊方御側衆御部屋に罷出、御禮申上候、右何れも平服羽織之儘御禮申上候、夫ゟ十德着用、御宅廻り、松平越中守（定信、老中）殿・本多彈正大弼（忠籌、同上）殿・戸田采女正（氏教、同上）殿、被仰渡之若年寄京極備前守殿、御用掛り御側衆御兩人に相廻る、外ニ森川甲斐守（俊顯）殿・龜井駿河守（清容）殿へも、御禮として御宅へ相廻る、

神田紺屋町町屋敷町人へ讓渡す

支配頭へ願書指出す

支配頭へ屋敷改宛の添翰を願ふ

戌十月六日、

一、神田紺屋町三町目町屋敷、淺草町人清左衞門に讓渡し候、

田村元長悴田村元慶所持神田紺屋町三町目元地町屋敷壹ヶ所、淺草花藏院門前町人淸左衞門に讓渡之儀、伺書、天明八申年八月廿一日、與頭森川七郎（マヽ）殿に指出候處、御同人指圖之上、同十一月廿四日、小普請支配前田安房守（矩貫）殿に願書、世話役兩人を以指出候、則、安房守殿ゟ屋敷改衆に之添翰、同十二月十六日、森

川七郎右衞門（快勝）殿を以御渡被下候處、町方故障之儀出來、屋敷改衆に願出候義及延引候間、右添翰安房守殿に返上仕置候、然處、當戌七月、町方故障之義相濟候ニ付、添翰之儀奉願度旨、世話取扱役龜田三郎右衞門（三興）を以而、御支配に申立候處、先達而添翰相渡候節、町方故障之儀申聞、是迄及延引候儀故、此度新規ニ願候振合を以、伺書可指出旨、安房守殿被仰聞候由、龜田三郎右衞門申聞候ニ付、左之通當戌年八月、新規ニ願候振合ニ相成候、

戌八月四日、與頭能勢又十郎（賴廉）殿に三通、使者を以出ス、本紙地南目半切紙・上包半紙折掛包、但、龜田三郎右衞門ゟ下書來る、

上書、見出しと同斷、町屋敷讓渡願伺書　田村元長

町屋敷讓渡願奉伺候覺

一、町屋敷　町奉行支配　壹ヶ所

神田紺屋町元地三町目
惣坪數八拾七坪
表間口四間貳尺三寸七分五厘
裏行町並貳拾間

右町屋敷、私悴田村元慶只今迄所持仕來候處、此度淺草花藏院門前町人淸左衞門に讓渡申度奉存候間、此段奉伺候、以上、

戌八月　田村元長

戌八月十九日、世話取扱役龜田三郎右衞門（三興）・都筑平三郎（德能）兩人を以、御支配前田安房守殿に上ル、但、能勢又十郎殿ゟ案文來る、

寛政二年十月

町屋敷譲渡願書

本紙西之内竪紙・上包岩城紙折掛ヶ包

上書 悴町屋敷譲渡願書　田村元長

町屋敷譲渡奉願候覺

一、町屋敷 表間口四間貳尺三寸七分五厘 裏行町並貳拾間　町奉行支配 坪數八拾七坪

神田紺屋町元地三町目

右町屋敷、私悴田村元慶唯今迄所持仕來候處、此度淺草花藏院門前町人清左衛門江譲渡申度之旨、元慶申聞候、依之此段奉願候、以上、

寛政二戌年八月十九日　田村元長書判

前田安房守殿 外貳通組頭當名、貳通共又十郎殿へ出ス、

*屋敷改宛願書状

*相對譲渡を願ふ

組頭書状

屋敷改との掛合濟むに付元長より掛合ふべし

田村元長様　能勢又十郎

貴様御子息元慶殿御所持町屋敷譲渡之儀、屋敷改衆江以添翰懸合相濟候間、御勝手次第御掛合有之候様可被成候、尤、坂部善次郎(直之、屋敷改)江(可脱カ)掛合被申候、右早々申渡候様ニ、唯今申來候間、此段御達申候、以上、

九月十三日　承知之旨、返書進る、

屋敷改宅へ掛合に赴く

町人召連雙方より願書出す

戌九月十八日、田村元長使者麻上下着用、屋敷改坂部善次郎江掛合之上、同役山高十右衛門(信枚)宅江町人共召連罷越、雙方ゟ願書指出候處、今十八日、十右衛門留守ニ付、同人用人預り置、尤、明日町人共召連可罷出旨、元長使者江十右衛門用人申聞候、依之、翌十九日、使者幷町人共一同十右衛門宅江罷出候處、願書幷御添翰・繪圖共十右衛門被致落手候段、使者江用人申聞ル、

本紙奉書裏白・上包美濃折掛包、但、坂部善次郎ゟ内々下書□□

上書 山高十右衛門・坂部善次郎・藤方(忠道、屋敷改)勘右衛門・筒井(武矩、同上)次左衛門様□□　田村元長

一筆致啓上候、然ハ、町奉行支配神田紺屋町元地三町目西角ゟ三軒目、表間口京間四間貳尺三寸七分五厘、裏行町並貳拾間、此坪八拾七坪有之町屋敷壹ヶ所、拙者悴元慶致所持候處、此度淺草花藏院門前家主勘次郎店清左衛門と申者江、以相對譲渡申度奉願候、可相成儀ニ御座候ハヽ、宜御差圖可被下候、恐惶謹言、

九月十八日　田村元長 善書判

山高十右衛門様

坂部善次郎様

藤方勘右衛門様

筒井次左衛門様

戌九月十八日、山高十右衛門宅江、右願書と一同使者を以出ス、

本紙西の内竪紙・上包美濃折掛ヶ

上書 田村元慶

町屋敷繪圖　　壹枚

町御奉行御支配
　神田紺屋町元地三町目
　惣坪數八拾七坪
　　　　　　　　　田村元長悴
　　　　　　　　　　田村元慶
　　　　　　　　　　　町屋敷

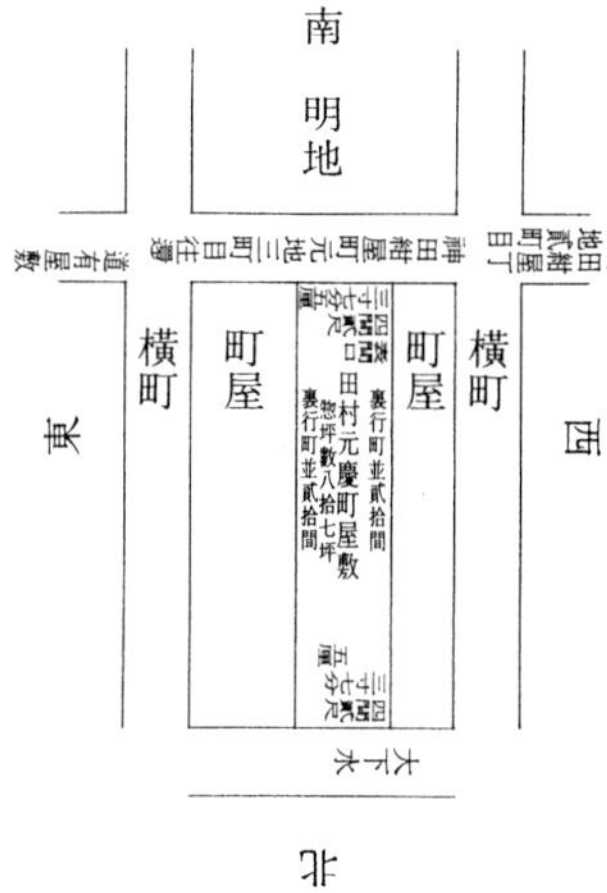

右之通相違無御座候、以上、

寛政二戌年九月十八日
　　　　　　　　　田村元長家來
　　　　　　　　　　水嶋喜内 印
　　　　　神田紺屋町元地三町目
　　　　　　　名主市之丞 印

戌九月十八日、山高十右衛門宅に、書面連印之者共元長使者□□翌十九日、又ゝ一同罷出候處、願書受取候段、十右衛門用人申渡候由、但、坂部善次郎ゟ□□内ゝ下書貰、紺屋町名主市之丞へ遣ス、

*町役等町並に勤む

*町方に支障なし

屋敷改宛買主願書

乍恐以書付奉願上候

淺草華藏院(マヽ)門前勘次郎店清左衛門奉申上候、町御奉行御支配神田紺屋町三町目元地西角ゟ三軒目、表間口京間四間貳尺三寸七分五厘、裏行町並貳拾間、此坪八拾七坪有之町屋敷壹ヶ所、御小普請御醫師田村元長様御同性元慶様御所持被成候處、此度以御相對、私御讓請仕度奉願上候、尤、清左衛門所持ニ相成候而も、是迄之通町役等諸事町並之通相勤可申候、然ル上も、願之通被　仰付候而も、於所曾而相障候儀無御座候間、以御慈悲右願之通被　仰付被下置候ハヽ、難有仕合奉存候、依之、一同連印奉願上候、以上、

寛政二年十月

寛政二戌年九月十八日
　　　　　淺草華藏院門前
　　　　　　勘次郎店
　　　　　願人　清左衛門 印
　　　　　家主　勘次郎 印
　　　　　五人組　安兵衛 印
　　　　　名主　喜兵衛 印
　　　神田紺屋(町脱カ)三町目元地
　　　　　家主　庄八 印
　　　　　名主　市之丞 印

屋敷御改
　御奉行所

*月番屋敷改より申渡さる

屋敷改用人書状

*譲渡證文連印し指出す

屋敷改宅へ參らるべし

願人等召連のこと

買主等へ報ず

*沽券狀を町名主に渡す

*宗門改證文指出す

譲渡のこと許さる

田村元長様
御用人中様

山高十右衛門内
岡太左衛門
神山久右衛門

以手紙致啓上候、然ば、十右衛門御達被申候儀有之候間、來ル六日四時、月番筒井治左衛門殿宅に、各様之内御壹人御越可被成候、此段拙者共ゟ宜得御意之旨、十右衛門被申付候間、如此御座候、以上、

十月三日

猶以、神田紺屋〔町脱カ〕三町目名主・家主并淺草花藏院門前名主・五人組・家主・願人被召連、御越可被成候、尤、何れも印形致持參候様、御申付可被成候、以上、

右返書、元長家來水嶋喜内ゟ、承知之旨返書指遣し候、則紺屋町三町目名主并淺草花藏院門前清左衛門方に、右書面之寫壹通つゝ、水嶋喜内ゟ夫々手紙相添申遣ス、何れも承知之旨、返書指越候、

戌十月六日、筒井治左衛門宅に、元長家來水嶋喜内義、左之□□一同召連罷出候處、元長悴田村元慶所持神田紺屋町元地三町目西角ゟ三軒目、表間口京間四間貳尺三寸七分五厘、裏行町並貳拾間、此坪八拾七坪之町屋敷一ヶ所、此度淺草花藏院門前家主勘次郎店清左衛門に譲渡之儀、承屆候間、勝手次第引渡可申旨、坂部善次郎・安部次郎兵衛・藤方勘右衛門・筒井次左衛門立會、月番筒井治左衛門申渡し候、尤、元長家來水嶋喜内并左之者共連印譲渡し、譲請證文印形相調、右屋敷改衆に指出し候事、

田村元長家來　水嶋喜内
神田紺屋丁三丁目元地 名主　市之丞
家主　庄八
淺草花藏院門前 名主　喜兵衛
五人組　安兵衛
家主　勘次郎
願人　清左衛門

戌十月八日、古〔沽〕券狀元慶印形相加に水嶋喜内と爲持、神田紺屋町名主市之丞方に指遣し、譲渡相濟候事、

戌十月九日、

一、切支丹宗門改證文出ス、

戌十月九日、貳通共御小納戸頭取衆に出ス、
本紙程村半枚・上包美濃折掛ヶ包

若年寄裏印の後藏宿へ廻す*

表書
壹通ハ　三嶋但馬守殿（政春、作事奉行）
　　　　山田肥後守殿（利壽、大目付）
壹通ㇵ山田肥後守殿
　　　三嶋但馬守殿　　田村元長

切支丹宗門、從前〻無懈怠今以相改申候、先年被
仰出候御法度書之趣、家來下〻ニ至迄遂穿鑿候處、
不審成者無御座候、依之、銘〻寺證文取置之申候、
若此以後疑敷者於有之ㇵ、早速可申上候、爲其仍
如件、

寛政二庚戌年十月　　田村元長印 書判

山田肥後守殿
三嶋但馬守殿
壹通ㇵ三嶋但馬守殿
　　　山田肥後守殿

扶持手形*

戌十月、

扶持手形を請取る

一、御扶持手形、若年寄衆御裏印を以請取、
本紙程村一枚紙

扶持手形

請取申御扶持方之事
米合四石五斗者、　但、三拾人扶持也、
右是ㇵ、拙者儀、當十月分御扶持方迄小普請組前
田安房守（矩貫）支配ニ而請取候處、御證文之通若年寄支
配奥詰新規被　仰付候、尤、取來御扶持方、有來
通一生之内被下候間、當戌十一月大之分、請取申
所實正也、仍如件、

寛政二年十月

寛政二戌年十月　　若年寄支配奥詰　田村元長印

伊庭惠兵衛殿（兼季、書替奉行）
榊原小兵衛殿（長義、同右）

右御扶持手形下書ㇵ、書替所ゟ藏宿坂倉屋七郎兵衛世話ニ而貰、
本紙相認　御城へ持參、奥坊主組頭意久世話ニ而御用部屋長意相
賴、若年寄御裏印奉願候處、御用番井伊兵部少輔殿（直朗、若年寄）御裏印相濟受
取之、藏宿へ手傳人ニ爲持遣ス、
戌十一月十日、奥坊主組頭宗久世話ニ而御用部屋を以、御裏印奉
願候處、青山大膳亮殿（幸完、若年寄）御裏印相濟、藏宿へ手傳人ニ爲持遣ス、

本紙程村半枚
請取申御扶持方之事
米合四石三斗五升者、　但三拾人扶持也、
右是ㇵ當戌十二月小之分請取申所實正也、仍如件、

寛政二戌年十一月　　若年寄支配奥詰　田村元長印

伊庭惠兵衛殿
榊原小兵衛殿

駒場御成に供奉す*

戌十月廿一日、

一、駒場　御成御供、被　仰付候、

御成供奉を願ふ*

戌十月十七日、可相成儀ニ御座候ハヽ、駒場　御
成之節御供仕度奉願候段、龜井駿河守殿（清容、小納戸頭取）へ申達置
候處、來廿八日、駒場　御成被　仰出候段、十九

日、亀井駿河守殿・大久保飛驒〔日向〕(忠得、小納戸頭取)守殿ゟ以書中被仰遣候ニ付、承知之旨返書進る、同廿日、御城へ罷出候處、願之通駒場□被　仰付候段、大久保日向守殿被　仰聞候、□同□　御成之節、朝六時、御城□出御休息御庭口御駕籠□ゟ御供仕、吹上御庭に被爲入、夫ゟ駒場に御供仕、御場濟候上、御薬園　上覧相濟、御薬園口ニて御暇平伏仕、夫ゟ御跡へ下り罷歸る、

若年寄書付*

薬園上覧

元長請書*

琉球人音樂を聴聞す

戌十二月五日、

一、琉球人音樂聴聞被　仰付候、

戌十二月五日、琉球人登　城、音樂致し候ニ付、聴聞被　仰付候旨、御小納戸頭取小野飛驒守殿(則武)を以、御用掛御側加納遠江守殿(久周)被仰渡候、則、大廣間御縁側ニて琉球人音樂聴聞仕候、尤、服ハ熨斗目十徳着用いたし候、

御請作法に付小納戸頭取目付へ問合す*

大廣間縁側にて聴聞

若年寄宅へ赴き御請申上ぐ*

戌十二月七日、

一、朝鮮種人参御用相勤候ニ付、御褒美銀五枚拝領仕候、別紙御書付壹通相達候様、大膳亮殿(青山幸完、若年寄)被仰渡候間、

人参御用出精に付銀子拝領

目付達書

爲持差遣候、以上、

十二月六日　　當番御目付中

田村元長老

明日四時、御城に可被罷出候、

十二月六日　　田村元長

大膳亮殿御渡被成候御書付壹通、奉請取、御書付之趣奉得其意候、以上、

十二月六日　　田村元長

御當番
御目付中

右ニ付、即刻御城に罷出、御小納戸頭取平塚伊賀守殿(爲喜)に右之趣申達、御請之義承合候處、是ハ振合違之様ニハ候得共、右之通御座候得ハ、御宅へ御請ニ罷越候方ニ可有之旨、伊賀守殿被仰聞候、且又、御目付中にも問合候處、十徳着用御請ニ可罷越旨、間宮所左衛門(信好)申聞候、依之、青山大膳亮殿(幸完、若年寄)御宅へ十徳着用罷越、用人ニ面談御請申上候、

戌十二月七日、當番御目付間宮所左衛門に出ス、

田村元長

今七日四時、御城に可罷出旨、大膳亮殿被仰渡候ニ付、罷出申候、以上、

銀五枚拜領

*白縮緬二巻拜領

御禮

*御禮

御禮廻り

*元慶正月二日に年始御禮を命ぜらる

御納戸拂の品拜領す

小納戸頭取達書

登城を命ぜらる

*年始御禮の節の元慶殿席に付伺ふ

十二月七日　田村元長

朝鮮種人參御用骨折相勤候ニ付、御褒美被下之
旨、於御祐筆部屋御縁側、松平和泉守(乗完、老中)殿被　仰
渡、若年寄衆侍座、

戌十二月七日
銀五枚　田村元長

右御禮之儀、森川甲斐守(俊顕、小納戸頭取)殿に御問合申候處、御用掛御側衆御兩
人之内何れへ成共御壹人に、於笹間御廊下御禮可申上旨被申聞
候付、則、笹間御廊下ニ而小笠原若狭守(信喜、御用取次)殿に御禮申上候、且又、
御禮廻り之義、森川甲斐守殿を以御用掛り衆へ相伺候處、是迄
之通御老中・若年寄衆不殘相廻り候様ニと、小笠原若狭守殿被
仰渡候由、甲斐守殿被仰聞候付、右之通并御用懸御側衆御兩人、
且又、森川甲斐守殿・亀井駿河守(清容、小納戸頭取)殿に御宅へ御禮廻りいたし候、

戌十二月十六日、
一、御納戸拂之品拜領仕候、

田村元長様　森川甲斐守(俊顕、小納戸頭取)
亀井駿河守(清容、同右)

以手紙申達候、然ハ、遠江守(加納久周、御用取次)殿御通詞之儀有之
候間、明十六日四時、御城に御出可被成候、
以上、十二月十五日

森川甲斐守様
亀井駿河守様　田村元長

寛政二年十二月

御剪紙拜見仕候、然ハ、遠江守殿御通詞之儀御
座候間、明十六日四時、御城に可罷出旨被仰
下候通、奉畏候、以上、　十二月十五日

戌十二月十六日
白縮緬貳巻　田村元長

御納戸拂之品被下候旨、亀井駿河守殿を以、加
納遠江守殿被仰渡候、

但、御禮之儀、遠江守殿に計申上候而宜候得共、初而御
納戸拂被下候義ニ付、遠江守殿・若狭守(小笠原信喜、御用取次)殿右御兩所に於
笹間御廊下御禮申上候様、尤、御宅へハ罷越ニ不及旨、
駿河守殿被申聞候付、右之通御禮申上候、右御品ハ奥番
衆ゟ請取之候、

戌十二月廿五日、
一、元慶儀、正月二日御禮罷出候様被　仰渡候、

戌十二月廿日、御用掛り御側衆に森川甲斐守殿を(以脱カ)上ル、
同十二月廿五日、井伊兵部少輔(直朗、若年寄)殿御附札、御側衆ゟ森川甲斐守(俊顕、小納戸頭取)殿を
以て御下ヶ、

元長悴
田村元慶

[御附札] 右元慶儀、年始御禮申上候節、罷出候席之儀如
何相心得可申候哉、奉伺候、以上、

*願書と達し書寫を指上ぐ

附札

元長伺書

*小普請醫師並の御禮は組頭差圖なり

元慶殿席小普請醫師並

元長奥詰となり御番醫師次席となる

御番醫師倅は正月二日帝鑑間に出づ

*元長願書寫

目付問合書

元慶年始御禮の經緯に付承りたし

*年始御禮等を願ふ

元長上申書

十二月　田村元長

御附札　［二日御禮ニ可被差出候、］

戌十二月廿日、御用掛御側衆ニ森川甲斐守殿を以上ル、

私悴元慶儀、年始御禮申上候節、是迄ハ小普請御醫師並之通、私同様正月三日帝鑑間御廊下ニ罷出御禮申上候、然處、當九月中私儀、奥詰被仰付、格式之儀ハ御番醫師之次席と可相心得旨被仰渡候、御番醫師之悴ハ、父同様正月二日帝鑑間ニ罷出、年始御禮申上候旨ニ付、別紙之趣奉伺候、以上、

十二月　田村元長

其許御子息元慶老年始御禮被申上候節、小普請醫師並之通正月三日帝鑑之間御廊下ニ而御禮被申上候儀被相願候趣、幷其節之被仰渡之趣共承度候間、巨細相認、御報可被申聞候、以上、

十二月廿三日　曲淵勝次郎（景露、目付）

田村元長老

私悴元慶年始御禮申上候節、小普請醫師並之通帝鑑之間御廊下ニ而御禮申上候儀奉願候趣、幷其節被仰渡之趣共、巨細ニ相認貴答可申上旨、被仰下候通承知仕候、則、右御禮願書寫ニ其節被仰渡之趣朱書相認、指上申候、尤、正月三日帝鑑之間御廊下ニ罷出、小普請醫師並之通御禮申上候儀ハ、小普請組與頭之差圖ニ付、右之通罷出御禮申上候儀ニ御座候、以上、

十二月廿三日　田村元長

曲淵勝次郎様

寫

朱書
酉十二月九日、書面元慶年始・五節句・月並御禮罷出候儀、可爲願之通旨、鳥居丹波守（忠孝、老中）殿、御附札を以被仰渡候旨、小普請支配前田安房守（矩貫）申渡候、

奉願候覺

小普請組前田安房守支配
田村元長

實子惣領
田村元慶

寛政元酉年四月十五日
初而
御目見仕候、

右元慶儀、爲冥加年始・五節句・月次御禮罷出候様ニ奉願候、以上、

寛政元酉年十月廿四日　田村元長書判

前田安房守殿

銀子拝領

戌十二月廿六日、
一、奥大溜り之間ニおゐて銀五枚拝領仕候、
加納遠江守(久周、御用取次)殿御通詞御用有之候ニ付、明廿六日四時、　御城に可罷出旨、戌十二月廿五日、於　御城森川甲斐守(俊顕、小納戸頭取)殿、口上ニ而被申聞候、

薬草木植殖濱御庭への薬草植付の功を賞さる

銀五枚　田村元長

右も、當秋中薬草木植殖し之儀被　仰出候付、植付方製し方帳面書付取立仕、且又、濱御庭に薬草御植付ニ付度々罷越、殊ニ數少キ薬草木指上候付、御褒美被下之旨、戌十二月廿六日、於奥大溜り之間ニ、御用掛り御側加納遠江守殿被仰渡候、

拝領の節は平服御禮廻りの節は十徳著用

御禮廻り之儀、御小納戸頭取平塚伊賀守(爲喜)殿指圖ニ付、御用掛り御側衆御兩所に御宅廻り仕候、且又、元長心得ニて、右書面之御用向掛りニ付、森川甲斐守殿にも相廻り候、尤、右拝領物之節も平服、御宅へ御禮廻り之節ハ、服紗小袖十徳着用、

*元長元慶年始登城

寛政三辛亥年正月二日、
一、元長・元慶兩人共登　城、於帝鑑間年始御禮申上、銘々枳朮丸獻上仕候、

解　題

(一) 本書の内容と成立

『田村藍水・西湖公用日記』は、表紙に『万年帳』と題して、田村藍水の後裔に伝存した史料である。田村藍水（通称元雄）は、四十六歳の時、徳川幕府に挙用され、朝鮮種人参製法の事に当たった。『万年帳』には、その登用された日、宝暦十三（一七六三）年六月二十四日から、藍水が死去し、長子西湖（通称元長）の代となっている寛政三（一七九一）年正月二日までが記録されている。

体裁は西判（西之内紙）に該当する大きさで、縦三一糎、横二二・八糎、共紙で表と裏の表紙をつけ袋綴にしたものが、巻一・巻二・巻三の三冊になっている。このたび保存のため製本し直したが、その際、いつの頃か一度裏打ちをして綴じ直した形跡が見られた。

巻一は、宝暦十三（一七六三）年六月から明和七（一七七〇）年十二月までで本文一三〇丁、巻二は、明和八（一七七一）年正月から天明元（一七八一）年十二月までで本文一二六丁、巻三は天明二（一七八二）年正月から寛政三（一七九一）年正月までで、書式例一丁をふくめ本文一一五丁である。

内容は、元雄（藍水）と元長（西湖）およびその男元慶が、幕府にかかわったことの記録である。当時忠実に記していた公用の書留を、後年、抜粋して編集したもののようであるが、筆者名および制作の年月日は記されていない。

元雄が、宝暦十三癸未年六月二十四日に、小普請支配の御医師並として、人参御用のため召し出されたのを記録の始めとし、以下、支配頭へ提出した明細書、親類書、諸種の伺書・願書の類、朝鮮種人参製法所手伝人姓名の書上等、日を追って列記する。薬種拝領の記録もあり、火浣布香敷・薬草・著書その他献上物の記事もある。その間、人参製法は実施されており、人参根の買上のため隔年に野州・奥州へ出張もしている。元雄は、毎年阿蘭陀人との対談を許可されたとの記述があり、豪豬・綿羊・駝鳥など興味をひく事柄も点在する。これらの記録は、すべて幕府とのかかわりに限定されている。元雄は、この期間中の明和六年に『中山伝信録物産考』、明和七年に『琉球産物志』の著書があるが、『万年帳』には、それについて一言も記されていない。限られた期間、限られた範囲の記録であるから、元雄・元長の全容を窺うのには不足であるが、朝鮮人参の国産化、博物学関係の史料として読みとるものは多いかと思われる。一方、伺書・願書・請取手形・明細書・姓名短冊など、幕府に提出した文書の書式・料紙・上包などが克明に書き留められているのも興味深い。

『万年帳』はどのような必要があって書かれたものだろうか。また何故寛政三年正月をもって終っているのだろうか。子孫のために元雄父子の事績を書き留めたにしては、公の事のみに限られ、元雄の仕官以前のことや著書についての記述などが全く無い。元長にしても、寛政三年八月に、伊豆諸島巡行を済ませて帰府したという事績があるのに、その直前で記録を終っている。この辺りに疑問が持たれる。

『続徳川実紀』寛政三年五月十五日の条に、「けふ万石以下の輩系譜採用の事によて令せらるゝ旨あり」の記事がある。また『御触書天保集成』には、寛政三年五月の「万石以下　御目見以上之面々先祖書御用候間、取調可被差出候」「各方先祖之内、御当家え被　召出候代より当代まて不洩様取調置」という触書が収められている。この点で、『万年帳』に記載された期間や内容に符合するところがある。これらのことから、『万年帳』は、幕府が寛政重修諸家譜の編集に至る前段の作業として行なった寛政三年五月の先祖書の徴集令によって幕府に提出した書類と、何らかの関係があるのではないかと思われる。従って、書かれた年代も、綱文の最後―寛政三年正月―を下ること遠くないのではないかと推察される。

(二)　田村藍水・西湖の略伝付栗本丹洲略伝

(1)　田村藍水

田村藍水、名は登、通称元雄、字は玄臺、藍水は号である。享保三（一七一八）年、小普請方棟梁大谷出雲の次男として江戸に生まれた。母は作事方棟梁甲良豊前の女牟久子。十五歳にして医業に志し、道三流の医術を修めた。或はこの頃から町医田村宗宣倄豊（よしとむ）と関わりがあったのであろうか。元文二（一七三七）年二十歳の時の著作『人参譜』は、既に「玄臺坂上登」として出されている。『万年帳』には、藍水は元文五（一七四〇）年十一月十五日に田村宗宣方へ養子に来た旨を記している（本書一八四頁）。これは、前記元文二年に坂上姓を名乗っているのと抵触するが、田村家過去帳に、元文五年七月四日に宗宣の男子の早世を記してあることと関係があるように思われる。宗宣の女、栄を妻とした。田村家は、坂上田村麻呂を遠祖としているので、彼は屢々「坂上」の本姓を用いた。

若年にして朝鮮人参に精しく、二十歳の時将軍吉宗の命により、朝鮮人参の実二十粒を拝領して自園に植え、繁殖させたという。この年『人参譜』を著し、その後も人参を培養して、人参に関する書物を次々に著した。人参に関しては、当時第一人者と言われた。一方、本草家として活躍、宝暦七（一七五七）年、門人平賀源内とともに、はじめて江戸に薬品会（物産会）を催した。翌年にも藍水が会主となり薬品会が開かれた。この頃、九州などへ採薬旅行をしている。採薬旅行は三十八州に及び、人参の外、甘蔗・仙茅・芒硝・火浣布・綿羊など研究の対象は広い。

藍水の本草学は阿部将翁に学んだと言われる。長子西湖・次子栗本丹洲をはじめ、平賀源内・曽占春等多くの弟子を育成した。大名・学者・文人に交流が広く、田沼意次・島津重豪・細川重賢・松平頼恭・林信亮・成島道筑・吉雄幸作・木村孔恭など多くの人々と親交があった。宝暦十三（一七六三）年、幕府に登用されてからの公の事績は本書に詳しい。

藍水のひととなりは、墓碑銘に「高雅洒落古人の風有り」と評されている。森銑三編『人物逸話辞典』は、毒虫・蠟燭を食べるという奇談を載せているが、文人を李花満開の別業に招いて詩文を輯し、上木したこともあった。また養父を追慕して祭った記録が本書に見える。これも彼の人柄の一面と見ることができよう。脚気の持病があり、安永五（一七七六）年三月二十三日に没した。公への届には五月二十二日とある。五十九歳であった。浅草眞龍寺に葬られた。

藍水の墓のことは、大矢真一氏が『日本科学史散歩』中に紹介された。上野益三氏の『日本博物学史補訂』には、藍水および西湖の墓の、最も新しい写真が載せられている。二つの墓は、後裔の二基の墓と共に、東京都台東区松が谷二丁目一一の眞龍寺（浄土真宗）に現存する。但し位置は当初のままではなく、戦災に遭った本堂改築のため、昭和三十五年に移転された。もとの位置は、現在地より一〇米(メートル)程西南のあたりであった。もっとも、戦前の位置も、藍水・西湖時代のものであったかどうかは不明である。

藍水の墓石は、直径七五・四糎、厚さ三九・三糎の円型で、台石上に載っている。前面中央に、「藍水先生田村君之墓」、左寄りに「啓佑院釋正阿」「榮壽院釋妙邦」と、藍水夫妻の戒名が並べて刻まれている。裏面に墓碑銘がある。

藍水の墓碑銘については、『事実文編四十一』に、「坂上藍水碑銘　林信亮」として記載されているほか、白井光太郎著『本草学論攷』に、「田村藍水先生墓碑銘」と題して紹介されている。

約二・五糎角の字で全文三〇八字、撰者の林信亮(のぶすけ)は通称宇兵衛、評定所の儒者であった。書は三井親和(しんな)で、当時江戸で最も有名な書家であった。

『事実文編』『本草学論攷』に発表された碑文には、それぞれ、僅かではあるが写し誤りがあるので、ここに全文を原文のまま記録しておく。

先生姓坂上其先田村麻呂之支族也以田村爲氏
諱登字元臺號藍水在世稱元雄父坂上某母櫻井
氏生于江都十五而學醫業三十而聲聞達　朝廷
曁遠邦四十六而賓暦癸未撰擧醫員賜於俸祿蒙
製　國産人蔘之　命矣新舘既就日勤無懈巡行
奥州野州撰辨人蔘生根矣或奉　鈞命探索萬國
之産物三十八州採得苡消仙茅之類十七品著書

籍諸州藥譜蔆製秘錄之類八部自書焉自畫焉今
茲嬰病歿于正寢矣實安永五年丙申三月二十三
日也時年五十九葬淺艸眞龍寺矣初聞其訃不覺
涙下傾蓋相識二十餘年其子泣血不堪悲慕請余
碑詞知我者先生知先生者我曾所晤語不有不道
以何辭焉旗之以銘
活人醫國一世英雄探山浮海應召盡忠製蔆妙術
頗有成功採藥增寶國産復洪眷遇因厚粗交王公
高雅晒落有古人風吁噫斯日俄而待終刋石雖泐
芳聲無窮

孝子坂上善之建
政廳臣林信亮撰
深川三井親和書

口絵の藍水像は田村家所持の掛物である。画かれた時期・画家など、今後の調査を俟ちたい。

藍水の著書は左の通りである（『国書総目録』による）。

甘蔗造製伝　救荒本草紀聞　参製秘録〈宝暦元〉　種人参養法并甘蔗養並製法　竹譜　中山伝信録物産考〈明和六〉　朝鮮人参耕作記編〈明和元〉　朝鮮人参図〈宝暦四〉　東都嘉慶寿宴集輯〈宝暦二刊〉　日本諸州薬譜　人参植付考〈延享四〉　人参耕作記〈延享四〉　人参譜〈元文二〉　人参類集〈宝暦五〉　人参或問　百花主人薬品答問　木綿培養伝　薬肆人参類集〈宝暦五〉　藍水物品雑考　琉球産物志〈明和七〉　醴泉祥瑞説〈宝暦六刊〉

(2)　田村西湖

田村西湖は藍水の嫡子、母は宗宣僊豊の女栄である。名は善之、通称元長、西湖と号した。元文四（一七三九）年の生まれ。父と同じく道三流の医術を学び、かつ本草学を修めた。宝暦十（一七六〇）年、大阪で物産会が催された時、父と共に出品した。その後も度々躋壽館に薬品会を開き、また自宅でも催した。父が幕府に用いられてからは、同じく朝鮮種人参製法所へ手伝いとして勤め、やがて助勤となり、父没後はその後を襲った。以後寛政三（一七九一）年正月までの公のことは本書に記録されている。

父藍水同様大名とも交流があり、平賀源内・中川淳庵等の学者たちとも親しかった。弟子には、桐山正哲・鈴木素行等がいる。

医師蟹江杏庵の女歌との間に三男一女がある。長男元慶は成人後同じく人参製法所へ勤め、次男は母方蟹江氏を継いだ。父没後、二十歳年下の弟元東を、奥医師栗本瑞見のもとに養子に出している。

在職中、今まで父と共に引き立てを蒙っていた田沼意次の失脚があったが、代って老中になった松平定信は、西湖の学識を、より以上に信頼したように見受けられる。「よしの冊子」（『随筆百花苑』第八）の中で、定信の側近水野為長が、「小普請ノ田井玄長。本草功者、人朴実、小普請医者ノ格、一代切ノ御医師尤当時二代メ」と記している。記述の内容により、この田井玄長は田村元長のことと推測される。もしそうならば、今まで知られなかった人柄の一端が窺えるように思う。

父藍水は小普請支配の御医師並であったが、西湖は寛政二（一七九〇）年、奥詰御番医師次席に引き上げられた。寛政三年四月、薬草御用のため鈴木素行とともに伊豆諸島を巡行し、八月に江戸に帰着した。寛政四年二ノ丸の製薬製法御用を命ぜられ、翌寛政五（一七九三）年正月十九日没した。公への届は二月十四日となっている。五十五歳であった。同じく眞龍寺に葬られた。

西湖の墓石は、巾四一・八糎、奥行四〇糎、高さ一〇三糎で台石上に載っている。表には、まんなかに「西湖先生田村君墓」、右寄りに「僊杏院」（西湖の院号）、左寄りに「紫雲院晴峯禅尼」と西湖の妻歌の法名が刻されている。

西湖の著書は左の通りである（『国書総目録』による）。

豆州諸島物産図説　種人参養法并甘蔗養並製法　度量小識編〈天明二〉　物品彙考　物類品隲校〈宝暦一三刊〉　本草綱目会解　倭韓医談編〈宝暦一四刊〉

(3)　栗本丹洲

本書の安永七（一七七八）年の条に、元長（西湖）が弟元東を養子に遣わした旨を記している。この元東が栗本丹洲である。

丹洲は藍水の次男。養子の記事中にある年齢から逆算すると、宝暦九（一七五九）年の生まれである。幼名新次郎、名は昌臧（まさよし）、元東と称した。安永七年十一月二十歳の時、奥医師栗本昌友の養子となり、通称を元格と改めた。丹洲は号である。寛政元年三十一歳の時奥医師に進み法眼となった。寛政五年、養父瑞見昌友の隠居に伴い、四代瑞見を称した。寛政六年から医学館に本草学を講じ、薬品の鑑定を司った。文政四年法印に昇叙、瑞仙院を称した。博物学の中でも動物の研究が多く、『千蟲譜』『魚貝譜』等数多の彩色図は科学的かつ芸術的な筆致である。

文政九（一八二六）年、来日中のシーボルトを訪ね、自作の植物図巻・魚類・甲殻類の図譜を見せた。そのうちの『蟹蝦類写真』はシーボルトに贈られ、その『日本動物誌』に引用された。そのほか『魚鳥獣草木図譜』『栗氏魚譜』『栗氏禽譜』『栗氏蟲譜』など著書は甚だ多いが、刊行は『皇和魚譜』のみである（『国書総目録』による）。

天保五（一八三四）年三月二十五日、七十六歳で病没。墓は新宿区若葉二丁目三の日宗寺（日蓮宗）内。

なお後裔に、幕末から明治にかけて活躍した栗本鋤雲（匏庵・六世瑞見）がいる。

（草野冴子）

(三)　幕府の人参政策と田村藍水・西湖

田村元雄（藍水）・元長（西湖）父子が長年に亙って心血を注いできた朝鮮人参の栽培・製法技術が、現実の社会で大きく生かされることになったのは、江戸幕府が官営の人参製法所を設けて、本格的に朝鮮人参の国産化を図ったことによる。田村父子は、この幕府の人参政策の展開と関わって登用され、その能力を発揮する機会を得ることができたのである。ここで、朝鮮人参の国産化を図った幕府の政策と田村父子の活動を跡付け、本書利用の便に供したい。

朝鮮人参は、古くから薬用として珍重されてきたが、江戸時代には、正式な国交関係のあった朝鮮国から、将軍宛の贈り物としてもおくられている。また、朝鮮国との貿易を唯一認められていた対馬藩（宗氏）は、この朝鮮人参の輸入を独占して巨額の利益を得ていた。対馬藩では、一六七〇年代（延宝期）から一七〇〇年頃（元禄期）には、毎年一七〇〇〜二〇〇〇斤（一斤は普通六〇〇グラム）を輸入し、その後輸入量は漸減し、幕府が国産化に着手する一七二〇年代（享保期）には、一〇〇〇斤を割り、一七四八年（寛延元）にはとうとう七十六斤にまで減っている。江戸時代の前期においては、人参の需要は社会の上層部に限定されていたが、元禄時代の前後から急速に庶民層に普及し、その層の需要がたかまって行った。それとともに、朝鮮人参が不足し、一方では、対馬藩指定の人参販売商人の店へ早朝から多数の人が行列を作るという事態が生まれ、他方では、ニセ人参・不良人参が横行するようになった。この状況に対して幕府は、和人参（竹節人参）の製造・販売を許可し、さらに、長崎を通じて中国から唐人参を輸入して対処しようとした。和人参とは、寛永年間（一六二四〜一六四三）に中国からの帰化人が、日向の山中に発見したのが最初と言われているが、その後各地の山野でみつけられ、平戸・熊野・薩摩などの地名を頭に付けてよばれている。朝鮮人参の欠乏とともに、当時の本草学者は各地をまわり、人参を含む薬草の発見・採取に努めた。このように、薬種の国産化の一部として和人参の調査が行われた。だが、その薬効について疑問も持たれており、あまり事態の解決に役立たなかった。そこで幕府は、享保期（一七一六〜一七三五）に朝鮮人参そのものの国産化を推進することになる。

享保期の幕府は、将軍吉宗のもとで、太宰春台が「土産ノ出ルニ多キ有リ、寡キ有リ。土産寡キ処ハ、其民ヲ教導シ督責シテ、土地ノ宜キニ随テ百穀ノ外、木ニテモ草ニテモ、用ニ立ツベキ物ヲ種テ、土物ノ多ク出ル様ニスベシ。又国民ニ宜キ細工ヲ教テ、農業ノ暇ニ、何ニテモ人間ノ用ニ立ベキ物ヲ作リ出サシメテ、他国ト交易シテ、国用ヲ足スベシ。是国ヲ富ス術ナリ。」（『経済録拾遺』）と論じたように、殖産興業のための政策をとりはじめた。もちろん薬種としての人参であるから、「済生救民」という趣旨が含まれていることは否定できないであろうが、殖産興業政策の一環としての側面もまた考慮せざるを得ないであろう。幕府が人参の国産化のための処置をとり始めたのは、享保四〜五年頃からと推定されている。初めのうちは、数回に亙って対馬藩を通じて朝鮮国から人参の生根を取り寄せたが、根が付かず失敗したようである。享保七年に、人参にも通じている本草家阿部将翁が幕府に召し出され、後に人参の種子を取り寄せて栽培すべき旨の意見を上申している。この意見を採用したのかどうか不明であるが、その後、人参の種子を入手することも図っている。享保十年には、長崎に来航する中国の商人から遼東種人参の種を入手している。そして、享保十三年には、対馬藩を通じて朝鮮種人参の種子六十粒を取り寄せている。この種子を元として増やし、御種人参として国内の各地で栽培されるようになるが、その中心となったのは下野日光の周辺地域であった。栽培が軌道にのり順調に増殖するまでには、栽培技術が確立していなかった条件のもとで幾多の試行錯誤があったと考えられる。そのため、幕府の人参政策に呼応して、人参についての専門書が書かれるようになる。例えば、享保十一年には、服部範忠『人参譜』、同十三年には、和田長純『人参弁』、同十八年には、西村直方『人参弁』などが出されている。この栽培の技術と同時に、栽培された人参根、すなわち生根を薬種に仕上げる製法技術もまた求められていた。乾燥させるだけなのであるが、輸入品は完成品であるので、見本である輸入品と同じ品質のものを造りだそうとするのは大変な作業であったようである。このような事情から、幕府がその人参国産化政策を推進し成功させるためには、朝鮮種人参の栽培と製法の両面にわたる優れた技術を持つ人材が必須であった。ここに、田村元雄が幕府に登用される必然性が生まれたのである。

田村元雄の略歴などについては、すでに紹介してあるが、元雄は、幕府がこの政策に着手しようとしていた享保三年に生まれている。「人参博士」などと称されるが、まさに人参との関係を運命づけられたかのような年に出生している。元文二年（一七三七）に、元雄と同一人物と推定されている坂上玄臺（元雄の本姓は坂上である。本文の明細書などを参照のこと）の『人参譜』が書かれている。この推定が正しいとすれば、元雄が数え二十歳の時の著作ということになる。とすると、非常に若いときから人参に興味を持っていたことを示している。当時の幕府の人参政策に触発された本草家の一人ということになるのであろう。その元文二年に、元雄は、幕府から御種人参の種子二十粒を賜ったと言われている。そしてこの種子を自分の薬園にて栽培し、栽培の経験を蓄積してその技術をたかめ、その過程で獲得したものに経験科学的な検討を加え、延享四年には、元雄の代表的な著作の一つである『人参耕作記』を著している。さらに元雄は、たんに栽培するのみならず、これを製法することを試み、その結果をまとめて発表したのが、宝暦元年の著作である『参製秘録』(これも坂上玄臺の名である)である。さらにその四年後の宝暦五年には、『薬肆人参類集』を著している。もちろん、この時期の元雄は、人参にのみ没頭していたわけではなく、博物学に類似した本草学者として頭角を現しており、平賀源内らの門人を育て、江戸はもとより全国各地の本草家とも交流し、本草学者としての力量をたかめていた。いずれにしても、人参の栽培・製法技術において当代の第一人者となっていたことは、疑いのないところである。以上のような元雄の側の主体的な条件と、宝暦期以降にさらに本格的に展開する幕府の人参政策が結び付くことになる。その結果が、宝暦十三年の元雄の登用となるのである。

このかん幕府は、本草家植村左平次政勝を日光に派遣するなどの処置を講じて朝鮮種人参の増殖に努め、元文三年には、さらに全国へ栽培を普及させるため、栽培希望者に広く販売ないし下付している。このようにして人参栽培の拡大を図るとともに、延享三年には、官営人参を製法し販売することを開始している。この時は、入札によって薬種屋に払い下げ、和製人参と称して自由に販売させている。宝暦期以降、田沼意次の主導のもとに、享保期の殖産興業の政策を引き継ぎ、さらに発展させるとともに、流通の整備と統制の政策を打ち出した。この政策の流れの中で、日光を中心として全国的に普及した結果、かなりの量の人参生根の供給のメドが立った段階で、宝暦十三年官営の人参製法所の設置を決定している。この人参製法所の責任者として、田村元雄が登用されたのである。この人参製法事業には、元雄と左平次政勝の男左源次政辰が責任者であったが、元雄が軸になって運営していたようである。政辰と元雄が毎年交替で、下野・上野・陸奥・信濃などへ出張し、人参生根の買い付けにあたっている。集められた生根は、製法所に持ち込まれ、元雄と製法所に抱えられた門人等の手により、薬種に仕上げられた。この官営人参製法所が軌道に乗るや、幕府は、同年人参座を設け、官製人参の独占販売を開始し、さらに翌明和元年(一七六四)には、関東・東海・大阪などに三十四軒の薬種屋を指定し、官製人参の販売にあたらせた。このようにして、人参生根の集荷・製法・販売の機構が形成されたのである。この機構の図式は、人参の栽培・製法・販売は依然として自由である点に、流通統制のきついこの時期以降に設置される銅座・鉄座・真鍮座・朱座・竜脳座・明礬会所・石灰会所・硫黄問屋などとその点で異なるが、この時期、いわゆる田沼時代における殖産興業と流通統制の一環として捉えるべきであろう。なお、本文中に読みとることができるが、人参製法所に関して元雄が何事かを願いでる場合、元雄→（勘定奉行）→（小納戸頭）→側衆→田沼意次というラインで内々に願いでて、内々に田沼の許可を与えられ、その上で正式に願いでるというケースがよく見受けられる。田沼意次と人参政策とを考える上で重要な点であろう。また、人参以外でも、幾つかの西洋種の野菜の栽培や竜尾車の推奨など、田沼の殖産興業政策の下で、その学識を生かして活躍を見せている。

その後、この人参政策は順調に進展し、一方で、宝暦十三年に中国から輸入していた広東人参（アメリカ人参。中国が、アメリカとの貿易で輸入したものを、日本に輸出したものである）の輸入を禁止し、その後は、逆に日本産朝鮮種人参を中国へ輸出するほどにまで成長した。これを技術面で支えたのが田村父子であったことは、いうまでもないであろう。だが、この幕府の人参政策は、田沼意次の失脚とともに大きく変化する。すなわち、松平定信の登場とともに、田沼期の諸政策が否定されていき、流通統制のための処置である各種の座・会所・仲間が廃止され、その一環として人参座も廃止された。人参製法所それ自体は廃止されなかったが、人参座の消滅によりその役割・位置は、著しく低下したものと思われる。田村父子の与かり知らぬ政変・政策変更により、人参事業は展望を失ってしまうことになった。だが、田村元長は、その学識の故に、人参について松平定信から種々諮問をうけ、広東人参の輸入再許可に決定的な役割を果たしている。その後、幕府の人参政策には幾多の変遷があるが、その中心に田村氏が坐ることはなかった。

（藤田　覚）

(一) 田村家系図

(『万年帳』『田村元長富徳先祖書』『田村長叔先祖書』『木村玄長先祖書下書』『田村家過去帳』〈以上田村惟士氏所有〉による。)

坂上田村麻呂……望城……(一)田村太郎兵衛宗利 豊臣秀吉に仕え新川普請奉行となる、(1665没)

―(二)正玄政清 江戸へ出て町医となる、(1702没) ＝品川南宿名主役利田氏女

―(三)宗宣倂豊 町医、上古の学を好み著書あり、(1748没) ＝堀長門守家来桜井氏女

―(四)元雄登 大谷家より養子、号藍水、小普請御医師並、朝鮮種人参御用 (1776没) ＝女 栄(1792没)

―女

―男子 早世(1740没)

(四)元雄登の子:

―(五)元長善之 号西湖、奥詰御番医師次席、二ノ丸製薬所製法御用 (1793没) ＝榊原式部大輔医師蟹江氏女、歌 (1808没)

―(新次郎)元東昌臧 栗本家を継ぐ、号丹洲、四代瑞見、法印瑞仙院 (1834没)

(五)元長善之の子:

―(六)(安太郎・元慶)元雄寛似 奥詰御番医師格、二ノ丸製薬所手伝、家事不取締にて小普請入逼塞、のち免さる、(1838没) ＝紀伊家医師近藤良三惣領良純女、山名氏女、

―(豊次郎)蟹江十曹 母方蟹江氏の養子となる、

―平四郎

―女

―養女 御召鉄砲方清水久五郎女 ＝渋江長伯 寄合医師

(六)元雄寛似の子:

―元寿 (1817没)

―(七)元長富徳 医学館出役素読教授、小石川養生所出役見習、医学館御薬調合役取締 (1846没)

―(八)元理徳則 医学館句読教授役 (1848没)

(八)元理徳則の子:

―(十)長叔充民 木村家より養子、御留守居支配勤仕並養生所出役 (1890没)

―(九)(長俊)元雄充保 木村家より養子、号木雞、医学館寄宿寮頭取、御番医師、のち寄合医師、医心方書写御用 (1861没)

(二) 大谷家系図（『万年帳』と「東都嘉慶樹碑」〈東京都足立区千寿第四小学校校庭内〉碑陰の刻文による。）

- ——大谷甲斐 小普請方棟梁 ——大谷出雲 同上 ＝ 牟久子
  - 甲良豊前 作事方棟梁 ——牟久子
  - 大谷出雲 同上 の子
    - 大谷甲斐 同上 ——大谷大和
    - 元雄登
    - 大谷立佐 一ツ橋奥坊主 ——立悦

(三) 木村家系図（『木村玄長先祖書下書』による。）

- ……長安充応(六) 医学館素読教授役、西丸奥医師
  - 玄長充茂(七) 寄合医師
    - 養順
    - 玄昌（昌次郎）
  - 長叔充民 田村家十代
  - 長俊充保 田村家九代
  - 長琢充徳
  - 女 満幾

昭和六十一年十月三十日印刷
昭和六十一年十一月十日発行

史料纂集 (79)

田村藍水・西湖公用日記

校訂 草野冴子
藤田覚

発行者 太田善麿

製版所 続群書類従完成会製版部

印刷所 東京都豊島区南大塚二丁目三五番七号
株式会社 平文社

発行所 東京都豊島区北大塚一丁目一四番六号
株式会社 続群書類従完成会
電話=東京(915)五六二一 振替=東京二-六二六〇七

史料纂集既刊書目一覧表

古記録編

配本回数	書名	巻数
①	山科家礼記	1
②	師守記	1
③	公衡公記	1
④	山科家礼記	2
⑤	師守記	2
⑥	隆光僧正日記	1
⑦	公衡公記	2
⑧	言国卿記	1
⑨	師守記	3
⑩	教言卿記	1
⑪	隆光僧正日記	2
⑫	舜旧記	1
⑬	隆光僧正日記	3
⑭	山科家礼記	3
⑮	師守記	4
⑯	葉黄記	1
⑰	経覚私要鈔	1
⑱	明月記	1
⑲	兼見卿記	1
⑳	教言卿記	2
㉑	師守記	5
㉒	山科家礼記	4
㉓	北野社家日記	1
㉔	北野社家日記	2
㉕	師守記	6
㉖	十輪院内府記	全
㉗	北野社家日記	3
㉘	経覚私要鈔	2
㉙	兼宣公記	1
㉚	元長卿記	全
㉛	北野社家日記	4
㉜	舜旧記	2
㉝	北野社家日記	5
㉞	園太暦	5
㉟	山科家礼記	5
㊱	北野社家日記	6
㊲	師守記	7
㊳	教言卿記	3
㊴	吏部王記	全
㊵	師守記	8
㊶	公衡公記	3
㊷	経覚私要鈔	3
㊸	言国卿記	2
㊹	師守記	9
㊺	三藐院記	全
㊻	言国卿記	3
㊼	兼見卿記	2
㊽	義演准后日記	1
㊾	師守記	10
㊿	本源自性院記	全
51	舜旧記	3
52	台記	1
53	言国卿記	4
54	経覚私要鈔	4
55	言国卿記	5
56	言国卿記	6
57	権記	1
58	公衡公記	4
59	舜旧記	4
60	慶長日件録	1
61	三箇院家抄	1
62	花園天皇宸記	1
63	師守記	11
64	舜旧記	5
65	義演准后日記	2
66	花園天皇宸記	2
67	三箇院家抄	2
68	妙法院日次記	1
69	言国卿記	7
70	師郷記	1
71	義演准后日記	3
72	経覚私要鈔	5
73	師郷記	2
74	妙法院日次記	2
75	園太暦	6
76	園太暦	7
77	師郷記	3
78	妙法院日次記	3

古文書編

①	熊野那智大社文書	1
②	言継卿記紙背文書	1
③	熊野那智大社文書	2
④	西福寺文書	全
⑤	熊野那智大社文書	3
⑥	青方文書	1
⑦	五条家文書	全
⑧	熊野那智大社文書	4
⑨	青方文書	2
⑩	熊野那智大社文書	5
⑪	気多神社文書	1
⑫	朽木文書	1
⑬	相馬文書	全
⑭	気多神社文書	2
⑮	朽木文書	2
⑯	大樹寺文書	全
⑰	飯野八幡宮文書	全
⑱	気多神社文書	3
⑲	光明寺文書	1
⑳	入江文書	全

田村藍水・西湖公用日記　　史料纂集 古記録編〔第79回配本〕
〔オンデマンド版〕

2014年1月30日　初版第一刷発行　　定価（本体10,000円＋税）

校　訂　草　野　冴　子
藤　田　　覚

発行所　株式会社　八　木　書　店　古書出版部
代表　八　木　乾　二
〒101-0052 東京都千代田区神田小川町3-8
電話 03-3291-2969（編集）-6300（FAX）

発売元　株式会社　八　木　書　店
〒101-0052 東京都千代田区神田小川町3-8
電話 03-3291-2961（営業）-6300（FAX）
http://www.books-yagi.co.jp/pub/
E-mail pub@books-yagi.co.jp

印刷・製本　（株）デジタルパブリッシングサービス

ISBN978-4-8406-3367-3　　AI348